문학 연구와 문학교육

송재익

문학 연구와 문학교육

초판 1쇄 인쇄 2025년 3월 10일
초판 1쇄 발행 2025년 3월 20일

지은이 송재익
펴낸이 박성복
펴낸곳 도서출판 월인
주소 01047 서울특별시 강북구 노해로25길 61
등록 1998년 5월 4일 제6-0364호
전화 (02) 912-5000
팩스 (02) 900-5036
홈페이지 www.worin.net
전자우편 worinnet@hanmail.net

ISBN 978-89-8477-744-6 93810

값은 뒤표지에 있습니다.

문학 연구와 문학교육

송재익

도서출판 월인

머리말

문학교육은 아주 쉽게 말하면, 문학을 가르치고 배우는 일이다. 문학 작품을 가르치고 배우기도 하고 문학에 대한 갖가지를 가르치고 배우기도 한다. 그러자면 문학 연구 쪽에서 연구한 것을 가르치고 배울 밑감으로 삼는다. 문학을 연구한 이들이 마련한 지식이나 이론을 가르치고 배우기도 한다. 그런데 문학 연구 쪽에서 마련한 지식이나 이론에 대해 누구나 다 배우고 싶고 공부하고 싶어 하지는 않는다. 어쩌면 문학 지식이나 이론을 배우고 싶고 공부하고 싶은 이보다 그렇지 않은 이가 더 많을 것이다. 문학 작품이나 문학 연구 쪽에서 마련한 문학에 대한 갖가지 내용들은 반드시 가르치고 배워야 하는 것이라기보다는 가르치는 이나 배우는 이가 흥미나 관심이 생긴다면 한 번 가르치고 배워 볼 만한 것이다. 반드시 가르치고 배워야 한다고 힘주어 말하면 오히려 가르치고 배우고 싶은 마음이 생기지 않을 수 있다. 가르침과 배움은 누가 시켜서 하는 것보다 스스로 기꺼이 할 때라야 참 값어치가 드러난다.

문학교육이라는 말은 문학과 교육이 합쳐진 말인데, 문학에만 무게를 두어서는 교육만의 보람을 살리기 어렵다. 문학을 교육을 위한 밑감으로 여겨야 한다. 문학을 위한 교육이 아니라 교육을 위한 문학이 되어야, 오히려 문학도 살리고 교육도 살릴 수 있다. 문학 작품을 가르치고 배우면서, 문학 연구 쪽에서 마련한 문학에 대한 갖가지를 가르치고 배우면서, 즐겁고 뜻깊은 값진 경험을 했다면, 바람직한 문학교육이 일어난 것이다.

마지못해 하는 문학 공부, 어쩔 수 없이 하는 문학 공부, 하기 싫지만 억지로 하는 문학 공부, 이런 문학 공부로는 가르침과 배움에서 오는 보람을 겪을 수 없다. 더 나아가 배우는 이가 문학에서 멀어지게 한다. 배우는 이가 알아보고 싶고, 살펴보고 싶고, 따져보고 싶고, 톺아보고 싶고, 캐보고 싶은 것을 힘껏 알아보고, 살펴보고, 따져보고, 톺아보고, 캐보게 해 주어야 한다. 배울 거리, 공부 거리를 배우는 이가 임자가 되어 찾고 정할 때 바람직한 배움이 일어난다. 스스로 몸소 뛰어들 때라야 교육의 참맛을 맛볼 수 있다. 어쩌다 남이 찾아주더라도 배우는 이의 관심과 흥미를 헤아려 주어야 한다. 가르치는 이는 배우는 이가 마음에서 스스로 우러나와 문학을 공부하도록 이끌어야 한다. 억지로 시키면 배우는 이는 한때 배우는 척하지만, 나중에는 문학에 등을 돌린다.

이 책은 문학 작품이나 문학 연구 쪽에서 마련한 지식이나 이론을 가르치고 배울 때 어떻게 하면 가르침과 배움에서 오는 보람과 즐거움을 살릴 수 있을지를 따져본 글들을 모아 놓은 책이다. 성근 글도 많고 모자란 글도 많지만, 그동안 썼던 글과 공부했던 글들을 모아 낱권책(단행본)으로 묶어 보았다. 책을 쓴 사람의 생각에 고개를 가로저을 이들이 많을 줄로 안다. 언제라도 터놓고 이야기할 수 있는 자리가 마련되면 좋겠다. 본디 공부나 학문은 서로 겨루고 맞서고 생각을 나누면서 꽃을 피운다. 이 책이 문학교육을 다시 한번 돌아보게 하거나 문학교육에 자그마한 도움이라도 주는 책이 된다면 더 바랄 것이 없겠다.

송재익

차례

08. 우리 노래의 말가락

09. 서술-시점 이론을 어떻게 볼 것인가?

10. 우리 옛 소설의 첫 작품

첫째 마당

교육의 참뜻을 살리는 문학교육

01
문학 연구와 문학교육*

* 이 글은 송재익(2024), 「문학 연구와 문학교육」, 『초등국어과교육』 31, 광주교육대학교 초등국어교육연구소, 33-50쪽의 글을 손질한 글이다.

문학 연구와 문학교육이 어떻게 다르고 둘은 어떤 관계 맺기를 할 수 있으며, 문학 연구의 열매를 문학교육에서 어떻게 살려 쓰는 것이 학문과 교육 모두를 발전시킬 수 있을지 따져보았다. 문학 연구는 학문하는 길을 간다면, 문학교육은 교육하는 길을 따라야 한다. 문학교육이 문학 연구에 매여서는 바람직한 교육이 일어나지 않는다. 문학교육은 교육만의 값어치를 살릴 수 있는 쪽으로 나아가야 한다.

문학 연구의 열매를 문학교육의 목적보다는 바람직한 교육을 위한 밑감으로 여기는 것이 좋다. 문학 연구에서 밝혀낸 문학 지식이나 이론도 그것 자체를 과녁으로 삼기보다는 가르침과 배움의 활동을 북돋는 밑감으로 다루어야 한다. 문학 연구의 열매를 어떻게 살려 쓰는 것이 바람직한 문학교육으로 이어질지 늘 탐구해야 한다. 이 글에서는 가르침과 배움의 열정을 북돋을 수 있는 알맞은 밑감을 찾기, 탐구 과제로 살려 쓰기, 배우는 이의 눈높이에 맞게 다듬기, 이렇게 세 가지 정도의 방향만 보였다.

1. 들어가며

문학 연구는 아주 쉽고 간단하게 말하면, 문학이란 무엇인지 밝히는 일이다. 문학의 중심에는 작품이 있다. 그래서 문학 작품을 꼼꼼히 들여다보고(분석) 뜻풀이(해석)하고 맛보고(감상) 값매김(평가)하는 일이 문학 연구의 줄기가 된다. 하지만 문학 연구는 작품만 다루지 않는다. 여기에 더하여 문학이 어떻게 생겨나는가? 문학은 어떤 구실을 하는가? 문학을 즐기는 이들은 문학을 어떻게 받아들이는가? 문학은 그 시대의 모습을 어떻게 비추는가? 문학은 우리에게 어떤 뜻과 값어치를 지니는가?……, 이렇게 문학에 대해서 여러 가지를 밝히는 일이 문학 연구이다.

문학 연구는 지은이, 즐기는 이(읽는 이, 듣는 이, 보는 이), 작품, 문학(작품)이 그리는 세계를 모두 아우른다. 그렇다면 에이브럼즈(M. Abrams)의 예술 비평의 좌표[1]를 바탕으로 문학 연구를 다시 정리한다면, 문학 연구는 문학 작품 짓기에 관한 연구(생산론, 표현론), 문학 작품 자체에 관한 연구(구조론), 작품과 읽는 이(수용자) 사이에 관한 연구(수용론, 효용론), 작품이 비추고 있는 시대나 사회에 관한 연구(반영론, 모방론)들로 이루어진다고 할 수 있다.

문학을 연구하고 나서 얻은 열매를 정리해 놓은 것은 문학 지식이 된다. 이것이 여러 연구자에게 어느 정도 인정받게 되면 하나의 틀처럼 되어 문학 이론으로 자리 잡기도 한다. 문학 연구는 학문[2]하는 일이므로 그 결과는 문학 지식이나 이론으로 나타난다.

문학교육은 문학을 가르치고 배우는 일이다. 마찬가지로 문학 작품 짓기, 문학 작품 자체, 작품과 읽는 이 사이, 작품이 비추고 있는 시대나 사회에 관한 갖가지를 가르치고 배우는 일이다. 따라서 문학교육은 문학 연구에서 마련한 문학 지식이나 문학 이론을 가르치고 배울 거리로 삼게 된다. 이처럼 문학 연구와 문학교육은 가깝게 잇닿아 있다. 어떻게 보면 서로를 필요로 하는 사이라 할 수 있다. 그러나 문학 연구와 문학교육은 좇고자 하는 과녁과 값어치가 다르다. 둘은 가깝게 잇닿아 있으면서도 가는 길이 다르다. 따라서 이 글에서는 문학 연구와 문학교육은 어떻게 다른지 살펴보고자 한다. 그리고 둘은 어떤 관계가 되는 것이 바람직한지 생각해 보고, 문학교육이 문학 연구의 열매를 어떻게 살려 쓸 때, 문학 연구와 문학교육 모두를 꽃피울 수 있을지 따져보고자 한다.

---

1 Abrams, M. H.(1971), *The Mirror and the Lamp: Romantic Theory and the Critical Tradition*, London: Oxford University Press, p. 6.

2 동양에서는 바른 도리와 커다란 깨달음을 얻는 것도 학문으로 여겼으나 서양에서는 무엇인가를 탐구하여 이론으로 세우는 것을 학문으로 여겨 학문에 대해 보는 눈이 다르다. 오늘날 학문이라고 하면 거의 언제나 뒤엣것을 이른다.

2. 문학 연구와 문학교육은 어떻게 다른가?

문학 연구는 학문하는 일이므로 학문하는 삶에서 오는 보람을 높이 산다. 이와 달리 문학교육은 교육하는 일이므로 교육하는 삶에서 오는 보람을 살려야 한다. 문학 연구와 문학교육은 깊이 관련되어 있지만 문학 연구만이 갖는 가치가 있을 것이고 문학교육만이 갖는 가치가 있을 것이다.[3]

(1) 문학 연구가 가는 길

문학 연구는 학문의 세계에 든다. 그래서 학문의 세계가 바라는 과녁과 값어치를 따른다. 학문은 아주 짧게 간추리면 진리 탐구이다.[4] 학문은 그 학문이 연구하고자 하는 것의 본모습과 밑바탕을 찾고 캐내는 일이다. 문학 연구는 문학이 무엇인지, 문학의 밑바탕이 무엇인지, 문학은 어떤 모습을 띠고 있는지, 문학은 어떤 속성을 지녔는지, 문학에 대한 갖가지 물음에 대한 답을 찾는 일이다.

문학 연구는 문학이라는 대상 세계의 이모저모를 개념으로 간추려

---

3 이숭원은 밥그릇 싸움 같은 문학 연구와 문학교육의 변별성 논의를 중지해야 하며 문학 연구와 문학교육이 어떻게 우호적인 상보적 선린(善隣) 관계를 형성하는가를 모색해야 한다고 하여 문학을 가르치고 배우는 일은 곧 문학을 연구하는 일과 다르지 않다고 생각하였다. 이숭원(2002), 「시 연구와 시 교육의 관계」, 『국어교육』 107, 한국어교육학회, 64쪽. 그러나 이렇게 학문과 교육을 같은 것으로 여기면 학문만이 지닌 가치와 교육만이 지닌 가치를 혼동하게 된다. 이것은 서로 다른 것들을 가르지 않고 하나로 묶어버리는 '논점일탈의 오류(ignoratio elenchi)'를 범하는 것이다. Oakeshott, M. J.(1933), *Experience and its Modes*, Cambridge: Cambridge University Press, pp. 75-76.

4 연구자들이나 학자들이 정치, 경제, 사회와 관련된 일을 할 수는 있지만, 진리 탐구는 오직 학문하는 삶에서만 실현된다. 오우크쇼트(M. Oakeshott)는 철학자를 보기로 들면서 학문은 외부의 이해관계나 실제 관심보다는 그 자체의 목적을 추구해야 한다고 하였다. Oakeshott, M. J.(1933), *Experience and its Modes*, ibid., p. 3.

이해하고 밝히는 일을 한다.[5] 슈츠(A. Schutz)의 말을 빌리면 문학 연구는 문학에 대해 학문다운 이론(scientific theory)을 세우는 일이다.[6] 그러기에 문학과 문학 작품에 대해 연구한 것을 정리하여 지식이나 이론으로 드러낸다. 그리고 그 지식이나 이론이 참임을 늘 힘써가며 밝힌다.

문학 연구에서 마련한 지식이나 이론은 그 높낮이가 정해지기도 한다. 어떤 지식은 높은 지식이고 어떤 지식은 낮은 지식이 된다. 어렵고 수준 높은 지식을 연구하고 밝히는 이가 문학 연구 분야에서는 윗자리에 앉는다. 다른 이보다 더 훌륭하고 값진 이론을 세워야 인정받고 대접받는다. 문학 연구는 몇몇 연구자가 높은 자리를 차지하는 세모꼴 모습의 틀을 이루게 된다. 높은 문학 지식이나 이론을 세운 이가 영광을 누린다.

그러기에 문학을 연구하는 이들은 다른 연구자와 다투고 겨뤄야 할 때도 있다. 그러나 이런 겨룸과 다툼은 문학 연구의 발전을 위해서 필요하다. 흔히 말하는 '선의의 경쟁'이 될 수 있다. 문학을 연구하여 앞다투어 새로운 것을 밝혀내거나 밝힌 것을 하나의 이론으로 세우는 일은 문학 연구를 더욱 발전시킨다.

문학 연구는 변증법의 발전의 단계를 밟는다. 본디 학문이란 것이 늘 발전하고 있는 세계의 하나이다. 먼저 것을 부정하고 다른 수준의 상태에 이르는 길을 간다. 한때 옳다고 여긴 진리가 틀린 것으로 밝혀진다. 그러기에 문학 연구에서 밝혀낸 지식이나 이론은 영원한 진리가 될 수 없다. 가장 높고 새로운 이론이라 인정받은 것도 잠정의 해답일 뿐이다. 따라서 문학 연구자는 더 나은 답을 찾기 위해 늘 탐구해야 한다.

---

5 이런 개념어들은 장황하게 설명해야 할 문학적 현상을 한 마디로 줄여 말할 수 있게 하는 경제성을 지닌다. 이숭원(2002), 앞의 글, 73쪽.

6 Schutz, A.(1972), *Collected Papers Ⅰ: The Problem of Social Reality*, The Hague: Martinus Nijhoff, pp. 245-246.

문학 연구에 대한 수준과 경지를 높이는 것을 과녁으로 삼고 거기 이르기 위해 꾸준히 힘을 쓰기에, 이미 틀린 것으로 드러난 문학 지식이나 이론은 버려야 할 것이 된다. 이미 낡거나 오류로 판가름 난 지식은 더 이상 값어치가 없다.

문학을 연구하는 이들은 높고 훌륭하고 권위 있는 연구 결과를 내놓는 것을 중요하게 여긴다. 그러기에 아무래도 과정보다는 결과를 중시할 수밖에 없다.

(2) 문학교육이 가는 길

문학교육이 있기에 문학 연구에서 이뤄낸 것들이 문학을 배우는 이들에게 퍼질 수 있다.[7] 아무리 훌륭한 문학 연구가 있더라도 그것을 나누지 않는다면, 그것은 몇몇 사람에게만 값진 것이고 그것을 모르거나 경험하지 못한 이에게는 아무런 의미나 가치를 지니지 못한다.

문학교육은 문학을 가르치고 배우는 일인데, 문학 연구가 학문계의 가치와 목적을 좇는다면 문학교육은 교육계의 가치와 목적을 좇아야 한다. 문학 연구가 '문학'에 무게를 둔다면 문학교육은 '교육'에 무게를 두어야 한다. 문학교육이 교육보다 문학에 무게를 두면 가르치고 배우는 이는 문학 지식이나 이론에 갇히게 되고 문학을 가르치고 배우면서 얻는 보람과 즐거움을 맛보기 어렵게 된다.

교육은 가르치고 배우는 그 길(과정)을 중요하게 여긴다. 문학 연구는 가장 높고 새로운 지식이나 이론을 세우는 것을 과녁으로 삼지만, 문학교육은 하나하나의 단계를 밟아가는 것을 중요하게 여긴다. 사다리

7 특정한 수도계(학문, 윤리, 예술…)는 그것이 교육의 소재로 선택되는 시간과 장소를 중심으로 번창한다. 장상호(1997), 『학문과 교육(상): 학문이란 무엇인가』, 서울대학교출판문화원, 113쪽.

를 오르듯 한 단계를 이루면 그것이 다음 단계로 나아가기 위한 발판이자 디딤돌이 되어 더 높은 수준으로 올라간다. 문학 연구는 문학에 대한 이해 수준이 얼마나 높이 올라가느냐를 중시하지만, 문학교육은 문학에 대한 이해 수준을 단계에 따라 얼마나 착실하게 체험하느냐를 중시한다.[8]

문학 연구에서 진리라 여기는 것도 배우는 이가 온전히 체험하여 내 것으로 만들지 않으면 그에게는 진리가 되지 못한다. 그러기에 문학교육에서는 가장 높고 훌륭한 지식보다는 교육다운 경험을 살리는, 그때그때 배우는 이의 눈높이에 맞게 손질한 지식을 더 값어치 있게 여긴다.

그래서 문학교육에서는 문학 연구 쪽에서 버린 지식도 교육의 밑감으로 다룰 수 있다. **틀리거나 잘못된 지식이라도 배움에 도움을 주고 쓸모가 있다면 값어치 있게 여긴다.** 어렵고 복잡한 문학 지식을 배우기 위한 징검다리 지식으로 되살려 쓸 수 있다.

문학 연구는 문학 연구에 대한 실력이나 경지를 높이는 것이 과녁이지만, 문학교육은 어느 수준에서나 일어나기에 문학에 대한 이해의 수준을 꾸준히 개선하려고 힘쓰는 것이 과녁이 된다. 비록 문학에 대한 이해 수준이 낮더라도 늘 배우고 힘써 자신의 수준을 높이려는 이는 교육다운 삶에 충실한 사람이다. 교육의 눈으로 보면 자신의 실력만 믿고 더 이상 연구하지 않거나 배우려 하지 않는 문학 연구자보다 오히려 더 높은 평가를 받을 수 있다.

문학 연구는 가장 높은 수준의 지식을 일구어내는 것이 중요하지만, 문학교육에서는 가르치고 배우는 지식수준에 상관없이, 아주 낮은 수준의 지식으로도 활발한 가르침과 배움 활동을 이끌 수 있다.[9] 보기를 들

8 교육의 요체는 그 결과가 아니라 그것에 이른 고유한 과정을 회복하는 것이다. 장상호(2020), 『교육학의 재건』, 교육과학사, 369쪽. 교육의 특질은 미리 설정한 특정한 결과의 재생이 아니라 그 점진적인 과정의 재생에서 드러난다. 장상호(2020), 위의 책, 418쪽.

어 문학의 갈래 이론처럼 높은 수준뿐만 아니라, 말의 재미를 느끼며 작품을 읽는 낮은 수준에서도 뜻깊은 배움이 일어날 수 있다. 어느 수준에서나 가르침과 배움의 열정(교육 열정)을 경험할 수 있다.

문학교육은 낮은 수준에서 매우 높은 수준에 이르기까지, 문학에 대한 이해 수준을 고르게 그 밑감으로 살려 쓰기에 차근차근 문학에 대해 알아가도록 이끈다. 문학에 대한 이해의 낮은 수준에서부터 그 밑바탕을 차츰 넓혀가기에 이는 문학 연구라는 학문의 발전을 위해서도 필요하고 중요한 일이다. **문학교육이라는 수레바퀴가 돌 때마다 그만큼 문학에 대한 이해 수준이 한 단계씩 높아 간다.** 여태까지 일구어 온 문학 연구의 성과가 허물어진다 해도 문학교육이 살아 있다면 문학 연구의 성과는 다시 살아날 수 있다.

문학 연구는 어떤 연구 주제에 대한 답을 얻고 나면 연구를 마감하기도 한다. 문학교육은 문학에 대한 배움이 끊임없이 이어지는 것을 중요하게 여긴다. 본디 **교육은 자신의 수준을 한 단계 높이고 나면 더 높은 수준을 과녁으로 삼아 되풀이하는 활동**이기 때문이다. 문학교육은 답보다는 답을 얻는 과정을 중시한다. 따라서 **가르치는 이는 배우는 이에게 답을 주지 말고 답의 실마리를 주어야 한다.**

문학 연구는 연구 주제를 놓고 때로는 다투고 겨루는 일이 있지만, 문학교육은 갈등과 경쟁보다는 서로 가르치고 배우는 도움을 앞세운다. 문학에 대해 남보다 아는 것이 있으면 아는 만큼은 가르칠 수 있고, 모

9 이황(李滉, 1501~1570)의 「도산십이곡(陶山十二曲)」 맨 마지막 노래에 "우부도 알며 ᄒᆞ거니 긔 아니 쉬운가/성인도 몯 다ᄒᆞ시니 긔 아니 어려운가/쉽거나 어렵거낫 듕에 늙는 주를 몰래라(어리석은 이도 알며 하거니 그 아니 쉬운가/ 성인도 못다 하시니 그 아니 어려운가/ 쉽거나 어렵거나 중에 늙는 줄을 모르겠구나)"고 하였다. 수준이 높은 성인이든 수준이 낮은 어리석은 이(우부)든 가르침과 배우는 삶을 누릴 수 있다. 듀이(J. Dewey)는 교육에는 초급도 고급도 없고, 단지 교육만 있다는 말을 했는데, 이 말은 수준에 상관없이 알찬 교육이 일어날 수 있음을 이른 것이다. Dewey, J.(1956), *The School and Society*, Chicago: The University of Chicago Press, p. 92.

르는 것이 있으면 모르는 만큼 배움에 임할 수 있다.

3. 문학 연구와 문학교육은 어떤 관계 맺기를 할 수 있는가?

문학 연구의 결과는 문학교육이라는 활동으로 확인되고 검증된다. 우리는 학문에서 밝혀낸 것을 교육의 마당에서 참인지, 값어치 있는 것인지 살피고 값매김한다. 문학교육은 문학 연구가 스스로 고치고 바로잡을 수 있게 하는 장치가 되기도 한다.[10] 문학 연구는 문학교육을 통해서 발전한다. 문학 연구에서 밝혀낸 지식이나 이론이란 것도 배움과 가르침이라는 교육의 과정을 거치지 않고는 그것이 타당한지 증명될 수 없다.[11]

한편 문학 연구와 문학교육은 서로 도움을 주는 사이가 될 수도 있지만, 그렇지 않을 수도 있다. 문학 연구자들은 자신들이 연구한 결과를 문학교육의 마당에서 가르치고 배우기를 바란다. 그래서 자신들이 세운 문학 지식이나 이론이 널리 퍼지기를 기대한다. 그러나 문학을 가르치고 배우는 이들은 연구자들이 마련한 지식과 이론 가운데 가르치고 배울만한 값어치가 있다고 생각하는 것도 있지만 그렇지 않다고 느끼는 것도 있다. 여기서 문학 연구와 문학교육은 힘겨루기, 줄다리기하는 사이가 될 수 있다.

---

10 흔히 문학교육은 문학 연구에서 밝혀낸 것을 내려받아 가르치고 배우는 일이라고 생각하는데, 이런 생각에서 벗어나지 않고는 교육의 참다움을 살릴 수 없다. 문학교육이 문학 연구에서 밝혀낸 것을 확인하고 검증하는 구실을 해야 한다. 박인기도 문학교육이나 문학 교실이 문학 연구 쪽에 일방으로 의존하는 구조는 문제가 있다고 보았다. 박인기(2012), 「문학교육학의 이론 생성 토양 가꾸기」, 『문학교육학』 38, 한국문학교육학회, 19쪽.

11 교육이 없이는 학문계의 어떠한 가치도 체험적으로 그리고 가치를 지향하는 흐름으로 입증되기 어렵다……교육이라는 과정이 있어야만, 학문의 실재성과 진리가 입증될 수 있다. 장상호(1997), 앞의 책, 167쪽.

(1) 문학 연구를 교육의 과녁으로 삼기(학문 중심)

문학 지식이나 이론은 연구자들이 오랫동안 공부하고 탐구하여 밝혀낸 열매이다. 그렇기에 연구의 열매는 자신들에게는 매우 값어치 있고 뜻깊은 것이다. 이것을 나만 알기에는 아쉽다. 다른 이들도 내가 알아낸 것을 알기를 바란다. 그래서 내가 직접 가르치려고 하기도 하고 아니면 교육의 마당에서 다루기를 바란다. 문학 연구자가 바로 가르치는 이가 되기도 한다. 대학의 국문학과 교수는 문학 연구자이면서 문학을 가르치는 사람이기도 하다. 또 문학을 연구하는 이들은 초·중·고등학교에서 교사들이 학생들에게 문학 연구에서 밝혀낸 것들을 가르치고 배우기를 바랄 수도 있다. 그래서 문학 연구자들이 교육과정이나 교과서를 만드는 데 참여하여 문학 교실에 힘이나 영향을 미치기도 한다.

문학교육을 문학 연구에서 밝혀낸 것을 가르치고 배우는 것으로 여기는 이들은 교육을 문학 연구를 잘 알려주고 전해주기 위한 수단으로 여긴다. 이것은 문학 연구를 문학교육의 과녁으로 삼는 것으로, 학문을 교육보다 더 중요하게 여기는 교육관이다.[12] 문학 연구라는 학문을 줄기로 삼고 교육은 곁가지로 다룬다. 학문을 앞자리(전경)에 놓고 교육을 뒷자리(배경)로 물린다. '문학을 위한 교육'이라 이를 수 있다. 이런 교육관에서는 무엇보다 문학 연구에서 마련한 지식이나 이론을 건드리거나 망가뜨리지 않고 배우는 이들에게 고스란히 올바르게 잘 알려주고 전해

---

12 다음의 논의들이 여기에 든다고 할 수 있다. "국어교육이 독자적인 학문영역을 개척하는 과정에서 국어학이나 국문학이 국어교육에서 점점 도외시된 것은 바람직한 현상은 아닌 것 같다.……국어교육의 내용은 어디까지 국어학이나 국문학의 연구를 기반으로 한다. ……국어학과 국문학의 도움 없이 국어교육은 결코 소기의 목표에 완전하게 도달할 수 없을 것이다." 박기석(2002), 「국문학연구와 국어교육의 상관성」, 『국어교육』 107, 한국어교육학회, 3쪽. "문학교육에서 현대소설 교육에 대한 모색은 한국 현대소설에 대한 학문적 연구업적을 충분히 검토하고 이를 고려하여 진행해야 한다." 명형대(2002), 「현대소설 연구와 국어교육」, 『국어교육』 107, 한국어교육학회, 97쪽.

주는 것이 목적이 된다.[13] 배우는 이들은 문학 연구자들이 밝혀낸 것들을 잘 배우고 익혀야 한다.

그런데 이처럼 문학교육을 문학 지식이나 이론을 온전하게 알려주고 전해주는 일로 여기면 참다운 교육의 값어치를 살리기 힘들다.[14] **교육은 가르치는 이와 배우는 이가 서로 도움을 주고받으면서 가르치고 배우면서 얻게 되는 보람과 즐거움을 경험하는 일**인데, 문학 연구에서 마련한 지식이나 이론을 잘 익히고 배우게 하는 것에만 힘을 쏟으면, 배우는 이는 미리 정해 놓은 지식이나 이론을 받아들이기에 바쁘게 된다. 이것은 교육이라기보다는 주입, 전달, 모방, 암기로 흐를 수 있다. 조금 심하게 말하면 '들이붓기'나 '쑤셔 넣기'가 될 수 있다. 배우는 이들은 내가 배우는 것이 배울 만한 값어치가 있는지 생각할 겨를도 없이 정해 놓은 문학 지식이나 이론을 한치의 틀림도 없이 공부하고 익히는 일에 힘을 쏟아야 한다. 그러나 이것은 참다운 배움이라 하기 힘들다. **참다운 배움은 배우는 이가 스스로 임자가 되어 그것을 되짚어보고 따져보고 값매김해 보기도 하면서 배움에서 오는 값진 경험을 누리는 것이다.**

교육을 문학 지식이나 이론을 위한 수단으로 삼게 되면 배우는 이들은 문학 연구에서 밝혀낸 것을 참(진리)이라 여기게 된다. 그러나 이 세상의 모든 지식이 그렇듯이 흠도 티도 없는 완벽한 문학 지식은 없다. **지금 참이라 여긴 지식도 시간이 지나면 거짓으로 밝혀지기도 하고 모자람이 드러나기도 한다.** 문학 연구에서 밝혀낸 것은 어디까지나 한때의 잠정

13 김창원이 지적한 대로 (문학) 연구와 (문학) 교육 사이에 일종의 권력관계가 만들어진다. 곧 국문학의 연구 성과를 받아서, 또는 바탕으로 하여 가르치는 것을 교육으로 생각한다. 김창원(2004), 「시 연구와 시교육 연구 사이의 거리」, 『국어교육』 114, 한국어교육학회, 364쪽.

14 교육을 오로지 다른 어떠한 것을 위한 수단으로만 본다면, 그것은 자체의 내재성을 유지하기 어려울 뿐만 아니라, 그것이 가져올 수 있는 효과도 변질되게 마련이다. 장상호(1997), 앞의 책, 154쪽.

적인 진리이다. 문학 연구의 역사를 보면 금방 알 수 있다. 지금도 바로잡아야 할 문학 지식이 많다.

문학 연구를 문학교육의 과녁으로 삼게 되면 배움의 열정도 살리기 어렵다. 사람은 누구나 알고 싶고 배우고 싶은 뜨거운 마음이 있다. 그런데 문학을 연구하는 이들이 밝혀낸 것을 문학 교실에서 다루라고 정해 놓으면 배우는 이들은 배우고자 하는 마음이 없어도 배워야 하는 짐이 생긴다. 물론 배우는 이는 문학 지식이나 이론은 문학을 연구하는 이들이 오랫동안 땀을 흘려 밝혀낸 것이므로 일단 배울만한 값어치가 있다고 여기고 열린 자세를 가져야 한다.[15] 그러나 배움을 강요하고 압박할 수는 없다. 참다운 배움은 스스로 배우고자 하는 마음에서 시작한다.[16] 학문 쪽에서 값어치 있는 지식이 교육 쪽에서도 값어치 있는 지식이 되는 것은 아니다.[17]

문학 연구에서 밝힌 문학 지식이나 이론을 문학교육의 마당에서 잘 가르치고 배우기를 바라는 마음은 이해하나 그것은 어디까지나 문학 연구자들의 뜻과 바람에서 나온 것이다.[18] 곧 학문하는 사람들의 생각에서

---

15 숸(D. Schön)은 배우는 이가 가르치는 이를 인정하고 믿어보려는 자세를 일러 '불신을 기꺼이 미룸(willing suspension of disbelief)'이라는 말로 일렀다. Schön, D. A.(1987), *Educating the Reflective Practitioner*, San Francisco: Jossey-Bass, p. 94.

16 "좋은 것이니까 무조건 수용하라!"라는 강요는 그것의 가치를 증명하는 방법이 아니다. 주체적 동의와 자발적 승복이 공유와 검증의 필요조건이다. 장상호(2023), 『교육의 진실』, 교육과학사, 45쪽. 교육은 인간이 적극적으로 선택해서 자발적으로 참여하는 분야이다. 결코 강요하거나 대행할 일이 아니다. 장상호(2023), 위의 책, 60쪽.

17 화이트헤드(A. Whitehead)는 배움을 북돋지 못하는 지식을 '죽은 지식(생기 없는 관념, inert ideas)'이라 하였다. Whitehead, A. N.(1929), *The Aims of Education*, New York: The Free Press, p. 1. 듀이(J. Dewey)는 교과의 내용에는 나중에 다시는 더 배우지 않을, 지식 아닌 지식들이 많다고 꼬집었다. Dewey, J.(1956), *The School and Society*, op. cit., p. 78. 아무리 좋은 지식이라도 참다운 배움을 이끌지 못하는 지식은 배우는 이에게 의미나 가치 있는 지식이 되지 못한다.

18 김창원은 문학 연구(시 연구)가 문학교육(시 교육)을 '훈도'하는 방식으로 접근한다면, 문학 연구와 문학교육은 영원히 서로를 멀리하고 꺼리는 잘못을 저지르게 된다고 하였다. 김창원(2004), 앞의 글, 367쪽.

나온 것이지 교육하는 사람들의 마음이라 하기 어렵다. 학문의 눈으로 교육을 이끌어가려고 하면 교육의 본질을 해칠 수 있다.[19]

(2) 문학 연구를 교육의 밑감으로 삼기(교육 중심)

문학 연구에서 밝혀낸 것을 교육의 과녁으로 삼지 않고 밑감으로 삼을 수 있다. 다시 말해 교육의 보람과 값어치를 살리기 위해 문학 연구의 열매를 살려 쓰는 것이다. 교육을 줄기로 삼고 문학 연구라는 학문을 곁가지로 여기는 관점이다. 교육을 앞자리에 두고 학문을 뒷자리로 물리는 교육 중심 문학교육관이라 할 수 있다. '교육을 위한 문학' 또는 '문학을 통한 교육'이라 이를 수 있다. 이때 문학 연구의 열매는 바람직한 교육을 위한 자료, 재료, 소재, 도구, 수단이 된다.

문학 연구를 교육의 밑감으로 삼으면 교육의 참맛과 참뜻을 살릴 수 있다. **교육은 가르치고 배우고 싶은 것을 골라 가르치고 배우면서 몰랐던 것을 알아가고 할 수 없었던 것을 할 수 있게 되면서, 한 걸음씩 마음과 몸과 앎이 자라면서 가르침과 배움을 통해서만 얻을 수 있는 보람을 맛보는 것이다.** 이 세상에 가르치고 배울 거리는 차고 넘친다. 문학 연구로 밝혀낸 지식과 이론도 그 가운데 든다. 그중에서 가르치고 배울만한 것을 밑감으로 삼아 가르침과 배움에서 오는 즐거움을 경험할 수 있다.

문학 연구로 밝혀낸 지식과 이론은 많으며 지금도 꾸준히 새로운 열매들이 나오고 있다. 그중에는 배우는 이의 흥미와 관심을 끄는 것이 많이 있을 것이다. 사람마다 흥미나 관심 가는 것이 다르다. 문학 연구

---

19 듀이(J. Dewey)는 논리적 틀로 짜인 가장 학문다운 주제라도 이미 다 만들어 놓고 바깥에서 아이들한테 주게 되면, 그것이 지닌 논리성이나 학문다움이라는 특질마저도 사라진다고 비판하였다. Dewey, J.(1956), *The Child and the Curriculum*, Chicago: The University of Chicago Press, p. 26. 학문 쪽에서 마련한 훌륭한 지식이니까 학생들에게 반드시 가르쳐야 한다는 생각이 때로는 바람직한 교육을 가로막는다.

로 밝혀낸 많은 것들이 배움에 대한 열정을 일으킬 수 있으면 모두 교육의 밑감이 될 수 있다. 이때 문학 연구는 교육의 마당에 알맞은 밑감을 대주는 구실을 하게 된다.

문학교육의 마당에서 문학 연구의 열매들을 가르치고 배우면서 문학 연구에서 밝혀낸 지식이나 이론이 널리 퍼지게 된다. 이는 문학 연구자들에게도 반가운 일이다. 또 문학을 가르치고 배우는 이들은 문학 연구자들이 밝혀낸 것을 가르치고 배우면서 교육의 참맛과 보람을 맛볼 수 있게 된다. 몰랐던 것을 알게 되어 기쁘고, 할 수 없던 것을 할 수 있게 되어 즐겁다.

한편 문학교육의 마당에서 문학 지식이나 이론을 가르치고 배우다 보면 무엇이 잘못되었고 틀렸는지 찾아낼 수도 있다. 어떤 문학 지식을 가르치고 배우다 보니 그 지식은 어떤 점에서 틀렸으니 앞으로 문학 연구 쪽에서 그것을 다시 연구해 보라고 주문할 수 있다. 흔히 문학 연구에서 마련한 문학 지식이 문학 교실에 내려오는 일이 많은데, 이때는 오히려 문학 교실에서 탐구한 지식이 문학 연구 쪽에 도움을 주게 된다.[20] 곧 문학교육을 잘하면 문학 연구도 꽃피울 수 있다. 그러니 가장 바람직한 길은 교육의 본질도 살리고 학문의 본질도 살리는 길이다.

이제 문학 연구와 문학교육이 어떤 관계 맺기를 하는 것이 바람직한지 드러났다고 본다. **문학 연구를 문학교육의 목적으로 삼기보다는 밑감으로 삼아야 한다.** 그래야 문학 연구와 문학교육은 서로 도움을 주는 사이가 된다. 이런 관계가 될 때 교육의 값어치도 살고 학문의 값어치도 산다.[21]

20 이런 일은 아마도 대학 이상의 문학교육 마당에서 일어날 수 있을 것이다. 초·중·고등학교에서는 일어나기 힘들 수 있으나, 그렇다고 아주 어려운 것도 아니다.

21 장상호는 학문의 내재성(본질)과 교육의 내재성을 동시에 살리는 것이 국민의 삶과 질을 높이는 길임과 동시에 선진국과 벌이는 경쟁에서도 유리한 고지를 선점하는 길이라 하였다. 장상호(1997), 앞의 책, 146쪽.

4. 문학교육은 문학 연구의 열매를 어떻게 살려 쓸 수 있는가?

문학 연구의 열매를 가르치고 배우면서 보람을 느끼지 않는다면 진정한 의미의 문학 연구와 문학교육의 만남이라 할 수 없다. 문학 연구의 열매가 학자들이나 어른들한테 값어치 있고 훌륭한 것이라고 해서 아이들한테도 꼭 그렇다고 잘라 말하기 어렵다. 교육의 원리를 지켜야 가르치고 배우는 보람이 생긴다. 여기서 몇 가지 원리를 보인다.

(1) 알맞은 밑감 찾기

문학 연구에서 밝힌 갖가지 열매들은 문학교육의 밑감이 된다. 그러나 그 모든 것이 다 밑감이 될 수는 없다. 무엇보다 배움의 열정을 북돋울 수 있는 것이 알맞은 밑감이 된다. 이것을 한 번 배워 보고 싶다, 이것을 한 번 탐구하고 공부해 보고 싶다, 이것에 대해 더 자세히 알아보고 싶다, 이것이 맞는지 한번 따져보고 싶다, 이렇게 배워 보고 싶은 마음이나 동기를 부추기는 밑감이 좋다.

같은 맥락에서 배우는 이가 흥미나 관심을 보이는 것이 알맞은 밑감이 된다. 교육에서 말하는 흥미나 관심은 배우는 이를 꾀는 한때의 사탕발림이나 미끼 같은 것이 아니라, 배우는 이가 그것에 푹 빠져 그것과 자신이 하나가 될 정도로 온전히 집중, 열중하게 되는 상태를 말한다.[22] 문학 연구에서 마련한 열매 가운데 배우는 이가 흥미나 관심 가는 것에는 온전히 빠져들어 공부하고 탐구하게 된다. 이럴 때 배움에 대한 보람을 경험할 수 있다.

22 Dewey, J.(1913), *Interest and Effort in Education*, In J. A. Boydston(Ed.)(1979), *John Dewey: The Middle Works*, V.7, Carbondale: Southern Illinois University Press, p. 195; Dewey, J.(1934), *Art as Experience*, New York: Minton, Balch & Company, p. 277.

가르치고 배울 밑감은 가르치고 배우는 이가 스스로 고르는 것이 바람직하다. **안 마음에서부터 우러나와서 하지 않고 바깥에서 누가 정해주거나 시켜서 한다면 살아 움직이는 가르침과 배움은 일어나기 어렵다.**

아무리 좋고 훌륭하고 값진 것이라도 강요하면 교육의 밑감이 되기 어렵다. 강요는 교육이 아니라 세뇌, 주입, 교조화(indoctrination)를 불러온다. 배우는 이는 배움으로 문학에 대한 이해 수준을 높이고 그 값어치를 스스로 확인하는 길을 가고, 가르치는 이는 가르치면서 문학에 대한 이해를 배우는 이도 경험하게 하여 그 값어치를 나누는 길을 간다. 이렇듯 스스로 기꺼이 해야 참다운 가르침과 배움이 일어난다.

그런데 초·중등학교의 문학 교실은 가르치고 배울 거리가 미리 정해져 있다. 국어과 교육과정에서 무엇을 가르치고 배울지 정해 놓고 이를 바탕으로 국어와 문학 교과를 마련한다. 가르치고 배울 거리를 위에서 아래로 내려주는 틀이라 어떻게 보면 교육의 본질과 원리에서 멀어져 있다.[23] 그렇다면 이런 현실의 제약 조건 속에서도 가장 교육의 본질을 살리려면, 교육과정이나 교과에 나오는 밑감들을 하나의 도움 자료로 여기고, 가르치는 이와 배우는 이가 힘을 모아 가르치고 배울 밑감을 찾고 가리고 고르고 캐내는 쪽으로 가야 한다. 내가 스스로 임자가 되어 가리고 고를 때 그것에 힘을 쏟게 마련이고 자연히 공부다운 공부, 배움다운 배움을 경험한다.[24] 지금 가르치라고 정해 놓은 문학 연구의 열매

---

23 다음 말은 우리의 마음을 찌른다. "학교에서 학생들은 배우고 싶은 것을, 배우고 싶은 곳에서, 배우고 싶을 때, 배우고 싶은 사람에게 배울 수 없다. 교수 중심주의라고 하지만 교사들 또한 가르치고 싶은 것을, 가르치고 싶은 곳에서, 가르치고 싶을 때, 가르치고 싶은 사람에게 가르칠 수 없다. 이와 같은 제도의 근본적인 부조리 때문에 학교교육은 교육의 본질에 충실하기 힘든 한계를 태생적으로 안고 있다." 조용환(2021), 『교육다운 교육』, 바른북스, 115쪽.

24 내게 가치 있다고 여기면 어떤 누가 강요하지 않아도 스스로 열심히 하게 된다. Combs, A. W.(1979), *Myths in Education*, 이성호 옮김(1987), 『교육신화: 인간성 회복을 위한 교육의 심리학적 이해』, 정음사, 114쪽. 배우는 이에게 알맞은 밑감(소재)이 아니면 배움의 열정은 사라진다. 장상호(1991), 「교육학 탐구영역의 재개념화」, 『교육학연구』 91-2, 서울대학

가 배우는 이의 마음(배움에 대한 열정, 흥미, 관심)에 들어맞는 것인지는 짚어보고 살펴야 한다.

(2) 탐구 과제로 살려 쓰기

문학 교실은 가장 권위 있다고 여기는, 또는 가장 타당하다고 여기는 문학 지식이나 이론을 교재나 교과서에 간추려서 정리해 보이고 학생들이 그것을 잘 익히도록 하는 데 힘을 쏟고 있는데, 이것이 교육다운 교육인지 생각해 보아야 한다.[25] 세상의 많은 지식이 그랬듯이 지금 진리라고 여기는 지식도 틀린 것으로 밝혀질 때가 많다. 학교에서 배운 문학 지식도 나중에 문제가 있는 것으로 드러날 수 있다. 문학 교실은 교과서의 지식을 정답처럼 받아들이는 교육에 머무를 것이 아니라,[26] 교과서에 나오는 문학 지식에 어떤 잘못된 점이 있는지 밝혀내도록 하는 교육까지 나아가야 한다. 이런 교육이 진정한 배움과 탐구의 체험을 이끈다.

물음이 필요 없는 정설만을 배우고 가르치는 문학 교실은 문학 연구의 실상과도 맞지 않는다.[27] 문학 연구에서 밝혀낸 지식은 절대 보편의

교 교육연구소.

25 전문가가 아무래도 낫다는 잘못된 믿음이 학교 교실 안에 뿌리박혀 있다. 이러다 보니 학생들은 권위에 기대게 되어 배움에서 주인공이 되지 못하고 배움에 대한 활기도 없어져 무감각해진다. Combs, 이성호 옮김(1987), 앞의 책, 59-60쪽.

26 문학 교재에 나오는 이론과 지식을 금과옥조의 진리처럼 여기는 것은 흔들리지 않는 확실한 지식이 있다고 믿는 '정초주의(定礎主義, foundationalism)' 인식론을 따르는 관점이다. Rorty, R.(1979), *Philosophy and the Mirror of Nature*, Princeton, N.J.: Princeton University Press, p. 59; Bernstein, R. J.(1983), *Beyond Objectivism and Relativism: Science, Hermeneutics, and Praxis*, Philadelphia: University of Pennsylvania Press, p. xiii. 이런 관점을 따르게 되면 지식을 주체가 되어 재구성하는 활발한 탐구가 일어나기 힘들다.

27 쿤(T. Kuhn)은 교과서가 정상과학(normal science)만을 다루고 이론이 어떻게 바뀌고 발전해왔는지 다루지 않는 것을 비판하였다. 교과서가 지식이나 이론을 늘여 놓고 학생들은 그 결과만을 받아들이기에 바쁘다. 이렇게 하면 패러다임(paradigm)의 발달과 변화, 패러

진리가 아니라 언제라도 반증될 수 있는 지식이다.[28] 발전하지 않고 개선되지 않는 지식은 학문다운 지식의 자격을 잃는다.

문학 연구에서 밝혀낸 지식을 많이 아는 것보다는 그 지식에 대해 나름대로 되짚어보고 값매김해 보는 것이 더 중요하다. 교재나 교과서에서 설명하고 있는 문학 지식이나 이론은 내가 받아들일 만한 값어치가 있는지, 타당하다고 판단할 수 있는지, 결함은 없는지 따져보고 평가해 보지 않으면 온전한 나만의 지식이 되지 않는다. 문학 교재에 나오는 문학 지식은 배우는 이가 자신의 이해 틀에 따라 다시 해석해야 하는 것이다.

교재나 교과서에 간추려 설명해 놓은 문학 지식이나 이론을 비롯한 문학 연구의 열매들은 하나의 길잡이나 디딤돌, 발판 정도로 여겨야 한다. 어렵고 복잡한 지식이나 이론을 교재에 모두 자세히 싣기는 어렵다. 그래서 어쩔 수 없이 간추려 보이는 것이다. 그 간추린 글을 읽었다고 해서 문학 지식이나 이론을 온전히 이해하고 내 것으로 만들었다고 생각해서는 안 된다. 문학 연구자들은 오랫동안 탐구하여 하나의 지식이나 이론을 세운다. 그것을 학생들이 짧은 시간에 배우고 익히기는 어렵다. 학생들도 학자들이 탐구했던 그 길을 밟아가도록 해야 한다.[29] 때로

다임이 교체되는 혁명의 기능을 제대로 이해할 수 없다. Kuhn, T. S.(1970), *The Structure of Scientific Revolution*, Chicago: The University of Chicago Press, p. 140.

28 포퍼(K. Popper)는 '반증가능성(falsifiablility)'이 없는 지식은 학문(과학) 지식이 아니라고 보았다. Popper, K. R.(1959), *The Logic of Scientific Discovery*, New York: Harper Torchbooks, pp. 40-42. 이 말은 이 세상에는 반증될 수 없을 만큼 완벽한 절대 진리가 없다는 말이다.

29 폴라니(M. Polanyi)는 높은 수준의 지적 솜씨(intellectual skills)는 꾸준한 가르침과 배움의 과정을 거쳐야 얻을 수 있다고 하였다. Polanyi, M.(1958), *Personal Knowledge: Towards a Post-Critical Philosophy*, Chicago: The University of Chicago Press, p. 70. 배우는 이는 가르치는 이나 학자가 거친 만큼의 오랜 시간을 들여야 한다는 이런 교육의 원리를 장상호(2020), 앞의 책, 319쪽은 '장기시숙(長期時熟)', 엄태동(2016), 『하이데거와 교육 – 인간다움과 교육적 삶 –』, 교육과학사, 198쪽은 '학숙(學熟)', 최성욱(2006), 「교육적 시간의 의미」, 『교육원리연구』 11(1), 한국교육원리학회, 110쪽은 '교육적 시간'이라 일렀다. 높은 수준으로 무르익어 가는 데는 시간이 필요하다.

는 며칠, 몇 날, 또는 몇 주의 시간을 주고 탐구학습을 해 보게 할 수도 있다. 내가 공을 들여 공부하지 않은 지식은 내 지식이 아니다.[30]

문학 연구의 열매들을 정답이나 진리로 여길 것이 아니라 탐구 과제로 살려 써야 한다. 이것이 문학교육뿐만 아니라 문학 연구를 발전시키는 길로 이어진다. 제대로 탐구하지 않고 문학 연구에서 마련해 놓은 지식을 그저 되풀이하고 외우고 되뇌는 것은 교육의 본질에도 맞지 않고 학문의 본질에도 어긋난다.

(3) 배우는 이의 눈높이에 맞게 다듬기

교육은 물건을 건네주듯이 무엇을 전달하는 것이 아니다.[31] 가르치고 배우는 일이 무엇을 건네주듯이 가르치는 이에서 배우는 이한테 쉽게 전해진다면 어렵고 복잡한 교육의 과정이 따로 필요 없다.[32] 또한 지

---

30 폴라니(M. Polanyi)는 개인의 능동적 관여로 일군 지식이 그 사람의 지식(당사자의 지식)이 되는데, 이런 지식은 그 사람의 책임감과 헌신, 신념이 깃든 지식이기에 주관적인 것을 넘어 보편적 지식이 될 수 있다고 보았다. Polanyi, M.(1958), *Personal Knowledge*, op. cit., ch. 10; Polanyi, M.(1966), *The Tacit Dimension*, Chicago: The University of Chicago Press, p. 25.

31 "교육은 지식의 전달(transmission of knowledge)이라는 관점으로 생각할 것이 아니라, 교섭(transaction)과 변형(transformation)의 관점으로 생각해야 한다."는 주장이 있다. Chang-Wells, G. M. & Wells, G.(1993), Dynamics of discourse: Literacy and the construction of knowledge, In E. A. Forman, N. Minick, & C. A. Stone(Eds.), *Contexts for Learning: Sociocultural Dynamics in Children's Development*, New York: Oxford University Press, p. 59.

32 콤즈(A. Combs)는 가르친다는 것이 학생들에게 그저 지식을 제공·전달하는 것이라면 이제 교사가 할 일은 폐하여 없어지며, 오히려 기계 매체가 교사보다 훨씬 잘 할 수 있다고 하였다. Combs, 이성호 옮김(1987), 앞의 책, 251쪽. 이는 가르치는 것을 단순히 무엇을 건네주거나 전달하는 것으로 여기는 것을 비꼰 말이다. 비고츠키(Выготский)는 아이에게 개념을 직접적이고 단순한 방법으로 전달할 수 없다고 하였다. Выготский, Л. С.(1934), *Мышление и речь*, 이병훈·이재혁·허승철 옮김(2021), 『사고와 언어』, 연암서가, 302쪽. 최미숙도 단순 정의 방식은 그대로 단순 지식 중심 교육으로 이어진다고 하였다. 최미숙(2019), 「문학교육의 '개념' 교육에 대한 비판적 고찰–'은유'를 중심으로–」, 『문학교육학』 62, 한국문학교육학회, 26쪽. 이는 문학 이론이나 지식을 뜻매김 중심으로 그저 전달하는 데만 그쳐서는 올바른 교육이 될 수 없다고 본 것이다.

식을 말과 글로 전달한다고 해서 그 지식이 배우는 이가 점유[33]하는 지식이 되지 못한다. 말과 글만으로는 한계가 있다. 배우는 이가 온전히 이해[34]하게 될 때 그 지식이 배우는 이 자신만의 지식[35]이 된다.

그렇다면 배우는 이가 문학 연구의 열매를 이해할 수 있게 배우는 이의 지식, 앎, 체험의 수준에 맞는 방편을 마련해야 한다. 교육에서 말하는 '방편(方便, upāya)'은 가르치는 이가 배우는 이의 수준을 헤아려 그에 맞게 가르치는 방법을 말한다.[36] 쉽게 말하면 배우는 이의 눈높이에 맞는 교육을 하는 것이다. 문학 연구에서 밝혀낸 열매를 그대로 보일 것이 아니라 배우는 이가 이해할 수 있는 수준으로 다듬고 손질해야 한다.[37] 문학 지식이나 이론에서 쓰는 말(용어)이 어렵다면 말부터 쉬운

33 '점유(占有, appropriation)'는 자신의 바깥에 있는 지식을 내 안으로 끌고 들어와 온전히 내 것으로 만들어 나와 한 몸처럼 된 상태이다. 엄태동(1998), 『교육적 인식론 탐구-인식론의 딜레마와 교육』, 교육과학사, 183쪽.

34 이것을 폴라니(M. Polanyi)는 '내주(內住, indwelling)'라 하였다. Polanyi, M.(1958), *Personal Knowledge*, op. cit., p. 59; Polanyi, M.(1966), *The Tacit Dimension*, op. cit., p. 17. 바렐라, 톰슨, 로쉬(Varela, Thompson, & Rosch)는 '체득(體得, embodiment)'이라 하였다. Varela, F. J., Thompson, E., & Rosch, E.(1991), *The Embodied Mind: Cognitive Science and Human Experience*, Cambridge, Massachusetts: The MIT Press, pp. 27-30. 파머(P. Palmer)는 '깊은 인격적 체험(cultivate personal experience)'이라 하였다. Palmer, P. J.(1993), *To Know as We are Known: Education as a Spiritual Journey*, San Francisco: HarperOne, p. 113. 장상호는 '증득(證得)'이라 일렀다. 장상호(2000), 『학문과 교육(하): 교육적 인식론이란 무엇인가』, 서울대학교출판문화원, 254쪽; 장상호(2005), 『학문과 교육(중 I): 교육이란 무엇인가』, 서울대학교출판문화원, 499쪽.

35 이것을 키에르케고르(S. Kierkegaard)는 '주체가 점유한 지식'이라 하였다. Kierkegaard, S.(1941), *Concluding Unscientific Postscript*, D. F. Swenson & W. Lowrie(Trans.), Princeton: Princeton University Press, p. 182. 폴라니(M. Polanyi)는 '개인적(또는 인격적) 지식(personal knowledge)'이라 일렀다. Polanyi, M.(1958), *Personal Knowledge*, op. cit., p. viii.

36 김남희(2000), 「법화경의 '방편'에 관한 교육학적 해석」, 서울대학교 석사학위논문; 이미종(2010), 『불교수행과 교과교육』, 교육과학사; Pye, M.(2003), *Skillful Means: A Concept in Mahayana Buddhism*, London: Routledge.

37 피아제(J. Piaget)와 비고츠키(Выготский)의 연구는 아이들은 인지, 언어, 개념, 생각이 발달하는데 일정한 단계와 순서가 있음을 밝혔다. Piaget, J.(1923), *Langage et la penscee chez l'enfant*, M. Gabain(Trans.)(1974), *The Language and Thought of the Child*, New York.: New American Library; Piaget, J.(1947), *La Psychologie de l'intelligence*, M. Piercy & D. E. Berlyne

말로 바꾸어야 한다.

낮은 수준이나 단계에 있는 이가 높은 수준이나 단계의 문학 지식이나 이론을 이해할 수 없다. 배우는 이가 배우려는 도전 의식이 생길 수 있는 것을 만나야 즐겁게 배우려고 한다. 문학 연구에서 밝혀낸 높고 가치 있는 지식이라도 그것을 배우는 이의 수준을 생각하지 않고 강요하게 되면 탐구나 배움의 즐거움을 체험할 수 없다.

배우는 이의 눈높이에 맞게 다듬은 지식은 다음 단계의 지식을 배우기 위한 디딤돌이 된다. 그러나 다음 단계의 지식을 얻고 나면 이제 버려야 할 걸림돌이 되기도 한다. 이렇듯 교육에서 말하는 방편은 디딤돌이자 걸림돌이라는 두 가지 성격을 모두 갖는다. 사다리를 오르고 나면 그 사다리를 치워야 하고 뗏목으로 강을 건너고 나면 뗏목을 지고 뭍으로 갈 수 없듯이, 방편으로 삼아 배웠던 지식은 더 수준 높은 지식에 이르렀을 때는 과감히 버려야 한다. 어떤 문학 지식을 배울 때 배우는 이에 맞게 다듬은 지식을 배우고 나면, 이제 그 다듬은 지식은 곧 틀린 것(오류)이 된다. 그러나 **틀린 것을 디딤돌 삼아 더 나은 지식으로 나아간다.** 따라서 문학 교실에서는 오류, 거짓, 오답, 오개념도 잘 살려 써야 한다.[38] 이런 방편 지식이 없이는 어려운 지식을 이해하기 힘들다.

(Trans.)(1972), *The Psychology of Intelligence*, New York: Routledge; Выготский, 이병훈·이재혁·허승철 옮김(2021), 『사고와 언어』, 앞의 책. 배우는 이의 늘품을 헤아리지 않고는 제대로 가르칠 수 없다는 것을 보여준다.

38 폐기된 학술 담론조차 교육적으로 유의미하게 쓰일 때가 있다. 한정민·류수열(2021), 「고교학점제가 요청하는 국어 교사의 수업 전문성에 대한 소고-사설시조 교육의 국면을 중심으로-」, 『우리말교육현장연구』 15(2), 우리말교육현장연구회, 78쪽. 오우키와 굿맨(Owocki & Goodman)은 언어학습에서 아이들이 보이는 오류(error)가 중요함을 강조하고 이 오류를 실수(mistake)나 틀림(wrong)으로 다루기보다는 아이들의 배움을 돕는 오단서(miscue)로 살려 써야 한다고 하였다. 이들이 쓴 '오단서(miscue)'란 말은 더 나은 배움을 위한 실마리란 뜻에서 교육 쪽에서 받아들여 쓸 만한 말이다. Owocki, G. & Goodman, Y.(2002), *Kidwatching: Documenting Children's Literacy Development*, Portsmouth, NH: Heinemann, pp. 7-8.

한편 문학 지식이나 이론을 쉽고 단순하게 꾸미면 그것이 방편이 된다고 여겨서는 안 된다. 배우는 이의 경험, 늘품, 실력, 인지·정서·심동의 발달 상태들을 모두 살피고 헤아려 그에 맞게 다듬고 손질해야 한다.[39] 그렇기에 교육이 어려운 것이고 참다운 가르침이 어려운 것이다. 그동안 문학교육이 가르치는 쪽에만 치우쳐서 배우는 쪽을 가벼이 여기지 않았는지 되돌아보아야 한다.

5. 나오며

문학 연구와 문학교육이 어떻게 다르고 둘은 어떤 관계 맺기를 할 수 있으며, 문학 연구의 열매를 문학교육에서 어떻게 살려 쓰는 것이 학문과 교육 모두를 발전시킬 수 있을지 따져보았다. 문학 연구는 학문하는 길을 간다면, 문학교육은 교육하는 길을 따라야 한다. 문학교육이 문학 연구에 매여서는 바람직한 교육이 일어나지 않는다. 문학교육은 교육만의 값어치를 살릴 수 있는 쪽으로 나아가야 한다.

문학교육은 문학 연구의 열매(결실, 산물, 결과)를 밑감 삼아 가르치고 배우는 활동인데, 문학교육이 교육의 참뜻과 참모습을 살리려면 문학 연구의 열매보다는 '교육'에 더 무게를 두어야 한다. 문학 연구의 열매를 문학교육의 목적보다는 바람직한 교육을 위한 밑감으로 여기는 것이 좋다. 문학 연구에서 밝혀낸 문학 지식이나 이론도 그것 자체를 과녁으로 삼기보다는 가르침과 배움의 활동을 북돋는 밑감으로 다루어야 한

39 듀이는 학자에게 의미를 지니는 교과의 내용을 거의 그대로 아이들에게 보이거나 기껏해야 어려운 내용을 걷어내고 더 쉽게 바꾸는 정도로만 손질하는 것을 나무랐다. Dewey, J.(1956), *The Child and the Curriculum*, op. cit., p. 24. 배워야 할 자료를 개인의 필요나 역량에 맞도록 조절하지 못하면 비교육적인 경험을 불러온다. Dewey, J.(1963), *Experience and Education*, New York: Collier Books, pp. 46-47.

다. 이것이 문학 연구의 열매를 너무 가볍고 소홀히 다루는 것이 아닌가 하고 되물을지 모르나 오히려 문학 연구라는 학문의 발전을 위해서도 좋은 일이다. 문학 연구에서 밝혀낸 것을 반드시 배우고 익혀야 할 고정된 지식이나 이론으로 여기면 그것에 갇히게 되고, 활발한 탐구와 배움이 일어나기 힘들기 때문이다.

문학 연구의 열매를 어떻게 살려 쓰는 것이 바람직한 문학교육으로 이어질지 늘 탐구해야 한다. 이 글에서는 가르침과 배움의 열정을 북돋을 수 있는 알맞은 밑감을 찾기, 탐구 과제로 살려 쓰기, 배우는 이의 눈높이에 맞게 다듬기, 이렇게 세 가지 정도의 방향만 보였다. 앞으로도 문학 연구의 열매를 문학 교실에서 어떻게 다루는 것이 교육의 가치는 물론이고 학문의 가치도 살릴 수 있을지, 문학교육에 몸담은 이들은 꾸준히 연구해야 할 것이다. 지금의 문학 교실이 교육의 가치도 학문의 가치도 살리지 못하고, 배워야 할 가치나 의미도 모른 채, 위에도 내려준 내용을 의무감이나 책임감으로 마지못해 가르치고 배우고 있는지 되돌아보아야 한다.

02

듀이의 반성적 사고와 문학 지식 교육

듀이의 반성적 사고에 대해 다시 정리해 보고, 이 반성적 사고 틀을 문학 지식 교육에서 살려 쓸 수 있는 길을 찾아보았다. 이어서 문학 지식 교육에서 반성적 사고 틀을 살려 쓰면 어떤 점이 좋은지 짚어보았다.

듀이의 반성적 사고는 누구나 옳다고 여기는 지식도 틀린 것이 있을 수 있으니, 다시 돌아보고 따져보는 사고이다. 문학 지식 가운데는 정해진 답이 없고 꾸준히 답을 찾아야 하는 지식이 있다. 이런 문학 지식은 반성적 사고 틀을 살려 쓰기에 알맞은 밑감이 된다. 문학 지식 교육에서 반성적 사고 틀을 살려 쓰면 학생들이 문학 지식 탐구의 임자가 될 수 있다. 또한 문학 지식에 대한 올바른 관점을 갖출 수 있다. 그리고 반성적 사고 틀은 곧 배우는 자세와 태도이다. 문학 교실은 학생이 반성적 사고를 할 수 있는 환경이 되어야 한다. 교사는 학생이 반성적 사고를 하도록 북돋아 주어야 한다.

1. 들머리

배움, 경험, 공부, 탐구, 연구를 거쳐 얻게 된 앎이 지식이다. 곧 지식은 어떤 무엇(주제, 대상, 현상)에 대하여 생각하고 느끼고 깨닫고 배우고 탐구하고 경험하여 이룩한 앎이다. 지식은 낱낱의 조각으로 따로 떨어져 있지 않고 하나의 틀을 이룬다. 그래서 흔히 정보(情報, information)와 지식(知識, knowledge)을 갈라 보기도 한다.[1] 또한 지식에는 말이나 글

1 듀이(J. Dewey)는 정보를 바탕으로 지식을 갖추어 나가는 것이지 정보 자체가 지식은 아니라고 하였다. Dewey, J.(1916), *Democracy and Education: An Introduction to the Philosophy of Education*, 이홍우 옮김(2007), 『민주주의와 교육』, 교육과학사, 255쪽, 294-296쪽. 페리(W. Perry)는 지식관의 수준이 낮은 대학생은 정보와 지식을 구분하지 못하는 경향이 나타난다고 하였다. Perry, W. G.(1970), *Forms of Intellectual and Ethical Development in College Years*, San Francisco: Jossey-Bass, pp. 66-79. 홍윤경은 지식을 갖춘다는 것은 여러 종류의 정보들을

로 밝히 드러낼 수 있는 것(명시적 지식, 명제적 지식)도 있지만, 말이나 글로 밝히 드러내기 힘든 암묵적 지식(tacit knowing),[2] 실천 속의 지식(knowing-in-practice)[3], 방법적 지식(knowing how)[4]도 있다. 한편 사람은 어떤 지식을 얻고 나면 그 지식을 고치거나 손질하지 않고 끝까지 간직하기도 하지만, 공부하다 자신의 지식이 틀렸거나 모자라다고 생각하여 고치고 손질하기도 하고 더 나아가 아주 버리기도 한다. 어떤 지식에 잘못된 점이나 틀린 것이 드러난다면, 그 지식을 바로잡아야 한다. 세상의 갖가지 지식이 이런 길을 거쳤다. 지식은 끊임없이 새롭게 거듭나고 탈바꿈되는 길을 걷게 되어 있다.

문학 지식은 문학 연구로 밝혀낸 지식인데, 문학 지식도 이런 지식의 역사를 따른다. 한때 누구나 다 옳다고 받아들였던 지식도 나중에 틀린 것으로 드러나 문학 교실이나 문학 교과서에서 다루지 않게 되기도 한다. 또 지금 문학 교실이나 문학 교과서에서 다루고 있는 지식도 한 치의 틀림도 없는 완벽한 진리가 아니다. 언젠가 틀린 지식으로 밝혀질 수 있는(오류가능성이 있는) 문학 지식이다.

그리고 문학 지식 가운데는 학자마다 연구자마다 그 생각이나 견해가 달라 논쟁 가운데 있는 문학 지식도 많다. 그래서 누구의 주장이나 이론이 옳다고 딱 부러지게 말하기 힘든 문학 지식도 있다. 이런 문학 지식은 문학 교실에서 다루기 힘들어 그냥 제쳐두기도 한다. 그런데 달

가진다는 뜻이 아니라, 어떤 현상에 관련된 증거와 까닭들을 알아내는 통합의 안목을 갖춘다는 뜻이라고 하였다. 홍윤경(2019), 「소크라테스의 대화술과 지식의 개념」, 고영준 외, 『지식의 성격과 교육』, 교육과학사, 64쪽. 이돈희는 정보 중에서 내가 이해하고 소화하고 내 인격처럼 된 것이 지식이라 하였다. 이돈희(2020), 『존 듀이와 함께한 질성적 사고와 교육적 경험』, 학지사, 212-213쪽.

2 Polanyi, M.(1966), *The Tacit Dimension*, Chicago: The University of Chicago Press, p. 7.

3 Schön, D. A.(1983), *The Reflective Practitioner: How Professionals Think in Action*, New York: Basic Books, p. 62.

4 Ryle, G.(1949), *The Concept of Mind*, Chicago: The University of Chicago Press, pp. 27-32.

리 생각해 보면 여러 주장이나 견해가 맞서고 있는 문학 지식은 정해진 답이 없기 때문에 탐구 과제로 살려 쓰기에 좋은 밑감이 되기도 한다.

듀이(J. Dewey)의 반성적 사고(reflective thought) 틀은 어떤 주제나 내용에 대해 탐구해 보면서 학생들이 지식을 탐구하는 힘을 기를 수 있는 길잡이가 되어 준다. 더욱이 시원하게 밝히지 못한 문학 지식, 논쟁 가운데 있는 문학 지식, 새로운 견해가 꾸준히 나타나는 문학 지식은 듀이의 반성적 사고 틀을 바탕으로 탐구해 볼 수 있다. 문학 지식 교육에서 듀이의 반성적 사고 틀을 잘 살려 쓴다면, 학생들이 탐구와 배움의 즐거움을 경험할 수 있는 길을 마련해 줄 수 있다. 따라서 이 글에서는 듀이의 반성적 사고 틀을 문학 지식 교육에서 어떻게 살려 쓸 수 있고, 문학 교실에서 듀이의 반성적 사고 틀을 살려 쓰는 것이 어떤 참뜻을 지니는지 밝혀보고자 한다.

2. 듀이의 반성적 사고

듀이의 반성적 사고 틀을 문학 지식 교육에서 살려 쓰려면 먼저 듀이의 반성적 사고가 무엇인지 다시 짚어볼 필요가 있겠다. 듀이의 반성적 사고가 무엇이고 반성적 사고 틀은 어떤 단계로 이루어지는지 살펴보고자 한다.

(1) 반성적 사고의 뜻과 특성

듀이는 사고(思考, thought)[5]와 반성(反省, reflection)[6]을 거의 같은 말

5 'thought'를 흔히 '사고'로 옮긴다. 그런데 '사고'는 뜻밖에 갑자기 일어난 좋지 않은 일을

로 쓰기도 한다. 두 낱말을 합쳐 '반성적 사고(reflective thinking)'[7]로 많이 쓰는데, 이는 '헛된 생각', '터무니없는 생각', '제멋대로 하는 생각'과는 다름을 드러내기 위해서 굳이 같은 뜻의 말을 겹쳐 쓴 것이다. 듀이는 사고는 우리가 하는 일과 그것에서 나오는 결과 사이의 관련을 자세하게 뚜렷이 알아내서 두 가지가 연결되도록 힘쓰는 것이라 하였다.[8] 어떤 사건을 아직 일어나지는 않았지만 앞으로 일어날 어떤 것과 관련지어 앞의 것이 뒤의 것에 어떤 '뜻' 또는 '관련'을 가지고 있는가를 알아내려고 하는 것이 사고라 하였다. 그러기에 사고는 지금 일어나고 있는 일에 대해 개인이 참여하려는 의식에서 생긴다.[9] 이렇게 사고할 때 우리가 하는 일이 왜 그렇게 되어 가는지 이치에 맞게 밝힐 수 있다.

사고는 불확실한, 의심스러운, 또는 문제 되는 것이 있을 때 일어난다. 사고가 있는 곳에 불안, 긴장감이 있다. 사고는 무엇인가 의심스러운 점이 있는 사태에 일어나기 때문에, 사고는 탐구의 과정, 조사의 과정, 연구의 과정이다. 사고는 지금 밝히지 않은 것에 대한 모색이요 추구이다. 모든 사고는 연구이며, 모든 연구는, 비록 이 세상의 모든 사람이 다 확실히 알고 있는 것이라 하더라도, 어떤 사람이 아직 그것을 찾으려고 하고 있다면 그 사람에게는 남다른 것이다.[10]

뜻하는 '사고(事故)'와 헷갈린다. 그냥 쉽게 '생각'으로 옮길 수도 있겠는데, '생각'이란 말에는 깊이 생각하다, 밝히다, 견주어보다, 궁리하다, 조사하다, 탐구하다의 뜻이 모자라 '사고'로 옮기는 것 같다. 쉬운 말인 '생각'으로 옮기는 것이 큰 문제가 아니라면 '생각'으로 옮겼으면 좋겠다. 그러나 이미 많은 이들이 사고로 옮겨 쓰고 있으므로 이 글에서도 어쩔 수 없이 이를 따른다.

6 'reflection'을 '반성'으로 옮기나 쉬운 말인 '돌아보기', '돌이켜 살피기', '되돌아보기'로 옮겨도 좋다고 본다. 그러나 많은 이들이 반성으로 옮겨 쓰고 있으므로 이 글에서도 우선 이를 따른다.

7 'reflective thinking'은 '돌이켜 생각하기', '되돌아 생각하기' 같은 말로 옮기는 것도 좋다고 본다. 그러나 그동안 많이 써왔던 '반성적 사고'란 말을 그대로 따라 쓰겠다.

8 Dewey, 이홍우 옮김(2007), 앞의 책, 236쪽.

9 위의 책, 238-239쪽.

10 위의 책, 239-240쪽.

듀이는 다른 책에서는 어떤 믿음에 대한 근거를 의도를 가지고 구하고, 그 근거가 맞는지 따져보는 과정을 반성적 사고(reflective thought)라 하였다. 그러면서 반성적 사고만이 참으로 교육다운 값어치를 지닌다고 하였다.[11] 자신이 믿고 있는 것에 대해 근거나 까닭, 논리적 결과를 살피는 것이다. 어떤 믿음이나 이른바 지식의 형태에 대해 뒷받침하는 근거와 그것이 가져올 결과에 비추어 힘껏 꾸준히 꼼꼼하게 깊이 생각하는 것이다. 반성적 사고는 튼튼한 근거 위에 믿음을 세우려고 일부러 스스로 힘쓰는 것이다.[12]

반성적 사고에는 사고의 뿌리가 되는 당혹, 망설임, 의심의 상태가 들어 있다. 문제 해결책으로 가정하고 있는 믿음을 뒷받침하거나 반대하는 데 이바지하는 사실들을 찾아내기 위한 탐구도 들어 있다. 반성적 사고는 더 많은 탐구를 하는 동안 판단을 미루는 것이다. 가설(가정)을 증명하거나 버리기 위해 여러 방법으로 자료를 찾는 일이다. 끊임없이 의심하고 틀을 세워 꾸준히 탐구하는 것이다.[13] 반성적 사고(탐구)란 어떤 뚜렷하지 않은 상황을 구성 요소의 구분과 관계에서 매우 뚜렷한 상황으로 통제하거나 지시하여 원래 상황의 요소를 통일된 전체로 바꾸는 일이다.[14] 이로 볼 때 반성적 사고는 **누구나 다 옳다고 받아들이는 지식도 다시 생각하고 물음을 던지고 탐구해 보는 것**이다. **쉽게 따르거나 믿지 않고, 덮어놓고 받아들이지 않고, 서둘러 판단하지 않고, 때로는 땀을 흘려가며, 어려움을 견디며, 뚜렷한 근거를 바탕으로 결론에 이르려는 자세**이다.

---

11 Dewey, J.(1910), *How We Think*, Boston: Heath, pp. 1-2.

12 Dewey, J.(1910), *How We Think*, ibid., pp. 5-6.

13 Dewey, J.(1910), ibid., pp. 9-13.

14 Inquiry is the controlled or directed transformation of an indeterminate situation into one that is so determinate in its constituent distinctions and relations as to convert the element of the original situation into a unified whole. Dewey, J.(1938), *Logic: The Theory of Inqury*, New York: Henry Holt and Company, pp. 104-105.

반성적 사고는 문제와 만났을 때, 문제를 바로 보고 풀 수 있는 길을 찾고 자신이 찾은 길이 마땅한 길인지 짚어보는 일이다. 반성적 사고는 꼼꼼하게 따져서 올바른 지식을 세워나가는 활동이기에 '과학적 사고', '성찰적 사고', '지적 사고'란 말과 같이 쓸 수 있다.

삶 속에서 올바른 지식을 끌어내는 것이 지력(또는 지성, intelligence)이고, 그것을 몸소 펼치는 것이 탐구(inquiry)이다. 이것은 바로 되돌아보면서(반성적으로) 생각하는 것을 뜻한다. 그러니 지력(지성), 탐구, 반성적 사고는 비슷한 말로 그때그때 알맞게 바꿔 쓸 수 있다.[15]

(2) 반성적 사고의 방법과 단계

듀이는 '사고적 경험(또는 반성적 경험, reflective experience)'[16]의 특징을 다섯 가지로 들어 밝혔다. 첫째, 아직 성격을 충분히 알지 못한 불완전한 사태에서 우리가 느끼는 곤혹, 혼란, 의심, 둘째, 가설적 예견 — 정해진 요소에 관한 잠정의 해석과 그것이 가지고 올 결과에 대한 예측, 셋째, 문제의 성격을 정하고 밝히는 데에 도움이 되는 모든 고려사항의 세밀한 조사(정사, 탐색, 분석), 넷째, 더 넓은 범위의 사실에 맞도록 잠정의 가설을 더 바르고 일관되게 가다듬는 일, 다섯째, 세운 가설을 바탕으로 지금의 사태에 적용할 행동의 계획을 세우고, 예견된 결과를 일으키기 위하여 실제로 행동함으로써 가설을 검증하는 것이다.[17] 이것을 간추려서 나타내면 (1) 문제 알기, (2) 가설 세우기, (3) 조사하기, (4) 가

---

15 김재건(2004), 「듀이의 경험론에 기초한 교수-학습과정의 대안 모색」, 『교육의 이론과 실천』 9(1), 한독교육학회, 10쪽.

16 이홍우가 꼬집어 가리킨 대로 'reflective(사고적)'라는 꾸밈말은 쓰지 않아도 된다. 모든 경험에는 사고가 끼어들기에 사고가 끼어들지 않는 경험은 경험이 아니기 때문이다. Dewey, 이홍우 옮김(2007), 앞의 책, 244쪽.

17 Dewey, 이홍우 옮김(2007), 위의 책, 243쪽.

설 가다듬기, (5) 가설 검증하기이다. 문제가 생기면 사고하게 된다. 그 문제를 해결하기 위한 방법을 찾기 위해 하나의 가설을 세우고 그 가설이 옳은지 밝히기 위해 자세한 조사에 들어간다. 그리고 처음에 세웠던 가설을 가다듬고 검증하여 그 가설이 옳다고 판가름 나면 잠정의 해답이 된다.

듀이는 사고가 교육다운 경험의 길이라면서 그 길을 다음의 다섯 가지로 간추려 밝힌다. 첫째, 학생이 진정한 경험 사태를 만나야 한다. 둘째, 사고를 일으키는 자극으로써 진짜 문제가 생겨나야 한다. 셋째, 문제를 다루는 데에 필요한 정보를 가지고 있고 관찰해야 한다. 넷째, 해결 방안이 떠오르고 학생은 그 방안을 체계 있게 바로 세워나가야 한다. 다섯째, 학생은 그의 생각(아이디어)을 실제로 되살려 그 생각의 뜻을 뚜렷하게 하고 옳은지 스스로 확인해야 한다.[18] 이것을 다시 간추리면 (1) 경험 사태 만나기, (2) 문제 만나기, (3) 문제 살피기, (4) 해결 방안 세우기, (5) 해결 방안 확인하기이다.

듀이는 다른 책에서 반성(성찰)의 다섯 단계를 다음과 같이 밝혔다. 첫째, 어려움을 느끼는 것, 둘째, 그것을 확인하고 뜻매김하는 것, 셋째, 할 수 있는 해결 방안을 가정하는 것, 넷째, 이러한 가정의 뜻을 논리 있게 증명하고 펼치는 것, 다섯째, 이러한 가정을 받아들이거나 버리기 위해 관찰과 실험을 해서 믿거나 믿지 않는다는 결론을 내리는 것이다. 여기서 첫 번째와 두 번째 단계를 하나로 합칠 수도 있다.[19] 이를 간추리면, (1) 어려움 느끼기, (2) 어려움의 뜻 뚜렷하게 하기, (3) 풀이 방법 가정하기, (4) 가정이 맞는지 증명하기, (5) 가정에 대한 결론 내리기이다.

18 Dewey, 이홍우 옮김(2007), 위의 책, 261-262쪽.

19 Dewey(1910), *How We Think*, op. cit., p. 72.

이를 바탕으로 보통 듀이의 반성적 사고 5단계라 하면, (1) 문제 알기, (2) 가설 세우기, (3) 조사하기, (4) 가설 검토, (5) 결론 내리기로 이야기한다. 이런 반성적 사고 다섯 단계에 정해진, 굳어진 규칙이 있는 것이 아니기에, 문제의 크기나 줄거리, 형편에 따라 다르게 다룰 수 있다.[20] 두 단계를 합칠 수도 있고, 어떤 단계는 건너뛸 수도 있고, 어느 한 단계에만 집중할 수도 있다. 탐구하는 이의 수준이나 능력에 따라, 문제가 얼마나 복잡하고 어려운가에 따라, 반성적 사고의 단계나 방법은 그때그때 알맞게 바꾸고 손질하여 쓸 수 있다.[21] 따라서 반성적 사고는 하나의 굳어진 튼튼한 틀이 아니라, 탐구하는 사람이나 탐구의 상황, **탐구하는 문제에 따라 얼마든지 다르게 다듬을 수 있는 열린 틀**이다. 반성적 탐구는 "의심-탐구-발견(배움)"의 틀로 이루어져 있다고 할 수 있다.

여기서 한 가지 덧붙일 것은 반성적 사고의 다섯 단계를 보면 알 수 있지만, 반성적 사고의 단계에는 꼭 이론이나 이성과 관련된 사고만 일어나는 것이 아니라, 질성의 사고도 일어난다는 것이다. '질성의 사고(qualitative thought)'는 어떤 상황에 대한 전체의 느낌이다. 말이나 뜻으로 매기기에 앞서 곧바로 느끼는 깨달음이다. 질성의 사고의 가장 좋은 본보기로 흔히 어떤 무엇이나 상황을 느낌씨(감탄사)로 나타낼 때를 들

---

20 Dewey(1910), ibid., p. 78.

21 헌트(M. Hunt)와 메트칼프(L. Metcalf)는 듀이의 반성적 사고 단계를 (1) 문제 알기와 뜻매김(recognition and definition of a problem), (2) 가설 세우기(formulation of hypotheses), (3) 가설의 논리적 함의 자세히 밝히기(elaboration of logical implications of hypotheses), (4) 가설 검증(testing of hypotheses), (5) 결론 내기(drawing of a conclusion)와 같이 손질하였다. Hunt, M. P. & Metcalf, L. E.(1968), *Teaching High School Social Studies: Problems in Reflective Thinking and Social Understanding*, New York: Harper & Row, pp. 68-69. 박준영은 듀이의 반성적 사고 단계를 (1) 제안/암시, (2) 지성화, (3) 가설, (4) 추론, (5) 검증으로 보고 여기에 사람이 바깥세상과 서로 영향을 주고받으면서 진화한다는 관점에서 (6) 미래 전망을 덧붙였다. 박준영(2004), 「John Dewey의 지성에 대한 개념분석과 교육적 논의」, 『교육사상연구』 15, 한국교육사상연구회, 6쪽. 이렇게 듀이의 반성적 사고는 굳어진 틀이 아니라 얼마든지 고쳐 쓸 수 있다.

수 있다. 그 상황 전체를 아우르는 질을 느끼는 것이다.[22] 어떤 문제를 꼼꼼히 따져보기에 앞서 그 문제 전체에 두루 퍼져 있는 느낌을 먼저 잡아채고 깨달아야 할 때가 있다. 반성적 사고는 처음에 탐구하고자 하는 무엇과 만났을 때 느낌을 나타내는 말로 시작해서 탐구를 마친 다음에는 만족이나 마무리를 나타내는 말로 끝난다.

3. 문학 지식 교육에서 반성적 사고 틀 살려 쓰기

마음을 당혹하게 하고 마음에 도전해서 믿음을 조금이라도 불확실하게 만드는 모든 것이 문제가 된다. 이런 문제를 풀려면 탐구를 해야 한다. '갈림길 상황'에 맞닥뜨리면 불확실함이 주는 긴장이 생겨 문제를 풀려는 탐구심이 일어난다.[23] 균형이 깨어진 상태를 균형 잡힌 상태로 되돌리려고 힘쓰는 것이 탐구(반성적 사고)이다.[24] 말하자면 정해진 답이 있는 것보다는 정해진 답이 없을 때, 문제를 만났을 때, 깊이 생각하게 되고 탐구하게 된다. 그래서 듀이는 "문제는 사고의 목적을 결정하고, 목적은 사고의 과정을 통제한다."[25]고 하였다. 문제가 있는 곳에 사고가 있고, 문제를 풀기 위해 힘쓰는 일이 곧 사고를 이끈다.

문학 지식 가운데는 배우는 이에게 문제로 느껴지는 문학 지식이 있다. 배우는 이의 탐구심을 불러일으키는 문학 지식이 있다. 또 문학 연구 쪽에서 시원하게 풀지 못해 아직도 답을 기다리고 있는 문학 지식이 있다. 어떤 문학 지식은 꾸준히 새로운 견해나 이론이 나타나기도 한다.

---

22 Dewey, J.(1930), Qualitative thought, In J. A. Boydston(Ed.)(1984), *John Dewey: The Later Works*, V.5, Carbondale: Southern Illinois University Press, p. 250.

23 Dewey(1910), *How We Think*, op. cit., pp. 9-11.

24 Dewey(1938), *Logic: The Theory of Inqury*, op. cit., p. 27.

25 Dewey(1910), *How We Think*, op. cit., p. 12.

이렇다고 할 때 문학 지식 교육에서 듀이의 반성적 사고의 틀을 살려 쓴다면 배우는 이에게 뜻깊은 교육 경험을 마련해 줄 수 있다. 문학 지식 교육에서 반성적 사고의 틀을 어떻게 살려 쓸 수 있을지 살펴보고자 한다.

(1) 시원하게 밝히지 못한 문학 지식

문학 지식 가운데는 아직 시원하게 밝히지 못한 문학 지식이 있다. 보기를 들어 고려 노래(고려 속요)[26] 작품들의 낱말 뜻풀이를 들 수 있다. 작품 속에 나오는 옛말을 뚜렷이 밝히지 못해 뜻풀이가 어려운 작품이 많다. 고려 노래는 23편 정도의 작품밖에 안 되지만 뚜렷하게 그 뜻을 알 수 있는 작품은 거의 없다. 지금까지 많은 연구자가 고려 노래의 뜻을 밝히고자 힘썼으나 만족할 만한 수준에 이르지 못하고 있다. 문법에 맞추다 보면 노래의 뜻풀이에 문제가 생기고 노래의 뜻풀이에 무게를 두면 문법을 어그러뜨리는 일이 많았다.[27]

그런데 교과서에는 오늘날 말 풀이(현대역)가 옳은지, 다르게 풀이할 수는 없는지 제대로 안내하지 않고 있다. 이것은 학생들에게 생각할 기회를 주지 않고 틀린 풀이일 수도 있는 풀이를 일방으로 보여주는 격이다.[28] 교과서에는 가장 널리 인정되고 있는 몇 가지 풀이를 주고 작품의 주제와 관련하여 전해줄 수 있는 중요한 어학적 정보를 주지 않고 있다.[29]

---

26 고려시대의 우리말 노래(국문시가)를 고려가요, 고려속요, 속악가사같이 여러 가지로 이르고 있으나 모두 흠이 있다. 여기서는 고려 노래로 쓰겠다.

27 고영근·남기심 공편(2014), 『(보정판) 중세어 자료 강해』, 집문당, 426쪽.

28 이병기·임재욱(2022), 「〈동동〉을 이용한 국어사와 고전문학의 통합적 교육」, 『한국어문교육』 39, 고려대학교 한국어문교육연구소, 104쪽.

29 김유범·하윤섭(2021), 「국어교육을 위한 국어사와 고전문학의 소통과 협력」, 『국어교육

아직 밝히지 못한 것, 확실치 못한 것, 의심스럽거나 문제 되는 것이 있을 때 반성적 사고를 하게 된다. 이미 탐구가 끝난 것, 결론 내린 것을 단순히 알려주고 전해줄 때는 반성적 사고가 필요 없다.[30] 그렇기에 정해진 문학 지식을 알려주는 문학 교실에서는 활발한 탐구가 일어나기 힘들다.

작품의 낱말 풀이가 어려운 작품은 제쳐두거나 몇몇 권위 있는 학자의 견해를 보기로 보여주기도 한다. 그런데 이것은 학생들이 활발하게 탐구할 수 있는 기회를 빼앗는 것이다. 여러 뜻풀이를 보여주고 어떤 풀이가 알맞고 작품 전체의 흐름에 들어맞는지 탐구하고 생각할 수 있게 해 주는 것이 좋다. 이때 반성적 사고의 틀을 살려 써서 학생들이 탐구하게 할 수 있다. 시원하게 밝히지 못한 문학 지식이 있을 때, 여러 견해나 주장을 소개해 주고 학생들이 조사하고 서로 의견을 주고받으면서 가장 나은 답을 찾아가게 해 주어야 한다. 시원하게 밝히지 못한 문학 지식은 오히려 학생들이 반성적 사고와 탐구를 힘껏 할 수 있는 좋은 밑감이 된다.

(2) 논쟁 가운데 있는 문학 지식

문학 지식 가운데는 학자, 연구자, 이론가마다 생각이 달라 서로 다른 견해나 이론을 내세워 논쟁 가운데 있는 문학 지식이 있다. 이렇게 논쟁 가운데 있는 문학 지식은 어느 한 사람의 이론만을 교과서에 실어 다루기가 어렵기 때문에, 문학 교실에서 다루지 않기도 한다. 아니면 그나마 가장 잘 알려진 학자의 이론을 교과서에 싣고 소개하기도 한다.

학연구』 56(4), 국어교육학회, 65쪽.

30 Dewey, 이홍우 옮김(2007), 앞의 책, 239-240쪽.

그런데 논쟁 가운데 있는 문학 지식도 정해진 답이 없기에 반성적 사고나 탐구활동의 밑감으로 살려 쓰기에 좋을 수 있다. 배우는 이가 새로운 지식을 탐구하고 새로운 개념을 찾아내려는 마음이 생길 때 비로소 배우는 이에게 문제로 다가온다.

보기를 들어 문학 갈래라는 문학 지식을 공부할 때, 우리 문학의 작은 갈래(역사적 갈래) 가운데는 그 갈래를 어느 한 가지로 정하기 어려운 문학이 있다. 가사 문학이나 판소리는 여러 갈래의 성격을 띠고 있어 연구자마다 그 갈래를 다르게 정하고 있다. 이 밖에도 경기체가나 몽유록, 가전체, 수필에 대해서도 연구자에 따라 갈래를 다르게 보기도 한다.[31] 또 같은 작품이라도 그 작품의 갈래를 달리 보기도 한다.[32]

우리 시나 노래의 말가락(율격) 같은 문학 지식도 논쟁 가운데 있는 문학 지식이다. 한때는 우리 시나 노래의 말가락은 마디로 끊어 읽는 데서 생긴다고 여겨 이른바 음보율로 설명하려는 이론이 힘을 떨쳤다. 그러다가 음보율 이론이 우리 시가의 말가락을 온전히 밝히기 어렵기에 우리 시가는 글자 수가 어느 정도 정해져 있는 데서 말가락이 생긴다는 음수율로 눈을 돌리기 시작했다.[33] 그래서 지금은 음수율도 꽤 설득력을 얻고 있다. 이렇게 우리 시와 노래의 말가락(율격) 이론도 논쟁 가운데 있어 어느 한 사람의 이론이나 어느 한 가지 이론을 가장 옳다고 교과서에 실어 보이고 가르치는 것은 문제가 있다. 그런데 중등학교 교과서에는 주로 음보율로 우리 시가의 율격을 설명하고 있다.[34] 이것은 학생들

---

31 송재익(2024), 「문학 갈래에 대한 몇 가지 논쟁과 문학 갈래 교육」, 『청람어문교육』 98, 청람어문교육학회, 297-330쪽.

32 「상춘곡(賞春曲)」을 서정 갈래로 보는 이도 있지만, 교술이나 전술, 곧 네 번째 갈래(제4장르)로 보는 이도 있다. 자세한 것은 이 책 7장에서 다룬다.

33 송재익(2024), 「우리 시가 율격 규정의 어려움과 운율 교육 – 음보율과 음수율 논쟁을 중심으로 –」, 『국어교육』 185, 한국어교육학회, 128-135쪽.

34 류수열(2018), 「시조의 율격에 대한 학술 담론과 교육 담론의 거리 – 시조는 음보율로 설명될 수 있는가 –」, 『시조학논총』 48, 한국시조학회, 16-20쪽.

이 반성적 사고를 하여 교과에 나오는 문학 지식도 새롭게 구성할 수 있는 경험을 가로막는 것이다. 듀이가 한 말대로 이른다면 무기력한 정보 덩어리, 의미 없는 상징에 그치게 된다.

논쟁 가운데 있는 문학 지식에 대해서 학생들이 반성적 사고를 해 보게 하고 탐구할 수 있는 마당을 마련해 주는 것이 좋다. 그러면 학생들이 반성적 사고를 할 수 있게 도움이 되는 자료를 준비해서 주거나 학생들이 그런 자료들을 찾아 모을 수 있게 해야 한다. 그리고 그 도움 자료를 바탕으로 어떤 견해나 주장이 가장 옳은지, 가장 나은지, 스스로 또는 모둠끼리, 또는 반 전체 학생들과 함께 탐구하고 토론하고 대화하는 시간을 갖게 하는 것이 좋다.

(3) 새로운 견해가 나타나고 있는 문학 지식

있던 지식이나 이론이 무엇인가 모자람이 있어 새로운 견해가 나타나기도 한다. 문학 지식 가운데서도 이렇게 새로운 견해가 꾸준히 이어지고 있는 문학 지식이 있다. 소설의 시점-서술 이론도 그 가운데에 든다. 브룩스(C. Brooks)와 워렌(R. Warren)이 4가지 시점[35]을 보인 다음에도 여러 이론가가 새로운 시점-서술 틀을 보였다. 그러나 아직도 시점-서술 이론에 대한 새로운 견해는 널리 소개되지 않고 브룩스와 워렌의 4가지 틀이 힘을 떨치고 있다. 그러나 브룩스와 워렌의 4가지 틀이 모든 소설 작품의 시점과 서술을 다 설명할 수는 없다. 그래서 우리나라에서도 몇몇 학자들이 새로운 시점-서술 이론을 내놓았다.[36]

---

35 Brooks, C. & Warren, R. P.(1979), *Understanding Fiction(3rd ed.)*, Englewood Cliffs, N.J.: Prentice-Hall, p. 174.

36 송재익(2022), 「소설의 시점-서술 교육의 한 방향」, 『한국어문교육』 39, 고려대학교 한국어문교육연구소, 392-396쪽. 더 자세한 것은 9장에서 다룬다.

이 밖에도 어떤 작품에 나오는 낱말이나 글귀에 대해서도 새로운 견해가 꾸준히 이어지고 있다. 보기를 들어 이조년(李兆年)의 작품으로 알려진 「다정가(多情歌)」의 중장 마지막 글귀 '아라마는'을 처음에는 '알랴마는' 정도로 풀었으나 나중에 '알건마는'의 뜻으로 보아야 한다는 견해가 나타났다. 또 그다음에 '알랴마는'이나 '알건마는'으로 풀어도 이 작품을 바로 풀이할 수 없다는 견해도 나타났다.[37] 고려 노래 「청산별곡(靑山別曲)」의 7연 '에정지'에 대해서도 새로운 풀이가 꾸준히 나타나고 있다.[38] 앞으로 더 나은 풀이가 나올 수도 있다.

새로운 견해가 나타나고 있는 문학 지식에 대해서, 그동안 많은 이들이 받아들였던 한 가지 견해만을 교과서에 보이고 가르치는 것은 바람직한 방법이 아니다. 교과서에서 소개하고 있는 이론을 학생들은 정답으로 여길 수 있기 때문이다. 새로운 견해가 꾸준히 나타나고 있는 문학 지식도 학생들이 반성적 사고 틀로 탐구하게 해야 한다. 그러면서 교과 속의 문학 지식도 탐구가 끝난 것이 아니라 끊임없이 탐구해야 할 과제임을 경험하게 된다. 이렇듯 반성적 사고는 또 다른 탐구를 불러온다.

한편 여기서 보기로 든 문학 지식을 문학 교실에서 다룬다면 아이들의 눈높이에 맞게 보이는 길을 마련해야 한다. 듀이는 다음과 같이 말한다. "탐구 문제는 사고와 탐구를 일으키기에 넉넉할 만큼 크면서도 또한 너무 크지 않은 문제가 좋다. 학생들에게 혼란을 주면서도 해결의 실마리가 잡힐 정도로 낯익은 부분이 군데군데 반짝이도록 하는 것이 좋다."[39] 어렵지만 조금만 공부하고 연구하고 탐구한다면 풀 수 있고 밝힐 수 있

37 김유범·하윤섭(2021), 앞의 글, 69-73쪽.

38 몇 가지만 든다면, 딴 부억/ 준정지(準淨地)/ 외딴 어떤 곳/ 공평무사하게(부사)/ 모심기 노래(이앙가)/ 정자터/ 갈림길/ 배 모양의 외딴 지형/ 어정(御井)터/ 부엌 참, 이렇게 여러 풀이가 있다.

39 Dewey, 이홍우 옮김(2007), 앞의 책, 253쪽.

다고 느껴지는 문제가 좋다. 문학 지식을 학생들의 눈높이 맞게 다듬어 마련해 주어야 학생들은 반성적 사고 틀로 탐구할 수 있다. 너무 어려운 수준으로 탐구하도록 한다면 학생들은 버거워서 탐구의 흥미를 잃는다. 학생들이 혼란을 느끼면서도 풀이의 실마리를 잡을 수 있는, 알쏭달쏭한 탐구 문제를 찾고 캐야 한다.

4. 문학 지식 교육에서 반성적 사고 틀 살려 쓰기의 값어치

교사는 정해진 문학 지식을 전하고 알려주기에 바쁘고 학생은 그것을 잘 배우고 익혀 문학 지식과 관련된 시험 문제를 잘 푸는 데만 힘을 쓴다면, 바람직한 문학 지식 교육이라 할 수 없다. 학생은 그 문학 지식이 어떻게 하나의 이론이 되었는지 살펴보고 탐구해 보아야 한다. 문학 지식이 거쳐온 길(어떻게 달라지고 고쳐지고 더 나아졌는지)을 들여다 볼 수 있게 해야 한다. 또 더 손질할 만한 데는 없는지 따져보게 해야 한다. 이런 문학 지식 교육으로 나아가려면 반성적 사고 틀을 살려 쓰는 것이 좋다. 문학 지식 교육에서 반성적 사고를 살려 쓰는 것이 어떻게 바람직한 문학 지식 교육을 이끌 수 있는지 짚어보겠다.

(1) 문학 지식 탐구의 주인 되기

듀이는 지식에 대해 구경꾼이 되지 말고 참여해야 한다고 하였다.[40] 남의 손을 거친 지식은 다른 사람의 지식이며 이것은 거의 모두 언설에 그친다.[41] 바깥의 권위가 다스리거나 시킬 때 사람은 생각하지 않는다.[42]

---

40 Dewey, 이홍우 옮김(2007), 위의 책, 481쪽.

사고라는 것은 제 것이 아니라면 참다운 사고가 아니다.[43] 바깥에서 억지로 내려준 것을 이겨내는 길은 한 사람이 주체가 되어 스스로 반성하고 판단하는 것이다. 멈추고 생각할 줄 알아야 한다.[44]

듀이는 탐구의 방법으로 (1) 즉각적 태도, (2) 열린 마음, (3) 집중과 전념, (4) 책임감, 이렇게 네 가지를 들었다. 즉각적 태도는 말 그대로 곧바로 관심을 지니는 것이다. 다루는 문제에 온 마음과 힘을 다하는 관계를 맺는 태도이다. 여기는 스스로 한다는 뜻이 담겨 있다. 열린 마음은 모든 정보, 제안을 받아들이는 태도이다. 결론을 내리는데 살펴야 할 모든 것들을 공평하게 받아들이려는 마음이다. 집중과 전념은 탐구하고자 하는 지식에 능동적으로 몰두하고 전적으로 관심을 보이는 것이다. 시키는 대로 마지못해서 할 때 집중과 전념은 일어날 수 없다. 책임감은 '지적 철저함'으로 자신이 받아들이는 지식이나 믿음을 끝까지 꼼꼼하게 살펴 아주 내 것으로 만드는 것이다. 안다든가 믿는다는 것의 표준을 엄격히 한다는 뜻이다.[45]

이런 탐구의 방법은 탐구하는 이가 스스로 힘껏 탐구활동에 임해야 한다는 것을 일러준다. 탐구하고자 하는 지식에 내가 관심을 가져야 하고 내가 스스로 집중하고 전념할 수 있어야 하며, 여러 자료와 정보를 공평하게 받아들여야 제대로 조사할 수 있다. 어느 한쪽에 치우치면 과학적 탐구가 되기 힘들다. 꼼꼼하게 살펴 내가 결정한 것에 책임을 질 줄 알아야 한다. 그래야 내 지식이 되고 탐구의 주체가 된다.

---

41 위의 책, 295쪽.

42 Dewey, J.(1920), *Reconstruction in Philosophy*, New York: Henry Holt and Company, p. 139.

43 Dewey, J.(1956), *The School and Society*, Chicago: The University of Chicago Press, p. 56.

44 Dewey, J.(1963), *Experience and Education*, New York: Collier Books, p. 64.

45 Dewey, 이홍우 옮김(2007), 앞의 책, 275-284쪽. 폴라니(M. Polanyi)도 어떤 지식이 그 사람의 참지식이 되려면 그 사람의 믿음, 책임감, 헌신이 담겨야 한다고 하였다. Polanyi, M.(1966), *The Tacit Dimension*, op. cit., pp. 24-25.

문학 교육과정이나 문학 교과에 나오는 문학 지식에 대해 문학을 연구한 학자나 전문가, 교수, 교사가 가리고 골라 정해 놓았으니, 그것을 잘 배우고 익히면 된다고 생각한다면, 그 지식을 스스로 다시 따져보지도 못하고 곱씹어보지도 못하고 값매김해 보지도 못하고 생각 없이 받아들이게 되어, 정해진 문학 지식에 갇히게 된다. 조금 심하게 말하면 지식의 종노릇을 할 뿐이지 지식의 임자 노릇을 못 하게 된다. 누구나 다 옳다고 여기는 지식이라도 내가 그 지식 속에 뛰어들어야 나한테 뜻이 있는 지식이 된다. **지식을 얻는다는 것은 남이 말한 지식을 되뇌고 외우는 것이 아니라, 내가 힘껏 들여다보고 톺아보는 일**이다.

(2) 문학 지식에 대한 올바른 관점 갖추기

듀이는 지식이 배우는 이 바깥에 따로 정해져 있는 것이 아니라, 배우는 이와 배우는 이가 살고 있는 세상(환경)이 끊임없이 서로 주고받고 서로에게 힘을 미치며 서로를 달라지게 하면서 생기는 것이라 생각했다. 해 보고 겪어보면서 알아가고 깨닫게 되는 것이지 배우는 이의 경험과 상관없이 따로 객관으로 있는 것이 아니다. 배우는 이와 지식이 영향을 주고받아 서로를 질적으로 달라지게 할 때,[46] 그 지식이 배우는 이에게 뜻깊은 지식이 된다.

교과서에서 설명하고 있는 문학 지식은 학자나 전문가의 권위 있는 의견이자 이론이기에 그것을 따지거나 묻지 말고 그대로 배우고 익혀야 한다고 하면, 거기에는 탐구, 물음, 되짚어보기 같은 것이 숨 쉴 틈이 없게 된다. 문학 지식을 연구한 이들 가운데는 다른 사람의 이론에서

46 이것이 듀이 이론에서 중요한 말인 '교변작용(交變作用, transaction)'이다. Dewey, J. & Bentley, A. F.(1949), *Knowing and Known*, In J. A. Boydston(Ed.)(1991), *John Dewey The Later Works*, V.16, Carbondale: Southern Illinois University Press, pp. 112-115.

틀린 점을 찾아 보태거나 손질하여 저 나름의 이론을 세운 이도 있다. 자신들은 이렇게 남의 지식이나 이론을 따져보고 평가해 보는 길을 걸어왔으면서 학생들에게는 그런 길을 걷지 말고 우리가 세운 이론이나 지식을 그대로 따르라고 하는 것은 학문하는 태도도 아니고 교육하는 태도도 아니다. 학자들은 반성적 사고를 했으면서 학생들은 반성적 사고를 하지 말라고 하는 격이다.

듀이는 지식을 우리가 간직해야 할 진리로 보기보다는 다음 지식, 더 나은 지식을 얻기 위한 도구, 수단으로 보았다. '이 지식이 무엇인가?' 보다는 '이 지식으로 무엇을 할 수 있느냐?'에 무게를 두었다.[47] 지식은 검사하기까지는 한때의 지식이요, 틀릴 수 있는 지식이다. 개념, 이론, 체계는 아무리 바르고 꼼꼼하고 이치에 맞다 하더라도 가설로 여겨야 한다. 지식은 도구이기에 지식의 가치는 그 자체에 있는 것이 아니고 그것을 어떻게 부려 쓰는가에 있다.[48]

이런 듀이의 지식관에 따르면, 교과에 나오는 지식, 문학 연구자들이 이룩하고 세운 지식도 반드시 배우고 익혀야 할 절대 지식이 아니라 탐구를 위한 도움 자료나 길잡이인 셈이다. 문학 교실에서 다루는 지식에 대해 되도록 온전히 고스란히 학생들이 배워야 할 지식으로 생각하기보다는 그 지식도 틀릴 수 있다고 생각하고, 더 나은 답을 찾기 위한 디딤돌로 여겨야 한다. 학생의 지력과 탐구력을 키울 수 있게 살려 써야 할 밑감이다.

---

47 노진호(1998), 「듀이(J. Dewey)의 교육이론에서 반성적 사고의 위상」, 『교육철학연구』 19, 교육철학회, 153쪽.

48 Dewey(1920), *Reconstruction in Philosophy*, op. cit., p. 145. 여기서 도구는 단순한 수단(mere means)이 아니라 꼭 필요한 도구라는 뜻에서 탐구의 본질이 되는 구성 요소(intrinsic constituents)이다. Dewey, J.(1934), *Art as Experience*, New York: Minton, Balch & Company, p. 172. 지식은 반드시 내 것으로 만들어야 할 목적이기보다는 반성적 사고나 탐구를 이끄는 종요로운 수단이다.

듀이는 지식 자체를 견주거나 맞설만한 것이 없는 것으로 여기지 말고 '정당화된 주장(justified assertion)'으로 여겨야 한다고 했다.[49] 또 지금 탐구하여 얻어낸 지식은 굳건한 것이 아니라, 다음 탐구로 달라질 수 있기에 그 지식은 진리라기보다는 '보증된 언명가능성(warranted assertibility)'이라 하였다.[50] 탐구로 검증을 거친 지식은 한때나마 보증되지만, 나중에 잘못된 점이 드러나면 지식의 자격을 잃는다. 지식을 탐구나 사고를 위한 자료나 수단으로 삼아야 한다는 말이다. 따라서 반성적 사고로 탐구한 지식도 다음의 반성적 사고를 위한 밑거름이 된다. 다음에 배울 지식의 발판이 된다.

문학 교실에서 다루는 문학 지식을 맨 마지막의 '완성된 산물(finished product)'[51]로 받아들인다면, 그 지식이 어떤 길을 거쳐 왔는지, 앞으로 다시 손보지 않아도 되는지 살필 수 없게 된다. 지금 배우고 있는 문학 지식도 나중에는 틀린 것으로 드러날 수 있기 때문에 탐구를 꾸준히 하는 것이다. 모든 지식이 틀릴 수도 있다는 것이 반성적 사고를 하게 하는 것이다. 탐구는 **있던 지식을 끊임없이 깁고 고치고 다듬는 일**이다.

반성적 사고는 의심하고 탐구, 조사하고 새롭게 발견하는 틀로 되어 있다. 반성적 사고는 교과서 속의 문학 지식도 틀릴 수 있으므로 다시

---

49 Dewey, J.(1938), *Logic: The Theory of Inqury*, op. cit., p. 143.

50 Dewey, J.(1938), ibid., p. 16. 듀이와 같이 절대 진리를 부정하는 이로 로티(R. Rorty)와 포퍼(K. Popper), 폴라니(M. Polanyi)를 들 수 있다. 폴라니는 "과학으로 확실하다고 여기는 것도 지금 있는 증거로 볼 때 가장 개연성(probability)이 있다는 주장을 할 수 있을 뿐이다."고 하여 '개연성'이란 말을 썼다. Polanyi, M.(1969), *Knowing and Being*, Chicago: The University of Chicago Press, p. 94. 포퍼는 우리가 배우는 지식은 완벽한 진리가 아니라 진리의 '근사치(verisimilitude)'로 여겨야 한다고 하였다. Popper, K. R.(1972), *Objective Knowledge: An Evolutionary Approach*, Oxford: Oxford University Press, p. 47. 로티는 진리를 대문자의 진리(Truth)와 소문자(truth)의 진리로 구분하고 우리는 소문자의 진리만을 추구할 수 있다고 보았다. Rorty, R.(1979), *Philosophy and the Mirror of Nature*, Princeton, N.J.: Princeton University Press, pp. 377-378.

51 Dewey, J.(1963), *Experience and Education*, op. cit., p. 19.

살피는 것이기에 문학 지식에 대해 올바른 관점을 갖게 한다. 교과서 속의 문학 지식은 진리가 아니라 잠깐 보증된 이론이다. 탐구나 배움 활동을 위한 밑감이다.

(3) 참다운 배움에 대한 보람 경험

듀이는 빨아들이기 중심의 단순 배움(absorption and mere learning)보다 구성해 내어놓는(construction and give out) 배움을 강하게 내세웠다.[52] 단지 책을 보고 교과를 배우는 일은 하나의 듣기일 뿐이며, 이런 교실의 모습은 모두 '듣기용'이다. 가르치는 내용을 그대로 듣는 것은 수동적 빨아들이기이다.[53] 교과의 지식을 그대로 고스란히 받아들이게 되면 교과의 지식은 뜻깊은 경험과 동떨어지게 되고 학생은 '의미 없는 상징'을 배우게 된다. 그렇게 되면 교과의 지식은 '무기력한 정보의 무더기'로만 남는다.[54] 이것은 '죽은 공부'이다.[55]

이것은 프레이리(P. Freire)가 말한 '은행 저금식 교육(banking education)'과 비슷하다. 은행 저금식 교육은 교사가 설명하면 학생은 그것을 참을성 있게 받아들이고 모으고 차곡차곡 쌓고 외우고 되풀이하는 것이다. 은행 저금식 교육에서는 지식 교육을, 지식을 가진 이가 지식이 없는 이에게 일방적으로 전달하는 것이 된다. 마치 은행에 돈을 예금하듯이 교사는 돈을 맡기고 학생은 돈을 쌓아둔다.[56] 교과서의 지식을 기억하는

---

52 Dewey, J.(1909), *Moral Principles in Education*, Boston: Houghton Mifflin Company, ch. 3.

53 Dewey, J.(1956), *The School and Society*, op. cit., pp. 32-33.

54 Dewey, 이홍우 옮김(2007), 앞의 책, 334-336쪽.

55 Dewey, 이홍우 옮김(2007), 위의 책, 324쪽.

56 Freire, P.(1973), *Education for Critical Consciousness*, New York: Seabury Press, p. 118; Freire, P.(2000), *Pedagogy of the Oppressed*(30th anniversary ed.), M. B. Ramos(Trans.), New York: Continuum, p. 72.

것에만 힘을 쏟아서는 지식을 구성하고 창조하는 데까지 나아갈 수 없어 참다운 배움이 일어나지 않는다. 정해진 지식을 그대로 들이붓거나 쑤셔 넣으려 한다면 아이들은 배움에 흥미를 잃고 만다.

배움은 다른 사람이 집어넣어 준 내용을 차곡차곡 쌓아두는 것이 아니라, 발견을 뜻한다. 사고나 개념(아이디어)은 어떤 때라도 한 사람에서 다른 사람으로 전달될 수 없다. 오로지 문제 상황에 부딪쳐 씨름하고 스스로 해결책을 찾고 캐낼 때 사고를 하게 된다.[57] 참다운 배움은 어설프게 얕게 아는 것이 아니라 제대로 깊이 있게 아는 것이다.

배움은 배우는 이가 풀지 못한 문제를 찾으면서 출발한다. 배우는 이는 제힘으로 문제를 풀면서 다시 새로워지고 더 자라고 더 나아지는 길을 간다. 이런 길을 꾸준히 가는 것이 배움의 길이다.[58] 배움에는 늘 생각이 뒤따라야 한다. 바깥에서 자신을 일깨울 수 있을 만한 것을 받아들이고 이를 되씹고 헤아리면서 따져보아야 한다. 배우기만 하고 생각하지 않으면 어리석음에 빠진다. 참다운 배움이란 배움과 생각(사고)이 함께 펼쳐지는 것이다.[59] 배우는 이는 배워서 알게 된 것에 대해 이리저리 생각해 보고 다시 살펴야 한다. 받아들이기만 하고 그치면 그것은

---

57 Dewey, 이홍우 옮김(2007), 앞의 책, 257쪽. 생각과 뜻을 언어라는 도관(導管)을 거쳐 제대로 전달하고 소통할 수 있다고 보는 것을 '도관의 은유(conduit metaphor)'라 한다. Reddy, M. J.(1979), The conduit metaphor-A case of frame conflict in our language about language, In A. Ortony(Ed.), *Metaphor and Thought*, Cambridge: Cambridge University Press, p. 288. 마뚜라나와 바렐라(Maturana & Varela)는 도관(도선)을 따라 어떤 것이 전달되고 의사소통이 이루어진다는 비유는 개체가 구조에 따라 결정된다는 사실을 무시하고 있기에 틀렸다고 비판했다. Maturana, H. R. & Varela, F. J.(1984), *El árbol del concocimiento(Der Baum der Erkenntnis)*, 최호영 옮김(2007), 『앎의 나무』, 갈무리, 222쪽. 지식은 가르치는 이에서 배우는 이로 도관을 통해 흘러가듯이 그대로 전달할 수 있는 것이 아니라, 지식을 배우는 이의 체험이나 노력이 뒤따라야 한다.

58 최성욱(2017), 「배움과 상구의 치환가능성에 대한 비판적 고찰」, 『교육원리연구』 22(2), 한국교육원리학회, 43쪽.

59 엄태동(2019), 「논어 '학이시습지' 장(章)에 대한 교육학적 오독(誤讀)」, 『교육원리연구』 24(2), 한국교육원리학회, 92쪽.

참다운 배움이 아니다.

듀이는 해보기(trying)와 겪어봄(undergoing)으로 배운다고 했다.[60] 내가 알고 있는 것을 바탕으로 탐구해 보고, 탐구하면서 겪게 되는 경험으로 지식을 배우게 된다. 이런 실험정신(experimentalism)이 배움의 밑바탕이 된다.[61] 남이 일러준 지식을, 교과서에 나오는 지식을 그저 듣고 읽었다고 해서 배움이 일어난 것이 아니다. 내가 알아보고 캐내고 생각하고 파고들어 봐야 참다운 배움이다. 듀이는 다음과 같은 말을 했다. "어떤 연구 분야를 학자와 연구자가 이미 확실하게 다 조사하여 그것에 대한 지식이 철저하고 완성되어 더 이상 탐구할 것이 없다고 학생이 생각하게 되면, 그는 말 잘 듣는 학생으로 남겠지만 배우는 사람이기는 그만둘 것이다."[62] 탐구하지 않고 교과서 속의 지식을 진리로 믿게 되면 그는 말 잘 듣는 사람일 뿐 배우는 사람이라 할 수 없다. 그러기에 교사는 사고와 탐구를 자극하는 상황을 만들어 주고 학생과 같이 경험하고 배움 활동에 공감하고 배움을 일으켜주는 일을 해야 한다. 그리고 그 나머지는 배우는 사람 당사자의 일이다.[63]

학생들이 반성적 사고로 문학 지식을 탐구하게 되면 학자처럼 발견하는 기쁨을 경험하게 된다. 이것은 폴라니(M. Polanyi)가 말한 '발견의 열정(heuristic passion)'[64]과 잇닿아 있다. 이 발견의 열정은 곧 배움의 열정이라 할 수 있다. 이렇게 무엇인가 배울 때 경험하는 열정은 학생들이 배움이란 것이 나에게 얼마나 값진 보람과 만족을 주는지 깨닫게 한다.

---

60 Dewey, 이홍우 옮김(2007), 앞의 책, 227-228쪽.

61 Scheffler, I.(1965), *Conditions of Knowledge: An Introduction to Epistemology and Education*, Chicago: The University of Chicago Press, p. 4.

62 Dewey, J.(1910), *How We Think*, op. cit., p. 198.

63 Dewey, 이홍우 옮김(2007), 앞의 책, 257쪽.

64 Polanyi, M.(1958), *Personal Knowledge: Towards a Post-Critical Philosophy*, Chicago: The University of Chicago Press, pp. 142-144.

배움이 고달프다면 그것은 참다운 배움이 아니다. 배움에는 기쁨, 열정, 전념, 몰입이 배어 있다.

배움은 가르치는 이가 배우는 이에게 지식을 내려주는 것이 아니라, 배우는 이가 그 지식을 문제 삼으면서 차근차근 알아가는 것이다. 가르치는 이는 자세히 설명해 주는 것보다는 문제처럼 보이고 배우는 이가 스스로 또는 또래들과 같이 이야기 나누고 탐구해 보게 하면서 가장 알맞은 답을 찾아가게 하는 것이 좋다. 때로는 시간을 충분히 주어 그 지식에 대해 제대로 탐구할 수 있게 해 주어야 한다. 어렵고 높은 수준의 문학 지식일수록 더욱 그렇다.

반성적 사고는 어떤 지식이든 그 지식이 참인지, 흠은 없는지, 틀린 데는 없는지 물음을 던지고 이모저모로 다시 살피고 저울질해 보는 일이다. 그런 가운데 앎에 대한 재미나 흥미를 키워 나간다. 반성적 사고는 탐구하고자 하는 문제를 궁금하게 생각하고 여기에서 배우고 싶은 마음을 불러일으키고 탐구에서 얻는 기쁨과 보람을 맛보고 누리게 한다. 반성적 사고는 곧 올바로 배우는 자세와 태도이다. 반성적 사고는 있던 지식을 다시 살피고 고치고 보태는 일이기에 배우는 이의 아는 힘(지력)을 꾸준히 자라게 한다. 탐구하는 힘, 공부하는 힘, 배우는 힘이 무르익어 가게 한다. 이렇듯 **반성적 사고는 곧 배우는 길**이라 할 수 있다.

5. 마무리

듀이의 반성적 사고에 대해 다시 갈무리해 보고, 이 반성적 사고 틀을 문학 지식 교육에서 살려 쓸 수 있는 길을 찾아보았다. 이어서 문학 지식 교육에서 반성적 사고 틀을 살려 쓰면 어떤 점이 좋은지 짚어 보았다.

듀이의 반성적 사고는 누구나 옳다고 여기는 지식도 틀린 것이 있을 수 있으니 다시 돌아보고 따져보는 사고이다. 믿음이나 지식에 대해 뒷받침하는 근거를 바탕으로 물음을 던져 보고 다시 살피고 스스로 힘껏 파고들고 꾸준히 꼼꼼하게 깊이 생각하는 것이다. 조사하고 연구하고 탐구하는 길이다. 그러기에 반성적 사고와 지성(지력), 탐구는 때에 따라 알맞게 바꿔 쓸 수 있다.

문학 지식에는 아직도 시원하게 밝히지 못한 지식이 있고, 사람마다 생각이나 의견이 달라 맞서고 겨루고 있는 문학 지식도 있다. 그리고 있던 지식이나 이론에 대해 잘못된 점을 꼬집으면서 새로운 견해나 주장이 꾸준히 이어지고 있는 문학 지식도 있다. 이런 문학 지식은 정해진 답이 없고 꾸준히 답을 찾아야 하는 지식이기에 반성적 사고 틀을 살려 쓰기에 알맞은 밑감이 된다. 정해진 답이 있을 때는 그 답을 받아들이면 그만이기에 힘껏 탐구하거나 깊이 공부하려 들지 않는다. 문제가 있는 문학 지식이 반성적 사고를 하게 하고 탐구에 대한 흥미나 관심을 생기게 한다.

문학 지식 교육에서 반성적 사고 틀을 살려 쓰면 학생들이 문학 지식 탐구의 임자가 될 수 있다. 내가 스스로 조사하고 탐구하지 않는 지식은 온전한 내 지식이 되지 않는다. 또한 문학 지식에 대한 올바른 관점을 갖출 수 있다. 교육과정이나 교과에 나오는 문학 지식도 완벽한 진리가 아니다. 그러기에 탐구가 필요하고 탐구를 거쳐 조금씩 지식이 나아지고 진리에 가까이 다가간다. 아직도 바로잡아야 할 문학 지식이 많다. 그리고 반성적 사고는 권위 있는 전문가의 지식이라도 교과서에 나오는 지식이라도 흠은 없는지, 틀린 데는 없는지 의심하고 다시 살피는 것으로 곧 배우는 길과 잇닿아 있다. 배워서 알게 된 것에 대해 생각하지 않으면 참다운 배움이 아니다. 깊이 생각하고 다시 살펴야 한다. 그러기에 반성적 사고 틀은 곧 배우는 자세와 태도이다. 반성적 사고는 참다운 배움에 대한 보람을 경험하게 한다.

문학 교실은 학생이 반성적 사고를 할 수 있는 환경이 되어야 한다. 교사는 학생이 반성적 사고를 하도록 자극하고 북돋우어야 한다. 학생의 사고와 탐구를 일으키고 반성적 사고의 틀에 따라 탐구를 할 수 있게 도와야 한다.

한편 반성적 사고 틀이 탐구나 지식 교육에서 오직 하나뿐인 훌륭한 길이라고 여겨서는 안 된다. 가장 알맞은, 가장 마땅한, 하나밖에 없는 수업 모형이나 틀이란 있을 수 없다. 도움 삼을 만한 하나의 본보기 틀 정도로 생각하는 것이 좋다. 반성적 사고 틀에 담긴 지식이나 지식 교육에 대한 깊은 속뜻을 찾고 읽어내는 것이 중요하다. 또한 많은 문학 지식 더 나아가 모든 문학 지식을 반성적 사고의 틀로 탐구해 보게 하는 것이 문학교육의 바람직한 길이라고 여겨서도 안 된다. 듀이는 배우는 이가 문제로 느낄 때는 그들의 바람(desire)이나 관심(interest)과 관련 있을 때라고 하였다.[65] 어떤 이에게는 문제로 다가오지만 어떤 이에게는 문제로 느껴지지 않기도 한다. 학생들이 전혀 배우고자 하는 뜻이나 관심이 없는 문학 지식을 탐구력을 키운다는 구실로 반성적 사고 틀로 공부해 보라고 강요할 수는 없다. 다만 이런 문학 지식이 있는데 탐구해 보지 않겠느냐고 권하거나 소개하는 방식으로 다가가는 것이 좋다.

65 Dewey, J.(1958), *Theory of Valuation*, Chicago: The University of Chicago press.

03

듀이의 경험 이론과 문학교육*

* 이 글은 송재익(2024), 「듀이의 경험 이론과 문학교육」, 『국어교육연구』 54, 서울대학교 국어교육연구소, 173-204쪽의 글을 손질한 글이다.

듀이의 경험 이론이 문학교육에 어떤 뜻과 도움을 줄 수 있는지 살펴보고, 듀이의 경험 이론이 문학교육과 어떤 관련이 있는지 짚어보았다. 그리고 학생들의 경험을 키우려면 문학교육이 어떤 길로 나아가야 할지 생각해 보았다.

문학 작품 읽기가 제 경험을 넓히고 깊게 하는 데 도움이 된다면 문학교육도 경험을 자라고 키울 수 있는 쪽으로 나아가야 한다. 첫째, 문학 교육과정을 배우는 이의 심리에 맞게 짜야 한다. 둘째, 다루는 작품이나 제재의 폭을 넓혀야 한다. 셋째, 작품에 대한 읽는 이의 갖가지 풀이와 반응을 인정해 주어야 한다. 넷째, 학생들이 작품을 힘껏 지어볼 수 있게 해야 한다.

1. 들머리

사람은 경험으로 배운다. 경험으로 배운 것은 오래 남는다. 경험으로 배운 것은 남에게 자신 있게 말할 수 있다. 백 번 남의 말을 듣는 것은 한 번 내가 직접 보는 것만 못하다(百聞不如一見)는 말도 있듯이, 자신이 몸소 보고, 겪어보고, 느끼고, 행해보아야 제대로 알고 배울 수 있다. 해 보지 않고 겪어보지 않고 배우는 것은 한계가 있다. 경험해보지 않고 배우고 익힌 것은 때로는 위험하기도 하다. 그래서 교육에서 경험은 중요하다.

그런데 경험이란 것이 믿을 만한 것이 되지 못한다고 생각하는 이도 있다. 사람은 보고 듣는 데 한계가 많다. 아주 작거나 아주 큰 것은 보지 못하며, 아주 작거나 아주 큰 소리는 듣지 못한다. 그래서 경험에만 기대서는 세상의 이치를 깨달을 수 없다고 말하기도 한다.[1]

경험이란 것이 한계가 있기는 하지만, 경험 아니고는 우리는 제대로 배울 수 없는 것도 사실이다. 그러니 우리가 경험으로 모든 것을 다 알고 배울 수는 없지만, 완벽하게 알고 깨달을 수는 없지만, 그래도 경험을 바탕으로 알아가고 배워갈 수밖에 없다. 다만 우리가 경험으로 배운 것을 완벽한 진리라고 여겨서는 안 될 것이다. 우리는 경험으로 완벽한 진리에 이를 수는 없지만, 되도록 가깝게 다가가기 위해 힘쓸 뿐이다. 설령 완벽한 진리가 있다고 해도 자신이 경험해보거나 체득하지 않은 것은 그에게는 진리가 될 수 없다.

경험은 배움과 교육에서 중요한데, 이런 경험에 대해 깊이 연구한 이로 듀이(J. Dewey)를 손꼽을 수 있다. 그래서 듀이의 경험 이론은 교육에 많은 것을 귀띔해준다. 또 문학교육에도 듀이의 경험 이론은 많은 것을 가르쳐 준다. 이 글에서는 듀이의 경험 이론을 다시 한번 살펴보고 듀이의 경험 이론이 문학교육에 어떤 도움을 줄 수 있고 바람직한 문학교육에 어떤 이바지를 할 수 있는지 들여다보고자 한다. 경험과 문학작품 읽기는 어떤 관련이 있고 경험을 성장시키기 위해서 문학교육은 어떤 방향으로 나아가야 하는지 생각해 보고자 한다. 이러한 논의는 우리가 왜 문학을 가르치고 배우는지 그 답의 실마리를 줄 것이다.

2. 듀이의 경험 이론

듀이가 말하는 경험은 옛날 그리스 철학자들이 말하는 경험과도 다르고 근대의 경험론에서 말하는 경험과도 다르다. 옛날 그리스 철학자

1 그러나 이처럼 사람들이 흔히 말하는 경험은 듀이의 경험 이론에 따르면 1차 경험과 비슷한 것이다. 듀이는 거칠고 날 것인 1차 경험에 세련된 반성적 사고가 덧붙은 2차 경험으로 나아가야 경험다운 경험이 된다고 보았다. Dewey, J.(1958), *Experience and Nature*, New York: Dover Publications, pp. 6-7. 자세한 것은 '2. 듀이의 경험 이론'에서 밝힌다.

들은 경험을 이성과 반대되는 뜻으로 이치에 맞게 따져보지 않고 몸으로 겪어보는 것 정도로만 생각했다. 그래서 옛날 사람들은 경험은 비이성적이요, 비합리적인 것이라 생각했다. 또한 근대에서 말하는 경험도 경험을 앎의 한 방법으로만 여겨 감각주의에 쏠려 있다.[2]

근대 이전의 철학은 경험을 이것저것 해 보는 것, 곧 능동의 행위로만 보았다. 근대 철학은 객관 세계의 대상을 사람이 감각으로 받아들인 것, 곧 수동의 행위로만 보았다. 둘 다 마음(정신)과 몸을 따로 나누는 이원론의 사고에서 벗어나지 못했다. 마음(정신)과 몸은 따로 떨어져 서로 맞서 있는 것이 아니라 함께 움직이기 때문이다.[3] 듀이는 근대 이전과 근대 철학자들의 이런 이원론에 반대했다.[4]

한편 교과 공부를 '경험으로 배우기'로 바꿔야 한다는 듀이의 주장에 교과나 학문을 중요하게 여기는 이들은 교과를 아이들의 재미나 생활, 사회 적응을 위한 것으로 떨어뜨렸다고 비판하였다.[5] 이들이 듀이를 비판한 것은 교과의 내용을 배우는 이의 삶이나 경험보다 더 높이 여겼기 때문이다. 그러나 이런 생각은 듀이가 말한 경험을 제대로 이해하지 못해서 나온 것이다. 따라서 듀이가 생각하는 경험이 무엇인지 다시 살펴볼 필요가 있다.

---

2 Dewey, J.(1916), *Democracy and Education: An Introduction to the Philosophy of Education*, 이홍우 옮김(2007), 『민주주의와 교육』, 교육과학사, 389-400쪽.

3 Dewey, 이홍우 옮김(2007), 위의 책, 231-232쪽, 478-479쪽.

4 그래서 듀이는 전통 철학이나 근대 경험론에서 말하는 경험과 자신이 말하는 경험이 다름을 드러내기 위해 자신의 경험 이론을 '자연주의의 경험론(naturalistic empiricism)' 또는 '경험의 자연주의(empirical naturalism)'라 일렀다. Dewey, J.(1958), *Experience and Nature*, op. cit., p. 1a.

5 Peters, R. S.(Ed.)(1977), *John Dewey Reconsidered*, London: Routledge & Kegan Paul.

(1) 하는 것(능동)과 겪는 것(수동)의 결합

듀이는 경험을 '하는 것[능동(能動)]'과 '당하는 것[수동(受動)]'의 관계 맺기로 설명한다. 듀이에 따르면, '경험으로 배운다'는 것은 우리가 사물에 대하여 하는 일과 그 결과로 사물에서 받는 것을 앞뒤로 연결한다는 뜻이다. '하는 것'은 '해 보는 것', 곧 세상이 어떻게 되어 있는가를 알아내기 위한 실험을 하는 것이요, '당하는 것'은 '배우는 것', 곧 사물 사이의 관련을 알게 되는 것이다.[6]

삶의 과정은 환경에 대해 행위하고 환경의 영향을 받는 과정이며, 그 과정은 하는 것과 겪는 것 사이의 관계를 굳게 세우는 과정이다.[7] 경험은 환경에 대해 행하고(능동), 환경의 영향을 받아들이는 과정(수동)을 모두 아우른 것이다. 사람은 세상을 살아가면서 어떤 대상, 사물, 주제, 환경에 대해 무엇인가를 해 보고 그것들에서 오는 것을 겪고 받아들인다. 삶이 세상 모든 것에 대해 해 보는 것과 겪는 것의 관계로 이루어진다. 경험은 행하고 겪는 삶이다.

이렇게 경험은 어떤 행위를 '하는 것'과 '겪는 것'이 통합된 것이다.[8] 여기서 통합은 단순히 두 가지 측면을 물리적으로 합한 것이 아니라 또 다른 성질로 질적 변화를 이룬 것이다. 우리는 무엇을 해 보면(능동) 그 결과로 무엇을 얻는다(수동). 이때 우리 안에도 변화가 생긴다. 그렇게 경험하면서 사건이나 사물에 대한 의미를 알아가게 된다. 해 보았는데 무엇인가 의미를 찾지 못했다면, 능동은 있으나 그 결과 겪는 것, 곧 수동과 깊은 관련을 맺지 못해 온전한 경험을 이루지 못한 것이 된다. 또 해 보지도 않고 이것저것 닥치는 대로 받아들이기만 하는 것은 능동의

6 Dewey, 이홍우 옮김(2007), 앞의 책, 227-228쪽.

7 Dewey, J.(1934), *Art as Experience*, New York: Minton, Balch & Company, p. 104.

8 Dewey, J.(1920), *Reconstruction in Philosophy*, New York: Henry Holt and Company, p. 86.

활동은 없고 수동의 활동만 하는 것인데, 이래서는 아무리 많은 것을 받아들여도 마음에 뿌리내리지 못해 의미 있는 경험이 될 수 없다.

듀이가 말한 경험을 표로 간추린다면 다음과 같다.

〈표 3-1〉 경험의 얼개: 능동과 수동의 결합

경험	하는 것 해 보는 것 행하는 것 (trying)	실험하는 것 사물에 대하여 하는 일	능동 (경험하는 것)	과정 (실제)
	겪는 것 당하는 것 배우는 것 (undergoing)	사물에서 받는 즐거움이나 고통 사물 사이의 관련을 아는 것 사물로부터 당하는 것	수동 (경험되는 것)	결과 (이론)

(2) 세계와 나의 교변작용

듀이는 경험을 '사람과 환경이 상호작용(相互作用, interaction)하는 것'[9]이라고 간추려 뜻매김하기도 하였다.[10] 경험은 사람과 자연이나 사회 환경 사이에 있는 능동의 관계이다.[11] 경험하는 개인은 환경에서 오는 요인이나 힘들에서 생기는 무엇인가를 겪을 뿐만 아니라(수동) 환경에 대해 반응하고 행동한다(능동). 사람이 환경과 서로 관계를 맺고 주고받는 상호작용이 삶의 밑바탕을 이룬다. 객관적인 바깥의 것과 주관적인 안의 것이 함께 작용하고 있다.[12] 이 세상의 모든 것들은 홀로 살아

9 듀이가 말하는 '환경'은 단순히 한 사람을 둘러싸고 있는 주위의 사물을 가리키는 것이 아니라, 그 사람이 하는 일을 이끌거나 꾸준히 이어가게 하거나 자극하거나, 또는 가로막거나 꺾어버리게 하는 조건을 뜻한다. 환경은 사람을 달라지게 하는 것이다. Dewey, 이홍우 옮김(2007), 앞의 책, 52-55쪽.

10 Dewey, J.(1934), *Art as Experience*, op. cit., p. 246.

11 Dewey, 이홍우 옮김(2007), 앞의 책, 403쪽.

가지 않고 상호작용하면서 살아가므로, 주체와 객체를 따로 나누어 보는 것은 의미 없고, 그것은 단지 그 상호작용을 분석하려고 구분한 말일 뿐이다.

그런데 이 상호작용이 좀 더 나아가면 서로를 변화시키는 교변작용(交變作用, transaction)이 일어난다.[13] 사람이 하는 경험은 주체와 객체가 나뉘지 않고 전체를 이루고 있다. 삶이 주체와 객체를 모두 아우르는 일이며 두 가지에 따라 달라지는 하나의 함수와 같은 것이다.[14] 자연과 함께 더불어 살아가는 사람은 이 세상에 살 때부터 자연과 서로 주고받으면서 서로를 변화시키는 일을 할 수밖에 없다. 우리가 만나는 세계는 사람과 자연이 교변작용하여 드러난 세계이다. "사람들이 만나는 세계는 원래부터 있는 본질의 세계가 아니라 교변작용하고 있는 세계이며 교변작용의 결과 드러나 세계일 뿐이다."[15] 사람들이 경험하지 못하는 세계, 교변작용을 넘어선 세계는 우리가 만날 수도 없고, 볼 수도 없고, 알 수도 없는 세계이다. 사람이 알 수 있는 세계는 '경험의 움직이는 전체(moving unity of experience)'[16]라고 한 것은 여러 가지 경험으로 세상을 알아간다는 말이다. 말하자면 사람이 경험하지 않는 세상은 없다. 사람들은 세상 밖에 있는 실재(實在)를 좇는 것이 아니라, 세상과 교변작용하면서 이루는 삶 속에서 알아가고 자라간다.

---

12 Dewey, J.(1920), *Reconstruction in Philosophy*, op. cit., p. 87; Dewey, J.(1931), *Philosophy and Civilization*, New York: Minton, Balch & Company, p. 252; Dewey, J.(1963), *Experience and Education*, New York: Collier Books, p. 42.

13 Dewey, J. & Bentley, A. F.(1949), *Knowing and Known*, In J. A. Boydston(Ed.)(2008), *John Dewey The Later Works*, V.16, Carbondale: Southern Illinois University Press, pp. 112-115; Dewey(1963), *Experience and Education*, op. cit., p. 43.

14 Dewey, J.(1958), *Experience and Nature*, op. cit., pp. 8-9.

15 박철홍(2011), 「듀이의 경험개념에 비추어 본 사고의 성격: 이성적 사고와 질성적 사고의 통합적 작용」, 『교육철학연구』 33(1), 한국교육철학회, 85쪽.

16 Dewey, 이홍우 옮김(2007), 앞의 책, 267쪽.

듀이는 이 세상의 목숨붙이(유기체)는 환경과 관련된 활동의 과정이며, 그 과정은 공간의 한계를 넘어 확장되는 교변작용이라 하였다. 그래서 목숨붙이는 환경 '속'에서 살지 않고 환경'에 의해서' 살아간다고 했다.[17] 목숨붙이가 홀로 따로 떨어져 살아가는 것이 아니라, 환경과 교변작용하면서 살아가기에 유기체가 곧 교변작용이라고 생각하였다.

(3) 뜻깊고 값진 경험

듀이에 따르면 경험이 의미를 지니려면, '하나의 경험'이어야 한다. 경험은 하나의 시작과 과정과 끝으로 이어져 있다. 그래서 '하나의 경험(an experience)'이라 이를 수 있다. 또한 목표하는 일을 이루기 위해 과정들을 꾸준히 밟아 잘 마무리했다는 뜻에서, 하나로 매듭지었다는 뜻에서 '완결된 경험(consummatory experience)'이라고 이를 수 있다. '하나의 경험'이나 '완결된 경험'은 '흩어진 경험'이나 '어수선한 경험'과 다름을 나타내려고 이름 붙인 것이다.[18] 어떤 경험이 참으로 뜻있는 하나의 경험이 되려면, 그 경험 안에서 이루어진 여러 가지 활동들을 하나의 단위로 묶어주는 질적 특성이 있어야 한다. 하나의 경험은 널리 퍼져 있는 질적 특성(pervasive quality)을 바탕으로 한 단위로 묶을 수 있는 경험이다.[19] 하나의 경험은 경험에 들어 있는 모든 것들이 아주 조화를 잘 이루

---

17 Whatever else organic life is or is not, it is a process of activity that involves an environment. It is transaction extending beyond the spatial limits of the organism. An organism does not live in an environment; it lives by means of an environment. Dewey, J.(1938), *Logic: The Theory of Inquiry*, New York: Henry Holt and Company, p. 25.

18 듀이는 의미 있는 하나의 경험이 되지 못하는 경험을 '흐지부지 끝나버리거나 이런저런 까닭으로 도중에 그만둔 경험', '아무런 목적 없는 경험', '기계적 효율성만 좇는 경험', '느슨하고 산만한 경험', '방향 없이 표류하는 경험', '기계적으로만 일어나는 경험', '빈약하고 피상적인 경험', '그릇된 경험', '불완전한 경험', '제멋대로 하는 경험', '틀에 박힌 기계적인 경험', '무질서하고 빈약한 경험', '중도에 그만두는 경험' 같이 여러 가지로 표현하고 있다. Dewey, J.(1934), *Art as Experience*, op. cit., ch. 3.

어 하나의 통합된 완결 상태에 이르게 된다.[20] 이런 뜻에서 하나의 경험은 완결된 경험이라 말할 수 있다. 하나의 경험을 이루고 있는 경험의 모든 단계와 구성 요소들이 정해진 순서를 밟아 완결 상태에 이를 때이다.[21] 하나의 경험과 완결된 경험은 쉽게 말하면 **경험하는 이에게 값지고 바람직한 경험**이다.

완결된 경험은 먼저 ① '질성의 경험 단계'(반성 이전 단계)가 있고 이어서 중간 단계인 ② '반성의 경험 단계'(반성의 사고 단계) 거쳐 마무리 단계인 ③ '질성의 경험 단계'(반성 다음의 단계)로 되돌아가는 틀로 되어 있다.[22] 1차 질성의 경험 단계는 상황 전체를 하나의 질성으로 묶어서 그 상황을 두루 알고 느끼는 단계이다. 새로운 사물이나 사태에 대해 느낌, 인상, 앎들을 합쳐서 경험하는 단계이다.[23] 경험하면서 어떤 느낌을 뚜렷하게 알고 깨닫는 것은 경험상황에 대해 마음 전체가 일어나는 것이다. 듀이는 경험 속에서 이런 마음이나 생각은 이성이나 추론 같은 지적 사고와는 다르기 때문에, '질성(質性)의 사고(qualitative thinking)'[24]라

19 보기를 들어 "나는 참으로 가슴 벅찬 경험을 했어."라고 말할 때가 있다. 어떤 경험을 하고 나서 가슴이 벅찬 경험이라고 그 경험의 질적 특성을 뭉뚱그려 표현하고 있다. 이처럼 값지고 뜻깊은 경험은 널리 퍼진 질적 특성(편재적 질성)을 한 단위로 삼아 묶을 수 있는 경험이다.

20 Dewey, J.(1934), *Art as Experience*, ibid., pp. 54-55.

21 Dewey, J.(1934), *Art as Experience*, ibid., pp. 55-56.

22 박철홍(1995), 「듀이의 하나의 경험에 비추어 본 교육적 경험의 성격: 수단으로서의 지식과 내재적 가치의 의미」, 『교육철학』 13, 한국교육철학회, 87쪽; 박철홍(2013), 「'하나의 경험'에서 작용하는 사고의 특성에 비추어 본 탐구의 성격」, 『교육철학연구』 35(1), 한국교육철학회, 73쪽; 박철홍(2019), 「질성적 사고의 통합적 인식작용에 비추어 본 앎의 성격」, 『교육철학』 70, 한국교육철학회, 49-54쪽.

23 Dewey, 이홍우 옮김(2007), 앞의 책, 308쪽; Dewey, J.(1934), *Art as Experience*, op. cit., p. 42, pp. 145-146.

24 듀이가 말하는 '질성'은 영어로는 'quality' 또는 'qualitativeness'인데, 이돈희는 이것을 '질적 특성'의 줄인 말인 '질성(質性)'으로 옮겼고, 많은 이들이 이를 따라 쓰고 있다. 이돈희(1994), 『교육적 경험의 이해』, 교육과학사, 94쪽. 한편 이상원은 '질(質)'이란 말이 '양(量)'과 같이 쓰는 말인데, 듀이가 말하는 'qualitative'는 양과는 관계없고, 양으로 잴 수 없는

는 말을 썼다.[25] 경험 속에서 바로 느끼는 실감(實感)과 같은 것으로 어떤 현상에 대해 곧장 느끼고 강하게 받는 인상 같은 생생한 느낌이다.[26] 이런 경험은 흔히 예술작품을 감상할 때 많이 나타난다. 어떤 예술작품을 볼 때 하나하나 뜯어보지 않고 그 작품의 전체적인 질적 특성을 감상한다. 그래서 듀이는 '질성의 전체(qualitative whole)'라는 말도 썼다.[27]

2차 경험인 반성의 경험 단계는 느낌으로 알았던 것을 이제 이성이나 추론 같은 지적 사고로 탐구하는 과정이다. 하지만 이때에도 질성의 사고가 끼어든다. 질성의 사고를 바탕으로 지적 탐구의 대상을 내 경험과 관련지어 뚜렷하게 밝혀 나가는 단계이다.[28] 반성적 사고는 1차 경험에서 이해한 것, 곧 경험상황 전체와 만나 알아낸 질성에 기댈 수밖에 없다. 반성의 사고는 이적(현재)을 바탕으로 하지만 지난적(과거)과 올적(미래)을 그 자료로 삼는다.[29] 지금의 관심은 지난날까지 경험했던 것에서 생겨나고, 경험을 꾸준히 이어가는 것은 앞날에 대한 바람과 기대 속에서 앞으로 나아간다. 반성적 경험의 단계는 불확실한 반성 이전의 상황을 잘 통합된 상황(완결된 상황)으로 바꿔나가려는 의도가 끼어드는 과정이다.[30]

3차 경험의 완결 단계는 반성의 탐구로 얻은 결과를 질성의 경험 전체로 되돌리는 단계이다. 이때의 질성의 경험은 1차 때의 질성의 경험

것이기에 '그 자체로서 성질' 또는 '양화되지 않은 성질'을 뜻하는 '원질(原質)'로 바꿔쓰는 것이 좋겠다고 하였다. 이상원(2013), 「듀이의 사고 개념과 학교 교육」, 『교육철학연구』 35(4), 한국교육철학회, 166쪽.

25 Dewey, J.(1930), Qualitative thought, In J. A. Boydston(Ed.)(1984), *John Dewey: The Later Works*, V.5, Carbondale: Southern Illinois University Press, p. 251.

26 Dewey, J.(1930), Qualitative thought, ibid., p. 243.

27 Dewey, J.(1930), Qualitative thought, ibid., p. 250.

28 Dewey, J.(1934), *Art as Experience*, op. cit., p. 99, p. 146.

29 Dewey, J.(1910), *How We Think*, Boston: Heath.

30 Dewey, J.(1938), *Logic: The Theory of Inquiry*, op. cit., p. 104, pp. 145-146.

과는 다른 것으로 반성의 사고(2차 경험의 단계)를 거쳐 다시 구성된 질성의 경험(3차 완결된 경험)이다. 완결 단계의 질성의 경험은 경험의 의미를 새롭게 찾아내서 삶에 비추어 넓힌 경험이다. 그래서 완결 단계의 경험은 마음 전체와 합쳐 새롭게 바뀐 경험이다.[31] 이미 마음에 들어 있는 앎 전체와 하나의 경험을 하면서 얻은 새로운 앎이나 그 과정에서 얻은 모든 것들을 합쳐서 새로운 마음을 만들게 된다. 흐릿한 것이 새로운 뜻으로 다가오고 문제가 풀렸다고 느끼는 질적으로 새로워진 경험이다.

이렇다고 할 때 듀이가 말한 경험이 한 번의 순간에 잠깐 일어나는 사건과 같은 것이 아니며, 이성이나 지적 사고와는 아주 반대되는 것도 아니며, 단순히 아이들의 재미나 흥미, 필요 같은 것에만 관련되는 것도 아님을 알 수 있다.[32] **경험은 머리를 써서 알고 깨닫는 것(지적 사고)과 느낌, 인상으로 알고 깨닫는 것(질성의 사고)을 합친 것**이다. 또 하나의 값진 경험을 한다는 것은 무엇인가에 대해 두루 만나고 느껴보고(1차 질성의 경험), 그 무엇이 참으로 어떤 것인지 깊이 있게 알아가고 찾아가고(2차 반성의 경험), 알아내고 찾아낸 것을 바탕으로 그 무엇이 가진 뜻을 새롭게 만들고 바꾸어 새로운 앎과 느낌을 가져(3차 질성의 경험), 경험하고 탐구한 것에 대해 새로운 마음을 갖는 것이다. 그리고 하나의 완결된 경험은 지적, 정의적, 심동적 영역 어느 하나로 이루어진 것이 아니라, 여러 작은 경험들이 모두 통합되어 있는 경험이라는 것을 알 수 있다.

하나의 경험(완결된 경험)을 표로 간추려 나타내면 다음과 같다.

---

31 Dewey, J.(1934), *Art as Experience*, op. cit., pp. 137-138.

32 많은 이들이 듀이가 말한 경험을 아이들의 흥미나 바람, 필요 같은 것으로 잘못 생각하여 듀이를 비판해 왔다. 그래서 듀이의 경험 중심 교육은 삶에 쓸모 있는 것만 가르치고 배우자는 생활 적응 교육이라고 깎아내렸다. 그러나 듀이가 말한 경험이 무엇인지 제대로 다시 톺아본다면 이런 비판은 아주 짧은 생각임을 알 수 있다.

〈표 3-2〉 하나의 완결된 경험의 과정

단계 / 특징	1차 경험 (반성 앞선 단계)	2차 경험 (반성의 단계)	3차 경험 (반성 다음의 단계)
중심이 되는 경험	질성의 경험	반성의 경험	새로운 질성의 경험
중심이 되는 사고	질성의 사고	반성의 사고 (지적, 이성적 사고)	새로운 질성의 사고
특징	막연한 감정, 뚜렷하지 않은 감정, 흐릿한 감정, 불안한 감정을 느끼는 과정	탐구하고 깊이 생각하는 과정, 반성 이전의 상황을 완결된 상황으로 바꾸어 나가는 과정	경험하면서 얻은 모든 것들을 합쳐 하나의 완결된 상태를 이룸. 모든 생각, 활동, 감상을 합친 것

그런데 완결된 경험이라고 해서 경험이 완결되면 거기서 경험이 끝난다고 생각해서는 안 된다. 완결된 경험의 결과는 경험이 발전함에 따라 다음에 이어지는 경험에서 끊임없이 일하며, 새로운 완결이 되풀이해서 일어난다. 겉으로 드러나는 행위가 끝난 뒤에도 경험은 계속된다. 지금 막 완결된 경험은 앞으로 하게 될 경험 속으로 파고 들어가 앞날의 경험에 영향을 미친다. 완결된 경험이란 지금 하고 있는 경험이 완결의 상태에 이른 마무리 단계이면서 앞으로 올 새로운 경험에 앞서 있는 단계라는 뜻이다.[33] 그렇기에 듀이는 경험은 끊임없이 되풀이되면서 새롭게 다시 만들어진다고 한 것이다.[34]

33 Dewey, J.(1934), *Art as Experience*, ibid., pp. 137-139.

34 Dewey, J.(1897), My pedagogic creed, In J. A. Boydston(Ed.)(1972), *John Dewey The Early Works*, V.5, Carbondale: Southern Illinois University Press, p. 91; Dewey, 이홍우 옮김(2007), 앞의 책, 105쪽; Dewey, J.(1963), *Experience and Education*, op. cit., p. 35.

(4) 삶의 성장

삶 자체가 끊임없는 과정이다. 살아간다는 것은 곧 경험한다는 것이고, 사는 동안 경험은 길이 계속된다. 경험하면서 삶이 새롭게 달라진다. 우리가 사는 세계도 알고 보면 "우리가 경험한 세계"[35]이다. 경험하면서 어떤 대상에 대한 의미를 얻게 되고, 경험 속에서 얻은 의미와 가치가 우리 자신을 만들어간다. 그래서 듀이는 삶은 성장을 그 특징으로 한다고 하였다.[36] 곧 삶, 경험, 성장이 하나로 이어져 있다는 것을 알 수 있다.

지금까지 경험한 것은 지난날 경험한 것(이루어진 세계)이 밑바탕이 되며, 지금의 경험은 앞으로 다가올 앞날의 경험(이룰 세계)을 꿈꾸게 한다. 경험이 쌓이고 쌓이면서 우리는 성장한다. 경험을 끊임없이 다시 구성하면서 우리는 앞으로 나아간다. 지난날을 되돌아보고 앞날을 바라보면서 때마다 삶을 값지게 가꾸어 나갈 때, 한 사람의 전체 삶 또한 뜻깊고 교육다운 성격을 띠게 된다.

사람이 바라는 꿈을 이루기 위해서는 경험을 끊임없이 할 수밖에 없다. 경험을 끊임없이 다시 구성하지 않는다는 것은 바로 지금보다 더 나아지려는 삶을 포기하는 것이다. 우리는 더 이상 바랄 것이 없을 만큼 완전히 만족하는 삶에 이를 수 없다. 오직 끊임없이 경험을 다시 구성하고 다시 조직하는 길을 갈 뿐이다. 이것이 뜻깊은 삶을 살려는 사람들의 삶이 가진 본디의 속성이며 이런 삶을 살면서 우리는 우리 둘레의 모든 것들(대상, 현상)에 대해 새로운 뜻을 찾아 나간다.

지금까지 살펴본 것을 바탕으로 듀이가 말한 경험이 무엇인지 간추리면 다음과 같다. 경험은 하는 것과 겪는 것이 통합된 것으로 두 가지

---

35 Dewey, J.(1934), *Art as Experience*, op. cit., p. 104.

36 Dewey, 이홍우 옮김(2007), 앞의 책, 107-109쪽.

가운데 어느 한쪽에 치우치지 않고 균형과 조화를 이루어야 의미 있는 경험이 된다. 경험은 나와 세계(환경)가 서로 영향을 주고받으면서 서로를 변화시키는 과정이다. 경험은 질성의 사고, 반성의 사고 같은 단계를 밟아 하나의 완결된 형태가 되어야 뜻깊고 값진 경험으로 나아갈 수 있다. 뜻깊고 값진 경험이 꾸준히 되풀이되면서 삶이 성장한다. 삶은 경험을 끊임없이 다시 구성하고 조직하는 과정이며 이것이 곧 교육이다. **삶, 경험, 성장, 교육은 이렇게 서로 맞물려 있다.** 이로 볼 때 **듀이가 말하는 경험은 나 자신을 성장시키는 뜻깊고 값진 경험, 교육다운 경험**임을 알 수 있다.

3. 경험과 작품 읽기의 관련성

문학을 '가치 있는 인간 체험의 기록',[37] '언어로 형상화된 체험의 소통'[38]이라고 뜻매김하기도 하고, 문학이 경험을 넓히고 깊게 해 준다는 생각도 있다.[39] 문학 작품은 경험을 담고 있고, 문학 작품을 읽으면서 읽는 이는 경험을 넓힌다. 지은이와 읽는 이의 경험이 만나 서로에게 영향을 주고 서로를 변화시키는 가운데 새로운 경험을 만들기도 한다. 문학 작품을 짓고 읽는 일이 바로 경험에 바탕을 두고 있다. 이처럼 문학은 경험과 아주 깊은 관련이 있다. 문학(작품)이 경험과 어떻게 관련되어 있는지 듀이의 경험 이론을 바탕으로 살펴보겠다.

---

37 최재서(1962), 『(증보) 문학원론』, 춘조사, 11쪽.

38 구인환·박인기·우한용·최병우(2017), 『문학교육론(7판)』, 삼지원, 114쪽.

39 Rosenblatt, L. M.(1995), *Literature as Exploration*, 김혜리·엄해영 옮김(2006), 『탐구로서의 문학』, 한국문화사, 37-38쪽; 김대행·우한용·정병헌·윤여탁·김종철·김중신·김동환·정재찬(2000), 『문학교육원론』, 서울대학교출판부, 46쪽.

(1) 직접 경험과 간접 경험의 기회

경험은 실제로 해보고 참여하는 직접 경험(매개되지 않은 경험, immediate experience)과 글자나 기호, 상징, 매체로 경험하는 간접 경험(매개된 경험, mediate experience)으로 나눌 수 있다. 직접 경험은 경험 대상을 생생하게 만날 수 있어 그것의 본모습을 제대로 몸으로 느끼고 알아갈 수 있다. 듀이도 실감 나게 의미를 알려면 직접 경험을 해야 한다고 하였다.[40]

그러나 우리는 모든 것을 직접 경험으로만 알 수 없다. 직접 경험은 그 범위가 대단히 제한되어 있다. 우리의 거의 모든 경험은 간접 경험이다.[41] 직접 참여로 어떤 것의 의미를 이해했다면, 거기에서 찾은 원리를 상상력에서 도움을 얻어, 다른 것의 의미를 간접 경험으로 이해할 수 있게 된다. 앞선 경험으로 알게 된 원리를 바탕으로 다음에 경험하게 되는 대상도 이해하게 되는데 이때는 상상력의 도움을 받는다.[42] 상상력을 바탕으로 간접 경험이 직접 경험 못지않은 경험으로 나아가게 된다.

위와 같은 듀이의 직접 경험과 간접 경험 이론에 따르면, 아이들이 문학 작품을 직접 읽는 것은 매개되지 않은 경험, 곧 직접 경험이 되고, 문학 작품에 대한 해설이나 문학의 세계에 관하여 정리한 교과서의 내용을 이해하는 것은 매개된 경험, 곧 간접 경험이 된다.

문학 작품을 읽으면서 작품에 나오는 시대나 장소 같은 배경, 인물들을 바탕으로 작품에서 보여주고 그려주는 세계를 경험한다. 옛 문학을 읽으면 옛사람들의 삶을 경험할 수 있고, 앞날의 세계를 그린 문학을 읽으면 내가 가보지 못한 앞날의 세상을 경험할 수 있다. 선비들의 문학

---

40 Dewey, 이홍우 옮김(2007), 앞의 책, 350-351쪽.

41 Dewey, 이홍우 옮김(2007), 위의 책, 350쪽.

42 Dewey, 이홍우 옮김(2007), 위의 책, 356쪽.

을 읽으면 옛날 선비들의 삶과 생각을 엿볼 수 있고, 백성들의 민요를 들으면 그네들의 삶과 생각을 느낄 수 있다. 다른 고장의 이야기를 들으면 내가 살던 고장과는 다른 그 고장의 풍습을 경험할 수 있다.

문학의 가치는 읽는 이에게 주는 대리 경험(vicarious experience)에 있다. 문학 작품은 인물들의 눈으로 사물을 보여주어 읽는 이가 인물 속에 빠져들어 그와 하나가 되게 한다. 문학교육은 이런 대리 경험과 인물과 하나 되기를 통해 읽는 이를 더 나은 사람으로 나아가게 한다.[43] 문학은 그 본질이 다른 사람들의 경험에 참여하고 그들의 목표와 열망을 이해하는 것이다.[44] 작품은 우리에게 경험의 함축된 의미들을 좀 더 깊고 좀 더 관대하게 느끼고, 좀 더 충만하게 인식할 기회를 준다. 문학이라는 매체를 통해 우리는 가상의 상황에 참여하고, 위기를 이겨내고 살아나오는 인물들을 바라보며, 우리 자신과 우리 주위의 세상을 탐구한다. 문학은 경험을 넓혀주는 데 이바지한다.[45]

문학은 온갖 사람들의 온갖 삶이 배어 있기에, 내가 겪어보지 못한 갖가지 삶을 만나게 해 준다. 내가 실제 삶에서 경험하지 못한 것을 문학 작품으로 경험하게 된다. 문학 작품을 많이 깊게 만날수록 아이들의 경험과 삶은 새로운 의미로 다시 구성된다.

또한 작품 읽기에서 모자란 부분은 문학 작품에 대한 해설이나 문학의 세계에 대해 안내하고 소개하는 교과서의 내용을 공부함으로써 채울 수 있다. 이런 간접 경험은 작품 읽기를 더욱 풍성하게 해 준다.

---

43 Culler, J. D.(1997), *Literary Theory: A Very Short Introduction*, Oxford: Oxford University Press, pp. 114-115.

44 Rosenblatt, 김혜리·엄해영 옮김(2006), 앞의 책, 91쪽.

45 Rosenblatt, 김혜리·엄해영 옮김(2006), 위의 책, 37쪽.

(2) 뜻깊고 값진 경험의 기회

듀이에 따르면, 사람이 살아간다는 것은 홀로 서서 따로 살아가는 것이 아니라 자신의 둘레(자연, 환경, 세계)와 만나 서로 작용을 주고받으며 살아가는 것이다. 곧 사람과 세상이 서로 작용을 주고받는 하나의 사건(event)이 일어난다. 문학 작품을 읽는 것은 읽는 이와 작품이 만나 서로 작용을 주고받는 하나의 사건이다.[46] 읽는 이는 앞선 경험을 바탕으로 작품과 교변작용을 하며, 작품은 읽는 이의 경험과 통합되어 그 의미가 넓어진다. 문학 작품은 읽는 이를 위해 교육 환경이 되어 준다.

문학다운 경험은 읽는 이와 작품 사이의 '교변작용(transaction)'으로 표현할 수 있다.[47] 문학 작품은 읽는 이와 교변작용하여 작품의 본디 의미가 넓어지고 읽는 이의 삶을 이루는 하나의 밑바탕이 된다. 작품이 읽는 이의 삶의 얼개를 이루는 뜻깊고 값어치 있는 자료가 된다. 작품은 읽는 이를 새로운 환경과 세계로 이끌어 준다. 작품의 성격도 읽는 이와 작품의 교변작용으로 결정된다.

어떤 작품을 읽고 마음에 큰 울림이 생겼을 때 읽는 이는 '아 그 작품'하면서 그 작품을 읽은 '하나의 경험'을 떠올린다. 그 작품을 읽은 하나의 경험이 읽는 이에게도 뜻깊고 값진 경험으로 남는다. 내가 경험한

---

46 로렌블랫(L. Rosenblatt)은 작품 읽기는 특별한 독자와 특별한 작품을 포함하는 시간과 장소 안에서 일어나는 하나의 사건(event)이라 하였다. Rosenblatt, L. M.(1994), *The Reader, the Text, the Poem: The Transactional Theory of the Literary Work*, Carbondale: Southern Illinois University Press, p. 14, p. 122.

47 Rosenblatt, L. M.(1994), *The Reader, the Text, the Poem*, ibid., p. 16; Rosenblatt, 김혜리·엄해영 옮김(2006), 앞의 책, 35쪽. 듀이와 벤틀리(Dewey & Bentley)는 상호작용(interaction)이 두 가지가 따로 떨어져 있다는 뜻을 담고 있어, 상호작용보다는 교변작용(transaction)이란 말이 더 알맞다고 보았다. Dewey, J. & Bentley, A. F.(1949), *Knowing and Known*, op. cit., p. 63, p. 113, p. 272. 로젠블랫은 여기서 도움을 얻어 문학 작품을 읽는 것을 작품과 읽는 이의 교변작용으로 설명하였다. Rosenblatt, L. M.(1994), *The Reader, the Text, the Poem*, op. cit., p. 17. 'transaction'을 상호교통, 상호교섭, 교섭작용, 상호거래로 옮기기도 한다.

'그 작품', '그 작품을 읽으면서 겪은 감동', '그 작품을 만나고 나에게 남은 앎, 느낌, 깨달음, 울림', 이런 것들은 구체적이면서도 생생하고 하나의 완결된 성격을 지닌 경험이다.

문학 작품을 읽고 질성의 사고를 하면서 그 작품 전체의 질적 특성을 느끼고 알게 된다. 그리고 그 작품에 대해서 더 깊이 탐구하는 반성의 사고도 하게 된다. 이런 반성의 사고를 거치면 처음에 만났던 작품은 다시 새롭게 다가오고 느껴진다. 이런 과정을 밟아가면서 작품에 대해 더 알아가고 자신의 경험은 더욱 성장한다.[48] 이처럼 문학 작품은 읽는 이에게 뜻깊고 값진 경험의 기회를 준다.

하나의 완결된 경험이 마무리되면 거기서 끝나지 않고 그 경험을 바탕으로 다시 새로운 경험으로 나아가면서 경험이 끊임없이 다시 구성되고 조직되는 길을 가는 것처럼, 한 작품을 읽고 거기서 마무리되지 않고 그 작품을 읽은 경험을 바탕으로 다른 경험으로 나아갈 수 있다. 읽었던 작품의 작가가 지은 다른 작품을 찾아 읽을 수도 있고, 다른 작품과 견주어볼 수도 있고, 자신이 읽은 작품에 대해 좀 더 자세하게 풀이하는 활동으로 나아갈 수도 있다. 경험을 넓히고 키우면서 꾸준히 되풀이하면서 성장하듯, **자신에게 뜻깊고 값진 경험을 준 작품은 다른 활동과 경험을 북돋는다.**

(3) 심미적 경험의 기회

듀이가 말하는 '하나의 경험'은 그 바탕이 심미적 특질(esthetic quality)을 지닌다. 하나의 경험은 여러 특질을 담고 있는 경험인데, 이런 특질

48 '온 책(작품) 읽기', '한 학기 한 권 읽기'는 작품 한 편을 온전히 읽는 활동인데, 이것은 듀이가 말한 '하나의 경험'과도 연결된다. 한 작품을 온전히 끝까지 읽지 못하면 하나의 완결된 경험으로 남기 힘들다.

들이 매우 가깝게 연결되어 하나의 합쳐진 사건을 만든다.[49] 하나의 경험에는 여러 특질이 들어있는데, 그 특질들을 하나씩 떼어놓고 보면 하나의 경험의 온전한 특질을 드러낼 수 없다. 이론(개념)으로는 가를 수 있지만(인지 측면, 실천 측면, 정서 측면) 실제로는 가를 수 없는, 통합된 전체이다. 다만 구체적인 관심과 목적에 따라 어떤 측면이 더 두드러진지 말할 수 있을 뿐이다.[50] 그렇기에 듀이는 하나의 경험을 심미적이고 예술적 성격이라 말한 것이다. 값지고 뜻깊은 하나의 경험 자체가 심미적이고 예술적인 성격을 띤다면, 우리가 문학 작품을 읽는 심미적 경험은 하나의 경험과 매우 가깝게 연결될 수 있음을 짐작할 수 있다.

세계와 끊임없이 새로운 관계를 맺을 수 있게 하는 예술은 경험한 사물들이 지닌 표현력을 드러낸다. 예술은 판에 박힌 삶의 게으름에 빠져 있는 우리를 일깨워준다. 예술은 우리에게 계속해서 변화하는 질적 특성과 형태를 지닌 세계를 경험하는 기쁨을 누리게 하며, 그러한 대상들과 하나가 되게 한다.[51] 문학 작품은 하나의 글예술이며, 말예술이다. 문학 작품은 우리가 세계와 끊임없이 새로운 관계를 맺을 수 있게 한다. 문학 작품이라는 언어예술을 만남으로써 우리는 판에 박힌 삶의 게으름에서 빠져나올 수 있고 작품의 세계를 경험하고 작품과 내가 하나가 되는 기쁨을 누리게 된다.

지은이가 경험한 것과 지은이가 그리고자 하는 세계의 교변작용이 일어나면 지은이는 새로운 표현 형식을 찾게 되고 새로운 열정이 생긴다. 이 열정이 심미적 정서가 된다. 문학 작품은 지은이가 경험하여 새롭게 탐구하고 깨달은 삶의 의미를 읽는 이에게 가장 알맞은 방식으로 전하기 위해 마련한 것이다. 문학 작품은 경험 속에서 탐구한 새로운

---

49 Dewey, J.(1934), *Art as Experience*, op. cit., p. 38.

50 Dewey, J.(1934), *Art as Experience*, ibid., p. 55

51 Dewey, J.(1934), *Art as Experience*, ibid., p. 104.

삶의 의미라 할 수 있다. 지은이는 작품으로 자신이 경험한 사물이나 사건에 대하여 깨달은 새로운 뜻을 읽는 이에게 보인다.

심미적 태도로 작품을 대한다면 감상자는 그 작품을 대했던 이전의 경험과는 다른 독특한 그리고 새로운 하나의 경험을 한다.[52] 예술작품은 일상 삶의 세계를 충만하고 강렬하게 경험하도록 해 준다.[53] 문학 작품을 읽을 때 읽는 이는 심미적 읽기(aesthetic reading)를 하게 된다.[54] 문학 작품을 읽는 것은 심미적 경험인데, 문학 작품을 읽을 때 읽는 이는 자신만의 방법으로 읽기에 작품을 새롭게 만든다. 읽는 이 자신의 경험을 바탕으로 작품을 이해하고 해석하기에 문학 작품은 새로운 작품으로 탈바꿈된다.

읽는 이가 심미적 태도로 읽고, 심미적 활동을 한다는 것은 인지적, 지적, 관념적 요소에 따로따로 반응하는 것이 아니라, 인지적인 것과 정의적인 것을 융합하여 경험하고 거기에 특별한 의미와 질을 찾는 것이다.[55] 심미적 읽기를 할 때 읽는 이는 느낌, 생각, 앎들을 통틀어 읽고 여기에서 하나의 통합된 경험을 하게 된다. 문학 작품 읽기 자체가 심미적 경험이요, 완결된 경험이요, 하나의 경험이다.

(4) 경험의 성장과 발달의 기회

사람은 세상(환경)과 가장 가멸차게 상호작용할 때, 가장 활발하면서 균형 잡힌 삶을 살 수가 있다.[56] 문학 작품과 가멸차게 상호작용하는

52 Dewey, J.(1934), *Art as Experience*, ibid., p. 108.

53 Dewey, J.(1934), *Art as Experience*, ibid., p. 133.

54 Rosenblatt, L. M.(1994), *The Reader, the Text, the Poem*, op. cit., p. 24; Rosenblatt, 김혜리·엄해영 옮김(2006), 앞의 책, xxiii.

55 Rosenblatt, L. M.(1994), *The Reader, the Text, the Poem*, op. cit., p. 46.

56 Dewey, J.(1934), *Art as Experience*, op. cit., p. 103.

것은 곧 활발하고 균형 잡힌 삶을 사는 것이다. 문학 작품을 읽으면서 지난날의 경험과 문학 작품에 나타난 질적 특성이 합쳐지면서 새로운 의미나 가치를 찾게 된다.

문학 작품은 지은이의 경험 속에서 새롭게 재구성되어 태어난 것이다. 작품의 지은이는 자신이 행하는 것과 겪은 것을 바탕으로 작품을 지으며 이런 행하는 것과 겪은 것이 서로 얽혀 작품이 태어나며, 이 작품은 지은이 지난날의 경험을 바탕으로 다시 구성되고 다시 조직되면서 만들어진다. 이 작품을 감상하는 이는 작품을 만났을 때 새로운 경험을 하게 되고 그런 경험을 끊임없이 다시 구성하고 다시 조직하면서 경험이 성장한다. 문학 작품은 있는 그대로의 세계를 그리기보다는 지은이가 경험한 세계를 그리고 있기에, 읽는 이들은 자신들이 경험한 세계와는 다른 새로운 것을 문학 작품으로 만나게 된다. 그러기에 문학 작품은 경험을 성장시키고 발달시키는 밑감이 된다. 문학 작품은 학생들의 경험을 한층 더 높은 수준으로 이끌 수 있는 제재가 된다.

작품의 세계와 학생의 삶이 만나 교변작용을 하면서 학생들은 삶과 세계를 보고 이해하는 수준이 높아진다. 학생들은 미처 겪어보지 못한 세계를 문학 작품을 읽으면서 만나게 된다. 문학 작품의 세계와 교변작용하면서 나를 돌아보기도 하고 내 앞날을 내다보기도 하면서 나에 대해 더 알아가게 된다. **작품과 읽는 이가 만나는 일은 곧 읽는 이를 달라지게 하고 자라게 하는 일이다.** 문학 작품은 가치 있는 경험을 담고 있기에 문학 작품을 가르치고 배우는 것은 곧 경험 그 자체를 넓히고 이를 새로운 관점으로 다시 구성하면서 나를 성장시키는 일이다.[57]

57 최홍원(2015), 『고전문학 경험교육론: 고전문학이 묻고, 경험이 답하다』, 역락, 29-30쪽.

4. 경험을 키우기 위한 문학교육의 갈피

듀이의 경험 이론을 바탕으로 문학이 읽는 이에게 어떤 경험을 줄 수 있는지 짚어보았다. 문학교육이 이러한 경험을 키우려면 어떤 길을 가야 할지 살펴보자.

(1) 문학 교육과정을 학생의 심리에 맞게 짜기

듀이는 교과를 조직할 때 경험의 논리적 측면과 심리적 측면 두 가지를 바탕으로 조직할 수 있다고 보았다. 경험의 논리적 측면은 교과 내용 그 자체를 뜻하고, 심리적 측면은 학생과 관련된 교과 내용을 뜻한다. 경험의 심리적 측면을 바탕으로 교과를 마련하는 것은 학생의 경험이 실제로 성장하는 과정을 좇아서 교과의 내용을 마련하는 것이다. 실제로 있었던 경험의 과정과 단계를 그대로 교과에 담는 것이다. 이와 달리 논리적 측면에서 교과를 마련하는 것은 경험의 성장이나 발달 단계를 건너뛰고 마지막으로 성취해야 할 결과만을 간추려서 마련하는 것이다.[58] 그동안 문학 교육과정이 학생들이 반드시 성취해야 할 결과를 중시하여 경험의 논리적 측면에만 무게를 두지 않았는지 되돌아보고, 이제 경험의 심리적 측면, 곧 학생 경험의 과정과 단계를 바탕으로 문학 교육과정을 마련하는 일에 힘써야 한다.

학생의 경험과 문학 교과가 잘 연결되어야 하며, 문학 교과는 학생의 경험이 성장할 수 있게 이끌어야 한다. 학생의 경험 발달 단계에 맞는 작품, 학생의 지금 경험에 알맞은 작품, 학생의 경험을 성장시킬 수

58 Dewey, J.(1956), *The Child and the Curriculum*, Chicago: The University of Chicago Press, p. 19.

있는 작품, 학생의 경험 폭을 넓힐 수 있는 작품을 마련해 주어야 한다. 문학 교과의 심리화를 위해 문학 작품이 학생의 경험을 다시 구성하는 밑감이 될 수 있게 해야 한다. 문학 교육과정은 학생의 경험과 관련하여 그 틀을 짜야 한다. 문학 교육과정의 얼개를 이렇게 짤 때 문학 교실은 학생 '경험의 마당'이 될 수 있다.

뜻깊고 값진 경험은 단번에 완성되고 완결되는 것이 아니라 질성이나 반성의 여러 단계를 거쳐 마무리되므로, 문학 교육과정도 아이들의 경험이 단계에 따라 차근차근 성장하고 발달할 수 있게 짜나가야 한다. 완결된 경험으로 나아가면서 만나게 되는 새로운 것에 대한 흥분과 만족을 경험하게 해 주어야 한다. 아이들이 성취해야 할 결과만을 중시하고 경험의 과정과 단계를 소홀히 한다면 중도에 멈추는 불완전한 경험, 기계적인 경험, 어수선한 경험으로 남고 말 것이다.

(2) 작품과 제재의 폭을 넓히기

아무리 오래되고 고전적인 것이라 하더라도 진정한 의미에서 예술작품이 되는 것은 개인의 삶 속에서 독특한 경험을 불러일으킬 때이다.[59] '정전(正典, canon)'이나 '고전(古典, classical literature)'이라 이르는 문학 작품이라도 읽는 이나 감상하는 이에게 하나의 경험, 곧 특별한 경험으로 다가오지 않는다면 좋은 작품이라 할 수 없다.[60]

---

59 Dewey, J.(1934), *Art as Experience*, op. cit., p. 108.

60 듀이는 『로빈슨 크루소』 같은 작품을 3, 4학년 아이들에게 교육 자료로 쓰는 것은 말 앞에다 수레를 갖다 놓는 것과 같은 일이라 하였다. 아이들에게 훨씬 더 넓은 범위와 더 강렬한 효과와 더 생생하고 오래 가는 삶의 가치를 지닌 실제 세계를 먼저 만나게 해 주어야 한다고 하였다. Dewey, J.(1956), *The School and Society*, Chicago: The University of Chicago Press, p. 155. 모든 학생에게 거창한 가치를 들고나오는 정전을 가르치는 것은 무리다. 구인환·박인기·우한용·최병우(2017), 『문학교육론(7판)』, 삼지원, 202쪽. 정전만이 작품에 대한 감식안을 키우는 것은 아니다. 정재찬·최인자·김근호·염은열·이지영

학생들이 반드시 읽어야 할 작품만을 고려해야 한다고 생각하는 것은 충분치 않다. 작품을 고를 때는 작품과 학생의 지난 경험, 현재의 정서적인 성숙도 사이의 가능한 연결고리가 되는 기능을 반영해야 한다.[61] 굳이 명작, 고전, 정전에만 목을 매지 말고 아이들의 삶이나 경험과 가깝게 잇닿아 있는 작품을 고르는 것이 좋다.

학생 작품은 또래의 아이들이 지은 작품이기에 오히려 아이들의 삶과 더욱 가깝게 느껴져 좋은 제재가 될 수 있다. 또한 유명한 작가가 지은 작품이 아니더라도 아이들에게 깊은 울림이나 좋은 영향을 주는 작품이 있을 것이다. 우리의 옛 문학 가운데는 이름 없는 작가가 지은 작품도 많은데, 이들 작품 가운데는 그 말하기나 표현 방식이 새뜻하여 오늘날에도 우리에게 새로운 의미를 주는 작품이 많다. 다른 나라 작품도 경험의 폭을 넓히는 데는 쓸모 있는 밑감이 될 수 있다. 다른 나라의 작품을 읽으면서 그 나라 풍습이나 그 나라 사람들의 삶을 모습을 만나 읽는 이가 겪어보지 못한 새로운 세계를 이해할 수 있게 된다. **아이들의 뜻깊고 값진 경험에 이바지하는 작품이 될 수 있다면 어떤 작품이라도 좋은 밑감으로 살려 쓸 수 있다.** 아이들의 경험 성장과 발달에 도움이 되는 작품들을 찾고 캐내는 일이 중요하다.

(3) 갖가지 풀이와 반응 인정해 주기

듀이가 말하는 교변작용(transaction)은 경험주체와 경험대상(객체)이 서로 영향을 주고받고 서로를 변화시킨다는 뜻이지만, 더 깊은 속뜻도

· 최미숙· 김혜련· 박용찬· 남민우· 김성진· 조희정· 박기범(2014), 『문학교육개론 Ⅰ : 이론편』, 역락, 27쪽. 훌륭한 작품이라 평가받은 것도 아이들의 경험과 삶을 살찌우지 못하면 알맞은 제재가 될 수 없다.

61 Rosenblatt, 김혜리· 엄해영 옮김(2006), 앞의 책, 42쪽.

있다. 교변작용을 하는 두 가지(주체와 객체)가 교변작용보다 먼저 있다거나 따로 있는 것이 아니라, 교변작용으로 두 가지의 본모습이 제대로 드러나는 것이다.[62] 그러니까 **문학 작품과 작품을 읽는 이는 서로 교변작용을 할 때 작품다운 작품이 되고 독자다운 독자가 되는 것**이다. 읽는 이가 문학 작품을 대할 때 그 작품은 읽는 이라는 주체를 떠나서 생각할 수 없다. 읽는 이가 문학 작품을 읽는 순간 이미 읽는 이 주체의 특성이 끼어들게 된다.

예술작품은 다른 사람의 경험 속에서 작용할 때, 곧 의사소통할 때 진정한 의미에서 예술작품이 된다.[63] 예술품은 감상하는 사람의 경험 속에서 작용할 때 진정한 의미의 예술작품이 된다.[64] 문학 작품도 읽은 이의 경험 속에서 작용할 때, 작품과 읽는 이가 서로 소통할 때 진정한 작품이 된다. 문학 작품은 창작자와 감상자를 연결하는 매개물이다. 지은이가 작품을 짓지만, 그 작품을 감상하는 이는 그 작품을 다시 구성하고 다시 만든다. 감상하는 이의 감상으로 작품은 새롭게 태어난다.

오선지 위에 그려진 음표들은 연주가들이 자신만의 색다른 연주를 할 때 예술작품이 된다.[65] 같은 작품이라도 다른 심미적 반응 처리를 하게 되면 다른 종류의 경험이나 다른 수준의 경험을 하게 된다.[66] 문학 작품도 감상하는 이들이 색다른 해석과 감상을 할 때 새롭게 다시 창조된다. 작품을 보고 읽는 이가 진솔한 삶의 경험, 생생한 삶의 경험 속에서 그 작품을 이끌어 내는 것이 중요하다. **정전이나 고전 같은 작품도 누구나 똑같이 풀이하고 감상하기 때문에 훌륭한 작품이 되는 것이 아니라,**

62 그래서 로젠블랫은 의미를 만드는 상호교통(교변작용) 과정에는 읽는 이와 작품 둘 다가 반드시 있어야 한다고 하였다. Rosenblatt, 김혜리·엄해영 옮김(2006), 앞의 책, 27쪽.

63 Dewey, J.(1934), *Art as Experience*, op. cit., p. 104.

64 Dewey, J.(1934), *Art as Experience*, ibid., p. 106.

65 Dewey, J.(1934), *Art as Experience*, ibid., p. 108.

66 Rosenblatt, L. M.(1994), *The Reader, the Text, the Poem*, op. cit., p. 27.

그 작품을 만나는 사람들의 경험 속에서 끊임없이 삶에 대한 새로운 의미, 가치, 깨달음을 주기 때문에 좋은 작품이 되는 것이다.

작품을 읽고 풀이하고 감상하는 일은 읽는 이에게 '하나의 경험'이다. 하나의 경험은 같은 조건이나 환경이더라도 경험하는 당사자에게는 그 특질이 다른 경험이다. 같은 작품을 읽더라도 내가 겪은 하나의 경험과 다른 이의 하나의 경험은 같을 수 없다. **똑같은 작품이더라도 똑같은 경험일 수 없다.**

지은이가 구성한 작품의 의미는 고정된 명제가 아니라 읽는 이가 채워야 하는 빈틈을 갖고 있는 것으로, 읽는 이와 만나 또 다른 경험을 만든다. 문학은 열려 있기에 감상의 결과가 읽는 이의 특별한 경험을 이루고 만든다.[67]

작품이 그리는 세계를 있는 그대로 받아들이기보다는 내 생각이나 경험과 견주어 작품의 의미를 새롭게 다시 구성하는 일이 필요하다. 듀이는 반성적 사고를 거친 2차 경험으로 나아가야 완결된 경험을 이룰 수 있다고 하였다. 작품을 읽고 감상하면서 읽는 이가 주체가 되어 새롭게 풀이해 보고 새롭게 평가해 보는 반성적 사고를 거쳐야 작품 읽기는 더욱 뜻깊은 경험으로까지 나아갈 수 있다. 작품을 자신만의 관점으로 새롭게 해석해 볼 때 새로운 문제를 찾게 되고 거기서 새로운 앎이나 깨달음을 얻게 되면서 진정한 경험을 맛볼 수 있다.

듀이는 '관람자의 태도'와 '참여자의 태도'란 말을 썼다.[68] 살아 있다는 것은 곧 경험하는 것이고, 경험을 한다는 것은 나를 둘러싸고 있는 세계의 활동에 긴밀히 참여한다는 것이다.[69] 읽는 이의 주된 목적은 작품이 지닌 여러 가능성에 충분히 참여하는 것이다.[70] 미리 결정된 무엇

---

67 최홍원(2015), 앞의 책, 34쪽.

68 Dewey, 이홍우 옮김(2007), 앞의 책, 205쪽.

69 Dewey, 이홍우 옮김(2007), 위의 책, 481쪽.

을 받아들이기만 하는 것은 구경꾼(관람자)이다. 읽는 이는 작품 해석에 직접 참여하여 경험하고 마음을 쓰고 탐구해야 한다. **정해진 해석만을 따르는 구경꾼이 되기보다는 작품과 힘껏 교변작용하는 참여자가 되어야 한다.** 가장 권위 있다고 인정받는 해석을 학생들에게 전달해 주는 문학 교실에서는 의미 있는 경험이 일어나기 힘들다.[71]

한편 학생들이 작품을 잘못 해석하면 어쩌나 하고 걱정할 수 있다. 그러나 잘못된 읽기로 의미가 뚜렷해지기도 한다.[72] 또한 **우리는 실수하면서 배운다.**[73] 잘못된 읽기와 잘못된 해석을 너무 걱정할 필요는 없다. 또한 전문가의 해석이라도 완벽하지 않다. 완벽한 작품 해석은 있을 수 없다. 잘못하고 틀려가면서 배워가는 것이다. 완벽한 해석에 이를 수 없지만, 스스로 나름대로 해석해보면서 조금씩 해석의 수준과 실력을 높여갈 수 있다. **읽는 이마다 다른 반응과 해석을 내놓는 것이 오히려 그 작품의 의미와 가치를 더욱 풍성하게 할 수 있다.**

(4) 작품을 짓는 경험 해보기

이미 문학 교실은 오래전부터 문학을 수용하는 활동만이 아니라 문학을 창작하는 활동도 힘써 하고 있다. 노래를 듣기만 하고 불러보지 않는 것은 노래를 참으로 즐기는 것이 아니듯이, 문학을 참으로 즐기기 위해서는 손수 써보고 지어보기도 해야 한다. 문학 교육과정, 국어과 교

---

70 Rosenblatt, L. M.(1994), *The Reader, the Text, the Poem*, op. cit., p. 69.

71 독일 고등학교 국어 교과서의 첫 장 제목은 '올바른 해석은 있는가?'이다. 김누리(2024), 『경쟁교육은 야만이다』, 해냄, 173쪽. 작품의 뜻을 한 가지로만 정하려는 문학 교실에서는 상상력을 꽃피울 수 없다.

72 Rosenblatt, L. M.(1994), *The Reader, the Text, the Poem*, op. cit., p. 62.

73 Popper, K. R.(1963), *Conjectures and Refutations: The Growth of Scientific Knowledge*, London: Routledge & Kegan Paul, p. vii.

육과정에도 작품의 한 부분을 바꾸어 써보거나 작품을 지어보는 활동을 해 보도록 권하고 있다.

작품을 보고 듣고 읽는 활동만으로도 자신의 경험을 키우고 자라게 할 수 있지만, 작품을 짓는 활동은 경험을 더욱더 자라게 할 수 있다. 작품 감상이 진정한 의미의 경험이 되려면 작가의 활동과 같거나 비슷한 활동, 곧 작품에 대한 능동적이고 창조적인 일을 해야 한다. 듀이는 경험은 해보는 것(능동 측면)과 겪는 것(수동 측면)이 균형을 이룰 때 좋은 경험이라 하였다. 작품을 받아들이는 활동에 경험의 능동 측면이 없는 것은 아니나, 작품을 몸소 지어볼 때 경험의 능동 측면을 더 활발하게 경험할 수 있다. 작품을 지어보는 일은 내가 '해보는' 것이요, 경험 '하는' 것이요, '행하는' 것이기 때문이다.

작품을 짓기 위한 밑감을 찾고 그 밑감과 작품을 짓는 이는 교변작용을 하게 된다. 교변작용하면서 생긴 경험내용은 제재가 되고 그다음에 작품의 내용이 정해지고 작품의 주제가 담기게 된다. 작품 짓는 활동은 나와 작품의 밑감이 교변작용하면서 새로운 경험을 하는 일이다. 작품의 밑감에 대해 새롭게 생각하게 되고 새롭게 알게 되며 새롭게 느끼게 된다. 작품을 읽고 해석하고 감상하고 평가하는 것을 넘어 실제로 지은이가 되어 작품을 지어보는 활동을 할 때 자신과 작품의 진정한 교변작용이 일어난다.

읽는 이는 작품을 다시 창작하면서 지은이가 했던 창작의 경험을 해 볼 수 있다. 거의 모든 작가가 작품을 창작할 때는 새로운 시도, 모험, 여행에서 시작했다. 해보지 않았던 경험을 해보고 모험에 찬 여행을 해보는 것은 새로운 경험을 만들 수 있는 길이다. 작품을 짓는 활동은 값지고 뜻깊은 경험, 곧 하나의 경험이 된다.

작품을 짓는 활동을 해 보면 문학 작품은 어떻게 짜여 있고 어떤 특징이 있는지를 더 잘 알게 된다. 또한 작품을 써보면서 겪게 되는 어려움을 경험하게 된다. 그런 어려움을 해결하기 위해 수많은 질성의 사고와 반성의 사고를 하게 되면서 더 나은 작품을 쓰기 위해 힘쓰게 된다. 처음에는 서툴렀던 창작 능력이 경험을 되풀이할수록 향상된다. 본디 경험이란 것이 듀이가 말한 것처럼 하면 할수록 성장하는 특징이 있다. 도전하고 실험하면서 새로운 경험의 영역을 개척해 나갈 수 있다. 이런 과정을 거쳐 의미 있고 가치 있는 자신만의 창작물이 태어나고 여기서 큰 보람을 느끼게 된다. 작품 창작은 이렇듯 하나의 경험을 맛볼 수 있는 기회를 주고 경험을 성장시킨다.

5. 마무리

듀이의 경험 이론이 문학교육에 어떤 뜻과 도움을 줄 수 있는지 살펴보았다. 듀이가 말하는 경험은 하는 것(능동)과 겪는 것(수동)이 조화와 균형을 이룬 경험이다. 경험은 사람이 자연, 환경, 세상과 영향을 주고받으면서 서로를 변화시키는 교변작용이다. 그리고 하나의 완결된 경험은 질성의 사고, 반성의 사고 같은 여러 단계를 거치는, 뜻깊고 값진 경험을 이른다. 또한 삶이란 곧 경험을 꾸준히 하는 것이고 이런 경험을 하면서 자라고 커가기 때문에 경험은 곧 성장이다. 경험을 끊임없이 다시 얽어 짜나가는 것이 삶이고 교육이다. 삶, 경험, 성장, 교육은 이렇듯 하나로 이어져 있다.

이러한 듀이의 경험 이론이 문학교육과 어떤 관련이 있는지 짚어보았다. 문학 작품을 읽는 것은 직접 경험과 간접 경험의 기회가 된다. 문학 작품을 만나는 것은 뜻깊고 값진 경험을 할 수 있는 기회가 된다. 문학 작품은 보통 심미적 태도로 읽기 때문에 심미적 경험을 할 수 있는 밑바탕이 된다. 문학 작품을 읽으면서 경험을 성장시키고 발달시킬 수 있다.

문학 작품 읽기가 이처럼 경험을 넓히고 깊게 하는 데 도움이 된다면 문학교육도 경험을 자라고 키울 수 있는 쪽으로 나아가야 한다. 그러기 위해서는 첫째, 결과나 성취보다는 경험의 단계나 과정을 제대로 밟을 수 있게 문학 교육과정을 심리적으로 조직해야 한다. 둘째, 읽는 이가 갖가지 경험을 할 수 있게, 다루는 작품이나 제재의 폭을 넓혀야 한다. 셋째, 문학 작품은 읽는 이와 작품의 교변작용으로 그 의미와 가치가 드러나기에, 작품에 대한 읽는 이의 다양한 해석과 반응을 허용해 주어야 한다. 넷째, 작품을 지어보면서 더욱 값진 경험을 하게 되므로 학생들이 작품을 지어보는 활동도 해 볼 수 있게 해야 한다.

문학 작품은 지은이가 삶 속에서 보고 느끼고 생각하고 깨달은 의미를 감상하는 이가 만날 수 있게 표현해 놓은 것이다. 지은이가 자연, 환경, 세상과 교변작용하면서 찾은 가치와 의미는 문학다운 표현이라는 독특한 방식으로 드러난다. 이렇게 표현된 의미와 가치는 문학 작품에 다가가는 감상자들과 대화하게 된다. 문학 작품은 그 작품과 교변작용하는 감상자가 있고 그 감상자가 그 작품과 의사소통에 참여할 때 진정한 작품이 된다.

듀이는 삶, 경험, 성장, 교육이 모두 맞물려 있다고 보아, 듀이의 경험 이론은 교육에 많은 뜻을 비춰준다. 듀이의 경험 이론을 바람직한 교육을 하는데 어떻게 잘 살려 쓸지 연구하다 보면, 문학 교실의 답답한 문제를 풀어나갈 실마리를 찾을 수 있을 것이다. 문학이 그저 좋아서 가르치고 배우는 바람직한 문학 교실을 바라본다.

04

문학교육을 문화교육으로 보는 문제에 대하여

문학이 문화를 담고 있고 문화에 영향을 미치기도 하므로, 문학교육을 문화교육으로 보기도 한다. 그래서 이 글에서는 문화란 무엇이고, 교육은 무엇이며, 문화와 교육은 어떤 관련이 있는지를 살펴보았다. 그리고 문학교육은 어떤 면에서 문화교육이 될 수 있는지 들여다보았다. 또한 문학교육을 문화교육으로 볼 때 어떤 문제가 생길 수 있는지도 짚어보았다.

문화를 잘 전하고 받아들이는 일은 문화화라 할 수 있는데, 이 문화화는 교육과 관련을 맺고 있기도 하지만 바람직한 교육을 가로막기도 한다. 문화는 때나 곳에 따라 그 값어치가 늘 달라진다. 문학 교실에서 경험하는 문화가 모두 좋고 훌륭한 문화라 할 수 없다. 또한 문화화는 사회나 제도에 나를 길들이는 일이지만 교육은 있던 문화에서 벗어나고 그 문화를 넘어서 새 문화를 일구는 일이다. 문화화는 교육의 본질이 될 수 없으며, 문화는 알찬 교육 경험을 위한 밑감으로 여겨야 한다. 문학교육에서 다루는 문화의 내용들을 반드시 가르치고 배워야 할 것으로 여긴다면 학생들은 문화에 갇히고 만다.

따라서 문학 교실에서 문화를 교육할 때는 교과에 나오는 문화를 잘 배우고 공부하는 것을 넘어서 그 문화에 대해 따져보기도 해야 한다. 더 나아가 학생들이 배우고 싶고 공부하고 싶은 문화를 문학 교실에서 다루어야 한다. 배우는 이가 흥미나 관심이 가는 밑감을 다룰 때 뜻깊은 교육 경험을 이끌 수 있다. 문화교육은 무엇보다 교육의 본질을 살리는 쪽으로 나아가야 한다.

1. 머리말

학교에서 가르치고 배우는 교과의 내용 가운데는 우리 겨레의 문화가 담겨 있기에 교과교육이 곧 문화교육의 한 조각일 수 있다. 그리고 말(언어)에는 여러 문화의 모습이 담겨 있으므로 말은 문화가 드러난 모습 가운데 하나이다. 또한 제 나라 말은 뜻을 전달하는 수단을 넘어서 저를 드러내고 사회관계를 이루는 사회 문화 과정이자 실천이다.[1] 말은 상징(象徵, symbol)[2] 노릇을 하는데, 문화가 여러 가지 상징 형식이라 할 때[3] 말이 바로 문화의 한 양식이 된다. 따라서 말글(언어)교육은 곧 문화교육이기도 하다.[4] 우리말(국어)에는 우리 겨레의 문화가 담겨 있다. 그러니 국어교육은 문화교육의 하나일 수 있다. 어떤 나라의 문학은 그 나라의 문화가 담겨 있기 마련이다. 우리 문학(국문학)도 우리 겨레의 예술문화에 들기 때문에[5] 문학교육도 문화교육의 한 조각이 된다. 국어(과)교육과 문학교육은 문화교육과 뗄 수 없는 관계이다.

문학은 문화를 비추고 있다. 또 문화의 영향을 받기도 하고 거꾸로 문화에 영향을 미치기도 한다. 문화에 따라 문학의 모습이 달라지고 문학이 문화를 달라지게 하기도 한다. 이렇게 문학과 문화가 서로 가깝게 맞닿아 있으므로 문학교육에서 문화를 다루기도 하고 문학교육을 문화

---

1 최인자(2005),「한국어 언어문화와 국어교육」,『국어교육』117, 한국어교육학회, 111쪽; 정재찬·최인자·김근호·염은열·이지영·최미숙·김혜련·박용찬·남민우·김성진·조희정·박기범(2014),『문학교육개론 I』, 역락, 156쪽.

2 '상징'은 뚜렷이 드러내기 힘든 생각이나 느낌, 뜻을 기호나 다른 것으로 나타낸 것이다.

3 Cassirer, E.(1944), *An Essay on Man: An Introduction to a Philosophy of Human Culture*, New Haven: Yale University Press.

4 윤여탁(2013),『문화교육이란 무엇인가』, 태학사, 22쪽.

5 심경호(2001),「예술문화로서의 국문학」,『국문학과 문화』, 한국고전문학회, 45쪽; 김혜영(2018),「문학교육의 문화적 지향 고찰」,『교육문화연구』24(3), 인하대학교 교육연구소, 207쪽, 213쪽.

교육의 한 가지로 보기도 한다.

이 밖에도 어떻게 하면 아이들이 문학에 좀 더 친하고 가깝게 다가갈 수 있을까 고민하여 문학교육을 문화교육으로 다루어 보자는 생각들이 나오게 되었다. 김혜영은 문학교육 연구에서 문화를 끌어들인 것에는, 작품 중심에서 벗어나고자 하는 생각, 배우는 이의 흥미나 관심을 헤아리지 못했다는 생각, 배우는 이가 문화 실천의 임자 노릇을 해야 한다는 생각, 배우는 이가 쉽게 만날 수 있는 대중문화를 힘껏 문학교육의 마당으로 들여와야 한다는 생각, 이런 생각들이 밑바탕이 된다고 보았다.[6]

바람직한 문학교육을 해 보자는 뜻에서 문학교육에 문화를 들여오고 문학교육을 문화교육으로 다루어 보자는 생각이 나왔다. 그런데 문화란 것이 바람직한 교육을 이끌기도 하지만 바람직한 교육을 가로막기도 한다.[7] 그래서 이 글은 문화란 무엇이고, 문화와 교육이 어떤 관계이며, 또 문학교육과 문화교육은 어떤 관련이 있는지를 다시 돌아보고 문학교육을 문화교육으로 다룰 때 생길 수 있는 문제를 살펴보고자 한다. 이런 문제들을 줄이고 문학교육을 문화교육으로 다룰 때 바람직한 길은 무엇일지 따져보고자 한다.

'어떤 문화를 가르칠 것인가?', '어떻게 문화를 잘 가르치고 배우게 할 것인가?'보다는 문화를 교육에 들여와 문화를 가르치고 배우는 일이 교육의 참뜻과 참맛을 살릴 수 있는 것인지를 생각해 보아야 한다. 문학교육을 문화교육으로 보는 것을 당연한 것으로만 받아들이지 말고 문제는 없는가 살펴야 한다.

---

6 김혜영(2018), 위의 글, 210쪽.

7 조용환(2001), 「문화와 교육의 갈등-상생 관계」, 『교육인류학연구』 4(2), 한국교육인류학회, 16-24쪽; 윤여각(2001), 「교육과 문화의 관계: 갈등에서 상생으로」, 『교육인류학연구』 4(2), 한국교육인류학회, 37쪽; 장상호(2009), 『학문과 교육(중 II): 교육본위의 삶』, 서울대학교출판문화원, 456-465쪽.

2. 문화, 문학, 교육은 어떤 관련이 있는가?

(1) 문화란 무엇인가?

문화는 무엇이다고 시원하고 뚜렷하게 간추려 말하기가 어렵다. 학자마다 그 뜻을 달리 갈무리하고 있기도 하고, 문화라는 말이 시대에 따라, 쓰는 사람에 따라 뜻이 달라지기도 하였고, 오늘날에는 그 뜻이 매우 넓어졌기 때문이다. 오늘날 우리가 나날살이에서 쓰는 문화라는 말은 사람들이 이룩한 거의 모든 것이 다 들어 있어, 문화 아닌 것이 없을 정도다. 문화가 다른 말들과 붙어 자연스럽게 쓰이고 있는 것만 보아도 금방 알 수 있다. 그런데 이처럼 어떤 말을 마구잡이로 쓰면 오히려 그 말의 참뜻을 제대로 잡기가 힘들어진다.

옛날 중국에서 썼던 '원후아(文化)'는 군사의 용맹[武]과 대비되는 '원[문(文)]', 곧 문예 도야의 상태를 뜻했다. 일본 사람이 독일말 'kultur' 와 영어 'culture'를 한자(漢字)로 옮기면서 '분카(文化)'라 하였는데, 이것을 중국이 다시 받아들인 것이라 한다.[8] 옛날 중국의 글과 책에서 '文化'는 학문이나 교육으로 백성을 깨우친다는 뜻으로 썼다. 말하자면 문화는 '문치교화(文治敎化)'의 준말이었다. 벌이나 힘이 아니라, 문(文)으로 가르치고 이끌어서 변화시킨다는 뜻으로 썼다. 외교 쪽에서는 미개한 오랑캐를 문(文)이나 예(禮), 악(樂)으로 가르쳐 변화시킨다는 뜻으로 썼고, 나라를 다스릴 때는 백성을 잘 가르쳐 변화시킨다는 뜻으로 썼다. 우리나라도 조선시대까지 '문화'를 나라와 백성을 다스리는 길, 또는 백성의 몸과 마음을 나라의 이념에 맞추어 바꾸어 나간다는 뜻으로 썼다. 그러

8 Liu, Lydia He.(1995), *Translingual Practice: Literature, National Culture, and Translated Modernity-China, 1900-1937*, 민정기 옮김(2005), 『언어횡단적 실천: 문학, 민족문화 그리고 번역된 근대성-중국, 1900~1937』, 소명, 393쪽.

다가 19세기 끝 무렵부터 문화의 뜻을 넓게 쓰기 시작했다.[9]

문화라는 말은 라틴말 'cultura'에서 나온 'culture'를 옮긴 말로, 본디 뜻은 '땅을 갈아 심고 가꿈[경작(耕作)]'이나 '심고 가꾸고 기름[재배(栽培)]'이었다. 영어의 'culture', 프랑스말 'culture', 독일말 'Kultur'도 여기에서 나왔다. 밭이나 땅을 갈아 곡식을 심고 가꾸고 기르듯이 자연이나 야생의 상태를 벗어나, 좀 더 자라고 나아지고 높아져서 사람다운 삶을 일구어 나가자는 뜻이 담겨 있다.

한편 'culture'를 '교양(敎養)'으로 옮기기도 하는데, 이때는, 훌륭한 것, 가장 좋은 것이란 뜻이 세다. 그런데 'culture'를 문화로 옮겨 쓰면서 '삶의 양식이나 방식'으로 그 뜻넓이가 달라졌다. 그러니까 높은 자리에 있는 사람들(지배계층, 특권계층)의 것만이 아니라 낮은 자리에 있는 사람들(하층계급, 민중계급)의 것도 담게 되었다. 여기에 그 문화를 누리는 겨레의 것(민족문화)도 담게 되고 대중이 사회의 임자로 자리 잡게 되면서 여러 사람의 것(대중문화)도 아우르게 되었다.

가장 넓은 뜻으로 우리가 흔히 쓰는 말로 '삶의 방식인 문화(culture as a way of life)'이다. 더러는 문화를 '사람의 지적인 활동의 총집합체'로 풀이하기도 한다. 이는 의식주를 비롯하여 기술, 학문, 예술, 도덕, 종교를 아울러 사람이 배워서 사회에서 얻은 삶의 방식(way of life, lifeway)을 두루 이르는 것이다.[10]

영국의 인류학자 타일러(E. Tylor)는 『원시문화(Primitive Culture)』라는 책 첫머리에서 "문화는 지식, 신앙, 기술, 도덕, 법률, 관습과 같이 인간이 사회의 구성원으로서 얻은 능력 또는 습관의 총체다."[11]고 하였다.

---

9 김현주(2019), 『문화』, 소화.

10 이문웅(1991), 「인간과 문화: 인류학에서 본 인간」, 장회익·서정선·하두봉·이인규·이문웅·박순달·김윤신, 『인간이란 무엇인가』, 민음사, 141쪽.

11 Culture……is that complex whole which includes knowledge, belief, arts, morals, law, custom, and any other capabilities and habits acquired by man as a member of society. Tylor, E. B.(1921),

아놀드(M. Arnold)는 문화를 완성에 대한 공부라 하였다. 문화는 참 생각이자 참 아름다움이자 참 단맛이자 참 빛이어야 하고, 훌륭한 문화인이란 그때의 가장 높은 지식과 가장 높은 생각을 퍼뜨리고 널리 알리고 사회의 한쪽 끝에서 다른 쪽 끝까지 전하려는 열정을 지닌 사람들이라 하였다. 문화를 그 시대의 가장 높은 지식과 생각(the best knowledge and thought of the time)으로 보았다.[12]

클룩혼(C. Kluckhohn)은 『사람을 비추는 거울(*Mirror for Man*)』에서 문화의 뜻을 다음과 같이 정했다. ① 한 겨레의 전체 삶의 양식, ② 한 사람이 그 집단에서 물려받은 사회 유산, ③ 생각하고 느끼고 믿는 방식, ④ 행위에서 나오는 추상물, ⑤ 한 겨레가 실제로 행동하는 방식에 대한 인류학자의 이론, ⑥ 모든 배움의 저장소, ⑦ 다시 생기는 문제들에 대해 하나의 표준으로 정해 놓은 대응 방향, ⑧ 배운 행위, ⑨ 행위에 대한 규범적 규제를 위한 기제, ⑩ 바깥 환경과 다른 사람에 대한 하나의 적응 솜씨, ⑪ 역사의 응결체.[13]

기어츠(C. Geertz)는 문화란 상징으로 구현되고, 역사를 걸쳐 전승되는 의미의 유형이며, 사람들이 그들의 삶과 세계에 대해 가진 지식, 태도를 발전시키고, 지속시키고, 의사소통할 수 있게 하는 상징 형태로 나타내어 물려주는 개념틀이라 하였다.[14]

해리스(M. Harris)는 문화란 사회집단을 이루는 이들이 나타내는 생

Primitive Culture: Researches into the Development of Mythology, Philosophy, Religion, Language, Art and Custom, London: John Murray, p. 1.

12 Arnold, M.(2002), *Culture and Anarchy: An Essay in Political and Social Criticism*, Virginia: IndyPublish(originally published in 1869), pp. 17-18.

13 Kluckhohn, C.(1949), *Mirror for Man*, New York: McGraw-Hill, pp. 17-44.

14 any unusual ambiguity: it denotes an historically transmitted pattern of meanings embodied in symbols, a system of inherited conceptions expressed in symbolic forms by means of which men communicate, perpetuate, and develop their knowledge about and attitudes toward life. Geertz, C.(1973), *The Interpretation of Cultures: Selected Essays*, New York: Basic Books, p. 89.

각과 행동의 학습된 가짓수(레퍼토리), 곧 유전과는 관계없이 세대 간에 전승되는 가짓수(레퍼토리)를 가리킨다고 하였다.[15] 문화는 그 사회 무리와 관련 있고, 배워서 얻게 되는 것이고, 여러 세대에 걸쳐 이어진다는 점을 들었다.

슈프랑거(E. Spranger)는 문화는 역사 속에서 생긴 가치 형태, 인간의 정신적 삶이 총체적으로 객관화된 것, 한마디로 정신의 산물 전체라 하였다.[16]

서근원은 타일러(E. Tylor)처럼 문화를 사람이 하는 모든 행위, 생각, 산물 모두를 문화로 보아 총체적으로 규정하게 되면 문화로 설명하고자 하는 것이 무엇인지 흐릿해진다고 보았다. 또 그런 식으로 문화의 범위를 넓게 잡게 되면 사람이 무엇으로 되어가는(becoming) 모습을 밝히기도 어렵다고 보았다. 또한 행위를 중심으로 문화를 규정해도 인간 고유의 되어감을 이해하기 어렵게 된다고 하였다. 그래서 관념을 중심으로 문화를 밝혀야 한다고 보고 문화는 '한 집단의 구성원이 공유하는, 세상을 해석하고 실천하는 고유한 안목'이라 뜻매김하였다. 모든 사람은 세상을 바라보는 안목이 있고 그 안목으로 세상을 해석하고 행위한다. 그 안목은 한편으로는 집단마다 구성원들이 가지고 있으면서, 다른 한편으로는 다른 집단과 만나거나 환경의 변화로 달라지기도 한다.[17] 서근원이 문화를 이렇게 뜻매김한 것은 사람은 늘 되어가고 달라져 가는 존재임을 드러내기 위한 것이다.

---

15 Culture, on the other hand, refer to the learned repertory of thoughts and actions exhibited by the members of social groups-repertories transmissible independently of genetic heredity from one generation to next. Harris, M.(1979), *Cultural Materialism: The Struggle for a Science of Culture*, New York: Vintage Books, p. 47.

16 Spranger, E.(1950), *Lebensformen: Geiteswissenschaftliche psychologie und ethikder personlichkeit*, 이상오 옮김(2009), 『삶의 형식들』, 지식을만드는지식, 132쪽.

17 서근원(2007), 「교육학으로서의 교육인류학 탐색」, 『교육인류학연구』 10(2), 한국교육인류학회, 12-16쪽.

조용환은 문화에 대한 상식이나 선입견, 편견, 고정관념에서 벗어나 문화를 올바로 뜻매김해야 하고, 문화의 개념을 부분적으로만 다루어 문명이나 예술과 같은 것으로 보아서는 안 된다고 하였다.[18] 그러면서 문화는 ① 인간의 필요와 욕망을 충족시키기 위해서 '자연을 길들이는(domestication of the nature)' 과정이며 그 소산, ② 환경에 적응하는 과정에서 집단마다 또는 세계가 그들 나름의 선택을 하고, 그 선택을 전통으로 계승해 온 '삶의 방식(way of living)', ③ 가족과 사회를 이루며 더불어 사는 데 반드시 있어야 하는 의사소통의 방법, 곧 '의미를 구성하고 공유하는(making sense & sense making)' 방법이라고 문화의 뜻을 세 가지로 정리하였다.[19]

문화에 대한 여러 뜻매김을 볼 때, 문화는 다음과 같은 특성이 있음을 알 수 있다. 첫째, 문화는 사람들이 자연이나 야만, 야생의 상태를 벗어나고 넘어서 더 나은 삶을 위해 자연을 바꾸어 나가는 것이다. 둘째, 문화를 퍼뜨리는데 말(입말, 글말)과 갖가지 기호, 상징을 쓴다. 셋째, 문화는 그 값어치를 매기는 잣대가 있다. 그래서 사람들은 좋은 문화/나쁜 문화, 높은 문화/낮은 문화로 가르기도 한다. 넷째, 문화는 함께 따라야 할 것으로 여기는 약속이나 규칙 같은 것이다. 때나 곳에 따라 거기에 맞는 문화에 맞게 말하고 행동해야 한다. 다섯째, 문화는 배우고 익혀서 얻는 것이다. 태어날 때부터 지니는 것이 아니고 자라면서 배워 나가는 것이다. 여섯째, 문화는 세대를 거치면서 쌓이는 것이다.[20] 앞세

---

18 가끔 문화와 예술을 가려 쓰지 않고 섞바꾸어 쓰기도 하는데, 윤여각은 문화는 경험 세계를 조직하는 인식 틀이고 예술은 정서를 표현하는 활동이라 하였다. 윤여각(2003), 「문화 예술 교육에 대한 재검토」, 『교육원리연구』 8(1), 한국교육원리학회, 145-146쪽.

19 조용환(2021), 「삶의 틀을 규정하는 과정으로서 문화」, 윤여각·권효숙·배은주·서근원·서덕희·신혜숙·전은희·조용환·최영신, 『문화와 교육』(개정판), 한국방송통신대학교출판문화원, 38쪽.

20 도킨스(R. Dawkins)는 유전으로 전하지 않고 문화로 전하는 단위를 '밈(meme)'이라는 새말을 만들어 설명하기도 하였다. Dawkins, R.(2016), *The Selfish Gene*, 홍영남·이상임 옮김

대에서 물려받은 것을 다음 세대로 전하면서 지식, 기술 같은 것이 쌓이고 넉넉해진다. 일곱째, 문화는 달라지기도 한다. 어떤 문화는 시간이 흐르면서 없어지기도 하고 고쳐지기도 한다. 새로운 문화가 나타나기도 한다. 여덟째, 문화는 서로 맞물려 있다. 어떤 한 문화가 다른 문화에 영향을 미쳐 그 문화의 모습을 바꾸기도 한다.[21]

(2) 문화와 교육은 어떤 관련이 있는가?

사람은 자연과 환경에 맞춰 살기도 하였지만 그것을 거스르거나 넘어 사회를 만들고 문화를 만들었다. 그리고 그 사회와 문화에 맞춰 살아가고 있다. 사람은 살아가는 목숨붙이로서 거듭나기도 하였지만, 자연과 환경을 사람에 맞춰 다시 얽어 짜는 문화도 꽃피웠다.[22] 이제는 문화를 꽃피우는 것이 사람들에게는 더 무겁고 값진 일이 되었다.

문화는 나라, 겨레, 시대, 고장에 따라 다르다. 언제 어느 문화 속에서 나고 자라느냐에 따라 갖추어야 할 문화가 달라진다. 겨레마다 사는 곳과 환경이 다르므로 삶의 방식이나 문화가 다를 수밖에 없다. 겨레마다 조상들이나 어른들이 일군 문화를 젊은이나 아이들이 잘 이어받도록 힘을 쓴다. 문화를 잘 전해주고 이어받도록 따로 길을 마련하기도 한다. 앞세대가 마련한 문화에 잘 적응할 수 있는 자세와 힘을 갖추지 못하면 다른 이들과 어울려 사는 일이 힘들어진다. 문화를 따르고 문화에 맞춰 사는 일은 삶에서 매우 중요한 일이 되었다.

앞에서도 살폈듯이 문화(culture)란 말에는 사람들이 가꾸고 일구어

(2018), 『이기적 유전자』(40주년 기념판), 을유문화사, 364쪽.

21 이것을 문화인류학에서는 '문화접변(文化接變, acculturation)'이라 한다.

22 사람들이 놀랄 만큼 문화를 꽃피워 온 것을 '문화적 진화(cultural evolution)'로 설명하기도 한다.

온 것이라는 뜻이 담겨 있다. 또 문화는 태어날 때 지니고 태어나는 것이 아니라 자라면서 배워서 얻게 된다. 문화는 어른이 다음 세대인 아이들에게 물려주는 것이기도 하다. 문화는 또한 그 문화 속에 산다면 반드시 따라야 할 약속이나 규칙 같은 것이다. 그러기에 아이들이나 젊은이들은 앞으로 어른다운 어른이 되기 위해서는 제가 사는 곳의 문화를 잘 익히는 것이 중요하다. 이런 문화의 특성으로 볼 때, 문화는 가르침과 배움으로 자신의 늘품, 수준, 실력을 한 단계 올리는 활동인 교육과 관련이 있을 수밖에 없다. 더욱이 문화가 무엇인가를 갈고 닦는다는 뜻도 지니고 있기에 훌륭하고 값어치 있는 것을 가르치고 배우는 교육과 가깝게 잇닿아 있을 수밖에 없다.

그래서 슈프랑거(E. Spranger)는 교육을 '문화 번식'으로 보았다. 교육은 문화의 생명을 성장하는 정신[청소년]에게 작용하여 문화의 번식을 꾀하는 일이라 하였다.[23] 이종각은 교육을 문화의 전달이라고 하였고, 교육은 곧 '문화와 만남'이라 하였다.[24] 정향진은 교육을 '문화적 학습을 촉진하는 의도적 간섭'이라 하였다. 교육활동 없이는 문화 전통을 이어받고 발전시킬 수 없다고 하였다.[25] 이들은 아예 문화를 교육의 본질이나 목적으로 보고 있다. 그러나 문화는 좋은 교육을 위한 수단이라 보는 것이 옳다.

수많은 이들이 교육이 무엇인지 밝혀 교육에 대한 뜻이 여러 가지다. 그러나 교육의 뜻을 제대로 밝히려면 교육이 교육 아닌 것(세뇌, 주입, 교조화, 조건화, 사회화, 문화화, 훈련, 훈육, 양육, 계몽, 최면, 조작, 행동수정, 선동……)과는 어떻게 다른지, 교육만이 가지고 있는 남다름

---

23 Spranger, 이상오 옮김(2009), 앞의 책, 130쪽.

24 이종각(1997), 『교육인류학의 탐색』(수정·증보판), 도서출판 하우, 87쪽.

25 정향진(2008), 「문화적 과정으로서의 교육 – 교육인류학을 위한 비판적 고찰 –」, 『교육인류학연구』 11(1), 한국교육인류학회, 77쪽, 83쪽.

을 찾아야 한다. 그렇다고 볼 때 우리는 장상호가 밝힌 교육에 눈길을 돌리게 된다.

> 교육은 한 개인이 위치한 수도계의 품위를 소재로 위로는 상구교육(ascending education)을 추구하고, 아래로는 하화교육(descending education)을 추구하는 것으로 되어 있다. 상구교육은 그 주체가 소재로 택한 품위를 한 단계 더 올리는 과정이다. 하화교육은 그 주체가 그런 상구교육을 돕는 과정에 해당한다. 이들 각각은 그 나름의 내재율을 가지고 있으며, 또한 서로를 수단으로 협동교육(educooperation)이라는 세계를 이룬다.[26]

'수도계(修道界)'는 스스로 갈고 닦아야만 한 치라도 앞으로 나아갈 수 있는 세계로 학문, 윤리, 예술, 기술, 운동경기, 갖가지 도(道), 종교 …… 같은 것을 이른다. 쉽게 말하면 전문 분야이다. '품위(品位)'는 여러 수준의 발달 단계를 이른 말로 경지(또는 늘품, 실력)와 비슷한 말인데, 앎(인지), 느낌(정서), 함(심동)을 두루 아우른다. '상구(上求)'와 '하화(下化)'는 불경에 나오는 '상구보리하화중생(上求菩提下化衆生: 위로는 보리를 추구하고 아래로는 중생을 교화한다)'이란 말에서 따 온 것인데, 상구는 깨달음을 구하는 것에, 하화는 중생을 구제하는 것에 중점을 둔다.[27] 상구는 무엇인가를 새롭게 이루려고 아래에서 위로 올라가는 것으로 배움과 비슷하고, 하화는 높은 자리에 있는 이가 아래에 있는 이가 저와 같은 자리에 올라오도록 돕는 일로 가르침과 비슷하다.[28] 장상호가

---

26 장상호(2009), 『학문과 교육(중 II): 교육본위의 삶』, 앞의 책, 16쪽. 교육의 고유한 특성은 '상구교육'과 '하화교육'이 상호작용하는 국면에서 드러난다. 'education'의 중간에 'opper'라는 다섯 문자를 덧붙인 'educooperation'이라는 표기는 이런 특성을 나타내기 위해 만든 것이다. 장상호(2005), 『학문과 교육(중 I): 교육이란 무엇인가』, 서울대학교출판문화원, 563쪽.

27 장상호(2005), 위의 책, 343쪽.

밝힌 교육을 조금 쉽게 정리해 본다면, **교육은 내가 갈고 닦고 있는 무엇에 대한 늘품을 한 걸음 끌어올리기 위해 배우고, 나보다 그 늘품이 아래인 사람을 도와 가르치는 일이다. 가르침과 배움만이 지닌 남다른 이치가 있으며, 가르치는 이와 배우는 이가 서로 도와 가르침과 배움의 보람과 기쁨을 누리는 세계**이다. 교육은 내가 가르치고 싶고 배우고 싶은 것을 밑감 삼아, '더 나은 나'가 되기 위해 스스로 기꺼이 가르치고 배우는 일이다.

문화는 사람들이 가꾸고 일구어 온 훌륭한 것이기에 수도계에 들 수 있다. 그러기에 문화는 '더 나은 나'를 위해 필요한 것인데, 교육이란 것이 가르침과 배움으로 '더 나은 나'가 되어 가는 과정과 활동이라 할 때, **문화는 교육의 좋은 밑감(자료, 소재)**이 된다. 여기서 조심해야 할 것은 문화는 어디까지나 교육의 보람과 기쁨을 위한 밑감이지 **문화 그것이 바로 교육의 과녁(목적, 본질)은 될 수 없다**는 것이다. 왜냐하면 문화를 과녁으로 삼으면, 교육과 나는 문화에 얽매이기 때문이다. 이에 대해서는 3장에서 더 자세히 다룰 것이다.

(3) 문학(교육)과 문화(교육)는 어떤 관련이 있는가?

말과 생각과 사는 방식이 하나의 질서를 이룬 것을 문화라 하며 나라마다 겨레마다 다른 문화를 지닌다. 문학은 언어 활동이며, 삶을 표현하고 가치 있는 것을 구하기 때문에 문학 활동은 곧 문화가 된다. 또한 문학은 어떤 공동체가 지닌 삶의 방식을 그리고 있기에 문화가 된다.[29]

문학은 말글로 된 예술이자 말글로 이루어낸 문화이다. 따라서 문학

---

28 장상호가 '가르침'과 '배움', 또는 '교수'와 '학습'이라는 말을 쓰지 않고 '하화'와 '상구'라는 새로운 말을 굳이 쓴 것은, 써왔던 말을 써서는 교육의 참모습을 온전히 밝히기 어렵고 그동안 말해왔던 교육과 헷갈린다고 생각했기 때문이다.

29 김대행·우한용·정병헌·윤여탁·김종철·김중신·김동환·정재찬(2000), 『문학교육원론』, 서울대학교출판부, 57쪽.

은 말문화(언어문화)의 하나이다. 문학은 나와 남을 아우르는 사람 사는 세상을 이야기나 노래, 말, 글로 나타내고 드러낸 것이다. 이렇듯 문학이 말문화의 모습을 보여준다고 할 때 문학을 교육하는 일은 자연스럽게 문화교육의 성격을 띤다.[30] 우한용은 문학은 곧 문화와 그 실천이며, 문학교육이 사회 안에서 일어나는 상징 활동이기 때문에, 문학을 생산, 해석, 수용하는 일을 문화의 눈으로 탐구해야 한다고 하였다.[31] 이렇게 문학을 문화의 하나로 보아 문학교육이 바로 문화의 실천이라는 의견을 내놓았다.

김종철은 문화는 삶을 가치 있게 가꾸는 실천이며, 문학은 그 하나라 하였다. 말글을 창조적으로 쓰는 활동은 삶을 드높이는 실현 방식이기에, 문학교육을 문화교육으로 보는 것은 언어 활동의 창조적 바탕을 크게 넓히고 다지는 일이라 하였다.[32] 문학은 말글을 창조적으로 살려 쓰는 일이기에 이것은 곧 삶을 가치 있게 드높이는 일로 문화를 가꾸는 밑바탕이 된다고 본 것이다. 문학이 곧 문화를 드러내고 가꾸는 일이기에 문학을 가르치고 배우는 일은 문화를 가르치고 배우는 일이 된다.

김혜영은 문화를 삶의 방식, 예술 작품, 정신 가치, 지식 체계 가운데 무엇이라고 뜻매김하든, 문학은 문화가 된다고 하였다. 문화의 뜻을 정하는데 가져오는 인간의 삶, 심미성, 정신, 지식이 문학을 구성하는 것이기도 하기 때문이다.[33] 또한 문학은 당대 사회 안에서 진정한 가치가 무엇인가에 대해 탐색해 왔고, 그 시대와 지은이를 바탕으로 이루어진

30 우한용(1997), 『문학교육과 문화론』, 서울대학교출판부, 416쪽; 김대행(1997), 「영국의 문학교육」, 『국어교육연구』 4, 서울대학교 국어교육연구소, 64-65쪽. 그러나 말과 문화가 서로 줄다리기를 하고 있어 꼭 문학 작품이 그 시대의 문화를 비춰준다고 말할 수 없다는 의견도 있다. 김동환(2012), 「언어와 문화와 문학교육의 상호성」, 『문학교육학』 38, 한국문학교육학회, 52-54쪽.

31 우한용(1997), 「문학교육의 문화론적 기초」, 앞의 책.

32 김종철(2001), 「문학교육의 문화론적 관점」, 한국고전문학회, 『국문학과 문화』, 99쪽.

33 김혜영(2018), 앞의 글, 207쪽.

것이기에 문학으로 문화를 읽을 수 있다고 하였다.[34]

문학 작품은 작품을 짓는 사람이나 작품을 보고, 듣고, 읽는 사람들의 가늠자에 맞추어 나온다.[35] 그러기에 지은이나 읽는 이(또는 보고 듣는 이)가 살았던 때의 예내림(전통)이나 문화가 배어 있기 마련이다. 문학 작품은 작품이 그리는 그때의 모습을 비추어 주고 있기에 그때의 문화를 보여준다.[36] 어떤 문학 작품을 알아가는 것은 그 작품이 드러내는 문화를 알아가는 것과 맞닿아 있다.

문학은 문화의 영향을 받는다. 이때 문학은 문화 속에 담긴 꼴이라 할 수 있다. 또한 문학은 그 시대의 문화를 보여준다. 문학이 문화를 담는 그릇 구실을 한다. 이때는 거꾸로 문학이 문화를 담고 있다고 할 수 있다. 이렇게 문학은 문화 속에 있고 또 문화를 담고 있어 문화의 속살이 배어 있을 수밖에 없다.

로젠블랫(L. Rosenblatt)은 문학은 개인이 문화 양식에 동화되도록 하는 과정에서 중요한 구실을 한다고 하였다. 학생들은 여러 유형의 상황이나 사람들에게 문화적으로 적절한 감성적인 반응을 배우게 되기에, 문학이 우리의 문화 양식이 전달되는 중요한 매개체의 하나라 하였다. 문학 경험의 개인적 특성 때문에, 문학은 문화적으로 형성된 심상과 행동의 선택권을 전달하는 중요한 원동력이 되고, 위대한 문학 작품은 문화적 양식을 강화하고 지속시키는데 가장 강력한 영향력을 발휘한다고 하였다.[37] 쉽게 간추리면 문학 작품은 문화를 경험할 수 있는 가장 좋은

---

34 김혜영(2018), 위의 글, 215쪽.

35 야우스(H. Jauß)는 문학 작품을 읽는 이(또는 보고 듣는 이)가 작품에 대해 지니고 있는 가늠자(평가기준)를 '기대지평(期待地平, erwartungshorizont, horizon of expectation)'이라 하였다. Jauß, H. R.(1970), *Literaturgeschichte als Provokation*, 장영태 옮김(1983), 『도전으로서의 문학사』, 문학과 지성사.

36 신라 노래 향가(鄕歌), 고려 노래 속요(俗謠)와 경기체가(景幾體歌)는 그 시대 문화의 영향으로 짓고 즐겼던 노래였으나, 오늘날에는 그런 문화가 사라졌기 때문에 더 이상 짓거나 즐기지 않는다.

밑감이 된다는 말이다.

국어 교과나 문학 교과를 어떻게 가르치고 배울 것인지 그 길잡이를 마련한 『국어과 교육과정』에서도 "문학은 인간의 체험과 상상력으로 이루어진 언어 예술이자 소통 행위이며, 개인과 공동체의 생활 경험 및 미의식을 담아내는 문화의 한 양식이다."[38]고 하여 문학을 문화의 하나로 보고 있다. 또 중학교 문학 성취기준 가운데는 "작품에 반영된 사회·문화적 상황을 이해하며 작품을 감상한다."가 있는데 이 성취기준은 "문학 문화를 향유할 수 있도록 하기 위해 설정하였다."는 해설이 있다.[39] 문학 작품이 그 시대의 문화를 반영하고 있음을 드러내었다.

한편 문화의 성격을 '문학적 문화'와 '(자연)과학적 문화'로 나눈 스노우(C. Snow)의 견해를 따라,[40] 문학교육에서 '문학적 문화'를 잘 가르치고 배워야 한다는 의견이 나왔다. 과학 기술이 발전하여 우리 삶은 물질 면에서는 넉넉해졌을지 모르나 사람다움과 사람다운 삶의 값어치를 저버리지 않았는가 되돌아보아야 한다. 과학적 합리주의를 따르다 과학과 기술에 따돌림당한 우리 삶을 바로 되찾고, 나와 남을 이해하고 더불어 도우며 살아가기 위해서 문학으로 사람다운 삶을 살피고 되짚어 본다는 '문학적 문화'에 눈길을 돌려야 한다는 주장이다. 문학교육이 문학적 문화를 높여가는 노릇을 해야 한다는 것이다.[41] 과학적 합리주의가 가져온 문제점을 반성하고 여기에 대안이 될 수 있는 문학적 문화를 문학교육에서 다루어야 한다는 생각은 뜻이 있다.

---

37 Rosenblatt, L. M.(1995), *Literature as Exploration*, 김혜리·엄해영 옮김(2006), 『탐구로서의 문학』, 한국문화사, 182-190쪽.

38 교육부(2015), 『국어과 교육과정(교육부 고시 제2015-74호[별책 5])』, 교육부, 122쪽; 교육부(2022), 『국어과 교육과정(교육부 고시 제2022-33호[별책 5])』, 교육부, 135쪽.

39 교육부(2022), 앞의 책, 54쪽.

40 Snow, C. P.(1964), *The Two Cultures: And a Second Look*, New York: The New American Library.

41 구인환·박인기·우한용·최병우(2017), 『문학교육론』(제7판), 삼지원, 96-108쪽.

한편 문학에 대해 아이들이 나날살이와 동떨어진 저 멀리에 있는 세계로 여기는 것을 걱정하여, 문학을 짓고 즐기는 사람이 정해져 있는 것이 아니라 문학은 우리네 삶 속에 있고 우리는 문학과 함께 살아간다는 것을 드러내고자, 문학을 삶의 문화(생활문화)로 다루기도 한다.[42] 문학교육이 전문가나 특권 계층의 문화 가치를 높게 치고 다른 문화를 제쳐두어 하나의 권력이 되는 것을 걱정해서 문학교육을 문화교육으로 다루어 보려는 생각이 나왔다.[43]

이와 같은 맥락에서 『국어과 교육과정』에서는 '문학 문화'[44]라는 말을 쓰고 있다. 문학을 우리말(국어) 문화의 하나로 보고, 문학 작품을 읽거나 지을 때도 우리말 문화로 보고 읽거나 지을 것을 권하고 있다. 또한 문학을 짓고 누리고 즐길 때, 어떤 문화 규칙과 관습을 따를 것인지 배워야 한다고 이르고 있다. 그러면서 '문학 문화 발전에 이바지하는 태도'를 길러야 한다, '문학 문화 발전에 능동적으로 참여하는 바람직한 인간을 기른다'는 말도 하고 있다.[45]

김창원은 문학 문화를 '문학 소통의 기반이 되는 경험과 규약의 체계'로 뜻매김하였다.[46] 문학 문화는 쉽게 말하면 문학을 하면서 살아가는 것이다. 문학으로 문화를 익히고 그 문화를 바꾸기도 하고 새롭게 만들어가는 것이다.[47] 이것은 아이들이 문학을 학교 교실에서만 누릴 것

---

42 김대행(1995), 『국어교과학의 지평』, 서울대학교출판부.

43 정현선(1997), 「'문화교육'이라는 문제 설정」, 『국어교육연구』 4, 서울대학교 국어교육연구소, 248쪽.

44 '문학 문화'란 말은 7차 국어과 교육과정부터 들어왔고, 2022 개정 국어과 교육과정에서는 성취기준 해설에 잠깐 나타난다.

45 2011 개정 국어과 교육과정, 고등학교 선택 과목, 문학, 목표, 교육과학기술부(2012), 『국어과 교육과정(교육과학기술부 고시 제2012-14호[별책5]』, 교육과학기술부, 134쪽; 2015 개정 국어과 교육과정, 고등학교 선택과목, 문학, 성격·목표, 교육부(2015), 앞의 책, 122-123쪽.

46 김창원(2011), 「문학교육과 문학문화」, 『문학교육론-제도화와 탈제도화』, 한국문화사, 69쪽.

47 정재찬·최인자·김근호 외(2014), 앞의 책, 58쪽.

이 아니라, 삶 곳곳에서 살아 숨 쉬는 문학을 만나고 경험하게 하려는 뜻을 담고 있다. 문학이 따로 떨어져 홀로 서 있는 것이 아니라, 삶 속에 우리와 가까이 있음을 강조한 것이다.[48]

이렇듯 문화에는 문학이 담겨 있고, 반대로 문학은 문화를 담고 있어 문학과 문화는 서로 영향을 주고받는다. 문학은 문화를 알아가는 징검다리가 되기도 한다. 문학은 또한 우리 삶 속에 가깝게 있으므로 문학이 하나의 문화이며, 문학을 즐기는 일이 문화를 누리는 일이다. 이런 여러 까닭으로 **문학과 문화는 관련이 깊으며 이에 따라 문학교육은 문화교육으로 다룰 수 있다.**

3. 문학교육을 문화교육으로 다룰 때 생길 수 있는 문제

사람은 문화 속에서 산다. 문화와 떨어져 살 수 없다. 먹고 마시고 옷 입는 것, 쉬고 잠자는 것, 삶의 자질구레한 것까지 모두 문화의 영향을 받는다. 어떤 문화 속에 사느냐에 따라 살아가는 모습이 달라진다. 제가 나고 자란 곳의 문화를 제대로 배우고 익히지 않으면 모나지 않게 순조롭게 살아가기 힘들다.

기어츠(C. Geertz)는 사람은 문화와 영향을 주고받으면서 자라기 때문에, 우리는 문화가 내려주는 지침 없이는 행동의 방향을 잡거나 체계 있는 경험을 할 수 없다고 보았다. 그래서 문화가 없으면 사람도 있을 수 없다는 말을 했다.[49] 그만큼 문화에 잘 맞추어 사는 일이 중요하다고 일렀다.

---

48 문학교육에서 문화를 강조하는 것은 '문화'가 문학을 학생들의 삶과 통합시키는 가장 효과적인 방법이기 때문이라고 분석하기도 한다. 정재찬 외(2014), 위의 책, 162쪽.

49 Geertz, C.(1973), *The Interpretation of Cultures*, op. cit., p. 49.

사람의 생각과 행동, 살아가는 방식이 문화에 따라 달라진다. 사람살이에서 문화를 빼버리면 그저 짐승이나 목숨붙이인 사람만 남는다. 문화를 갖추지 않은 사람은 그가 몸담고 있는 무리에서 다른 사람과 탈없이 지내기가 어렵다. 문화는 우리 삶을 안전하게 해주며, 사람과 사람을 이어주는 틀이 되고, 홀로 외로이 사는 것이 아니라 무리를 이루어 환경에 적응하면서 살아가게 해 준다.

그러기에 문화를 잘 전하고 익히는 일은 중요하다. 그런데 문화는 때에 따라 곳에 따라 그 값매김이 달라진다. 늘 좋고 훌륭하고 뛰어난 문화란 있을 수 없다. 그리고 문화를 전하고 받아들이고 따르는 일이 곧 교육이라 하기는 힘들다. 문화는 교육의 밑감은 될 수 있지만 교육의 과녁은 될 수 없다. 문화 가르치고 배우기를 교육의 본질로 생각하면 아이들을 문화의 덫으로 옭아맬 수 있다. 이제 문학교육을 문화교육으로 다룰 때 어떤 문제가 생길 수 있는지 더 살펴보자.

(1) 문화를 누구나 따라야 할 훌륭한 것으로 생각할 수 있다

문화는 사람이 자연 상태에서 벗어나 이룩해 낸 물질과 정신 모두를 가리키는 쪽으로 그 뜻이 넓어져, 가지고 태어나는 것이 아니라 뒷날에 내가 속한 사회에서 배우고 얻게 된 모든 것을 가리키기도 한다. 그러나 내가 어떤 사회, 어떤 문화 속에 있느냐에 따라 내가 경험한 문화가 좋고 훌륭한지 그렇지 않은지가 달라진다. 보기를 들어 내가 몸담은 사회가 독재사회 또는 닫힌 사회라면 내가 그 사회에서 경험하는 문화는 오히려 나를 병들게 하는 문화가 될 수 있다. 그러니 문화가 반드시 내 삶과 정신을 살찌게 한다고 잘라 말하기 힘들다.

문학교육을 문화교육으로 다루는 연구들은 반드시 가르치고 배워야 할 문학과 관련된 문화가 있다고 이야기한다. 허쉬(E. Hirsh) 같은 이는

『문화 문식성: 모든 미국인이 반드시 알고 있어야 할 것』이란 책에서 미국 사람들이 알아야 할 문화 지식을 보이고 누구나 꼭 배워야 한다고 하였다.[50] 이런 생각은 문화를 누구나 반드시 따라야 할 값어치 있는 것으로 여기는 생각이다. 그래서 문화를 제대로 전하고 받아들이는 것을 중요한 일로 본다.

그리고 흔히 문화를 사람들이 일구어낸 훌륭한 것으로 생각하기 때문에, 학교에서 가르치고 배우는 문학 작품도 그런 훌륭한 것들이어야 한다고 생각하게 된다. 그래서 좋고 값어치 있고 훌륭하다고 여겨 왔던 작품 — 흔히 말하는 정전(正傳, canon) — 을 문학 교실에서 많이 다루게 된다.

겨레 사람들이 즐기는 문학은 그들의 문화 가운데 하나이기에 그 겨레의 민족성이 잘 나타나게 되어 있다.[51] 그래서 문학을 하나의 정신문화(精神文化)로 보고 문학을 교육하는 일은 민족 구성원 한 사람 한 사람이 민족의 일원이 된다는 도달점을 설계하는 일이라 보기도 한다.[52] 『국어과 교육과정』에서도 나라나 겨레의 문화를 강조하기도 한다. 민족문화, 국어문화 같은 말들이 꾸준히 나오는 것을 보면 알 수 있다. 1·2차 교육과정기에는 문화는 나라가 고른 표준의 성격을 띠었고, 3차 교육과정기에는 국민, 국가, 민족정신과 관련된 가치를 중시하여 이데올로기 성격도 띠었다. 4~6차 교육과정기의 『국어과 교육과정』에 나오는 문화는 민족문화 유산의 성격이 강했다. 7차 교육과정기에는 '국어문화 창조'라는 말을 쓰면서 문화교육을 지난날의 유산을 전달하는 것을 넘어 새롭게 창조한다는 생각으로 나아가 학생들을 앞날의 문화를 창조하는

50 Hirsh, E. D.(1987), *Cultural Literacy: What Every American Needs to Know*, Boston: Houghton Mifflin.

51 김대행 외(2000), 앞의 책, 291쪽.

52 김대행(1997), 앞의 글, 69쪽.

주인공으로 본 것이 크게 달라진 점이다.[53] 한편 요즘의 『국어과 교육과정』에서는 '문화 향유 역량'이라 하여 "국어로 형성·계승되는 다양한 문화를 이해하고 그 아름다움과 가치를 내면화하여 수준 높은 문화를 향유·생산하는 능력"을 길러야 한다고 하고 있다.[54] 교육과정에서 다루는 문화의 성격이 조금씩 달라지기는 했지만, 겨레의 문화 전통을 잘 이어받고 몸에 익히도록 해야 한다는 생각은 줄곧 이어져 왔다. 그런데 이런 말들에는 국어교육이나 문학교육에서 다루는 문화가 나라나 겨레의 문화 전통, 표준이라는 생각, 그리고 학생들은 이런 문화를 반드시 배우고 갈고 닦아야 한다는 생각이 깔려 있다.

문화가 집단의 전통을 중시하는 보수적인 삶의 형식이기 때문에[55] 문화가 갖는 속성 가운데 보수성이 있다.[56] 문화는 쉽게 개선되거나 혁신되지 않는 것을 이른다. 문화는 오랜 시간에 걸쳐 만들어진 것이라 쉽게 바뀌거나 고쳐지지 않을 때가 있다. 문화는 더디게 만들어지고 그 모습을 더디게 바꿔나간다. 세상은 가파르게 변하는데 문화는 그 세상을 따라가지 못할 때가 있다.[57]

사이드(E. Said)는 아놀드(M. Arnold)와 같이 문화를 그 시대의 가장

---

53 최인자(2005), 앞의 글, 96-102쪽.

54 교육부(2015), 앞의 책, 3-4쪽; 교육부(2022), 앞의 책, 135-136쪽.

55 조용환(2021), 「삶의 틀을 규정하는 과정으로서 문화」, 앞의 책, 37쪽.

56 이처럼 변화를 바라지 않는 안정성을 보수주의, 더 나아가 타성이라 이르는 경향이 있다. Keesing, R.(1981), *Cultural Anthropology: A Contemporary Perspective*, 전경수 옮김(1992), 『현대문화인류학』, 현음사, 54쪽.

57 영국의 물리학자이자 문학 작가인 스노우(C. Snow)는 전통문화에 갇혀 새로운 과학 문화를 받아들이지 못하는 문학 지식인(literary intellectuals)을 산업혁명 때 기계가 일자리를 빼앗았다고 폭동을 일으킨 공장 직공들 '러다이트(Luddite)'에 빗대었다. Snow, C. P.(1964), *The Two Cultures*, op. cit., p. 27. 미국의 사회학자 오그번(W. Ogburn)은 문화가 과학 기술의 발전이나 혁신을 못 따라가는 것을 '문화지체(文化遲滯, cultural lag, culture lag)'라 일렀다. Ogburn, W. F.(1922), *Social Change with Respect to Culture and Original Nature*, New York: The Viking Press; Ogburn, W. F.(1964), *On Culture and Social Change*, Chicago: University of Chicago Press.

높고 훌륭한 것으로 여기는 태도를 지니면 비판 없이 제 나라의 전통을 받아들이고 그것에 충성을 맹세하는 반면, 다른 나라의 문화나 전통을 낮잡아보거나 그것과 맞서 싸우는 것이 당연한 일이 될 수 있다고 비판하였다.[58]

문화는 환경에 따라, 시대에 따라 달라진다. 어떤 곳에서는 훌륭한 문화인 것이 다른 곳에서는 그렇지 않은 문화가 된다. 어떤 때는 훌륭한 문화였던 것이 시간이 지나 그렇지 않은 것으로 드러나기도 한다. 조선시대에는 훌륭한 문화였던 것이 오늘날에는 보잘것없는 것이 되기도 한다. 이 고장에서는 훌륭한 문화로 여긴 것이 다른 고장에서는 나쁜 문화로 여기기도 한다. 문화는 때나 곳에 따라 값어치를 재는 가늠자가 달라지기 때문에 모자람이나 흠이 있을 수밖에 없다.[59]

모든 문화는 때나 곳에 따라 다르게 값매김해야 한다. 모든 문화를 하나의 가늠자나 잣대로 재게 되면 어떤 문화만 값어치 있고 다른 문화는 하찮은 것이라고 업신여기게 된다.[60] 여기에서 많은 문제가 생기기도 한다. 우리 겨레나 우리 고장의 문화가 으뜸이고 다른 겨레나 다른 고장의 문화는 떨어진다고 본다. 어느 한 문화만이 훌륭하다고 고집하는 것은 문화마다 남다른 제멋이 있음을 살피지 못하는 짧은 생각이다.[61]

문화는 여러 세대에 걸쳐 여러 사람이 일구고 만들어 놓은 것이기에 누구나 다 받아들이고 따라야 한다는 생각이 깔려 있다. 그래서 문화는

58 Said, E. W.(1994), *Culture and Imperialism*, 박홍규 옮김(2005), 『문화와 제국주의』, 문예, 23쪽.

59 그래서 이상오는 어떤 문화가 가치 있는가를 해석해야 문화를 교육할 수 있다고 보고, 문화교육은 '해석학(解釋學, Hermeneutik)'의 도움을 받아야 한다고 하였다. 지금 가치 있다고 여길 수 없는 문화는 더 이상 전승하거나 교육하지 않게 된다. 이상오(2019), 「문화교육의 성립조건: 문화해석학」, 『교육철학연구』 41(2), 한국교육철학학회, 150쪽.

60 이것을 '자문화중심주의(ethnocentrism)'라 이른다.

61 그러기에 모든 문화는 그 문화의 상황이나 맥락에서는 나름대로 뜻있고 값진 것이라는 '문화상대주의(cultural relativism)'를 내세운다.

되도록 누구나 빨리 이어받고 익혀야 한다고 생각한다. 그러다 보니 젊은이들과 아이들은 문화가 꽃피워 온 길을 제대로 밟을 겨를이 없이 그것을 받아들이는 데 바쁘게 된다. 때로는 다그치고 닦달하여 문화를 익히게 한다. 이렇게 되면 학생들을 문화 전수자나 문화 수용자로만 생각할 수 있다.

문학교육에서 다루는 문화가 누구의 문화인가를 생각해 볼 필요가 있다. 문화 가운데는 나라나 백성을 다스리는 사람이 그네들의 입맛이나 생각에 맞게 만들어 놓은 것도 있다. 제 자리를 지키고 아랫사람을 누르기 위해 마련한 문화도 있다. 문화 물려주고 이어받기가 사회의 불평등한 권력 체제를 지키고 되풀이한다고 보는 이들이 있다.[62] 학교는 지배층의 문화자본(cultural capital)을 아이들이 당연하게 받아들이고 따르게 하므로 사회의 권력 분배를 재생산한다고 비판하기도 한다.[63] 권력과 문화는 서로 관련되어 있으며 학교는 지배 계급과 몇몇 특권층의 문화자본을 넓히고 지키려고 힘을 쓴다고 주장하는 이도 있다.[64]

문학교육에서 다루는 문화 모두가 훌륭하고 값어치 있는 것이라 할 수는 없다. 지금은 훌륭하고 값어치 있는 문화라도 나중에는 그렇지 않은 것으로 밝혀질 수 있다. 문학교육에서 다루는 문화를 교육과정이나 교과서에 보이고 반드시 가르치고 배워야 할 것이라 정해 놓게 되면, 가르치는 이나 배우는 이는 자칫하면 이런 것들이 누구나 따라야 할 훌륭한 것이라 생각할 수 있다. 모든 사람이 따라야 할 절대 보편의 문화란 있을 수 없다. 누구나 받아들이고 배우고 익히고 공부해야 한다고

---

62 Bourdieu, P. & Passeron, J. C.(1977), *Reproduction in Education, Society, and Culture*, Beverly Hills: Sage Publications, p. 5.

63 Dale, R., Esland, G., & MacDonald, M.(Eds.)(1976), *Schooling and Capitalism: A Sociological Reader*, London: Routledge & Kegan Paul, p. 4.

64 Apple, M. W. & Franklin B.(1990), Curricular history and social control, In M. W. Apple, *Ideology and Curriculum*(2nd ed.), New York: Routledge, pp. 61-64.

정해 놓은 문화도 알고 보면 교육과정이나 교과서를 마련한 이들이 가리고 고른 것이다.

(2) 문화를 잘 가르치고 배우는 것을 교육의 본질로 생각할 수 있다

문화교육은 문화를 교육의 밑감(소재, 자료)으로 삼아 가르치고 배우는 일이다. 문화와 교육은 다르므로 둘을 구분해서 보아야 한다. 또한 문화란 것이 참다운 교육에 도움이 되기도 하지만 걸림돌이 되기도 한다는 것을 알아야 한다. 서근원은 문화의 삶은 그간의 안목으로 세상을 바라보고 실천하는 삶이라면 교육의 삶은 그것들을 되돌아보고 더 나은 것으로 향상시키는 삶이라 하였다.[65] 이는 문화를 따르는 삶과 교육다운 삶이 다름을 밝힌 것이다. 서덕희는 문화는 자연이라는 바탕에 '길'을 들여 어떤 무늬(문, 文)를 만들고, 남 또는 제 몸을 '길'들여 어떤 '무늬'를 아로새기는 것이라 하였다. 그리고 교육은 나에게 길든 여러 삶의 형식의 체험 틀인 '문'을 헐고, 기존 세계보다 넓고 깊은 세계를 만나기 위해 나와 남을 열어나가는 삶의 형식이라 하였다. 문화라는 틀을 받아들여 나와 남을 그 문화에 길들이게 되면 주체는 기존의 틀에 고정되지만, 문화를 해체하고 재구성하면 더 넓고 높은 세계를 만나고 더 자유로운 몸이 된다. 교육은 문화를 바탕으로 하여 문화를 벗어나 자신의 가능성을 스스로 실현하고자 끊임없이 힘쓰는 삶이라 하였다.[66] 말하자면 **문화의 삶은 집단이나 사회, 제도에 나를 길들이는 것이라면 교육은 문화를 헐고 다시 세우고 얽어 짜는 일**이라는 것이다. **문화를 벗어나야 교육다운 교육을 할 수 있다**는 말이다.

---

65 서근원(2007), 앞의 글, 25쪽.

66 서덕희(2009), 「문화와 교육 개념의 실존성: '살아있는' 교육인류학을 위한 소고」, 『교육인류학연구』 12(2), 한국교육인류학회, 29-36쪽.

사람들은 교육을 자기가 속한 사회나 문화에 잘 적응하여 남들과 같이 잘 어울려 살도록 하는 것으로 생각한다. 그래서 제가 속한 공동체의 삶의 방식인 문화를 잘 배우는 것을 중요하게 여긴다. 문학교육을 문화교육으로 보고 같은 문학 작품을 배우면 같은 문화를 배우고 지니게 되어 나와 남이 하나임을 느끼게 된다고 여긴다. 그러나 이것은 엄격히 말하면 '문화화(文化化, enculturation)'지[67] 교육은 아니다. 문화화는 제 겨레나 고장의 문화를 따르고 그 문화에 저를 맞추고 이웃과 같은 문화를 익히는 일이다.

문화를 잘 따르고 받아들이고 갖추는 것은 '문화화' 또는 '문화 적응', '문화 전달', '문화 전승'이지 '교육'은 아니다. 교육은 가르치고 배우는 이가 만나 가르치고 배울 거리를 밑감 삼아, 가르치는 이가 배우는 이의 늘품을 한 층 더 키우고 자라게 하는 일이다. 가르치고 배우면서 스스로 거듭나고 탈바꿈하는 길을 간다. 교육은 지난날의 나에서 벗어나 새롭게 태어나는 것을 과녁으로 삼는다. 문화를 따르고 문화에 적응하는 것은 문화에 자신을 맞추는 일이므로 자신보다 문화를 앞세운다. 자신의 숨어 있는 힘과 끼, 꿈을 펼쳐 더 나은 나를 가꾸고 만들어가려는 교육과는 가는 길이 다르다. 사람은 사회나 문화에 적응하는 것을 넘어서 새로운 것을 찾아 도전하고, 있던 틀을 깨뜨리고 새로운 과녁을 세우고 그것을 이루려고 힘쓴다. 그러기에 교육하는 삶을 멈추지 않는다.

문화에 잘 적응하는 일은 개인을 뒷걸음치게 하고 성장과 발달을 가로막으며 꿈을 억누를 수도 있기에 문화는 교육에 헤살을 놓기도 한다. 사람들은 때로는 다른 이들과 문제를 일으키지 않고 살아가기 위해 어쩔 수 없이 문화를 따르고 문화에 자신을 맞추어 산다. 문화 전승은 그

67 문학교육 원론서, 개론서에서도 문학 경험은 학생들이 공동체가 살아가는 방식을 이해하고 소통하고 그 공동체에 입문하는 하나의 문화화 과정이 된다고 하였다. 김대행 외(2000), 앞의 책, 58-59쪽; 정재찬 외(2014), 앞의 책, 59-60쪽.

동안 조상들이나 어른들이 따라왔던 삶의 형식을 젊은이나 아이들이 잘 배우고 익히게 하는 일이다. 그러나 교육은 자신의 가능성과 잠재력을 마음껏 실현하도록 이끄는 활동이다.

교육과 문화화가 또 다른 것은 교육은 제 문화만 훌륭하다고 여기는 생각을 벗어나게 해준다는 점이다. 사람은 가르치고 배우면서 우리 문화뿐만 아니라 더 뛰어나고 값어치 있는 문화도 많다는 것을 알게 된다. 문화와 문화끼리 만나 서로 가진 장점을 서로 주고받으면서 교육이 일어날 수도 있다. 보기를 들어 '가'라는 문화는 다른 문화와 견주어 '이런' 점이 훌륭하고 '나'라는 문화는 다른 문화와 견주어 '저런' 점이 훌륭하다면, '가'문화는 '나'문화의 '저런'점을 배우게 되고, '나'문화는 '가'문화의 '이런'점을 배우게 된다.

문화를 가르치고 배우는 것은 정해 놓은 문화를 아이들이 따르고 닮아가도록 하는 일이기에 아이들의 제멋을 살려내기 힘들다. 그러니 문화화는 동질화, 획일화에 쏠려 있다. 이와 달리 교육은 교육에 참여하는 이들이 스스로 임자가 되어 저마다 제멋을 살려 나다움을 이뤄내기를 바란다. 정해진 문화를 잘 배우고 익히는 것은 스스로 주체가 되어 힘껏 자신의 늘품과 숨은 힘을 키워나가는 교육과는 그 성격이 다르다. 문화화는 수동적이고 체제에 순응하는 사람을 기르는 것이고 교육은 주체적이고 능동적인 사람을 높이 친다.

문화 배우기는 위에서 정해준 문화를 배우는 이들의 뜻과는 상관없이 배워야 하므로 강제나 의무의 성격이 강하다. 내가 사는 시대와 사회의 문화에 나를 맞춰야 하므로 때로는 그 문화가 배울만한 값어치가 있는지 따져보지 않고 덮어놓고 받아들이기도 한다. 그러나 교육은 내가 스스로 참여하는 활동이다.

문화는 규범을 따르는 삶의 형식이기에 정해진 '기준(norm)'을 과녁으로 삼고 이 기준에 적응할 것을 바란다. 사람들은 이런 기준을 따라

살 수밖에 없다.[68] 문화화는 문화에 되도록 빨리 적응하는 것을 권장한다. 때로는 오랫동안 쌓아왔던 문화의 내용들을 짧은 시간 안에 학생들에게 들이붓기도 한다.[69] 하지만 교육은 있던 문화에 종속되는 것보다 그 문화 내용 가운데 자신을 성장시키고 발전시키는 것만을 골라 그것이 만들어진 과정을 하나씩 경험하도록 하는 일이다. 교육은 차근차근 하나씩 단계를 밟아가는 것을 중요하게 여긴다. 무엇을 배워 어떤 수준이나 경지에 이르려는 이는 스승이나 대가들이 거쳤던 과정을 충실히 밟아야 한다. 그렇지 않으면 억지스럽게 흉내만 내는 허수아비가 되고 만다.[70]

앞에서 살폈듯이 문학을 그 나라나 겨레의 정신문화의 알짬으로 보고 자라나는 세대들이 반드시 배우고 익혀야 한다는 생각은 문화 물려주기, 문화 전달하기, 문화 이어받기이지 이것이 곧 교육의 줄기는 아니다. 문화를 전해주고 받는 것과 교육을 혼동해서는 안 된다.

이렇듯 문화 전하기는 참다운 교육과 맞서고 오히려 참다운 교육을 가로막기도 하고 더 나아가 교육에 해가 되기도 한다. 문화를 잘 가르치

---

68 서덕희(2009), 앞의 글, 31쪽.

69 이런 방식을 흔히 '주입(注入)'이라 한다. 이렇게 배우는 이들에게 무엇인가를 물 붓듯이 들이붓는 것을 로저스(C. Rogers)는 '주전자와 찻잔'에 빗대었고 프레이리(P. Freire)는 '은행저금식' 교육에 빗대었다. Rogers, C. R. & Freiberg, H. J.(1994), *Freedom to Learn*, Hoboken, New Jersey: Prentice Hall, pp. 211-212; Freire, P.(2000), *Pedagogy of the Oppressed*(30th anniversary ed.), M. B. Ramos(Trans.), New York: Continuum, p. 72.

70 모가 스스로 자라게 두지 않고 억지로 잡아 뽑아 올리게 되어 농사를 망친 '알묘조장(揠苗助長)'의 이야기가 『맹자』에 나온다. 『맹자(孟子)』, 「공손추 상(公孫丑上)」에 "송나라 사람 중에 그의 곡식 싹이 잘 자라지 않는 것을 걱정하여 밭의 곡식 싹을 뽑아 올려준 이가 있었다네. 그는 멍청히 집으로 돌아와서 집안사람들에게 '오늘은 정말 지쳤어! 난 곡식 싹이 자라는 것을 도와주고 왔지! 하고 말했다는 게야. 그의 아들이 밭으로 달려가 보니 곡식 싹은 모두 말라 죽어 있었다네."(宋人有閔其苗之不長 而揠之者 芒芒然歸 謂其人曰 今日病矣 予助苗長矣 其子趨而往視之 苗則槁矣). 차근차근, 한 걸음씩 자라게 하지 않고 짧은 시간에 억지로 자라게 하려는 것은 교육이라 할 수 없고, 오히려 배우는 사람을 망치는 길이 된다.

고 배우는 일은 교육의 본질이 될 수 없다. 있던 문화를 더 새롭게 탈바꿈시켜 갖가지 경험을 할 수 있게 하는 것이 교육의 참뜻을 살리는 길이다. 교육이 문화의 영향을 받지 않고 문화와 따로 떨어져 제 갈 길을 갈 때 더 바람직한 교육이 일어난다. 교육은 정해진 문화나 전통에서 벗어나 자유로워야 한다.

그리고 '문화교육'이란 말처럼 흔히 교육 앞에 무슨 말을 붙여 '○○교육'이란 말을 만들어 쓴다(경제교육, 인성교육, 예술교육, 안전교육, 통일교육, 저작권교육, 환경교육, 생태교육,……). '○○'라는 목표치나 결과를 정해 놓고 배우는 이들이 거기에 이르도록 하는 것을 '교육'으로 생각한다. 이때 교육은 '○○'을 위한 수단이 되기 쉽다. 교육보다는 '○○'이 줄기가 된다. 이때 교육과 가르치는 이와 배우는 이는 '○○'에 종속되기 쉽다. 교육이란 무엇보다 가르침과 배움에 대한 열정을 살릴 때 그 참뜻이 살아나는데, 이런 '○○교육'에서는 정해진 내용을 배우는 이들이 짧은 시간에 익히게 하는 것을 중요하게 여겨 자칫하면 훈련으로 기울어질 수 있다.

문화는 교육의 훌륭한 밑감이 될 수 있지만, 문화라고 하는 것도 완벽한 것이 아니기 때문에 문화를 잘 가르치고 배우는 것이 교육의 알짬이나 줄기는 될 수 없다. 문화라는 밑감을 잘 살려 써서 교육을 알차게 하는 것이 바람직하다. 문화를 밑감 삼아 가르치고 배우면서 겪는 보람과 즐거움을 누렸다면 좋은 교육을 한 것이다.

(3) 위에서 정해준 문화가 아이들을 옭아매는 덫이 될 수 있다

사람은 문화를 만들지만, 문화는 사람들이 문화의 테두리를 벗어나지 못하게 금을 치고 그 안에 가둔다. 사람은 스스로 만들어 놓은 문화 때문에 어려움을 겪기도 한다. 문화란 이렇게 두 가지 면을 모두 가지고 있다. 사람을 자유롭게도 하지만 사람을 옭아매기도 한다. 문화를 잘 전달하고 잘 받아들이는 것에 힘을 쏟는 것은 사람보다는 문화를 올곧게 지키는 것을 중요하게 생각하는 것이다. 사람들은 같은 문화를 지니면서 하나됨을 느끼고 그것이 서로를 끈끈하게 이어준다고 생각한다. 문화와 전통이 집단이나 사회 구성원들을 묶어준다고 믿는다. 문화를 잘 갖추면 거기에서 오는 도움과 이익을 누릴 것이라 여긴다. 그런 생각과 믿음이 강하면 값을 치러가면서 문화를 배우고 익히는 일에 힘쓰게 된다. 이때 사람들은 문화라는 틀에 갇히게 된다.

기어츠(C. Geertz)는 문화는 행동을 지배하는 통제 체제(control mechanism)라 하였다. 사람은 자신의 행동에 질서를 주기 위해서 문화에 절대적으로 기대게 되었다. 사람들은 스스로가 문화에 적응하지 않으면 안 되는 환경을 만들어왔기 때문에 갈수록 문화에 의존하게 되었다고 보았다.[71] 문화인류학자들은 이런 것을 두고 '문화에 갇힌 사람[문화의 수인(囚人)]'이라 이르기도 한다. 사람은 문화에 기대어 자신이 쌓아온 문화의 한갓 '수인'으로 떨어지고 있다.[72] 화이트(L. White)는 문화와 함께 삶이 안전하게 된다기보다는 인류는 문화의 희생자가 되는 경우가 더 잦다고 꼬집었다.[73] 듀보(R. Dubos)는 문화를 높게 치는 일이 오히려 살아가는 데 불리한 면도 있다면서 오늘날 사람들은 바로 동물원에 갇혀 있는 들짐승과 같은 신세라고 지적하기도 했다.[74] 사람은 문화로 자연을 길들이기도 하지만 거꾸로 문화에 길들기도 한다. 어떤 문화가 권력이 되어 많은 이들을 억누르고 길들인다.[75]

---

71 Geertz, C.(1973), *The Interpretation of Cultures*, op. cit., p. 44, p. 48.

72 이문웅(1991), 앞의 글, 171쪽.

73 White, L. A.(1973), *The Concept of Culture*, 이문웅 옮김(1977), 『문화의 개념: 문화결정론과 문화진화론의 입장』, 일지사, 202쪽.

74 Dubos, R.(1968), *So Human An Animal*, 김용준 옮김(1974), 『인간이란 동물』, 탐구당, 29쪽.

75 서덕희(2009), 앞의 글, 30쪽.

오늘날의 국어교육, 문학교육을 비롯한 교과교육은 그 구조 자체가 바람직한 교육을 이끌기에 문제가 있다. 문학 교실에서 다루어야 할 문화를 나라에서 정해준다. 또 나라에서 밑그림을 그려주면 교과서를 만드는 이들이 그 밑그림을 바탕으로 교과서를 만든다. 교과서를 만들 때는 집필 기준이라는 것이 있어 거기에서 벗어나면 교과서로 인정받지 못하기 때문에 교육과정에 맞추어 교과서를 만들 수밖에 없다. 따라서 가르치는 사람이나 배우는 사람이 다루고 싶은 문화보다는 교육과정이나 교과서 만드는 사람이 고르고 정한 문화가 먼저이다. 이렇게 가르치고 배우라고 정해 놓은 문화가 위에서 내려주는 틀로 되어 있기에 아이들은 배우고 싶지 않고 공부하고 싶지 않아도 억지로 배우고 공부해야 하는 짐을 떠안는다. 그러다 보니 문화를 배우는 즐거움이나 보람을 경험하기보다는 문화에 억눌려 마지못해 공부하게 된다.[76]

문화교육에서 정해 놓은 문화를 잘 가르치고 배우는 것을 목적으로 삼게 되면, 문화가 나보다 앞서고 나는 문화의 임자가 아니라 객체가 된다. 국어 교과나 문학 교과에서 다루는 문화의 갖가지 내용들을 반드시 배워야 할 것이라 못 박아 놓게 되면, 이것은 배우는 이들을 괴롭히는 고압제(高壓制)[77]가 될 수 있다.

---

76 가르치는 이가 가르칠 거리를 스스로 고르지 못하고, 배우는 이가 배울 거리를 스스로 고르지 못하는 것은 가르치는 이와 배우는 이를 교육에서 따돌리는 것이라 하여 이것을 조용환은 '교육소외'라 일렀다. 조용환(1996), 「학생의 삶과 갈등」, 고형일 외, 『신교육사회학』, 학지사, 253-255쪽; 조용환(2021), 『교육다운 교육』, 바른북스, 260쪽. 위에서 정해준 문화를 무조건 가르치고 억지로 배울 때 교사와 학생들은 교육에서 따돌림당한다.

77 '고압제'는 위에서 억누른다는 뜻으로, 가르치는 이가 배우는 이의 수준이나 상태를 생각하지 않고 억지로 가르치고, 가르침을 제대로 따르지 않을 때 다그치는 것을 말한다. 장상호(2009), 『학문과 교육(중 II): 교육본위의 삶』, 앞의 책, 100쪽. 불행히도 오늘날 태어나는 어린 세대들은 문화화라는 고압제를 받고 있다. 장상호(2009), 『학문과 교육(중 III): 교육연구의 새 지평』, 서울대학교출판문화원, 224쪽. 바깥에서 줄 치고, 금 긋고, 정해 놓을수록 학생들은 흥미와 관심을 보이지 않는다. 그러기에 배우려고 힘쓰지도 않는다. Ryan, R. M. & Deci, E. L.(2000), Intrinsic and extrinsic motivations: Classic definitions and new directions, *Contemporary Educational Psychology*, 25, p. 63.

교과에 나오는 문화는 훌륭하고 값어치 있는 것이라고 모두가 합의하고 인정한 것이라 여기고 물음을 던지지 않고 받아들이기에 바쁘다. 그러나 국어나 문학 교과에 나오는 문화의 내용은 교육과정이나 교과서를 만드는 이들이 여러 문화 내용 가운데 가리고 고른 것이다. 모든 문화의 내용을 다 다룰 수 없기에 어떤 문화는 교과에 들어오고 어떤 문화는 빠질 수밖에 없다. 어떻게 보면 교육과정과 교과를 지배하는 이들의 문화 취향이 문학 교실을 다스리고 있다고 할 수 있다. 교사와 학생은 그런 문화의 내용들을 별다른 비판 없이 받아들이고 가르치고 배울 수밖에 없다. 문화를 비판하고 다시 창조할 것을 교육과정에서도 강조하고 있기는 하지만 문학 교실 자체가 갖는 한계 때문에 문학 교과에서 다루는 문화에 자신을 맞추고 따를 수밖에 없다. 문학 교과 속 문화의 다스림을 받을 수밖에 없다.

4. 마무리: 바람직한 문화교육의 방향

문화와 교육은 어떤 관계이고, 문학교육과 문화교육은 어떤 관련이 있으며, 문학교육을 문화교육으로 볼 때 어떤 문제가 생길 수 있는지 되짚어보았다. 문학교육을 문화교육으로 보는 관점은, 대체로 문학은 문화의 하나이기에 문학교육은 곧 문화교육이 되므로 학생들이 문학에 담긴 문화를 잘 배우고 더 나아가 새로운 문화를 일구어야 한다는 것이 알맹이다. 여기에는 학생들이 교육과정이나 교과서에서 정해준 문화를 잘 배우고 공부해야 한다는 뜻이 담겨 있다. 한편 있던 문화를 비판해 보기도 하고 있던 문화에서 벗어나 새로운 문화를 만들어보자는 뜻도 있다. 그러나 앞에서 살폈듯이 문학교육을 문화교육으로 볼 때 몇 가지 문제가 생길 수 있다. 따라서 이런 문제들을 되도록 줄이고 바람직한 문화교육으로 나아가기 위해서는 어떻게 해야 하는지 정리하는 것으로 글을 맺고자 한다.

문화는 훌륭하고 값어치 있는 것도 많지만 그렇지 않은 것도 있다는 것을 가르치는 이나 배우는 이가 알고 경험해야 한다. 문학 교육과정이나 문학 교과에서 다루는 문화를 언제나, 어디서나, 누구나 따라야 할 절대 보편의 가치를 지니는 훌륭한 것이라고 여겨서는 안 된다.[78] 문학 교육과정이나 교과에 나오는 문화는 교육과정이나 교과를 마련한 이들이 가리고 고른 '선별된 전통(selective tradition)'[79]으로 보아야 한다.

다음으로 우리는 '문화화'와 '교육'을 구분하고 달리 보아야 한다. 사람은 문화 속에서 살며 문화를 바탕으로 자란다. 문화를 이해하지 않고, 문화의 과정을 밟지 않고는 다른 이들과 어울려 무엇인가를 하기 힘들다. 그러나 이런 '문화 계승', '문화 적응'은 '문화화'이지 이것이 곧 교육은 아니다. 교육은 문화 적응을 넘어서 더 나은 나가 되기 위해 스스로 기꺼이 가르치고 배우는 삶이다. 문화는 바람직한 교육을 위한 밑감이나 자료일 뿐이다. 문학 교실에서 다루는 문화는 더 알찬 교육 경험을 위한 수단으로 보아야 한다.

그리고 문학 교실에서 다루는 문화를 잘 배우고 익히는 일에만 힘을 쏟아 학생들을 문화 속에 가두고 옭아매서는 안 된다. 문화를 따르고

78 최인자는 '문화'를 가치 있는 것으로 미리 정해버리면 학생들은 문화를 받아들여야 하는 대상으로 굴러떨어진다고 나무랐다. 최인자(2005), 앞의 글, 109쪽. 김동환은 문화를 남다른 재능이나 의식을 가진 이의 지적 생산물로 여긴다면 대중들이 외면하게 될 것이라 하였다. 김동환(2002), 「문화교육으로서의 국어교육」, 『국어교육학연구』 15, 국어교육학회, 10쪽.

79 Williams, R.(1961), *Marxism and Literature*, Oxford: Oxford University Press, p. 115; Williams, R.(1976), Base and superstructure in Marxist cultural theory, In R. Dale, G. Esland, & M. MacDonald(Eds.), *Schooling and Capitalism: A Sociological Reader*, London: Routledge & Kegan Paul, p. 205; Apple, M. W.(1990), *Ideology and Curriculum*(2nd ed.), New York: Routledge, p. 102; Apple, M. W.(1993), *Official Knowledge: Democratic Education in a Conservative Age*, New York: Routledge, p. 49.

지키는 것에 머물러서는 안 되며 그 문화를 박차고 나가고 허물고 새로운 문화를 세울 수 있는 데까지 나아가야 한다. 문화가 아무리 훌륭하고 뛰어난 것이라 할지라도 자신에게 별 뜻이 없는 것이라면 알찬 배움의 경험을 이끌지 못한다.

이렇다고 할 때, 문학 교실에서 다루는 문화에 대해 따지고 다시 돌아보고 그 문화가 공부할 만한 값어치가 있는지 생각해 보아야 한다. 문화와 관련된 문학 교과 내용을 잘 배우는 것에만 힘을 쏟지 말고, 이런 내용들이 혹시 잘못은 없는지 문제는 없는지도 짚어보도록 해야 한다. 교사들도 문학 교과에 나오는 문화 내용들은 반드시 배우고 공부해야 한다고 강요할 것이 아니라, 이런 문화 내용들이 있는데 여기에 대해 어떻게 생각하는지 저마다 생각해 보고 모둠끼리 또는 여러 학생끼리 대화하고 토론해 보는 시간을 마련해 주어야 한다.

개론서에서 든 보기를 살펴보자. 사랑을 노래하면서 이별 뒤에 다시 만날 것을 기대하는 태도가 우리 겨레의 정서와 관련이 있다고 보고 「공무도하가」, 「가시리」, 「진달래꽃」 같은 작품을 보기로 들었다. 이들 작품이 이별을 대하는 태도가 비슷하다고 보고 이것이 하나의 전통을 이룬다고 하였다.[80] 또 이야기 문학에서 '수난받는 여성'의 모습이 자주 나오는데, 굿노래 「바리데기」, 「심청전」의 '심청', 「탁류」의 '초봉이', 「삼포 가는 길」의 '백화', 「서편제」의 '송화', 「난쟁이가 쏘아 올린 작은 공」의 '영희'들이 모두 가족을 위해 희생하는 여성의 모습을 보여주고 있다. 학생들이 이와 같은 우리 문화의 전통을 읽을 수 있어야 한다는 것이다.[81] 학생들이 문학에서 우리 겨레의 정서나 문화 전통을 읽어 내는 일은 중요하고 필요하다. 그런데 문화교육이 이런 문화 읽기에서 그치게

80 김대행 외(2000), 앞의 책, 288쪽.

81 정재찬 외(2014), 앞의 책, 60쪽.

되면 문화화 그 이상을 넘어서지 못한다. 공동체의 문화를 배우고 익히는 것에만 머무른다. '이별 뒤에 다시 만날 것을 기대하는 태도'나 '수난 받는 여성'이라는 문화를 또 반드시 가르치고 배워야 하는지도 짚어보아야 한다. 문화 전통을 가르치고 배우는 것은 세대와 세대가 소통하고 하나되기를 바라는 것이기에 문화화라 할 수 있지 이것을 곧 교육이라 하기는 어렵다.

지금 만나고 배우는 문화에만 매달려서는 안 되고 그 문화를 넘어설 줄도 알아야 하고, 그 문화를 뒤엎고 더 나은 문화를 만들어 낼 수도 있어야 하고, 새로운 문화를 찾아 나서기도 해야 한다. 우리가 만나는 문화가 문제가 있다면 다시 얽어 짜는 일도 해야 한다.[82] 지난날의 문화를 살피고 따져보면서 사람들의 삶을 더 살찌우는 문화를 만들어 문화화가 지닌 단점과 한계를 넘어서고 벗어나야 한다.

여기서 조금 더 나아가 학생들이 배우고 싶고 공부하고 싶은 문화를 문학 교실에서 다룰 것을 제안한다. 문학교육을 문화교육으로 보는 연구들은 문학교육이 문화 전승을 넘어 문화창조나 문화 재창조까지 나아가야 한다고 주장한다. 그리고 학생들이 문화 주체가 되어야 한다는 말도 한다.[83] 학생들이 문화창조로 나아가는 진정한 문화 주체가 되게 하려면, 자신들이 배우고 공부할 문화를 스스로 정하도록 열어주어야 한다.[84] 문학 교실에서 다루는 문화는 교육과정이나 교과서를 마련한 이들

82 그래서 이상오는 문화교육이 있던 문화를 단순히 전해주는 것을 넘어 그 문화를 따져보고 되돌아보고 고쳐보는 데까지 나아가야 한다고 하였다. 이상오(2019), 앞의 글, 161쪽.

83 김대행 외(2000), 앞의 책, 292-293쪽; 조세형(2003), 「문학문화 논의와 문학교육의 방향」, 『고전문학과 교육』 5, 한국고전문학교육학회, 279쪽; 정재찬(2005), 「국가 경쟁 시대의 국어교육과 문화교육」, 『국어교육』 117, 한국어교육학회, 300쪽; 최인자(2005), 앞의 글, 125쪽; 이삼형·이지선(2015), 「국어교육과 문화의 계승과 창달」, 『국어교육학연구』 50(4), 국어교육학회, 387쪽.

84 김동환은 문학교육이나 국어교육의 내용이 문화적 결과물이라면 당연히 그 내용을 향유해야 할 피교육자에 대한 배려가 있어야 하며, 그들이 행할 '선택'과 '배제'의 원리를 염두

이 가리고 고른 것인데, 가르치고 배울 거리를 위에서 정해줄 때 한계가 있을 수밖에 없다. 사람은 자신이 관심 가고 흥미를 느끼는 것에 배움의 열정을 보인다.[85] 학생들이 문학에 담긴 어떤 문화를 배우고 싶어 하는지 알아보고 그것을 함께 문학 교실에서 다루어 본다면 뜻깊은 교육 경험을 이끌 수 있을 것이다. 이렇게 할 때 교육의 본질을 살리는 문화교육이 될 수 있다.

에 두어야 할 것이다고 하였다. 김동환(2002), 앞의 글, 10쪽.

85 Dewey, J.(1913), *Interest and Effort in Education*, In J. A. Boydston(Ed.)(1979), *John Dewey: The Middle Works*, V.7, Carbondale: Southern Illinois University Press, p. 169.

05

고전문학교육에서 '재미, 흥미, 관심'의 문제*

* 이 글은 송재익(2024), 「고전문학교육에서 '재미, 흥미, 관심'의 문제」, 『고전문학과 교육』 55, 한국고전문학교육학회, 5-34쪽을 깁고 더한 글이다.

고전문학교육에서 재미, 흥미, 관심이 왜 중요하고, 고전문학이 재미, 흥미, 관심을 끌 수 있는지 살펴본 다음, 고전문학에 재미, 흥미, 관심이 생기게 하려면 어떻게 해야 하는지 따져보았다.

재미, 흥미, 관심은 그 속뜻이 조금 다르기는 하지만 어떤 무엇에 푹 빠져 그것과 내가 하나가 될 정도로 집중하고 열중하게 된다는 점에서 뜻이 겹치는 말이다. 재미, 흥미, 관심이 생기면 '흐름(flow)'을 경험할 수 있다. 그리고 스스로 기꺼이 참여할 때 재미, 흥미, 관심이 생긴다. 남이 시켜서 억지로 하는 일에는 재미, 흥미, 관심이 생기지 않는다. 그렇다고 할 때, 고전문학에 재미, 흥미, 관심이 생겨야 고전문학을 배우고 공부하는 일에 빠져들게 된다.

한편 고전문학은 재미나 흥미를 느낄 수 있는 매력이 있기도 하지만 약점과 한계도 많이 가지고 있다. 따라서 학생들의 재미, 흥미, 관심을 끌 만한 여러 밑감을 찾고 캐내야 한다. 그리고 직접 흥미가 없으면 간접 흥미를 느끼게 해 주어야 한다. 또 학생들의 수준에 맞는 내용을 다루어야 한다. 또한 고전문학을 자신의 흥미나 관심의 폭을 넓히는 수단으로 삼아야 한다.

1. 들머리

고전문학(古典文學, classical literature) 하면, 지난날 작품 가운데 뒷날에도 본보기가 되는 훌륭한 작품을 뜻하기도 하지만, 그냥 옛사람들이 짓고 즐겼던 노래, 시, 이야기, 글, 놀이(극)들을 이르는 말이기도 하다. 또는 오늘날 문학(현대문학)과 견주어 쓰는 말이기도 하다. 우리나라는 보통 19세기 끝 무렵까지의 문학을 고전문학이라 하고, 그 뒤의 문학을 현대문학이라 이른다. 한편 우리 문학을 고전문학과 현대문학으로 가르는 것이 고전문학과 현대문학은 아주 다른 것이며 더 나아가 고전문학은 현대문학에 대면 그 수준이 떨어진다는 잘못된 생각을 품게 할 수 있어, 따로 가르지 말고 하나의 우리 문학으로 다루어야 한다는 목소리도 있다.[1] 그러나 오랫동안 써 왔던 관습으로 고전문학이라는 말을 쓰고 있다. 문학을 가르치고 배우는 학교에서도 옛 문학을 고전문학이라 쓰고 있다.

그런데 '고전'이란 말이 오히려 아이들이 쉽고 가볍게 다가가기 어렵게 만들지 않나 하는 생각이 든다. '고전'은 그냥 옛글이나 옛 책이란 뜻도 있지만, 오랫동안 사랑받아온 전통을 가지고 있어 반드시 읽어야 할 훌륭한 작품이라는 뜻도 담겨 있다.[2] 그러기에 '고전'하면 왠지 모르게 높아 보이고 오늘날 우리가 이해하기에는 어려운 작품이라는 생각이 들기도 한다. 괜히 어른들이 반드시 배우고 공부해야 할, 좋고 훌륭한 작품이라고 강조하기 위해 '고전'이란 말을 갖다 붙이지 않았나 하는 물음도 생긴다. 그래서 오히려 '고전문학' 말고 그냥 '옛 문학'[3]이라 이르는 것이 더 낫지 않나 하는 생각이 든다. 그러나 너무 널리 쓰고 있는 말이라 쓰지 않을 수 없다.

어쨌든 고전문학은 옛사람들이 짓고 즐겼던 문학이라 오늘날의 학

---

1 김흥규(1986),『한국문학의 이해』, 민음사, 198쪽; 김성룡(2004),「고전문학교육과 고전문학교육학」,『국어교과교육연구』 8, 국어교과교육학회, 7-8쪽.

2 김흥규는 고전이 고전인 것은 작품이 어떤 시대의 개인적 각인(刻印)을 받으면서 그것을 넘어서는 이월(移越) 가치를 지닌다고 하였다. 김흥규(2002),「고전문학 교육과 역사적 이해의 원근법」,『한국 고전문학과 비평의 성찰』, 고려대학교 출판부, 321쪽. 본디 이 글은『현대비평과 이론』 3(한신문화사, 1992년 봄)에 실렸던 글이다. 류준필은 한국고전문학에서 '고전'은 단순히 시간을 가리키는 과거가 아니라 전범이 되는 과거 또는 전범을 새롭게 만들 수 있는 문화 양식이라는 뜻을 담고 있다고 보았다. 류준필(2016),「'이별(론)'의 텍스트 읽기」, 한국고전문학교육학회 편,『고전문학의 재미와 흥미』, 월인, 244쪽.

3 '문학'이란 말도 'literature'를 일본 사람들이 '文學'으로 옮긴 것을 우리가 따르고 있어 마음에 드는 말이 아니다. 더욱이 '문학'이란 말에는 '말글로 이룬 예술'이란 뜻이 담겨 있지 않다. 그래서 김수업은 문학을 '말꽃'으로 바꾸어 이르자고 하였는데, 한번 생각해 볼 일이다. 김수업(2002),『배달말꽃: 갈래와 속살』, 지식산업사, 11쪽.

생들에게는 낯선 문학일 수가 있다. 옛사람들이 쓰던 말, 옛사람들의 삶, 옛사람들의 생각이 오늘날과 같지 않아 낯설고 멀게 느껴지는 작품이 있을 수밖에 없다. 그래서 학생들이 고전문학에 재미나 흥미를 느끼게 하기가 어려울 수 있다. 이런 걱정 때문에 한국고전문학교육학회에서는 '고전문학의 재미, 흥미, 의미'라는 주제로 네 해 동안 여러 차례 학술발표회를 열었고, 발표하고 연구한 글들을 모아 『고전문학의 재미와 흥미』라는 낱권책(단행본)을 펴냈다. 이 책에는 어떻게 하면 많은 이들이 우리 옛 문학에 재미, 흥미, 관심을 보이고 가깝게 다가가게 할 수 있는지를 깊이 연구한 글들이 실려 있다. 아이들이 고전문학에 재미, 흥미를 경험하게 하는 데 도움을 얻을 수 있는 책이다.

가르치고 배우고자 하는 어떤 무엇이 있을 때, 그것에 대해 재미, 흥미, 관심이 있어야 스스로 기꺼이 가르치고 배우게 된다. 남이 시켜서 하거나 억지로 하는 것이 아니라 내가 스스로 기꺼이 할 때 가르치고 배우는 보람은 커진다. 그렇기에 고전문학에 재미, 흥미, 관심을 생기게 하는 것은 고전문학교육에서 중요할 수밖에 없다. 만약 가르치고 배우는 이가 고전문학에 재미, 흥미, 관심이 생긴다면 가르치고 배우지 말라고 해도 다른 일을 제쳐두고 힘써 가르치고 배우게 될 것이기 때문이다.

따라서 이 글에서는 먼저 재미, 흥미, 관심이 고전문학교육에서 왜 중요한지 다시 짚어보고자 한다. 그리고 고전문학은 가르치는 이나 배우는 이에게 참으로 재미, 흥미, 관심을 끌 수 있는지 다시 살펴보고자 한다. 어떤 면에서 재미, 흥미, 관심을 끌기에 넉넉한 끌심(매력)이 있으며, 어떤 면에서 약점이 있는지 되짚어보겠다. 그리고 어떻게 하면 고전문학에 재미, 흥미, 관심이 생기게 할 수 있는지를 생각해 보겠다.

2. 고전문학교육에서 재미, 흥미, 관심은 왜 중요한가?

(1) 재미, 흥미, 관심에 대한 뜻매김

말광(사전)에서 '재미'[4]는 '아기자기하게 즐거운 기분이나 느낌'으로 풀이하였다. 김성룡은 무엇(대상)에 대한 관심(interest)이며 무엇에 대한 바람(욕망)에서 만들어진, 무엇에 대해 느끼는 만족이라 하였다. 무엇에 대하여 '좋다'고 판단할 때 쓰는 말이라 하였다. 또 한 사람의 관심에서 나오는 즐거움이라는 뜻을 담고 있다고 하였다. 또 내가 어떤 대상에 대하여 깊은 이해나 가치의 판단과 무관하게 갖게 된 즐거움의 상태, 현실의 쓸모나 가치에서 벗어나서 자유롭게 느끼는 만족이라고도 하였다.[5] 염은열은 '재미'를 어떤 것에 대한 관심은 물론이고 경험을 거쳐 얻은 즐거움과 감동, 가치와 보람이라 하였다.[6] 신재홍은 재미는 관심, 이해, 해석을 거쳐 얻게 된다고 하였고, 경험의 과정에서 느끼는 즐거움, 감동들과 합쳐지며, 과정이나 결과에서 맛보는 즐거움, 가치, 보람도 느끼게 되는 것이라 하여, 관심에서 보람에 이르기까지 그 폭이 넓게 걸쳐 있다고 보았다.[7] 류준필은 학생이 작품을 비평하면서 경험하게 되는 정서적 즐거움이라고 새로 뜻매김하였다.[8] 황혜진은 재미는 무엇(대상)을

---

4 '재미'는 '맛있는 먹을거리', '좋은 맛'을 뜻하는 '자미(滋味)'에서 온 말이다. 자세한 것은 김성룡(2016), 「고전문학의 재미와 고전문학교육의 의미」, 한국고전문학교육학회 편, 『고전문학의 재미와 흥미』, 월인, 18-19쪽. '滋味'는 중세국어(15~16세기) 한자음으로 읽으면 'ᄌᆞ미'이지만 근대국어(17~19세기)에서 첫 글자의 'ᄋᆞ'가 '아'로 바뀌어 '자미'가 되었다. 또 '자미'가 'ㅣ' 홀소리 치닮음(역행동화)에 따라 '재미'로 되었다. 滋味(ᄌᆞ미)>자미>재미. 김무림(2020), 『국어 어원사전』, 지식과교양, 730쪽.

5 김성룡(2016), 앞의 책, 16-27쪽.

6 염은열(2016), 「고전문학 '학습(學習)'의 경험과 '재미'의 문제」, 한국고전문학교육학회 편, 『고전문학의 재미와 흥미』, 월인, 48쪽.

7 신재홍(2016), 「고전소설의 재미 찾기」, 한국고전문학교육학회 편, 『고전문학의 재미와 흥미』, 월인, 102쪽.

경험하는 과정에서 갖는 주체의 느낌이라 하였다. 또 작품을 듣거나 읽으면서 아기자기하고 오밀조밀한, 소소한 즐거움을 경험하는 것이라 하였다.[9] 이지영은 작품에 대해 학생이 경험하는 반응이라 하였다.[10]

이렇게 문학교육 연구자들이 재미를 문학교육과 관련지어 그 뜻을 정리하고 밝혔다. 한편 우리가 나날의 삶에서 재미라는 말을 많이 쓰고 있는데, 그 쓰임을 폭넓게 연구하여 재미의 뜻을 밝힌 김선진의 연구가 있다. 그는 여러 관점의 재미에 대한 뜻매김을 모두 아울러 재미는 '재미 주체와 재미 객체(대상) 사이의 꾸준한 신체적, 인지적, 정서적 상호작용의 결과로 나타나는 심리 반응이자 유쾌한 정서적 변화로서, 재미 주체가 목적의식 없이 자유로운 의식 상태에서 자발적으로 재미 활동 자체와 재미 객체가 제공하는 다양한 재미 요소를 즐기는 것'이라 하였다.[11] 그러면서 재미의 본질을 다섯 가지로 밝혔다. 첫째 재미는 주체(재미를 느끼는 이)와 객체(재미를 주는 대상)의 꾸준한 상호작용이다. 재미는 한 번에 끝나는 것이 아니라 끊임없이 이어진다. 둘째, 재미는 특별한 목적의식 없이 활동 자체에 집중할 때 일어난다. 재미를 무언가를 위해 수단으로 쓰는 것이 아니라 그 자체를 맛보고 즐기며 대가를 기대하지 않는다. 셋째, 재미는 아무런 제한이나 제약이 없어야 잘 일어난다. 통제, 강박, 강요의 상황에서는 즐기지 못한다. 넷째, 재미는 스스로 참여해야 경험할 수 있다. 결과보다는 과정을 즐기며 재미있기에 그것에 빠져든다. 다섯째, 재미는 긍정적이고 유쾌한 심리 반응을 일으킨다. 흥겹고 보람 있고 즐거운 느낌을 받아야 재미가 생긴다.[12]

---

8 류준필(2016), 앞의 책, 220쪽.

9 황혜진(2016),「재미의 관점에서 본 〈큰누님 박씨 묘지명(伯姊孺人朴氏墓誌銘)〉」, 한국고전문학교육학회 편,『고전문학의 재미와 흥미』, 월인, 335-338쪽.

10 이지영(2016),「도술담에 대한 아동독자의 재미」, 한국고전문학교육학회 편,『고전문학의 재미와 흥미』, 월인, 478쪽.

11 김선진(2018),『재미의 본질』(개정판), 경성대학교 출판부, 122쪽.

말광에서 '흥미(興味)'는 '흥을 느끼는 재미', '어떤 사물에 대해 느끼는 특별한 관심', '어떤 대상에 마음이 끌린다는 감정이 딸린 관심'으로 풀이하였다. '흥(興)'은 마음이 들뜨게 즐거움을 느끼는 기분이다. 또 흥미(興味)를 "흥취(興趣)를 느끼는 재미"로 풀이하기도 한다. 여기서 '흥(興)'은 즐거움으로 일어나는 느낌(정서)이며 '취(趣)'는 다다를 곳으로 빨리 달려감을 뜻한다. 곧, 흥미는 마음이 어떤 한 방향으로 이끌리어 즐거운 느낌이 일어남을 뜻한다.

흥미에 대해서 염은열은 '대상에 대한 관심이나 호기심'으로 뜻매김하였다.[13] 류준필은 '재미'를 밑바탕으로 해서 문학에 대한 내면의 체험이 되풀이되거나 더 폭넓어지고 높아지는 단계를 담고 있는 말이라 하였다.[14] 황혜진은 흥미는 대상에 다가가는 주체의 관심이라 하였고, 흥미는 그 대상이 주체에게 어떤 만족감을 줄 것이라는 기대에서 비롯되며 이 기대는 대상이 든 범주에 다른 것들을 만나 본 경험이나 주체의 인식관심으로 구성된다고 하였다. 또 대상을 경험하는 과정이 재미있었고, 그것을 의미로 만들어 자신에게 유익하였다면 같은 종류의 대상을 대할 때 흥미는 커진다고 하였다.[15] 김현정은 작품에 호기심을 갖고 이를 해소하기 위해 전심전력을 기울이는 태도라 하였다.[16]

위와 같은 뜻매김들을 볼 때 '재미'는 아기자기하고 작은 즐거움을 뜻하고, '흥미'는 재미에 흥이 더하여 더 들뜬 즐거움을 뜻하는 말임을 짐작할 수 있다.[17] 그리고 재미는 뚜렷한 목적의식을 두지 않고 그 자체

---

12 김선진(2018), 위의 책, 123-127쪽.

13 염은열(2016), 앞의 책, 48쪽.

14 류준필(2016), 앞의 책, 226쪽.

15 황혜진(2016), 앞의 책, 334-335쪽.

16 김현정(2016), 「흥미 변인을 고려한 〈도산십이곡(陶山十二曲)〉 교육의 방향」, 한국고전문학교육학회 편, 『고전문학의 재미와 흥미』, 월인, 429쪽.

17 재미에 자잘함, 가늚, 사소함을 뜻하는 앞가지(접두사) '잔-'을 붙여 '잔재미'란 말로 쓰기도 한다. 하지만 흥미에는 '잔-'이 잘 붙지 않은 것으로 보아 흥미보다는 재미가 더 작은

로 즐기는 쪽에 가깝다면 흥미는 어느 한쪽으로 마음이 쏠려 그것에 다다르고자 하는 마음이 강할 때 쓰인다. 하지만 재미나 흥미에는 모두 즐거움, 좋음, 관심, 호기심, 가치, 보람, 만족 같은 느낌들이 담겨 있어 또렷하게 갈라 쓰기보다는 때에 따라 같이 쓰는 말임을 짐작할 수 있다.

그리고 재미와 흥미라는 말과 함께 자주 쓰는 말이 '관심'이다. 말광에서 '관심'은 '어떤 것에 마음이 끌려 신경을 쓰거나 주의를 기울이는 일'이라 하였다. 내가 재미있고 흥미 있게 느끼는 것에는 마음이 끌리게 마련이어서 관심이 갈 수밖에 없다. 그래서 재미, 흥미, 관심은 자주 따라다니는 말들이다.

한편 교육의 본질에 비추어 재미, 흥미, 관심의 참뜻을 다시 생각해 볼 필요가 있다. 교육은 생각하는 사람에 따라 다르겠지만, 교육만이 지닌 참뜻을 생각해 본다면, 교육은 사람들이 오랫동안 갈고닦은 훌륭한 것들을 밑감으로 삼아 가르치고 배우는 길을 걸으면서 자신의 늘품을 키우고 자라게 하는 일이다. 말하자면 교육은 세뇌, 훈련, 길들이기, 행동조작, 최면, 주입, 선전, 조건화, 교조화 같은 것들과는 다르다. 한 가지만 보기를 들어, 교육을 길들이기와 같은 것으로 여긴다면, 아이들에게 재미를 느낄 수 있게 사탕발림 같은 미끼를 주어 꼬드기는 것이 나쁜 방법이라 할 수 없다. 오히려 짧은 시간에 아이들을 달라지게 하려면 이것이 가장 좋은 방법이 될 수도 있다. 그러나 교육은 가르치고 배우면서 내가 가진 꿈, 끼, 늘품, 깜냥, 미립, 슬기, 솜씨가 거듭나고 그 수준이 한 단계 높아지면서 말할 수 없는 보람과 즐거움을 느끼는 것이다. 그러기에 사람들은 누가 시키지 않아도 평생 가르침과 배움을 멈추지 않는다. 그렇다고 할 때 교육에서 재미, 흥미, 관심이라는 말을 쓸 때는 그냥 한때의 즐거운 기분을 끌기 위한 미끼나 유인책 정도의 뜻으로 여겨서

즐거움의 뜻을 담고 있는 듯하다.

는 안 된다.

여기서 우리는 듀이(J. Dewey)가 말한 흥미, 관심의 원리에 대해 다시 눈길을 돌릴 필요가 있다. 듀이는 흥미(관심)의 참뜻과 값어치를 교육과 관련지어 밝혔기 때문이다. 듀이는 흥미의 성격을 크게 세 가지로 들었다. 첫째, 흥미는 능동적(active)이라 하였는데, 무엇에 흥미 있어 한다는 말은 그것에 능동적으로 관여한다는 말이다. 흥미는 스스로 기꺼이 무슨 일을 밀어붙이는 힘을 준다. 둘째, 흥미는 객관적(objective)이라 하였는데, 우리는 어떤 구체적인 대상(object)에 흥미를 갖는다는 말이다. 그래서 우리는 흥미를 관심(concerns)이나 일(affairs)과 같은 것으로 여긴다. 셋째, 흥미는 개인적(personal), 정서적(emotional)인데, 그 일이 나와 직접적, 개인적 관계가 있다는 뜻이다. 이 세 가지를 바탕으로 보면, 흥미는 무엇에 대한 값어치를 깨달아 그것에 열중하고 몰입하고 전념하는 것을 뜻한다. 흥미의 말밑(어원) 'inter-esse'는 '사이에 있음'을 뜻하는데, 흥미는 사람과 활동 자료나 결과 사이에 거리를 없앤다는 말이다.[18] 무엇에 흥미나 관심이 생긴다는 것은 그것에 깊숙이 들어가고, 빠져들고, 사로잡히고, 휩쓸린다는 것이다.[19] '흥미를 가진 사람'이라는 말을 할 때, 우리는 그 사람이 어떤 일에 저를 잃어버렸다는 것과 그 일에서 저를 찾았다는 것을 같이 나타낸다. 이 두 가지 표현은 모두 그 대상 속에 스스로 몰입되어 있는 상태를 나타낸다.[20]

듀이에 따르면 배움이나 공부에서 오는 기쁨에는 두 가지가 있는데, 하나는 배우는 활동에 따라오는 기쁨으로 무엇인가를 만족스럽게 이루

18 Dewey, J.(1913), *Interest and Effort in Education*, In J. A. Boydston(Ed.)(1979), *John Dewey: The Middle Works*, V.7, Carbondale: Southern Illinois University Press, p. 160.

19 Dewey, J.(1913), ibid., p. 195; Dewey, J.(1934), *Art as Experience*, New York: Minton, Balch & Company, p. 277.

20 Dewey, J.(2007), *Democracy and Education: An Introduction to the Philosophy of Education*, 이홍우 옮김, 『민주주의와 교육(개정·증보판)』, 교육과학사, 208쪽.

거나 얻거나 더 나아졌을 때 생기는 기쁨이다. 이런 기쁨으로 아이들은 자신의 힘을 떨칠 수 있고, 늘 활동 자체에 빠져들기에 활동과 자신이 따로 있지 않고 하나가 된다. 이런 기쁨은 올바른 흥미에서 오는 기쁨이다. 이와 달리 바깥에서 주는 자극으로 생기는 기쁨이 있다. 이런 기쁨은 활동에서 오는 기쁨이 아니라 활동과 따로 떨어져 있는 기쁨이기에 아이들이 힘을 제대로 떨칠 수 없게 된다.[21] 이로 볼 때 참 흥미는 배우고 공부하면서 자연스럽게 따라오게 해야지 흥미를 생기게 하려고 바깥에서 일부러 부채질하는 것은 좋은 길이 아님을 알 수 있다.[22]

밖에서 덧붙여 주는 흥미(사탕발림 식으로 무엇인가를 흥미롭게 만드는 것)는 학생의 활동과 배울 내용은 동떨어져 있다는 생각에서 나온 것이다. 이런 생각을 하게 되면 어떻게 해서든지 배울 내용을 학생의 마음속에 집어넣으려고 애를 쓰게 된다. 이때 달콤한 방법으로 학생들을 꾀는 자선급식소형(soup-kitchen type)의 지도 방법을 쓰든지, 공부하는 것이 안 하는 것보다 덜 고통스럽다고 느끼게 하는 교도소형(penitentiary type) 방법(위협적 방법)을 쓰게 된다.[23] 만들어진 흥미가 비정상이 될

---

21 Dewey, J.(1913), *Interest and Effort in Education*, op. cit., p. 158.

22 수업 첫머리에 학생들의 재미, 흥미, 관심을 일으키기 위해 '동기유발', '흥미유발'이라는 활동을 하는 일이 있다. 그런데 이런 활동이 정해진 학습목표에 이르게 하려고 쓰는 단순한 편의수단이 아닌지 생각해 보아야 한다. 듀이는 흥미라는 이름으로 한때의 흥분을 자극하는 것은 비난받아 마땅하다고 하였다. Dewey, J.(1913), *Interest and Effort in Education*, ibid., p. 195. 또 흥미를 끌려고 아이들의 입맛에 맞게 속임수를 쓰는 것은 흥미라는 말을 잘못 이해한 것이라고 하였다. Dewey, J.(1956), *The Child and the Curriculum*, Chicago: The University of Chicago Press, pp. 29-30. 이런 것을 한때의 즐거움을 뇌물로 주어 눈길을 끌고 노력을 짜내려는 '얼르는 교육', '허기 채우는 교육'이라고 꼬집었다. Dewey, 이홍우 옮김(2007), 앞의 책, 208쪽. 조광국은 고전소설교육에서 학생들의 흥미를 높이기 위해 쓰고 있는 여러 가지 방안들이 흥미를 높이기 위한 '방법'과 '수단'에 치우친 것들이라 지적하였다. 조광국(2016), 「고전소설교육에서 새롭게 읽는 재미: 홍계월의 양성성 형성의 양상과 의미 –〈홍계월전〉 '한중연 45장본'을 중심으로–」, 한국고전문학교육학회 편, 『고전문학의 재미와 흥미』, 512쪽. 한때의 흥미를 위해 그때그때 만들어 낸 방편은 꾸준한 흥미를 주기는 어렵다.

23 Dewey, J.(1913), *Interest and Effort in Education*, op. cit., p. 168.

수밖에 없는 까닭은 나와 공부할 무엇이 따로 떨어져 있어 힘을 제대로 떨칠 수가 없기 때문이다.[24] 흥미나 관심이 뚜렷한 사람은 그 흥미나 관심을 바탕으로 삶이 한결같은 한 방향으로 나아가지만, 흥미나 관심이 뚜렷하지 않은 사람은 삶의 여러 분야들이 따로따로 논다.

이제까지 살핀 것을 갈무리해 본다면, 교육에서 말하는 흥미나 관심은 아이들을 꾀기 위해 바깥에서 사탕발림이나 미끼처럼 주는 자극이나 유인책이 아니라, 아이들이 **배우거나 공부하고자 하는 것에 스스로 기꺼이 깊이 빠져들어 그것과 내가 하나가 되는 것**이다.[25] 조금 부풀려 말하면 흥미나 관심이 곧 자기 자신이다.[26]

이렇다고 할 때, 듀이가 말하는 흥미나 관심은 칙센트미하이(M. Csikszentmihalyi)가 말하는 흐름(flow)[27]의 경험과 연결된다. 흐름은 사람들이 다른 일에는 아무 관심이 없을 정도로 지금 하는 일에 푹 빠져 있는 상태로, 이 경험 자체가 너무나 즐겁기에 이 상태가 꾸준히 이어지기를 바라 어지간한 고생도 견뎌내면서 그 일을 하게 되는 상태이다.[28] 칙

---

24 Dewey, J.(1913), ibid., p. 173.

25 이처럼 우리가 어떤 일에 흥미 또는 관심을 갖는 것은 그 일이 우리의 삶과 깊이 잇닿아 있다는 뜻이므로, 박철홍은 듀이가 말하는 'interest'는 '흥미'로만 옮겨서는 그 뜻을 제대로 드러낼 수 없고 '관심'으로도 옮겨야 한다고 하였다. 박철홍(2007), 「총체적 이상에 비추어 본 관심의 교육적 의미」, 『교육철학』 33, 한국교육철학회, 90쪽.

26 칸트의 흥미와 관심은 철학이고, 베토벤의 흥미와 관심은 음악이고, 피카소의 흥미와 관심은 미술이었다. 칸트가 철학이고, 베토벤이 음악이고, 피카소가 미술이듯이 흥미와 관심은 곧 자기 자신이다. 듀이는 한 사물에 대하여 능동적으로 표현하는 관심의 종류와 양이 곧 그 사람 자아의 질을 나타내며 그것을 가늠하는 척도가 된다고 하였고, 관심이라는 것은 자아와 사물의 활동적, 유동적, '동일성'을 뜻한다고 하였다. Dewey, 이홍우 옮김(2007), 앞의 책, 498쪽.

27 'flow'를 우리나라에서는 많은 이들이 '몰입'으로 옮긴다. 그런데 '몰입(immersion)'이란 말이 칙센트미하이의 'flow'가 뜻한 바를 온전히 나타내기에는 모자람이 있다고 보고 그냥 '플로우'로 쓰는 이도 있다. '흐름(flow)'은 '신들림(enthusiasm)', '삼매경(三昧境, samadhi)', '황홀경(恍惚境, ecstasy)', '무아지경(無我之境)', '물아일체(物我一體)'와 그 뜻이 통한다.

28 Csikszentmihalyi, M.(1990), *Flow: The Psychology of Optimal Experience*, New York: Harper & Row, p. 4.

센트미하이는 사람들이 어떤 일에 깊이 빠져들어 행복을 느낄 때 '흐름'을 경험한다고 밝혔는데, 이런 경험을 한 사람들은 물결을 따라 흘러가듯 모든 것이 저절로 일어난 듯한 느낌이 들었다고 한다.[29] 곧 '흐름'은 뜻깊은 삶의 순간에 행동이 물 흐르듯이 자연스럽게 이루어지는 경험이다.[30] 고전문학에 재미, 흥미, 관심을 가지면 고전문학에 푹 빠져 흐름을 경험하게 된다.

지금까지 살핀 재미, 흥미, 관심의 뜻을 표로 간추려 보면 다음과 같다.

〈표 5-1〉 간추린 재미, 흥미, 관심의 뜻

	간추린 뜻	같은 점
재미(滋味, fun)	어떤 것을 좋게 생각하여 그 자체로 맛보고 즐기는 것	어떤 것에 마음이 쏠려 스스로 기꺼이 빠져들어 그것과 내가 하나가 되어 즐거운 느낌이 일어나는 것
흥미(興味, interest)	마음이 한쪽으로 이끌리어 즐거운 느낌이 일어나는 것	
관심(關心, interest, concern)	어떤 것에 마음을 두고 관여하는 것	

재미는 딱히 어떤 것을 이루겠다는 생각 없이 어떤 무엇에 빠져 그냥 즐기는 것에 가깝다. 재미를 느끼는 그것 자체가 좋은 것이다. 흥미는 어떤 무엇을 이루겠다는 생각이 들어가 있어 마음이 그 이루고자 하는 바에 쏠린다는 점에서 재미와는 조금 다르다. 관심은 어떤 무엇에 마음을 둔다는 뜻이 강하다. 재미, 흥미, 관심이 뜻이 겹치는 부분이 많아 빈틈없이 가려 쓰는 것이 어려울 수 있으나, 꼼꼼하게 톺아보면 조금

29 Csikszentmihalyi, M.(1993), *The Evolving Self: A Psychology for the Third Millennium*, New York: HaperCollins, p. xiii.

30 Csikszentmihalyi, M.(1997), *Finding Flow: The Psychology of Engagement with Everyday Life*, New York: Basic Books, p. 29.

씩 그 뜻이 다르다는 것을 알 수 있다. 한편 어떤 무엇에 재미, 흥미, 관심을 보이게 되면 그것에 푹 빠져들어 그것과 내가 하나인 상태가 된다는 점에서, 재미, 흥미, 관심은 '흐름(flow)'을 경험하게 하는 매우 중요한 밑바탕임을 알 수 있다. 또한 재미, 흥미, 관심 모두 내가 스스로 좋아서 할 때 생기는 것이다.[31] 남이 시켜서 하는 일에는 재미나 흥미, 관심이 생기지 않는다.

(2) 재미, 흥미, 관심의 중요함

사람은 재미있는 것에 마음을 뺏기고 그것에 온통 정신을 집중한다. 그래서 완전히 빠져들었는가로 그 활동이 재미가 있었는지 없었는지를 판단한다.[32] 재미는 몰입이라는 심리적 집중 상태를 이끈다. 재미, 몰입의 경험을 하게 되면 시간 가는 줄 모르고 열중하게 된다.[33] 아이들이 고전문학에 진정한 재미를 느낀다면 열중, 집중, 몰입하여 고전문학 공부에 푹 빠져들게 될 것이다.

듀이는 진정한 흥미의 원리는 배우는 것과 배우는 이가 같이 되는 것이라 하였다. 흥미는 아이 자신이 자라는 방향을 가리키며 아이가 제 자신이고자 할 때 반드시 있어야 할 것이라 하였다.[34] 이 말은 흥미나 관심이 생기면 배울 거리와 내가 하나가 되어 배움 속에 푹 빠져든다는 말이다. 또 자람(성장)이란 지금보다는 더 나아지는 것인데, 사람들은

---

31 칙센트미하이는 '흐름(flow)'의 경험을 '자기목적적 경험(autotelic experience)'이라 하였다. Csikszentmihalyi, M.(1990), op. cit., p. 152; Csikszentmihalyi, M.(1997), op. cit., p. 117; Csikszentmihalyi, M.(2000), *Beyond Boredom and Anxiety: Experiencing Flow in Work and Play*, San Francisco: Jossey-Bass Publishers, p. 36. 경험 그 자체가 목적이 된다는 말로 어떤 대가를 바라지 않고 그냥 하는 것 자체를 즐기는 것이다.

32 김선진(2018), 앞의 책, 132쪽.

33 김선진(2018), 위의 책, 217쪽.

34 Dewey, J.(1913), *Interest and Effort in Education*, op. cit., p. 156.

지금보다 더 나아지려고 과녁(목표)을 세운다. 그 과녁에 이르려고 힘을 쓰기 때문에 그 과녁이 바로 흥미나 관심이 된다. 그렇기에 흥미나 관심은 가르침과 배움을 이끄는 가장 큰 바탕힘(원동력)이 된다.

아이들은 어떤 활동에든 얽매이지 않고 꾸준히 전념할 수 있으면, 정신없이 심취할 수 있으면, 거의 언제나 행복해하고 즐거워한다. 마음에 평화가 오고 만족의 느낌이 강해지면 곧 기쁨이 된다. 사람들은 자기가 잘 할 수 있는 일, 자신 있게 다가가 빠져들 수 있는 일에 흥미를 느낀다. 흥미는 능력이 발달하고 있다는 증거요, 하는 일에 깊이 빠져들고 있다는 증거이다.[35] 이처럼 흥미는 곧 자라는 것이고 무엇인가를 깊이 파고들고 그것에 푹 빠지는 것이다. 그렇기에 흥미가 곧 행복을 가져온다.

아이들은 더 자라기 위해, 더 나아지려고 힘을 쓴다. 이런 힘씀을 꾸준하게 하려면 흥미가 있어야 한다. 흥미가 없으면 지치게 된다. 흥미는 나와 내가 관심을 두고 있는 무엇이 하나가 되게 해 준다. 만약 학생들이 고전문학에 진정한 흥미를 갖게 되면 고전문학을 꾸준히 읽고 즐기게 된다. 고전문학을 꾸준히 배우고 공부하게 된다. 듀이식으로 말하자면 고전문학에 빠져들어 내가 고전문학과 하나가 되는 것이다.

흥미나 관심은 내가 지금 하고 있는 일에 완전히 주의를 집중하게 하고, 아낌없이 자신을 바치게 한다. 아이들이 고전문학에 이런 흥미나 관심을 보인다면 더할 나위 없이 좋은 일이다. 어쩌다 고전문학을 배우고 공부하는 것이 힘들게 느껴지더라도 그 힘듦을 기꺼이 견뎌내게 된다. 그런 힘든 길을 거쳐 얻은 열매는 보람이 되기 때문이다.

무슨 일을 해낸다는 것은 곧 이루고자 하는 목표를 위해 힘쓰는 일인데, 눈앞의 목표(end in view)를 이루고 나면 그것이 수단이 되어 다음

35 Dewey, J.(1913), ibid., p. 169.

의 목표를 이루기 위한 밑거름이 된다. 이렇게 수단과 목표가 번갈아 가면서 끊임없이 앞으로 나아가게 된다.[36] 흥미가 있고 없는지가 눈앞의 바라는 바를 이룰 수 있고 없고를 뜻한다. '사이에 있다'는 뜻의 흥미는 지금 내가 가지고 있는 힘과 곧 이루어낼 목표의 사이를 뜻하기도 한다.[37] 흥미는 지금 곧 이루고자 하는 눈앞의 목표로 나아가는 힘이 되기 때문이다. 흥미와 관심 없이는 무엇을 이루기 위해 온전히 힘과 마음을 쏟을 수 없다.

그래서 듀이는 흥미와 노력이 서로 반대되는 것이 아니라고 하였다. 노력은 흥미 있는 일을 할 때 반드시 딸려오게 마련이다. 또 어려움을 견뎌내면서 힘쓰는 것은 생각의 깊이와 폭을 키운다. 또 흥미는 동기(動機, motivation)와도 관련되어 있다. 동기는 무엇인가를 이루고자 할 때 움직이는 힘이다. 나와 하나가 되는 흥미 있는 일이 내가 곧 이루고자 하는 목표(눈앞의 목표, 예견된 목표)와 얼마큼 가까워졌는가가 동기(움직이는 힘)를 나타낸다. 곧 동기, 흥미는 내가 하고자 하는 일에 힘과 깊이가 된다.[38] 간추리면, 흥미 있는 일에는 동기가 생기고 노력하게 되고 노력하면 생각(사고)이 자라게 된다. 이처럼 흥미와 노력, 생각, 동기가 서로 맞물려 있다.

고전문학에 흥미나 관심이 생기면 고전문학에 대해 알고 배우려는 하나의 목표를 세운다(동기를 갖게 된다). 그리고 그 목표에 이르려고 힘쓰고 애쓴다. 그 바라던 바를 잘 이루려면 어떻게 해야 하는지 여러 가지(성취 조건)를 생각하게 된다. 고전문학에 대한 흥미가 고전문학을 배우려는 동기를 불러오고, 고전문학 공부에 노력하게 만들고 그런 과

---

36 Dewey, 이홍우 옮김(2007), 앞의 책, 171-180쪽; Dewey, J.(1922), *Human Nature and Conduct: An Introduction to Social Psychology*, New York: The Modern Library, pp. 225-227.

37 Dewey, 이홍우 옮김(2007), 앞의 책, 210쪽.

38 Dewey, J.(1913), op. cit., pp. 180-181.

정 속에서 생각하는 힘도 자라게 된다. 이렇게 흥미나 관심에서 배움 활동에 중요한 것들(동기, 노력, 생각)이 번져 나온다.

이렇듯 흥미나 관심은 스스로 하게 하는 힘이 있다. 또 흥미나 관심은 배우는 이들을 자라게 한다. 흔히 '사람은 흥미로 산다'는 말을 하곤 한다. 자신이 흥미를 보이는 일에 힘을 쏟고 집중하며, 어려움이 생기더라도 끝까지 밀어붙인다.[39] 많이 알아도 흥미가 없으면 살아 움직이는 힘이 모자라다. 아는 것은 적어도 흥미나 관심을 가지고 내가 배우는 것에 흠뻑 제 몸을 담그는 사람이 참으로 흥미로 사는 사람이다.[40]

3. 고전문학은 재미, 흥미, 관심을 끌 수 있는가?

(1) 고전문학이 가진 끌심(매력)

재미의 특징 가운데 하나가 '변화(change)'이다. 뻔하고 익숙하고 판에 박힌 것은 재미와 거리가 멀다. 따분하고 지루한 것은 재미를 불러오

39 사람들은 자신이 흥미를 느끼고 또 그것을 잘하면 성공할 수 있겠다고 여기는 문제를 만날 때, 도전의식이 생긴다. Combs, A. W.(1979), *Myths in Education*, 이성호 옮김(1987), 『교육신화: 인간성 회복을 위한 교육의 심리학적 이해』, 정음사, 112쪽. 어려운 고비를 넘기게 하는 것은 추상적인 의무감이 아니라 일에 대한 관심이다. 자신이 하는 일에 진심으로 관심을 두고 있는 사람은 잠깐의 좌절을 이길 수 있고 장애를 당하여 굽힘이 없이 꾸준히 일을 해 나갈 수 있으며 어려움을 기쁨으로 이길 수 있는 사람이다. 그 사람은 곤란과 장애를 바로 보고 넘어서는 것을 관심사로 삼는다고 할 수 있다. Dewey, 이홍우 옮김(2007), 앞의 책, 501쪽.

40 우리나라 학생들은 국제학업성취도평가(PISA)에서 다른 나라보다 좋은 성적을 거둔다고 한다. 조성민·구남욱·김현정·이소연·이인화(2019), 『OECD 국제 학업성취도 평가 연구: PISA 2018 결과 보고서(RRE 2019-11)』, 한국교육과정평가원. 그러나 문제 풀이에 대한 흥미도와 만족도는 오히려 줄곧 바닥 수준이라 한다. 조용환(2021), 『교육다운 교육』, 바른북스, 30쪽. 이는 우리나라 학생들이 공부나 배움에 흥미가 낮다는 말이다. 많이 아는 것보다 흥미로 배우는 것이 더 값진 일이다.

지 못한다. 낯설고 새로운 경험이 재미를 부추긴다.[41] 고전문학은 학생들에게 낯설기에 충분히 재미를 일으킬 수 있는 밑감이다. 같은 맥락에서 재미를 구성하는 요소에는 모험감이나 일탈감, 새로운 경험이 있다.[42] 고전문학 가운데는 아이들에게 모험의 경험을 줄 수 있는 것들이 많다. 아이들은 늘 경험했던 것들에는 단조로움을 느끼지만 새로운 종류의 경험을 만나면 호기심이 일어난다. 일상의 질서나 자극에서 벗어나 일탈감을 경험하게 한다. 고전문학같이 낯선 세계에 대한 새로운 경험은 그 자체로 신기함이나 놀라움을 주어 재미있다는 느낌을 줄 수 있다. 옛사람들은 어떤 노래를 불렀고 어떤 이야기, 어떤 놀이를 즐겼는지, 어떤 생활글을 썼는지, 아이들에게 흥미나 관심을 불러일으킬 수 있다.

다음으로 고전문학은 우리 문학의 바다를 이룰 만큼 수많은 갈래와 작품들이 있다. 더욱이 다른 나라의 문학 갈래에서 볼 수 없는 우리만의 남다른 문학 갈래들이 있다. 보기를 들어 판소리, 가전(假傳), 가사(歌詞), 몽유록(夢遊錄) 같은 문학은 서양의 문학 갈래 이론으로 밝히기 어려운 우리 문학만의 갈래 특성을 지닌 문학이다. 또한 고전산문(연구자에 따라서는 필기류나 고전수필이라 이르기도 한다)도 고전문학으로 다루기 때문에 그야말로 문학 작품들의 보물창고라 할 수 있다. 사람들에 관한 글, 일기처럼 쓴 글, 시문학을 값매김한 글, 지식을 정리한 글 같이 고전산문의 주제와 내용은 여러 분야에 걸쳐 있다.[43] 전통 시대에는 오늘날과 같이 문학과 비문학의 경계가 뚜렷하지 않았다. 이처럼 고전문학의 테두리와 폭이 넓기에 그만큼 아이들이 재미나 흥미를 느낄 작품이나 내용의 폭도 넓어질 수밖에 없다.

---

41 김선진(2018), 앞의 책, 41-42쪽.

42 김선진(2018), 앞의 책, 167-170쪽.

43 서인석도 고전문학의 수많은 역사적 갈래들은 교육적으로 되살려 쓸 수 있는 소중한 자산이 된다고 하였다. 서인석(2002), 「고전산문 연구와 국어교육」, 『국어교육』 107, 한국어교육학회, 46쪽.

그리고 고전문학은 같은 작품이라도 판에 따라 그 자세한 내용이 조금씩 다르다. 『춘향전』이라는 이야기는 그 줄거리와 뼈대는 같지만, 자세한 내용은 판에 따라 다르다. 수백 종이 넘는 이본(異本)이 있어 이본에 따른 편차가 심하다. 그래서 어느 판을 보느냐에 따라 그 재미와 감동이 달라진다. 같은 작품의 다른 판들을 두루 살펴볼 때 작품을 읽는 재미는 곱절로 커진다. 이 판에서는 춘향을 이렇게 그리고 있는데, 저 판에서는 저렇게 그리고 있어 여러 춘향을 만날 수 있다.

한편 고전문학 작품은 여러모로 풀이하기 힘들어서 배우는 이들을 힘들게 하기도 한다. 그런데 오히려 뚜렷한 뜻풀이가 정해져 있지 않고 흐릿하고 알쏭달쏭한 것이 배우는 이들에게 재미, 흥미를 붙이게 할 수 있다.[44] 또렷한 답이 정해져 있으면 탐구하는 재미가 붙지 않는다. 많은 고전문학 작품들이 새롭게 풀이하고자 하는 즐거움과 재미를 줄 수 있다. 작품이 나타내고자 하는 아리송한 뜻을 학생들이 스스로 밝혀낼 수 있게 한다면, 학생들이 재미와 흥미를 느껴 힘을 써가며 고전문학 작품들을 풀이하는 공부에 참여하게 될 것이다.

(2) 고전문학이 가진 약점

재미, 흥미나 관심은 내가 그 활동 속으로 온전히 들어가게 나를 이끈다. 그렇다면 내 삶과 가까운 것이 흥미나 관심을 끈다. 내 삶과 멀리 떨어진 것은 흥미나 관심을 끌기 힘들다. 고전문학은 옛사람들이 짓고 즐겼던 문학이라 한편으로는 학생들과 멀리 떨어져 있는 문학이다. 어

44 고전 작품에는 또렷하게 뜻풀이하기 어려운 작품이 많은데 오히려 이것이 배움과 탐구를 이끌어 교육적으로 값어치 있다는 생각들이 있다. 정재찬(1994), 「「청산별곡」에 대한 시 교육적 접근」, 이상익 외, 『고전문학 어떻게 가르칠 것인가』, 집문당; 최홍원(2009), 「고전시가 모호성의 교육적 이해」, 『국어교육연구』 44, 국어교육학회.

린이 문학, 청소년 문학도 아닌 오래전 옛날 사람들의 문학은 아이들의 삶이나 관심과는 거리가 있을 수밖에 없다.[45]

먼저 고전문학의 많은 작품이 옛말로 되어 있다. 우리말 노래나 우리말 이야기는 요즘 말로 고치면 옛말만이 가지고 있는 맛이 떨어져 옛말을 살려 보이기도 한다. 그러나 오늘날 말과는 달라 옛말을 따로 공부해야 하는 짐이 생긴다. 또 많은 고전문학은 옛날 중국 사람이나 옛날 중국 이야기를 바탕으로 작품을 짓기도 해서[46] 중국의 옛일과 옛이야기[고사(故事), 전고(典故)]를 잘 모르면 이해하기 힘든 작품들이 많다. 옛사람들의 이름이나 그 사람에 얽힌 이야기까지 쉽게 고쳐 다듬기는 어렵다.[47]

흔히 고전소설이라 이르는 옛이야기는 조선시대 후기에 많은 이들이 흥미를 보이고 즐겼던 작품이다. 세책집(貰冊家)[48]에 돈을 주고 책을 빌려 읽는 일이 있었는데, 어떤 이는 책 빌리는 돈을 마련하기 위해 비녀나 팔찌를 팔기도 하고, 심할 때는 빚을 내어 이를 갚느라고 집안 살림이 기울어진 때도 있었다.[49] 소설 읽기와 짓기에 빠져 온 식구들이 제

45 로젠블랫(L. Rosenblatt)은 고전에서 다루는 문제나 갈등이 어떤 개인의 체험으로 느끼기 어려운 나이의 아이들에게 소개되는 일이 너무 자주 일어나고 있다고 비판하기도 하였다. Rosenblatt, L. M.(1995), *Literature as Exploration*, 김혜리·엄해영 옮김(2006), 『탐구로서의 문학』, 한국문화사, 208쪽.

46 이런 글짓기 방식을 용사(用事), 점화(點化), 점철성금(點鐵成金), 환골탈태(換骨奪胎)라 일렀다. 자세한 뜻은 조금씩 다르기는 하지만, 모두 다 옛일, 옛이야기, 옛사람의 글귀에서 따와 글을 짓는 일이다.

47 한 가지만 보기를 들어 정철(鄭澈, 1536~1593)의 「관동별곡(關東別曲)」을 아무리 쉽게 다듬어 풀이한다고 해도, 급장유(汲長孺), 임포(林逋), 이백(李白), 사선(四仙), 홍장(紅粧)과 얽힌 옛이야기를 모르면 제대로 이해하기 힘들다.

48 세책집은 물건이나 돈을 받고 돌려받을 날짜를 정해서 책을 빌려주던 곳이고, 세책집에 돈이나 물건을 잡히고 빌린 책을 세책이라 한다. 요즘 말로 하면 책대여점이다.

49 채제공(蔡濟恭, 1720~1799)의 『번암선생집(樊巖先生集)』 권33, 「여사서서(女四書序)」에 "가만히 살펴보니, 요새 부녀자들이 다투어 능사(能事)로 삼는 일은 오직 패설(稗說)뿐이니, 이것을 높이는 것이 날이 갈수록 더욱 심하여 천백 종에 이르렀다. 승가(僧家)에서는 이것을 깨끗이 베껴 모두 빌려주고는 그 세를 거두어들여 이익을 삼는다. 부녀들이 식견

사 지내는 일도 잊었다는 이야기도 전한다.[50] 그때 많은 이들이 이야기책에 재미와 흥미를 느껴 푹 빠져들었다. 그러나 오늘날도 옛이야기를 읽는 이들이 그때처럼 옛이야기에 흥미와 관심을 가지고 빠져들 수 있을까? 어떤 사람은 옛이야기가 한결같은 짜임으로 되어 있고 비슷비슷한 마무리로 되어 있고, 현실과 동떨어진 너무 터무니없는 내용도 많고, 이야기가 주는 가르침도 똑같아 거기서 거기라고 생각하고 재미나 흥미를 전혀 느끼지 못할 수도 있다. 옛이야기가 가진 짜임이나 꿈같은 이야기, 착한 이는 복을 받고 나쁜 이는 벌을 받는다는 한결같은 마무리는 그때 사람들에게는 흥미나 관심거리가 될 수 있었으나 오늘날에는 그렇지 않을 수 있다.

또 우리말 세틀 노래(시조)도 조선 후기에 매우 널리 퍼져 많은 이들의 흥미와 관심을 끌었던 문학이다. 김천택(金天澤, 1687~1758)이 펴낸 『청구영언(靑丘永言)(1728)』이 나온 뒤로 많은 노래책(가집)이 나왔고 다

이 없어 혹 비녀와 팔찌를 팔거나 혹은 돈을 빌려 다투어 빌려 와서 그것으로 긴 날을 보낸다. 음식과 술 만드는 것도 모르고, 베 짜는 책임도 모르니 이렇게 하기가 일쑤다(竊觀 近世閨閤之競以能事 惟稗說 是崇日加月增 千百其種 僧家以是淨寫 凡有借覽 輒收其直以爲利 婦女無識見 或賣釵釧 或求債銅 爭相貰來 以消永日 不知有酒食之議組紃之責者 往往皆是)." 이덕무(李德懋, 1741~1793)의 『청장관전서(靑莊館全書)』, 권지30, 「사소절(士小節) 하(下), 부의(婦儀) 1」에 "언번전기(諺飜傳奇)에 빠져서 읽어서는 안 된다. 집안일도 내버려 두고, 여자들이 할 일도 게을러 그만두면서, 심지어는 돈을 주고 그것을 빌려 깊이 빠질 뿐 아니라 재산을 기울이는 자도 있다(諺飜傳奇 不可耽看 廢置家務 怠棄女紅 至於與錢而貰之 沈惑不已 傾家産者有之)." 언번전기(諺飜傳奇)는 한글소설 또는 한글로 옮긴 소설을 이른다.

50 이유원(李裕元, 1814~1888)의 『임하필기(林下筆記)』 29, 「언서고담(諺書古談)」에 "원교(圓嶠) 이광사(李匡師, 1705~1777)의 자녀 남매가 언서고담(諺書古談: 한글소설)을 지어 '소씨명행록(蘇氏名行錄)'이라 하였는데, 가고(家故, 1755 나주괘서사건으로 이광사가 귀양 간 일)를 당하여 한쪽으로 밀쳐 두었다. 원교의 꿈에 자칭 소씨라는 여자가 꾸짖기를, '어찌하여 사람을 불측한 곳에 빠뜨려 놓고 신설해 주지 않는가?' 하였다. 깨어나 크게 놀라 그 끝 편을 계속 지었는데, 형제와 숙질이 함께 앉아 거들었다. 제삿날인데도 밤 깊은 줄 몰라 제사가 좀 늦어졌다. 문자의 묘가 입신함이 이와 같은가(李圓嶠之子男妹 做諺書古談 為蘇氏名行録 遭家故 閣置一邊矣 圓嶠夢有一女子 自称蘇氏責曰 何為陥人於不測之地 不為伸雪乎 覚而大驚 継做末編 兄弟叔侄 同坐賛助 祭日不知夜深 祭稍晩 抑文字之妙入神如是耶)!"

른 판(이본)의 노래책들도 쏟아져 나온 것으로 볼 때,[51] 우리말 노래가 두루 퍼져 많은 이들의 관심을 받았음을 알 수 있다. 그러나 옛시조가 오늘날에도 읽는 이들에게 흥미와 관심거리가 될 수 있을지는 자신 있게 말하기 힘들다. 옛시조 가운데는 그 말하기가 새뜻하여 듣는 이나 읽는 이들의 마음을 울리기도 하지만, 들으면 따분하고 하품이 나오는 노래도 많다. 그때 사람들의 생각과 오늘날 사람들의 생각이 다르기 때문이다. 보기를 들어 선비들이 지은 많은 노래(사대부 시조)는 오늘날 눈으로 보아서는 너무 점잖고 의젓하기만 하다. 이들 노래가 나름 뜻있고 값어치 있는 노래라고 값매김하기도 하고,[52] 짧은 형식 안에 선비들의 생각을 알짬 있게 담아냈다[53]고 하여 훌륭한 시 짓기 솜씨라고 추켜세울지 모르지만, 오늘날 학생들은 그렇게 받아들이기 힘들다.[54] 그때 선비들의 세계관, 가치관을 오늘날 아이들이 흥미나 관심을 보이고 이해하기란 쉽지 않은 일이다.

그리고 오늘날처럼 재미있는 즐길 거리가 차고 넘치는데 고전문학에 재미, 흥미를 느낄 아이들이 얼마나 있겠는가? 고전문학은 아이들에게 고리타분하고 딱딱하고 하품 나오는 케케묵은 문학 작품으로 느껴질 수 있다.

---

51 신경숙·이상원·권순회·김용찬·박규홍(2012), 『고시조 문헌 해제』, 고려대학교민족문화연구원에 실린 노래책의 다른 판(이본)만 해도 137종이나 된다.

52 선비들의 도리와 관련된 많은 노래를 조동일은 성리학에서 세상 온갖 것의 뿌리가 되는 원리인 이(理)를 추구하는 태도라 하여 '본연지성(本然之性)의 시조'라 하였다. 조동일(1976), 「시조의 이론, 그 가능성과 방향 설정」, 김열규·조동일·소재영·황패강(편), 『고전문학을 찾아서』, 문학과지성사, 196-201쪽.

53 성기옥은 시조의 형식과 율격이 그때 지배이념인 유가의 세계관과 선비들의 미의식을 가장 잘 드러낼 수 있었던 틀이라고 하였다. 성기옥(1986), 『한국시가율격의 이론』, 새문사, 216쪽.

54 조금 지나친 면이 있기는 하지만, 선비들의 많은 노래가 틀에 짜인 말을 그대로 가져다 쓰고 내가 겪은 일이 아닌 다른 이가 겪은 일에 기대고 있다 하여 남의 말을 한다는 뜻의 '타설(他說)의 노래'로 정리한 이도 있다. 박철희(1980), 『한국시사연구 – 한국시의 구조와 배경 –』, 일조각, 38-45쪽.

이순영의 연구는 읽는 이가 흥미와 재미를 느끼는 작품이나 글을 힘껏 읽는다는 것을 밝혔다. 흥미나 관심이 없으면 읽고자 하는 동기가 생기지 않으며 이에 따라 작품이나 글을 읽고 풀이하는 것을 어려워한다. 또한 낱말이 어렵거나 배경지식이 많이 필요한 글이나 작품도 어렵게 느꼈다.[55] 이런 연구를 볼 때 아이들에게 낯설고, 어려운 낱말이 많고 작품과 관련된 배경지식이 필요한 고전 작품에 아이들이 재미나 흥미를 느끼기가 어렵다는 것을 짐작할 수 있다. 김주환은 고등학생들에게 어떤 제재에 흥미가 있는지 물었는데, 학생들은 고전 작품에 대한 흥미도가 낮았다. 그 가운데 고전 시가에 대한 학생들의 흥미도가 매우 낮은 편이었다. 그리고 학생들은 낱말이나 표현이 낯선 작품들을 어려워하였다.[56] 이 연구도 학생들이 고전문학에 대해 흥미를 느끼지 못하고 어려워한다는 것을 보여주고 있다.

이렇듯 오늘날 학생들이 옛날의 이야기와 노래인 고전문학에 흥미롭게 빠져들기란 힘들다. 고전문학 자체가 학생들이 이해하기 힘든 걸림돌을 너무 많이 지니고 있다. 고전문학을 연구하거나 전공하는 이들은 고전문학이 우리의 훌륭한 전통 유산이라 여기고 자라나는 아이들이 꼭 배우고 공부해야 할 것이라 생각하지만, 아이들에게 고전문학은 여전히 딴 세상 이야기 같다. 고전문학은 그때 사람들에게는 그때 당시의 문학이었기 때문에 그네들의 삶이나 생각과 가까웠을 것이다. 하지만 그때 사람들과 다른 오늘날의 아이들에게는 낯설고 멀게 느껴질 수밖에 없다.

---

55 이순영(2011), 「텍스트 난도와 텍스트 선정에 관한 독자 요인-초·중·고등학교 독자들의 반응을 중심으로 한 시론-」, 『독서연구』 26, 한국독서학회.

56 김주환(2013), 「고등 『문학』 교과서 텍스트에 대한 교사와 학생들의 반응 연구」, 『교육과정평가연구』 16(3), 한국교육과정평가원. 또한 '어떤 글이나 작품을 좋아하는가?'라는 물음에 고전 작품이라 답한 학생은 적었다. 김주환(2014), 「고등 『국어』 교과서 텍스트에 대한 교사와 학생들의 반응 연구」, 『국어교육』 144, 한국어교육학회, 355쪽; 김주환(2015), 「중학교 국어 교과서 텍스트에 대한 교사와 학생의 반응 연구 – 2009 중학교 1, 2학년 『국어』를 중심으로」, 『국어교육학연구』 50(3), 국어교육학회, 17쪽.

(3) 문학 교실 자체가 가진 한계

가르치는 이나 배우는 이에게 모두 흥미 있어야 한다. 가르치는 이가 고전문학에 흥미가 없는데 고전문학을 즐겁게 힘써 가르칠 수 있겠는가? 먼저 가르치는 이가 고전문학에 흥미와 관심을 가져야 한다. 또 배우는 이에게도 흥미나 관심을 끌 수 있어야 한다. 가르치고 배우는 이 모두에게 흥미나 관심을 끌 수 있어야 바람직하다.

그런데 교사나 학생에게 모두 가르치고 배울 내용은 정해져 있다. 나라에서 마련해준 '국어과 교육과정'이 있고 그것을 바탕으로 국어나 문학 교과서를 만든다. 교과서는 교육과정의 테두리를 벗어나면 검정 과정에서 통과가 안 되기 때문에 교육과정의 성취기준에 맞추어 만들어야 한다. 여기서 어느 정도 작품의 테두리도 정해지게 된다. 흔히 정전(正傳, canon)이라 이르는 작품들은 교과서에 반드시 실리게 된다. 이렇듯 고전문학에 대해 가르치고 배울 거리가 미리 정해져 있기에, 가르치는 이나 배우는 이가 나에게 흥미나 관심 가는 내용을 가리고 고를 기회는 그만큼 줄어든다.

재미가 지닌 남다름 가운데 하나가 '선택(choice)'이다. 내가 가리고 고른 것이 아니라면 그 일은 결코 재미있을 수 없다. 재미의 첫 번째 요건은 '자기결정감'에 있다.[57] 또한 재미는 '주관성'의 특징이 있기에, 사람마다 느끼는 재미가 다르다.[58] 그러나 문학 교실에서 학생들 스스로 자신이 배우고 싶고 공부하고 싶은 고전문학 내용을 고를 기회는 많지 않다. 교실의 학생들은 많게 스무 명이 넘어가는데 그들마다 재미를 느끼는 분야가 다를 것이다. 또한 같은 대상이나 작품에 대해서도 재미의

---

57 김선진(2018), 앞의 책, 39쪽.

58 김선진(2018), 위의 책, 209쪽.

정도가 다를 것이다. 그러기에 문학 교실에서 모든 학생의 재미를 만족시켜줄 만한 활동을 하기가 실제로 힘들다.

"흥미롭게 만든다"는 원리는 아이들의 현재 경험, 능력, 필요에 맞추어 주제를 고르고 정한다는 것을 뜻한다.[59] 그러나 우리의 현실은 위에서 정해준 내용을 가르치는 이나 배우는 이가 모두 받아서 그대로 따르고 있는 실정이다. 여기에 가르치는 이나 배우는 이의 흥미나 관심이 끼어들 틈이 딱히 없다. 더욱이 배우는 이의 흥미나 관심은 국어나 문학 교과의 고전문학 내용에 반영될 여지가 많지 않다. 물론 교육과정이나 교과서를 만드는 이들은 학생들의 흥미와 관심을 살피고 헤아려서 만들려고 힘쓴다. 그러나 사람마다 흥미나 관심이 다르며, 더욱이 국어과는 고전문학 말고도 다른 분야도 많은데, 분야마다 학생들의 흥미나 관심을 다 헤아려서 교육과정을 마련하고 꾸린다는 것은 쉬운 일이 아니다.

4. 고전문학에 재미, 흥미, 관심이 생기게 하려면?

가르치는 이나 배우는 이가 고전문학에 재미, 흥미, 관심을 보일 수도 있지만, 그렇지 않을 수 있음을 살펴보았다. 어찌 보면 고전문학은 재미, 흥미, 관심을 끌 수 있는 조건보다 그렇지 않은 조건이 더 많을지 모르겠다. 고전문학을 가르치는 이는 어떻게 하면 아이들이 고전문학에 재미, 흥미를 느끼고 관심 가게 할지 고민하는 사람이다. 아이들이 고전문학에 흥미나 관심을 보여 고전문학을 놀이처럼 즐겁게 공부하도록 꾀하는 사람이다. 그런데 아이들 가운데는 고전문학에 흥미나 관심을 보이는 이도 있지만, 무관심하거나 더 나아가 고전문학을 따분해 하고 싫

59 Dewey, J.(1913), *Interest and Effort in Education*, op. cit., pp. 163-164.

어하는 아이들도 있을 수 있다. 이럴 때 의욕이 앞선 교사는 어떻게 해서든지 아이들이 고전문학에 흥미를 붙이게 하려고 아이들을 다그칠 수 있는데, 이것은 자칫하면 강요나 압박이 될 수 있어 오히려 고전문학에 넌더리를 나게 할 수 있다.[60] 고전문학에 억지로 끌고 가지 않고 스스로 제 발로 걸어서 가게 하려면 어떻게 해야 할지 생각해 보아야 한다.[61]

(1) 재미, 흥미, 관심을 끌 만한 여러 밑감(소재) 찾기

재미는 금을 치기 어려울 정도로 그 울안(영역)이 넓게 걸쳐 있다.[62] 여러 가지를 할 수 있을 때 재미를 느낀다. 아무리 재미있는 것이라도 정해진 것만 한다거나 한 가지만 한다면 재미는 줄어든다. 고전문학 작품도 갖가지 작품을 만나고 고전문학과 관련된 공부 거리도 여러 가지를 다룰 때 학생들이 재미를 느낄 확률이 커진다.

고전문학에서 학생들의 재미, 흥미나 관심을 끌 만한 밑감(소재)을 찾아야 한다. 여태까지 고전문학교육에서 늘 다루어 왔던 밑감이니까 그대로 따를 것이 아니라, 학생들이 고전문학 가운데 어떤 것에 재미, 흥미, 관심을 보이는지 살피고 캐야 한다. 보기를 들어 지금까지 고전문학교육에서 많이 다루지 않았던 한글편지(언간), 백성들의 노래(민요), 한문단편(야담), 굿노래(무가), 서낭굿이야기(무속신화)들도 아이들이 흥미 있어 한다면 얼마든지 다룰 수 있는 것들이다. 작품의 테두리를

---

60 배우고자 하는 무엇을 흥미롭게 "만들어야" 한다면 그것은 벌써 참다운 흥미가 모자란 상태이다. 본디 흥미 없지만, 아이들이 좋아할 어떤 다른 것으로 꾸며, 거부감이 들 수 있는 것을 흥분 상태에서 운 좋게 배우게 되기를 기대하는 것일 뿐이다. 양은주(2003), 「듀이의 흥미 개념과 학생중심 교육과정」, 『교육과정연구』 21(1), 한국교육과정학회, 183쪽.

61 "말이 물에 관심을 갖게 하려면 '물'이라는 외적 지각이 아니라 '목마름'이라는 내적 지각"이라는 지적이 있다. von Glasersfeld, E.(1995), *Radical Constructivism: A Way of Knowing and Learning*, London: The Falmer Press, p. 179.

62 김선진(2018), 앞의 책, 257쪽.

넓혀야 한다. 놀이처럼 즐길 수 있는 입말이야기(구비서사),[63] 전통놀이(연희)의 우스개(재담),[64] 웃음기를 담은 가사 「만언사」,[65] 재미를 느끼며 읽을 수 있는 박지원의 「큰누님박씨묘지명」,[66] 이런 작품들은 문학 교실에서 그렇게 줄기로 다루지는 않았지만, 아이들이 고전문학에 흥미를 느끼게 하는 좋은 밑감이 될 수 있다.

작품에 대한 재미, 흥미뿐만 아니라 탐구와 지적인 재미, 흥미도 있다.[67] 학생들이 시조의 말가락(율격), 엮음노래(사설시조)의 지은이, 가사나 몽유록, 가전체의 갈래 규정들에 대해 지적 흥미가 있다면 그것을 교육의 밑감으로 충분히 살려 쓸 수 있다. 고전문학에 대해 무엇을 탐구하고 싶은지, 고전문학에 대해 어떤 지적인 흥미와 관심이 있는지를 살펴 가르치고 배울 수 있다. 또는 고전문학을 짓고 누렸던 이들(향유층), 고전문학이 우리에게 주는 즐거움, 고전문학에 나타난 그 시대의 모습 같이 고전문학에 대해 가르치고 배울 거리는 차고도 넘친다. 요사이 『홍길동전』을 지은 사람이 허균이 아니라는 주장도 있는데,[68] 이것이 학생들의 흥미와 관심을 끈다면 공부해 볼 만한 밑감이다. 이렇게 많은 밑감을 놓치지 말고 학생들에게 어떤 밑감들이 흥미나 관심을 줄 수 있을지

---

63 심우장(2016), 「구비서사의 놀이적 특성과 문화적 창조력」, 한국고전문학교육학회 편, 『고전문학의 재미와 흥미』, 월인.

64 손태도(2016), 「한국 전통연희에서의 재담의 양상과 그 의의」, 한국고전문학교육학회 편, 『고전문학의 재미와 흥미』, 월인.

65 최홍원(2016), 「〈만언사〉의 재미, 흥미와 소통의 의미」, 한국고전문학교육학회 편, 『고전문학의 재미와 흥미』, 월인.

66 황혜진(2016), 앞의 책.

67 몰랐던 것을 새로 알게 될 때 앎의 재미를 느낀다. 새로운 것을 배우면 배울수록 새로운 앎이 쌓이면서 지적으로 자라고 있다는 정서적 충만감을 맛보게 된다. 김선진(2018), 앞의 책, 368-369쪽. 지적 호기심이나 흥미 그 자체가 원동력이 되어 탐구하는 배움이 있다. Brown, P., Lauder, H., & Ashton, D.(2012), *The Global Auction: The Broken Promises of Education, Jobs, and Incomes*, 이혜진·정유진 옮김(2013), 『더 많이 공부하면 더 많이 벌게 될까』, 개마고원, 240쪽.

68 이윤석(2018), 『홍길동전의 작자는 허균이 아니다』, 한뼘책방.

찾아야 한다.

듀이는 교과에서 다루는 것들이 아이들의 관심에서 멀어져 있다는 것을 걱정했다. 아이들이 가장 관심 있어 하는 것을 살려 쓰지 못해 아이들이 교과의 내용을 외우도록 강요당하고 있다고 비판했다.[69] 고전문학교육에서 다루는 밑감들이 아이들을 괴롭히고 있는지 생각해 보아야 한다. 보기를 들어 고전문학 가운데 우리말 노래의 작은 갈래마다 반드시 하나의 작품은 다루어야 한다고 생각해서 신라노래(향가), 고려노래(속요, 경기체가), 궁중노래(악장), 가사, 시조들에서 손꼽히는 작품을 골라서 다루게 된다. 그리고 우리말 노래에서 가장 많이 짓고 즐겼던 손꼽히는 갈래는 가사 문학과 시조 문학인데, 가사 문학을 가장 잘 지었던 정철(鄭澈)의 작품[70]과 시조 문학을 가장 잘 지었던 윤선도(尹善道)의 작품[71]을 안 가르칠 수 없다고 생각하고, 문학 교실에서 다루는 경우가 많다. 이 밖에도 우리 문학의 역사나 우리 문학의 갈래 같은 것도 고전문학교육에서 꼭 가르치고 배워야 할 것이라 생각하여 교육과정이 바뀌어도 빠지지 않고 늘 문학 교과에서 다루었다. 그러나 이런 밑감들이 학생들의 흥미나 관심을 끌 만한 매력이 전혀 없다면 울며 겨자 먹기로 배워야 하는 것이 되고 만다.

---

69 Dewey, J.(1913), *Interest and Effort in Education*, op. cit., pp. 193-194.

70 김만중(金萬重, 1637~1692)의 『서포만필(西浦漫筆)』에서 정철의 관동별곡(關東別曲)과 전후사미인가(前後思美人歌)를 좌해(左海)의 진문장(眞文章)이라 하였다. 김만중(金萬重), 홍인표 옮김(1987), 『서포만필(西浦漫筆)』, 일지사, 388-389쪽. 또한 홍만종(洪萬宗, 1643~1725)의 『순오지(旬五志)』에서는 관동별곡을 악보(樂譜)의 절조(絶調)라 하고, 사미인곡은 중국 초(楚)나라 때에 지은 백설곡(白雪曲)에 견줄 수 있고, 속사미인곡은 제갈공명(諸葛孔明)의 출사표(出師表)와 견줄 만하다고 하였다. 홍만종(洪萬鍾), 이민수 옮김(1971), 『순오지(旬五志)』, 을유문화사, 266-267쪽. 이로 보아 조선시대에도 정철의 가사 작품을 매우 높게 평가하였음을 알 수 있다.

71 윤선도(尹善道, 1587~1671)의 『고산유고(孤山遺稿)』에는 시조 75마리가 한글로 실려 있는데, 1796년(정조 20년)에 『고산유고』를 목판본으로 찍어낸 것으로 보아 그때에도 윤선도의 작품을 높이 평가하고 있었음을 알 수 있다.

듀이는 교과의 내용을 논리적(logical) 측면에서 다루는 것과 심리적(psychological) 측면에서 다루는 것으로 구분하였다.[72] 아이들과 동떨어지게 교과의 내용에만 치중하여 교과의 얼개를 짜는 것이 논리적 측면이고, 아이들의 흥미, 관심, 경험을 바탕으로 교과의 얼개를 짜는 것이 심리적 측면이다. 교과의 내용에 심리적인 뜻을 덧붙여야 아이들이 흥미와 관심을 가지고 마음을 쏟게 된다. 고전문학교육의 얼개 짜기를 배우는 이들의 흥미, 관심을 바탕으로 하고 있는지, 교육과정이나 교과를 만드는 학자들의 관심을 바탕으로 하고 있는지, 반성해 보아야 한다.

교육과정이나 교과서를 바꾸거나 손질할 때 지난 것들을 바탕으로 할 때가 많다. 지난 것들과 너무 달라지는 것을 두려워하기도 한다. 그래서 오랫동안 가르치고 배워왔던 내용을 되도록 살려 쓰려고 한다. 그러나 지금 교육과정이나 교과서에 나오는 고전문학의 내용이 학생들의 흥미와 관심을 충분히 끌 수 있는지 되짚어보아야 한다. 학생들의 흥미나 관심과 동떨어진 것이라면 과감히 제쳐두는 결단이 필요하다. 교육과정을 마련하는 이들은 이런 것은 꼭 가르치고 배워야 한다는 생각을 가지고 일을 할 것이 아니라, 이런 것들이 가르치는 이나 배우는 이에게 흥미와 관심을 줄 수 있을지를 따져보아야 한다. 이 나이의 아이들에게는 고전문학 가운데 어떤 내용이 흥미로울지, 나이가 더 들어 학년이 올라가면 어떤 내용이 흥미로울지 연구해서 고전문학 교육과정을 짜야 한다.[73]

앞서 살폈듯이 문학 교실 자체가 갖는 한계로 고전문학에 흥미나 관심을 끌게 하는 일이 쉽지 않다. 사람마다 흥미와 관심사가 다른데 이들 모두를 만족시키기가 어렵다. 그렇다면 고전문학에서 다루는 가르치고

72 Dewey, J.(1956), *The Child and the Curriculum*, op. cit., p. 19, p. 27.

73 듀이는 아이들의 힘과 흥미가 참으로 일어나도록 교육의 밑감을 마련하지 않는다면 아이들은 자라지 못한다고 하였다. Dewey, J.(1956), *The Child and the Curriculum*, ibid., p. 18.

배울 거리를 아이들에게 많이 소개하는 방향으로 가는 것이 좋다. 이러이러한 것들이 있는데 저마다 흥미나 관심 가는 것들을 골라 배우고 공부해 보게 하는 것이다.[74] 내가 흥미를 느끼고 관심 가는 것을 직접 고르고 공부해 보는 것이 바람직하다. 또 관심이 비슷한 이들끼리 모둠을 만들어서 관심 가는 주제에 대해 서로 탐구하고 토론해 보는 활동을 해 볼 수 있다. 학교 교실이라는 환경과 조건이 아이들의 흥미와 관심을 넉넉하게 살리기 힘들다면 그나마 가장 잘 살릴 수 있는 길을 찾아야 한다.

되도록 학생들이 흥미롭게 여기고 관심을 쏟을 만한 밑감들을 많이 찾아 교과에 담아야 한다. 그리고 학생들 스스로 흥미나 관심이 가는 고전문학의 작품, 주제, 내용을 찾고 고르게 해야 한다. 수업도 학생들의 흥미나 관심을 가장 잘 살릴 수 있는 활동으로 구성해야 한다. 내가 관심이 가고 재미, 흥미를 느끼면 고전문학을 배우고자 하는 동기가 생기고 어렵더라도 시간을 들여가며 알고 배우려고 힘쓰게 된다.

(2) 직접 흥미가 없으면 간접 흥미를 갖게 하기

듀이는 흥미를 직접 흥미(direct interest)와 간접 흥미(indirect interest)로 나누었다. 앞에서 살핀 능동적, 객관적, 개인적(정서적) 성격을 가진 흥미가 직접 흥미로, 직접 흥미는 그 자체로 값어치 있어서 지금 경험하고 있는 것이 우리를 사로잡는 경우에 생기는 것이다. 어떤 것에 직접

---

74 학생들한테 작품을 위에서 내려줄 것이 아니라, 학생들이 스스로 작품을 골라와서 그 작품에 대해 서로 이야기를 나누어 보게 하자는 민재원의 생각은 귀담아들을 만하다. 민재원(2018), 「문제제기 중심의 현대시 교수학습 모형 제안을 위한 이론적 검토」, 『국어문학』 67, 국어문학회, 349-356쪽. 번스타인(B. Bernstein)은 교육과정을 마련할 때 약한 틀(frame)을 바탕으로 교사와 학생에게 여러 선택권(options)을 줘야 한다고 말한 바 있다. Bernstein, B. B.(1971), On the classification and framing of educational knowledge, In M. F. D. Young(Ed.), *Knowledge and Control: New Directions for the Sociology of Education*, London: Collier-Macmillanp, p. 50.

흥미가 있으면 나중에 일어날 일을 헤아릴 것 없이 바로바로 그것에 빠져든다. 모든 놀이가 이런 흥미를 바탕으로 한다. 직접 흥미가 있으면 지금 마주하고 있는 무엇(대상)이 마음을 사로잡게 된다.[75]

학생들이 고전문학에 이런 직접 흥미가 있으면 고전문학 자체가 값어치 있는 것이라 생각하고 바로 고전문학 공부에 빠져든다. 공을 가지고 노는 아이처럼 고전문학 공부를 놀이처럼 생각하고 고전문학에 깊이 빠져들기 때문에 고전문학이 학생들의 마음을 사로잡게 된다. 어떻게 보면 고전문학에 대한 이런 직접 흥미가 가장 바람직한 흥미일 것이다. 어떤 아이들은 고전문학에 이렇게 직접 흥미를 느껴 깊이 빠져들 것이다. 그러나 고전문학에 직접 흥미를 느끼지 않은 아이들도 많을 것이다. 이런 아이들에게는 간접 흥미를 갖게 하는 것이 하나의 대안이 될 수 있다.

듀이에 따르면 간접 흥미는 전이된 흥미(transferred interest), 매개된 흥미(mediated interest)라고도 이른다. 이전에 미처 몰랐던 관계나 연관을 찾아내게 되면서 관심이 없었거나 눈여겨보지 않았던 것들이 때로는 흥미로워지기도 한다.[76] 고전문학에 흥미가 없었지만, 국어 공부나 다른 공부를 하다 보니 고전문학 공부가 도움이 된다는 것을 깨달은 학생은 고전문학에 흥미를 갖게 되고 매료될 수 있다. 아이들은 자라면서 경험하는 것이 많아지고 그 테두리가 넓어지면서 어떤 주제나 대상을 더 큰 전체의 한 조각으로 보게 된다. 고전문학도 자신의 값진 경험을 위한 한 부분으로 보게 되면 고전문학이 내 경험의 중심이 되고 또한 흥미의 대상이 될 수 있다.

---

75 Dewey, J.(1913), *Interest and Effort in Education*, op. cit., pp. 162-163.

76 Dewey, J.(1913), *Interest and Effort in Education*, ibid., p. 163. 라이언과 데시(Ryan & Deci)도 외적 동기로 시작했더라도 흥미를 경험하게 되면 스스로 하게 되는 내적 동기로 발전할 수 있다고 하였다. Ryan, R. M. & Deci, E. L.(2000), Intrinsic and extrinsic motivations: Classic definitions and new directions, *Contemporary Educational Psychology*, 25, p. 63.

간접 흥미의 관점에서 보면, 고전문학이 다른 무엇의 한 수단이 될 때, 또는 어떤 활동을 하는 데 도움이 되고 어떤 문제를 푸는 열쇠가 될 때, 고전문학은 흥미로운 것이 된다. 이것을 듀이식으로 표현하자면 목적에 대한 관심이 수단에 대한 관심에 흠뻑 젖어 들어 그 수단을 변형시키는 것이다.[77] 고전문학이 흥미의 목적이 될 수도 있고 수단도 될 수 있다. 이때 목적과 수단을 구별하는 것은 별로 중요하지 않다. 목적 못지않게 수단에도 빠져들기 때문이다. 처음에 다른 무엇을 하는 데 고전문학이 도움이 되기 때문에 흥미를 보이다가 고전문학 자체에 흥미를 보일 수도 있다. 수단으로 삼았던 흥미가 처음에 목적으로 삼았던 활동과 바뀔 수도 있다.

(3) 교과 내용을 학생 눈높이에 맞게 다듬기

배움이나 공부는 머리와 마음을 몹시 써야 하는 일이기에 재미가 없을 것이라 생각한다. 그러나 배우고자 하는 내용이 배우는 이에게 너무 어렵지도 않고 너무 쉽지도 않게 알맞게 균형을 이루면 재미가 생긴다. 아이들이 고전문학 공부에 재미를 붙이게 하려면 알맞은 수준의 난이도 조절이 중요하다. 국어나 문학 교과에 나오는 고전문학 관련 내용이 아이들에게 심각하지 않으면서 조금만 더 힘쓰면 무엇인가 알 수 있겠다거나 배울 수 있겠다는 생각이 들게 하면 아이들은 고전문학 공부에 몰두하여 배우는 재미를 얻게 된다.

앞서 살폈듯이, 듀이는 흥미의 말밑(어원) inter-esse, 곧 '사이에 있음'을 목적과 수단의 관계로 풀이하기도 하였다. '사이에 있다'는 것은 활동을 하는 사람과 그의 목적 '사이에' 있다는 것이고, 그것이 '흥미'가 있다

77 Dewey, J.(1913), *Interest and Effort in Education*, op. cit., p. 164.

라는 것이다.[78] 듀이는 목적과 수단을 갈라 보지 않고 수단이 곧 목적이 되고 목적이 곧 수단이 된다는 색다른 설명을 내놓았다.[79] 이 말은 더 높은 목적을 위해서는 작은 목적을 수단으로 삼아 그 높은 목적에 이를 수 있다는 말로 풀이할 수 있다. 보기를 들어 '가'라는 큰 목적을 이루기 위해 '나'라는 작은 목적을 수단으로 삼아 힘을 쓴다. 이때 '나'는 지금은 이뤄야 할 목적이 되지만 이루고 나면 '가'라는 큰 목적을 이루기 위한 수단이 된다. 곧 '나'는 목적도 되고 수단도 되는 것이다. 목적과 수단이 따로 정해진 것이 아니라는 말이다. 이런 듀이의 목적-수단 논리는 우리가 무엇인가를 배울 때 하나씩 차근차근 배워나가야 하며 이것이 흥미의 본질임을 일러준다. 그래서 듀이는 흥미가 있는 목적을 이루기 위해서는 구체적인 활동을 할 수 있게 알맞은 자료를 마련해야 한다고 한 것이다.[80] 여기서 학생들에게 흥미나 관심이 생기게 하려면 학생들의 눈높이에 맞는 알맞은 자료를 준비해 주어야 한다는 것을 알 수 있다.

앞에서 재미, 흥미, 관심은 모두 '흐름'의 경험을 이끈다는 것을 살폈다. 칙센트미하이는 너무 쉬워도 안 되고 너무 어려워도 안 되고 내 실력보다 살짝 어려운 수준이 도전감을 일으켜서 흐름을 경험할 수 있는 가장 알맞은 조건이라 하였다.[81] 배우는 이에게 너무 어렵고 높은 내용은 배우는 이를 불안하게 한다. 배우는 이에게 너무 쉽고 낮은 내용은 도전 의식이 생기지 않기에 배우는 이를 지루하고 따분하게 한다. 따라서 국어 교과나 문학 교과의 고전문학 관련 내용을 배우는 이의 눈높이에 맞게 손질하고 다듬어야 한다. 고전문학 관련 내용이 학생들에게 너

78 Dewey, J.(1913), *Interest and Effort in Education*, ibid., p. 164; Dewey, 이홍우 옮김(2007), 앞의 책, 209-216쪽.

79 Dewey, J.(1922), *Human Nature and Conduct*, op. cit., p. 226; Dewey, J.(1934), *Art as Experience*, op. cit., pp. 197-200.

80 Dewey, 이홍우 옮김(2007), 앞의 책, 216쪽.

81 Csikszentmihalyi(1990), *Flow: The Psychology of Optimal Experience*, op. cit., p. 74.

무 어렵거나 너무 쉬워서는 재미, 흥미, 관심, 흐름의 경험을 불러오지 못한다. 학생들에게 도전감을 주어 재미, 흥미, 관심을 느끼게 하려면 학생들의 수준이나 실력보다 살짝 어려운 내용이나 자료를 다루어야 한다.

한 가지 보기로 문학 갈래 이론을 들어보겠다. 고전문학을 이해하기 위해서 우리 문학의 갈래 이론을 다루는 때가 많다. 갈래 이론을 오랫동안 꼼꼼하게 연구한 조동일의 이론이 국문학 연구 쪽에서 권위 있는 이론으로 생각하여 이 이론을 바탕으로 교과 내용을 마련하기도 한다. 조동일은 문학 갈래를 "작품외적 세계의 개입이 없는 세계의 자아화인 서정(抒情), 작품 외적 세계의 개입으로 이루어지는 자아의 세계화인 교술(敎述), 작품외적 자아의 개입으로 이루어지는 자아와 세계의 대결인 서사(敍事), 작품외적 자아의 개입 없는 자아와 세계의 대결인 희곡(戱曲)"으로 정리하였으나,[82] 이런 설명이 학생들에게는 어려울 수 있다. 학생들은 자아와 세계가 어떻게 관련되어 있는지를 생각하여 갈래를 가늠하기보다는 작품 읽기의 경험과 작품의 형식을 보고 갈래를 판단하는 때가 많기 때문이다. 김학성은 너무 어려운 이론과 설명이 갈래를 이해하는 데 걸림돌이 될 수 있다며 진술 양식을 바탕으로 우리 문학의 갈래를 "어떤 상황(정황)을 노래하고자 하는 진술 양식인 서정, 어떤 사실(화젯거리)을 전달하고자 하는 진술 양식인 전술, 어떤 사건을 이야기하고자 하는 진술 양식인 서사, 어떤 행동을 재현하고자 하는 진술 양식인 희곡"[83]으로 정리하였다. 김학성의 갈래 이론은 조동일의 갈래 이론보다는 학생들이 이해하기 쉬울 수 있다. 이 밖에도 김대행 밖에 여러 사람

82 조동일(1977), 「자아와 세계의 소설적 대결에 관한 시론」, 『한국소설의 이론』, 지식산업사, 103쪽.

83 김학성(2009), 「가사의 장르적 특성과 현대사회의 존재 의의」, 『한국고전시가의 전통과 계승』, 성균관대학교출판부, 422-423쪽.

이 펴낸 『문학교육원론』에서는 표현 양식을 바탕으로 갈래를 구분하여 "노래하기, 이야기하기, 보여 주기, 알려 주기"로 우리 문학 갈래를 설명하기도 하였는데,[84] 이런 설명은 앞의 갈래 이론보다 학생들이 이해하기 더 쉬울 수 있다. 이런 설명들 말고도 학생들의 수준에 맞게 갈래 이론이나 설명을 새롭게 다듬고 손질하여 보일 수도 있다. 교과의 고전문학 관련 내용들을 학생들의 눈높이에 맞게 다듬어서 학생들이 조금만 더 공부해 보면 더 잘 알 수 있겠다고 생각하게 해서 도전감이 생기게 해야 한다.[85] 그래야 고전문학에 재미와 흥미가 붙는다.

(4) 자신의 흥미나 관심의 폭을 넓히는 수단으로 삼기

고전문학을 반드시 배우고 공부해야 한다고 강조하게 되면 배우는 이들은 고전문학에 얽매이고 고전문학은 지루한 공부가 되고 만다.[86] 고전문학은 옛사람들의 수많은 경험, 삶, 생각들이 담겨 있다. 그러기에 배우는 이들의 흥미나 관심의 폭을 넓히는 좋은 자료나 수단이 될 수 있다. 배우는 이들의 흥미나 관심거리는 세상에 차고 넘친다. 고전문학도 그 가운데 하나이다. 고전문학을 내 흥미나 관심의 폭을 넓히기 위해 살려 쓸 수 있는 밑감으로 여길 때 오히려 고전문학에 가볍게 다가갈 수 있다.

---

84 김대행·우한용·정병헌·윤여탁·김종철·김중신·김동환·정재찬(2000), 『문학교육원론』, 서울대학교출판부, 156-188쪽.

85 이때 조심해야 할 것은 이렇게 다듬은 이론이나 설명은 수준 높은 지식이나 이론을 공부하기 위한 방편임을 안내해 주어야 한다는 것이다. 그렇지 않으면 학생들 눈높이에 맞게 다듬은 내용을 진리로 여기는 잘못을 범한다.

86 로젠블랫(L. Rosenblatt)은 고전 작품들을 젊은이들에게 읽도록 강요하는 것은 문학에 대한 개인의 호의가 적절한 시기에 문학을 자신들을 위해서 찾도록 만들 수 있을 만큼 충분하게 깊이 인간을 교육하는 장기적인 목표를 좌절시키는 것이라 하였다. Rosenblatt, 김혜리·엄해영 옮김(2006), 앞의 책, 209쪽.

흥미나 관심은 배우는 이들의 경험을 키운다. 고전문학도 배우는 이들의 경험을 키우는 하나의 수단으로 여겨야지 고전문학을 반드시 가르치고 배워야 할 절대 진리처럼 여겨서는 안 된다. 고전문학은 조상들이 일군 값지고 훌륭한 우리 문학이자 문화이기 때문에, 힘써 배워야 한다면 의무감이나 책임감으로 배우는 것이다. 그런데 이런 생각으로 고전문학에 다가가게 되면 고전문학은 자신의 흥미나 관심과는 동떨어진 상징, 기호, 추상으로만 남을 수 있다. 흥미나 관심을 끌지 못하는 고전문학에 아이들이 빠져들어 값지고 뜻깊은 경험을 할 리 없다. 고전문학이 내 흥미나 관심의 폭을 넓히는 밑감이 되지 않고, 배우는 이와 따로 떨어진 채 있다면, 고전문학을 제대로 이해하는 공부가 아니라 고전문학에 대해 외우는 공부가 되고 만다.

고전문학 공부가 남이 나에게 내려준 것이라고 생각하게 되면 고전문학 공부는 앞날을 위해서 어쩔 수 없이 치러야 할 괴로움이 된다. 이때 고전문학에 대한 재미나 흥미는 사라진다. 내가 임자가 되어 고전문학에 스스로 들어가는 것이 아니고 고전문학 속에 갇히고 만다. 고전문학 공부가 지겹고 싫증 나는 것이 아닌 활력 넘치는 공부가 되려면 고전문학을 내 흥미나 관심을 북돋는 수단으로 삼아야 한다. 고전문학은 아이들이 흥미나 관심을 가지고 풀고 싶어 하는 수수께끼 같은 것이 되어야 한다. 흥미나 관심이 고전문학을 배우게 하기 위한 수단이 아니라, 고전문학이 흥미나 관심을 위한 자료가 되어야 한다.[87] **고전문학을 위해 흥미가 필요한 것이 아니라, 흥미를 위해 고전문학이 필요**하다. 그럴 때 고전문학 시간은 흥미를 추구하는 시간, 수수께끼를 푸는 시간, 즐거운 놀

---

87 듀이에 따르면, 배움이나 공부가 단순히 학생들이 공부해야 할 과목이 되면, 인위적이고 비효과적인 것이 된다. 효과 있는 공부가 되게 하려면 배우는 것이 자기에게 관심이 있는 활동의 열매를 얻는 데에 중요한 구실을 한다는 것을 알아야 한다. Dewey, 이홍우 옮김(2007), 앞의 책, 220쪽.

이 시간이 된다.

고전문학이라는 크나큰 바다에는 아이들의 흥미나 관심을 불러일으킬 어마어마한 자원들이 숨어 있다. 고전문학에 이렇게 많은 흥미 거리, 관심거리가 있는지 깨닫게 된다면 아이들은 고전문학을 자신들의 배움 활동이나 경험을 알차게 하는 길잡이나 도움자료로 삼을 것이다. 교육에서 중요한 것 가운데 한 가지가 배우는 이들에게 배움의 값어치와 보람을 느낄 수 있게 하는 것이다. 그렇게 하려면 배우는 이들의 늘품을 키울 수 있는 밑감들을 주고 배우는 이들이 즐겁게 배울 수 있는 환경이나 여건을 만들어 주어야 한다. **배우는 이들의 흥미나 관심의 폭을 넓히는 밑감으로 고전문학을 살려 쓰는 것**도 배움에 대한 열정을 북돋아 줄 수 있는 길이다.

재미있고 흥미로웠던 것도 강요받으면 싫어지게 된다.[88] 억지로 하는 것보다 스스로 좋아서 해야 더 찾고, 더 탐구하게 되고, 더 즐기게 된다. 고전문학을 배워서 무엇을 이루어 내야하고 어떤 과녁에 이르러야 하고 반드시 이것은 얻어야 한다고 다그치면, 있던 흥미나 관심도 없어진다. 고전문학 시간이 고전문학에 대한 여러 지식이나 내용을 얻는 것을 넘어, **재미나 흥미를 사는 시간**이 되게 해야 한다.

5. 마무리

고전문학에서 재미, 흥미, 관심이 왜 중요하고, 고전문학에 재미, 흥미, 관심이 생기게 하려면 어떻게 해야 하는지를 살펴보았다. 재미, 흥

88 놀이를 좋아하는 아이에게 놀이를 잘하는지 시험을 치른다고 하면, 그 아이는 놀이에 재미, 흥미를 잃을 것이다. 우리 속담에 '하던 짓도 멍석을 깔아주면 하지 않는다'는 말이 있다.

미, 관심의 자세한 속뜻이 조금씩 다르지만, 서로 연관된 말이다. 또한 자신이 재미, 흥미, 관심이 가는 것에는 푹 빠져들어 그것과 내가 하나가 되는 상태에 이른다는 점에서 그 뜻이 많이 겹쳐 있다. 또 무엇인가를 스스로 기꺼이 할 때 재미, 흥미, 관심이 생긴다. 이렇다고 할 때, 재미, 흥미, 관심이 있어야 고전문학 공부에 즐겁게 빠져든다는 것을 알 수 있다. 따라서 재미, 흥미, 관심은 고전문학을 가르치고 배우는 바탕힘이다.

고전문학에 재미, 흥미, 관심이 생기면 누가 시키지 않아도 스스로 기꺼이 고전문학을 배우고 공부하는 일에 힘쓴다. 그러나 고전문학은 재미, 흥미, 관심을 끌 만한 매력이 있기도 하지만, 한편으로는 재미, 흥미, 관심을 끌기에는 한계가 있다. 고전문학의 세계는 낯설고 새로운 세계이기에 재미, 흥미, 관심을 불러일으킬 수 있다. 또 많은 갈래와 수많은 작품이 고전문학의 바다를 이루고 있고 같은 작품이라도 판에 따라 그 내용이 달라 어느 판을 읽고 보느냐에 따라 재미와 감동이 달라진다. 고전문학 작품 가운데는 그 뜻풀이가 밝히 정해져 있지 않기도 한데, 오히려 이런 작품을 만날 때 탐구하고자 하는 재미, 흥미가 솟아날 수 있다.

그러나 제 삶과 너무 동떨어져 있는 것에는 흥미나 관심을 보이기가 어렵기에 아이들이 고전문학에 재미, 흥미를 느끼기 어려울 수 있다. 그리고 고전문학 작품을 이해하기 위해서는 때로는 많은 배경지식이 있어야 하는데, 이것이 고전문학에 흥미, 관심을 갖게 하는 데 걸림돌이 되기도 한다. 또 옛말을 따로 풀이해야 하는 어려움도 있다. 좋고 훌륭한 작품이라 정해 놓은 것도 배우는 이한테는 짐으로 다가올 수 있다. 또한 가르치고 배워야 할 고전문학 내용을 위에서 정해 놓기 때문에 가르치는 이나 배우는 이가 흥미와 관심을 보이지 않을 수 있다. 스스로 고르고 정해야 재미, 흥미, 관심이 자연스럽게 생기기 때문이다.

이렇게 고전문학이 가진 한계를 넘어 학생들이 고전문학에 재미, 흥미, 관심을 가지게 하려면 어떻게 해야 하는지를 생각해 보았다. 먼저, 재미, 흥미, 관심을 끌 만한 여러 밑감을 꾸준히 찾고 캐내야 한다. 고전문학 속에 재미, 흥미, 관심이 생길 만한 밑감들은 차고 넘친다. 이런 밑감들을 찾아 교과의 내용으로 다루어야 한다. 다음으로 학생들이 고전문학에 직접 흥미를 느끼지 못하면 간접 흥미를 느끼게 해야 한다. 가장 바람직한 것은 고전문학 자체가 좋아 직접 흥미로 고전문학을 공부하고 배우게 되는 것이다. 그러나 이런 직접 흥미가 생기지 않는다면, 고전문학을 어떤 다른 무엇을 위해 배우다 보니 자연스럽게 흥미가 생겨 고전문학 공부에 빠져들게 할 수 있다. 그리고 고전문학에 흥미가 생기게 하려면 배울 내용을 학생들의 눈높이에 맞게 다듬고 손질해야 한다. 너무 어렵거나 너무 쉬운 것에는 재미나 흥미를 느끼지 못한다. 끝으로 고전문학을 자신의 흥미나 관심의 폭을 넓히는 수단으로 삼는 방법이 있다. 고전문학을 내 재미, 흥미, 관심을 키우고 배움이나 경험을 알차게 하는 밑감으로 삼아야 한다. 고전문학을 반드시 배우고 공부해야 한다는 생각에서 벗어나 **고전문학 시간이 흥미를 맛보는 시간, 재미있는 놀이시간이 될 때 오히려 학생들이 고전문학에 빠져들고 고전문학과 자신이 하나 되는 경험을 할 수 있다.**

재미, 흥미, 관심은 고전문학뿐만 아니라 다른 교육의 밑감에도 꼭 필요하고 중요한 것이다. 사람은 재미, 흥미, 관심이 가는 것에 빠져들고 온전히 마음을 쏟게 된다. 여기서 흐름(flow)과 같은 뜻깊은 경험을 하게 되고 값진 즐거움을 맛보게 된다. 흥미로 가르치고 배우는 이는 가르침과 배움이 주는 보람에 푹 빠지게 되고 교육하는 일이 즐겁게 되어, 교육하는 삶을 그치지 않는다. **홍미와 관심은 교육이라는 수레바퀴가 잘 굴러가게 하는 힘**이다. 가르치고 배우는 이는 흥미와 관심이 지닌 힘을 넉넉히 살려 써서 힘껏, 마음껏 가르치고 배우며 사는 세상을 만들어 나가야 한다.

둘째 마당

논쟁 중인 문학 이론과 문학교육

06

우리 문학의 갈래*

* 이 글은 송재익(2024), 「문학 갈래에 대한 몇 가지 논쟁과 문학 갈래 교육」, 『청람어문교육』 98, 청람어문교육학회, 285-314쪽을 손질한 글이다.

문학 갈래에 대한 몇 가지 논쟁을 정리해 보고 문학 갈래를 문학 교실에서 다룬다면 어떻게 교육하는 것이 바람직할지 그 방향을 생각해 보았다.

문학의 큰 갈래를 몇 가지로 정할 것인가 하는 문제, 문학의 갈래를 나누는 기준에 대한 생각이 다르다. 또한 이름씨꼴 갈래 이름보다는 매김씨꼴 갈래 이름을 쓰자는 주장도 있다. 갈래를 정하기 어려운 문학에 대해서도 연구자마다 생각이 다르다.

먼저 문학 갈래를 가르치고 배우는 일이 필요한지 생각해 보아야 한다. 둘째, 배우는 이의 수준에 맞게 문학 갈래에 대한 지식이나 내용을 다듬고 손질해야 한다. 셋째, 문학 갈래에 대한 여러 쟁점을 소개해 주어야 한다. 넷째, 학생들이 관심이나 흥미를 보이는 문제를 탐구 과제로 정하여 함께 탐구해 볼 수 있다.

1. 들머리

장르(genre)는 프랑스 말로 문학의 유형이나 종류, '문학의 형식'을 가리키는 말이다.[1] 문학 작품의 양식(樣式), 표현 형태, 표현 방식, 구성 원리라 할 수 있다. '장르'라는 들온말(외래어)을 이해하기 쉬운 순우리 말 '갈래'로 바꾸어 이르기도 한다.[2] 문학 갈래는 "작품 형성의 원리에 따라서 문학이 나뉘어 있는 모습"[3]이기에, 갈래는 문학이 무엇인가와 아

1 Abrams, M. H. & Harpham, G. G.(2012), *A Glossary of Literary Terms*(10th ed.), Boston: Wadsworth Cengage Learning, p. 148.

2 '갈래'라는 말은 김수업이 처음에 쓴 것을 조동일이 받아들여 쓰게 되었다. 김수업(1978), 『배달문학의 길잡이』, 금화출판사, 95쪽; 조동일(1980), 『문학연구방법』, 지식산업사, 167쪽. 그 뒤로 문학 연구 쪽에서 널리 쓰고 있으며, 문학 교실에서도 이를 따르고 있다.

3 조동일(2005), 『한국문학통사1(제4판)』, 지식산업사, 27쪽.

주 가까운 문제이다. 어떤 갈래를 많이 즐기고 덜 즐기고 하는 것은 시대에 따라 변하기도 한다. 한때 널리 짓고 즐겼던 문학 갈래가 시간이 흘러 뒷전으로 밀리기도 하고 한때 변두리에 머물던 갈래가 가장 즐기는 문학으로 자리 잡기도 한다. 그래서 문학의 역사를 갈래 변화의 과정으로 보기도 한다. 그러기에 갈래 연구는 문학 연구의 가장 중요한 분야의 하나이다.

문학의 갈래 연구는 성격이 비슷한 문학 작품들을 묶는 일과, 성격이 다른 문학 작품들을 나누는 일이다. 비슷함과 다름을 어떻게 가늠할 것인지가 중요한 문제가 된다. 문학의 갈래짓기는 먼저 갈래 이론 틀을 정해 놓고 할 수도 있고, 갖가지 작품을 자세히 들여다보고 그 갈래를 정할 수도 있다. 그러나 정해진 이론 틀로 갈래짓기를 하다 보면 실제 작품을 잘 톺아보지 않고 생각해 놓은 이론 틀에 짜 맞추는 잘못을 할 수 있다. 또 너무 작품 하나하나에만 신경 쓰다 보면 여러 작품을 아우를 수 있는 큰 갈래를 보지 못할 수 있다.

그래서 우리 문학의 갈래 연구에 힘을 쏟아왔던 조동일도 처음에는 갈래 틀을 엄격하고 치밀하게 마련했지만, 나중에 우리 문학의 역사를 밝히는 책에서는 지나치게 엄밀한 논의를 펴는 것은 마땅하지 않다고 보았다. 문학 갈래는 다른 것들과 관련을 가지고 생겨나고 변화를 겪고 없어지기도 하기에 '갈래 체계'라는 말을 쓸 필요가 있다고 보고 이 갈래 체계는 유동적이어서 느슨해질 수 있다고 하였다.[4]

문학의 갈래 가운데는 오랫동안 달라지지 않고 살아남는 갈래도 있지만, 그 모습을 달리하고 사그라드는 갈래도 있다. 그래서 어디에 눈길을 두느냐에 따라 연구의 결과가 다를 수 있다. 이론과 추상의 틀을 마련해야 한다는 관점에서는 변하지 않은 고정된 갈래 이론 틀을 세우려

4 조동일(2005), 위의 책, 30쪽.

고 할 것이고, 갈래는 시간이 흐름에 따라 변하기 때문에 갈래의 변화에 중점을 두는 관점에서는 좀 더 유연한 틀을 세우려고 할 것이다. 갈래 이론이 작품 저마다의 제멋까지 잘 드러낼 수 있다면 더없이 좋을 것이다. 그러기에 이론과 작품의 실제가 조화를 이루게 갈래 틀을 마련하는 것이 바람직한 길이다.

이렇듯 문학의 갈래는 문학을 이해하기 위해서는 필요하고 중요한 문제이기도 하지만, 또 어려운 과제이기도 하다. 문학 교실에서도 문학의 갈래는 중요한 문학 지식이기에 늘 다루어 왔던 내용이다. 교육과정이 바뀌어도 문학 갈래는 가르치고 배울 거리로 늘 한 자리를 차지하고 있다. 이 글에서는 문학 갈래에 대한 몇 가지 논쟁을 살펴보고 문학 갈래를 교육할 때 어떤 방향으로 하면 좋을지 따져보고자 한다.

2. 문학 갈래에 대한 몇 가지 논쟁

(1) 큰 갈래의 가짓수

갈래는 때와 곳에 따라 달라지지 않는 큰 갈래(상위 갈래)와 때와 곳에 따라 달라지는 작은 갈래(하위 갈래)로 나눌 수 있다. 토도로프는 큰 갈래를 이론 갈래(theoretical genre)로, 작은 갈래를 역사 갈래(historical genre)라 하였다.[5] 김준오와 조동일은 장르류(類, Gattung)(보편적 장르)와 장르종(種, Art)(사회·역사적 산물)이라 하였다.[6]

---

5 Todorov, T.(1970), *Introduction à la Littérature Fantastique*, R. Howard(Trans.)(1973), *The Fantastic: A Structural Approach to a Literary Genre*, Ithaca, N.Y.: Cornell University Press, pp. 13-15.

6 김준오(1990), 『한국 현대 장르 비평론』, 문학과지성사, 12쪽; 조동일(1992), 『한국문학의 갈래 이론』, 집문당, 30쪽.

그런데 큰 갈래(이론 갈래, 장르류, 보편적 장르)를 몇 가지로 나누느냐 하는 문제가 있다. 문학을 운문(가락글)과 산문(줄글)으로 나누는 2분법이 있다. 그러나 이야기 작품에도 운율이 보이는 작품이 더러 있기에 2분법은 거의 받아들이지 않고 있다. 가장 오랫동안 힘을 떨쳐왔던 방법이 문학을 서정·서사·극으로 나누는 3분법이다. 그런데 이 3분법은 꾸며내거나 지어낸 작품으로만 문학을 한정한다는 문제가 있다. 문학의 갈래를 이렇게 세 가지로 나누게 되면 자신의 생각이나 주장을 나타낸 글이나 작품들, 논평이나 사실의 기록 같은 수많은 작품은 문학의 테두리에 들기 어렵다.

상상이나 허구가 아닌 사실에 바탕을 두고 기록한 작품들에 문학다움이 전혀 없다고 잘라 말하기는 힘들다. 자신의 생각이나 주장을 드러낸 작품 가운데에도 문학적 표현이 들어가 있는 작품이 많다.[7] 그래서 네 번째 갈래를 새로 마련한 4분법이 나타나게 되었고 오늘날 이 4분법이 가장 많이 받아들이는 갈래 이론이 되었다.

여러 가지 문학을 서정, 서사, 극이라는 세 가지 갈래에만 담을 수 없다고 여긴 이들은 새로운 갈래를 하나 더 만들어야 한다고 생각하였다. 그래서 마련한 것이 '교훈(didactic) 갈래'이다.[8] 교훈 작품은 이론이나 도덕, 실용 학문의 한 갈래를 설명하거나, 인상적이고 설득적인 상상과 허구의 형식을 가지고 도덕이나 종교의 철학적 주제나 교리를 예를 들어 설명하려고 계획한 작품이다.[9] 교훈 문학은 읽는 이에게 어떤 가르침

---

7 노자(老子)의 『도덕경(道德經)』, 장자(莊子)의 『장자(莊子)』, 플라톤(Plato)의 『대화록』은 문학 작품으로 읽을 수도 있고 철학책으로 읽을 수도 있다. 과학책까지도 은유의 뜻을 지닌 책으로 읽을 수 있다. 박이문(2002), 「학문의 정체성, 경계선 및 주체성 - 국문학은 무엇이며 어떻게 할 것인가 -」, 『국어국문학』 31, 국어국문학회, 76-77쪽.

8 교훈 갈래와 같은 네 번째 갈래를 세운 이들은 플레밍(W. Flemming), 자이들러(H. Seidler), 루트코프스키(W. Ruttkovski) 같은 이들이다. Hernadi, P.(1972), *Beyond Genre: New Directions in Literary Classification*, New York: Cornell University Press, pp. 34-36.

9 Abrams, M. H. & Harpham, G. G.(2012), *A Glossary of Literary Terms*, op. cit., pp. 88-89.

을 주고자 지은 작품이라 할 수 있는데, 흔히 가르치고, 설득하고, 설명하려는 의도로 만든 문학이라 할 수 있다. 그러니 이런 문학은 아무래도 알려주어 주장하는 성격을 띠게 마련이다.

조동일도 우리 문학 갈래에 네 번째 갈래(제4장르)를 새로 끌어들였다. 서정, 서사, 극이라는 세 갈래만으로는 우리 문학의 모든 작품을 다 설명할 수 없다고 보고, '교술(敎述)'이라는 갈래를 새롭게 내세워 우리 문학의 역사에서 문학의 테두리에 들지 못했던 작품들까지도 모두 끌어안을 수 있게 하였다. '교(敎)'는 알려주며 주장한다는 뜻이고 '술(述)'은 어떤 사실이나 경험을 서술한다는 뜻이다.[10]

그러나 교훈 문학, 주제 문학이라고도 이르는 네 번째 갈래는 어떤 목적을 위해 쓴 글이지 문학다움을 지니지 못하기 때문에 문학의 한 갈래로 볼 수 없다는 주장도 있다. 4분법이 문학의 테두리를 넓혔기는 하지만 문학과 문학 아닌 것을 구분하기 어렵게 한 점도 있다. 그래서 김병국은 교술을 문학의 한 갈래로 정할 때 문학과 비문학의 경계선에서 방황하게 될 것이라는 문제가 당연히 생긴다고 하였다.[11]

김창현은 '교술'이 '서정'·'서사'·'극'과 같은 자리에 서려면 정당한 문학다움을 증명해야 한다고 하였다.[12] 문학은 세계를 자아(화자)가 자신의 눈으로 해석하여 '표현'한 것이라는 점에서 문학에서는 '자아에 구애되지 않는 세계의 독자성'은 있을 수 없다고 보았다.[13] 또 문학 작품은 현실 속의 소재(세계)를 작가(조동일의 말로는 자아)가 자신의 시각으로 미적으로 표현(또는 재구성)한 것인데,[14] '자아의 세계화'라는 교술이 문

10 조동일(1992), 앞의 책, 61-65쪽. 이것을 처음에는 '비전환 표현(非轉換 表現)'이라 하였다. 조동일(1977), 『한국소설의 이론』, 지식산업사, 82쪽. 서정·서사·극이 상상이나 허구의 '전환 표현'이라면 교술은 여기에서 벗어나 있기에 이렇게 일렀다.

11 김병국(1995), 『한국고전문학의 비평적 이해』, 서울대학교출판부, 162쪽.

12 김창현(2005), 『한국적 장르론과 장르보편성』, 지식산업사, 49쪽.

13 김창현(2005), 위의 책, 54쪽.

학이 될 수 있을지 물음을 던졌다. 사건과 허구를 갖추지 못한 채 알려주거나 전달하는 진술들은 그 자체로는 미적이지 않으므로 순수 교술은 예술이 될 수 없다고 생각했다.[15]

문학은 말 예술이며 글 예술이다. 그렇기에 상상이나 꾸며낸 작품이 문학의 본질을 가장 잘 드러낸다. 그런데 수필, 기록, 일기, 편지 같은 교술을 문학에 들인다면 문학만이 지닌 심미적 특질에 흠집이 갈 수도 있다. 문학과 문학 아닌 것이 흐릿해진다. 그저 우리 겨레의 많은 작품을 버릴 수 없다는 생각에서 문학의 테두리를 넓혀야 한다고 보아 네 번째 갈래를 마련한 것은 아닌지 되돌아보아야 한다. 이와 달리 교술 같은 네 번째 갈래를 마련함으로써 문학의 폭을 넓힐 수 있다고 생각하는 쪽에서는 문학을 꼭 허구적인 작품으로만 줄 치는 것은 너무 보수적인 태도라 여긴다.

한편 김흥규는 갈래를 규정하기 힘들거나 4분법에 들어오기 힘든 문학을 살리기 위해 다섯 번째 갈래(제5장르)를 따로 마련하여 '중간·혼합적 갈래'로 다루었다.[16] 김흥규는 5분법 틀을 새로 내놓은 셈이다. 이는 우리 문학의 역사적 갈래를 이해하기 위한 대안이다.

그러나 김흥규가 말하는 다섯 번째 갈래인 '중간·혼합적 갈래'는 두 가지 이상의 갈래 성격을 지닌 문학들을 따로 떼어낸 것일 뿐이라, 4분법 갈래의 속성을 합친 것이라는 비판을 받기도 한다. 김학성은 거의 모든 작품이 혼합 갈래나 주변 갈래 또는 중간 갈래에 들 수 있어, '중간적 혼합적 갈래'를 새로 마련하면, 갈래 이론은 또 다른 어려움에 부딪히게 된다고 생각했다.[17] 김준오는 다섯 번째 갈래가 새로 설 수 있으려

14 김창현(2005), 위의 책, 56쪽.

15 김창현(2005), 위의 책, 244쪽.

16 김흥규(1986), 『한국문학의 이해』, 민음사, 35쪽.

17 김학성(1987), 『국문학의 탐구』, 성균관대학교출판부, 250쪽.

면 서정·교술·서사·극과는 아주 다른 새로운 문학이 나타나야 한다고 하였다.[18]

한편 문학의 큰 갈래를 4가지로 나누고 이 4분법이 오늘날 가장 널리 받아들이는 이론이라고 해도 이것이 앞으로도 변하지 않는 튼튼한 갈래 틀이 될 수 있을지는 다시 생각해 보아야 한다. 갈래 이론의 역사를 볼 때 옛날 그리스 때에는 서사시와 비극만이 있었고, 한참 지난 뒤에 감정을 표현하는 서정이라는 갈래를 다루기 시작했고, 가르침이나 어떤 주장을 말하려는 주제 양식이라는 네 번째 갈래는 20세기에 와서야 자리매김하였다. 오늘날은 문학의 표현 양식이나 제시 형식이 매체의 발달로 더 갖가지 모습을 띠고 있으며, 네 가지 갈래(4분법)의 테두리를 벗어난 작품들도 많이 나타나기 때문에, 앞으로는 문학의 갈래가 네 가지 갈래를 넘어서 더 늘어날 수도 있을 것이다. 문학 작품의 모습이 나날이 바뀌어 가고 있으며 새로운 모습의 문학 작품도 잇따라 생겨나고 있기에, 이제는 모든 문학 작품은 4가지 갈래의 테두리에 담아야 한다는 생각을 고집할 수 없을지도 모른다.[19]

그리고 우리 문학만이 갖는 순수하고 고유한 특징이 있을 것인데, 이것을 꼭 이론적 갈래인 서정·서사·극·교술에 들어가게 해야 하는지도 따져보아야 한다. 우리 문학의 역사에서 생겨나고 없어져 갔던 역사적 갈래들이 네 가지 큰 갈래에 딱 들어맞지 않을 수도 있다. 이를테면 가사, 경기체가, 몽유록, 가전체, 판소리 같은 문학들은 어떤 갈래인지 사람마다 다르게 말하고 있다. 그래서 네 가지 큰 갈래에 넣으려다 보면

18 김준오(1990), 앞의 책, 81쪽.

19 그래서 레비(A. Levi)는 오늘날은 권위 있는 전통이 사라지고 가파른 변화가 끊임없이 일어나고 있어 '장르'라는 고정된 개념에 물음을 던질 수밖에 없고 문학 경계의 모든 선이 흐릿해져 안개에 싸여 있다고 지적하였다. Levi, A. W.(1978), Literature and the imagination: A theory of genres, In J. P. Strelka(Ed.), *A Theories of Literary Genre*, University Park: Pennsylvania State University Press, p. 18.

오히려 우리 문학의 참모습이 제대로 드러나지 않을 수도 있다.[20]

(2) 문학 갈래를 나누는 기준

연구자마다 문학 갈래를 가르고 나누는 기준이 다르기도 하다. 말하는 이(화자), 때매김(시제), 모방의 정도와 양식, 의사소통 상황, 지은이(작가)의 개입, 말하기 방식, 말(언어)의 기능, 작품의 구조, 말가락(운율, 율격), 문체, 엄격한 형식같이 그 기준은 갖가지이다.[21]

조동일은 자아와 세계의 관계를 바탕으로 문학 갈래를 다음과 같이 나누었다.[22]

> 서정: 작품 외적 세계의 개입이 없는 세계의 자아화
> 교술: 작품 외적 세계의 개입으로 이루어지는 자아의 세계화
> 서사: 작품 외적 자아의 개입으로 이루어지는 자아와 세계의 대결
> 희곡: 작품 외적 자아의 개입이 없는 자아와 세계의 대결

서정은 작품 내적 자아가 작품 내적 세계를 주관하지만 교술은 작품 내적 세계에 매이게 된다. 그래서 교술을 자아의 세계화로 표현하였다. 또 교술은 꾸민 것이 아니기에 교술에서 그리는 세계는 객관의 세계이므로 작품 외적 세계이다. 그래서 서정은 작품 외적 세계가 끼어들지

---

20 김창현은 그래서 두 가지 갈래의 성격을 아우르고 있어 어느 한 갈래로 정하기 어려울 때는 '중간 갈래(장르)'로 다룰 수밖에 없다고 하였다. 그러면서 서사와 극의 성격을 모두 지니고 있는, 판소리, 라디오 드라마, 영화를 중간 갈래로 정하였다. 김창현(2005), 앞의 책, 367-384쪽.

21 Marino, A.(1978), Toward a definition of literary genre, In J. P. Strelka(Ed.), *A Theories of Literary Genre*, University Park: Pennsylvania State University Press, pp. 41-46.

22 조동일(1977), 앞의 책, 103쪽.

않고 교술은 작품 외적 세계가 끼어든다고 정리하였다. 서사와 희곡은 자아와 세계의 대결이 펼쳐진다는 점에서는 같으나 서사는 서술자 같은 작품 외적 자아가 끼어들고 희곡은 그렇지 않다는 점에서 다르다. 희곡은 작품 외적 자아의 해설 없이, 나오는 인물들이 사건을 이끌어 간다.

이렇게 자아와 세계의 관계를 기준으로 갈래짓기를 한 것에 대해 김준오는 몇 가지 물음을 던졌다. 교술을 '자아의 세계화'라 하였으나, 작품 내적 자아가 공적인 시점을 버리고 사적 시점에서 말할 때, 곧 세계와 대립되는 개인의 주장을 일관되게 했다면 이것은 자아의 세계화로 볼 수 없다. 또 서정을 '세계의 자아화'로 규정하였으나, 조선시대 자연시에서 주객일치나 천인합일의 경지는 실상 자아의 탈락이나 사물화의 상태이므로 세계의 자아화라기보다 자아의 세계화로도 해석할 수 있다고 보았다.[23]

김병국은 몽유록이 개인의 처지를 다른 것에 빗대어 표현한 문학이기에 '작품 외적 자아가 개입하는 자아의 세계화'로 분류될 수 있고, 이데올로기를 선전하는 소설은 '작품 외적 세계가 개입하는 자아와 세계의 대립'으로 분류될 수 있다고 보았다. 그런데 조동일은 '작품 외적 자아가 개입하는 자아의 세계화'나 '작품 외적 세계가 개입하는 자아와 세계의 대립'은 따로 마련하지 않아, 그가 마련한 네 가지 틀은 허점이 많다고 비판하였다.[24]

김창현도 자아와 세계의 관계가 갈래를 가르는 기준이 되기 어렵다고 보았다. 시에서도 우리는 '자아와 세계의 대결'을 찾을 수 있다. 또 서정이 '세계의 자아화'라면 세계를 자아화하는 주체는 시인(작품 외적 자아)일 수밖에 없다. 또 현대극에서 가끔 서술자가 끼어들기도 하고 탈

23 김준오(1990), 앞의 책, 73쪽.

24 김병국(1995), 앞의 책, 161쪽.

춤에서도 작품 외적 존재인 관중이 끼어든다.[25] 그런데도 조동일은 서정과 희곡이 작품 외적 자아나 작품 외적 세계의 개입이 없는 갈래라 하여 문제가 있다고 보았다.

문학 갈래를 '제시 형식'을 바탕으로 정하기도 한다. 작품이 읽는 이나 보는 이에게 어떻게 보이느냐에 따라 즐기는 방법이 달라진다. 판소리는 소리꾼들이 이야기하고 노래하는 내용을 글로 적어 읽을 때는 서사 문학이 되지만, 판소리 공연을 그대로 듣고 볼 때는 그것은 극 문학이라 할 수 있다. 물론 판소리는 그 짜임 면에서만 보면 긴 이야기이기 때문에 서사 갈래이다. 판소리에서 흔히 '도창'이나 '효과'[26]라고 하는 바탕글은 작중인물이 아닌 서술자, 중개자가 이야기를 해설하는 부분이기 때문에 가장 서사에 가까운 갈래임을 보여준다. 하지만 실제로 판소리는 글이나 책으로 인쇄되어 읽는 예술은 아니다. 소리꾼이 창, 아니리, 발림을 섞어 가며 무대 위에서 공연하면 그것을 청중이 듣고 보고 추임새까지 곁들여 감상하는 예술이다. 판소리는 반드시 관객이 있어야 한다. 그렇다면 판소리는 극이라 할 수 있다.[27] '판소리 사설'만 놓고 본다면 판소리는 서사에 가깝지만 '판소리' 자체를 놓고 보면 판소리는 극에 가깝다. 작품이 감상자에게 어떻게 제시되는가를 기준으로 삼는다면 갈래의 구분은 달라질 수 있다.

---

25 김창현(2005), 앞의 책, 51-55쪽.

26 판소리에서, 나오는 인물이 아닌 제3자가 하는 말을 '도창(導唱)'이나 '효과(效果)'라 한다. '도창'은 소리를 이끌어간다는 뜻으로 소설에서 말하는 서술자나 중개자를 이른다. '효과'는 판소리 다섯 바탕 사설을 배역에 따라 창본으로 엮은 김연수가 쓴 말로 해설자의 말을 이른다. "제3자가 대목과 대목을 창 또는 말로서 연결하거나 환경변화를 설명하는 효과임". 김연수(펴낸 날 모름), 『향토문예집 제3집(창본 춘향가)』, 고흥문화원, 34쪽. 이처럼 소리꾼들도 판소리에는 인물이 아닌 서술자가 이야기를 이끌어가는 곳이 있음을 또렷하게 알고 있었다.

27 정노식이 판소리와 소리꾼들의 삶과 더늠에 대해 정리한 책 이름을 『조선창극사』라 한 것도 판소리를 하나의 극으로 생각하고 있었음을 보여준다. 정노식(1940), 『조선창극사(朝鮮唱劇史)』, 조선일보사.

프라이는 문학의 갈래는 제시(presentation)의 방식에 따라 달라진다고 보았다. 그래서 관객 앞에서 연행하는 극(drama), 듣는 이 앞에서 이야기하는 입말 서사시(에포스, epos), 노래로 읊조리거나 부르는 서정시(lyric), 읽는 이를 위해 글로 쓰는 허구(픽션, fiction), 이렇게 갈래짓기하였다.[28]

김학성은 문학 작품을 짓는 이(the author)와 받아들이는 이(the reader)가 만나서 그 작품이 온전하게 살아있는 문학으로 드러난다고 하였다.[29] 이는 지은이가 작품을 어떻게 보이고 즐기는 이가 문학을 어떻게 받아들이느냐가 중요함을 이른 것이다. 김창현은 사람들은 자아와 세계의 관계를 바탕으로 갈래를 가늠하기보다는 시는 이런 형식으로, 소설은 저런 형식으로 제시되어야 한다는 일반적인 기대 지평을 바탕으로 갈래를 판단한다고 보았다. 그렇기에 문학을 즐기는 이들의 경험을 중시해야 한다고 하였다. 제시 형식 속에는 그 갈래를 누렸던 사회의 모든 것이 반영되어 있다고 보았다.[30]

따라서 문학의 갈래를 정할 때 제시 형식도 중요한 기준이 된다. 작품을 듣거나 보거나 읽는 이를 생각해서 예술가가 어떻게 그 작품을 보일 것인가를 정한다. 서사는 주로 읽는 문학이다. 서정은 주로 노래로 듣거나 읊조리는 것을 듣는 문학에 든다. 극은 배우들이나 광대들이 놀음하는 것을 보고 듣는 문학이다. 춘향이나 심청의 이야기를 판소리로 보이면 서사뿐만 아니라 극의 성격도 지니지만, 읽는 책으로 보이면 서사의 성격만 지닌다. 그렇다고 할 때 고려 속요나 조선의 악장(樂章)은 궁중 잔치나 제례에서 연주되고 공연된 양식으로 그 갈래는 다시 생각

28 Frye, N.(1957), *Anatomy of Criticism: Four Essays*, Princeton: Princeton University Press, pp. 246-247.

29 김학성(1987), 앞의 책, 126쪽.

30 김창현(2005), 앞의 책, 22쪽.

해 보아야 한다. 또 같은 서정이라도 읽힐 것으로 생각하고 지었는지, 들릴 것으로 생각하고 지었는지에 따라 작은 갈래가 달라진다. 곧 눈으로 보는 시가 있는가 하면, 귀로 듣는 시가 있다.[31]

(3) 이름씨꼴(명사형)과 매김씨꼴(관형사형) 갈래 이름

문학 갈래를 서정·서사·극이라는 이름씨꼴(명사형)로 정할 수 있지만, 이와 달리 서정적·서사적·극적 문학이라는 매김씨꼴(관형사형, 영어에서는 형용사)로 나타낼 수 있다. 한 작품 안에 여러 갈래의 성격이 들어 있을 수 있다. 슈타이거(E. Steiger)는 같은 작품이라도 그것을 받아들이는 방법에 따라서 좀 더 서정적으로, 좀 더 서사적으로, 또는 좀 더 극적으로 느끼기도 한다고 했다.[32] 그러기에 그 작품에서 가장 두드러진 성격이 무엇인지 살펴서 서정적 작품, 서사적 작품, 극적 작품이라 이를 수 있다. 이렇게 어떤 작품의 갈래를 매김씨꼴로 이르면 그 작품이 여러 갈래의 특성을 지니고 있으며 그 가운데 어떤 갈래의 성격이 두드러진지를 보일 수 있다.

갈래를 이름씨꼴로 나타내면 문학의 갈래를 닫혀 있는 틀로 볼 수 있다. 이름씨꼴은 갈래를 고정된 틀로 보아 갈래의 변화나 새로 생겨난 갈래를 설명하기 어려운 점이 있다. 문학 작품 가운데는 오로지 서정, 오로지 서사, 오로지 극으로만 볼 수 없는 작품도 있다. 때로는 여러 갈래의 특성을 두루 지니는 작품도 있다. 매김씨꼴로 나타내면 작품을 좀 더 열린 시각으로 볼 수 있다는 장점이 생긴다. 그래서 파울러(A. Fowler)

---

31 이병기·백철은 '창가'는 '귀로 듣는 시'로 '신시'는 '눈으로 보는 시'로 그 갈래를 구분하기도 했다. 이병기·백철(1960), 『국문학전사(國文學全史)』, 신구문화사, 239쪽.

32 Steiger, E., *Grundbegriffe der Poetik*, 이유영·오현일 옮김(1976), 『시학의 근본 개념』, 삼중당, 279-280쪽.

는 갈래가 겹치기도 하고 다른 갈래로 바뀔 수도 있기에 부정확한 말이 더 효과가 있을 수 있다고 하였다.[33]

장덕순은 어떤 문학이 어느 한 갈래에만 들 수 없을 때가 있어, 이런 어려움을 해결하기 위해 '양식(stile, style)'이란 말을 썼다. 양식은 인간 정신이 문화생활을 이루어가는 방식이다. 그는 외적 형식보다 인간 정신과 같은 내적 형식을 갈래 기준으로 하여 문학을 서정적 양식, 서사적 양식, 극적 양식으로 나누었다. 큰 갈래(장르류)는 매김씨(관형사, 수식어)로 작은 갈래(장르종, 역사적 장르)는 이름씨로 나타냈다.[34]

김흥규는 문학의 갈래를 범주적 개념보다는 좌표적 개념, 실재보다는 개념 장치로 이해할 수도 있다고 보았는데, 이는 문학의 갈래를 좀 더 느슨하게 다룰 수도 있음을 일러준다. 그래서 그는 갈래를 이름씨(명사) 대신 서정적·서사적·극적·교술적과 같이 매김씨(관형사)를 써서 이르는 방법을 선택하였다.[35]

가사 작품 가운데는 교술의 성격보다는 서정에 가까운 작품도 있고, 시조 작품 가운데는 서정보다는 교술에 가까운 작품도 있다. 그래서 작품에 따라 서정적 작품, 교술적 작품, 또는 서정적 교술, 교술적 서정 같은 식으로 이를 수 있다. 또한 갈래는 시대가 지날수록 그 변화가 심하다. 오늘날 문학 가운데는 완전히 어떤 갈래라 못 박기 힘든 여러 갈래의 성격이 섞여 있는 작품도 있다. 작품의 성격과 모습이 갖가지로 달라지고 있어 갈래를 뚜렷하게 금 그을 수 없다고 생각하는 쪽에서는 갈래 이름을 매김씨꼴로 이르자고 주장한다.

그런데 이런 방식은 갈래짓기에 혼란을 줄 수 있다고 반대하는 이들

---

33 Fowler, A.(1982), *Kinds of Literature: An Introduction to the Theory of Genres and Modes*, Cambridge, Mass.: Harvard University Press, p. 130.

34 장덕순(1995), 『국문학통론(國文學通論)』, 박이정, 28-36쪽.

35 김흥규(1986), 앞의 책, 32쪽.

도 있다. 매김씨꼴은 갈래짓기의 본뜻에 어긋나기에, 한 작품에 여러 갈래의 성격이 들어 있을 때[36]는 그 가운데 가장 두드러진 갈래의 성격을 바탕으로 갈래 이름을 붙여야 한다고 주장한다.

한편 기야르(A. Guérard) 같은 이는 매김씨꼴(영어의 형용사형)과 이름씨꼴을 합쳐서 문학의 갈래를 모두 9가지로 이르는 방법을 마련하였다. 그래서 그는 서정시를 순수한 서정시, 서사적 서정시, 극적 서정시의 3가지로, 서사시는 서정적 서사시, 순수한 서사시, 극적 서사시의 3가지로, 극은 서정적 극, 서사적 극, 순수한 극의 3가지로 나누었다.[37] 이것은 순수한 갈래에만 매달려 왔던 생각에서 벗어나 서정적(lyrical), 서사적(epic, narrative), 극적(dramatic) 정신(spirit)이 서정, 서사, 극이란 형식(form)에 영향을 미치고 있음을 드러낸 것이다.

조동일도 어떤 작품이 그 갈래에서 벗어날 때는 '서정적·서사적·극적·교술적'이라는 관형사를 써서 그 작품의 두 번째 성향을 가리킬 수 있다고 보았다. 이를테면 가사가 서정이나 서사 갈래의 성격도 아울러 가지고 있을 때는 교술이라는 기본 성격은 그대로 유지하면서 서정적 가사, 서사적 가사 같이 쓰자고 하였다. 그러나 그는 이 관형사들은 어디까지나 작품의 부차적인 속성을 드러내는 말로 갈래의 본질은 아니다고 못 박았다.[38]

(4) 갈래를 규정하기 어려운 문학

모든 문화는 그 자체의 갈래를 지니고 있다.[39] 그래서 우리 문학 가

---

36 보기를 들어 개화기 토론체 소설은 서사·교술·극이 합쳐진 문학이다.

37 Hernadi, P.(1972), *Beyond Genre*, op. cit., p. 58.

38 조동일(1992), 앞의 책, 19쪽; 조동일(2005), 앞의 책, 30쪽.

39 Warren, A. & Wellek, R.(1976), *Theory of Literature*, Harmondsworth: Penguin Books, p. 234.

운데는 서구의 갈래 이론으로 그 갈래를 규정하기 어려운 문학이 있다. 지은이가 어떤 갈래를 선택하느냐는 역사와 사회의 상황과 맞물려 있는 문제이다. 문학 갈래는 역사와 사회의 영향 아래 있다.[40] 그래서 작은 갈래(역사적 장르)는 그 시대의 상황이나 맥락에 따라 생겨나서 꽃피우고 사라지기도 한다.

갈래 정하기가 어려운 문학으로 판소리가 있다. 일찍이 조동일이 서사로 규정하였지만,[41] 극으로 규정한 이도 있고,[42] 서정의 성격도 지니고 있다고 주장한 이도 있다.[43] 김흥규는 판소리 한마당 전체를 엮어 나가는 원리는 서사이나, 등장인물이 절실한 욕구, 감정, 의지를 대사로 노래할 때는 소리꾼이 서술자가 아닌 작중인물이 되기에 소리판은 작중인물이 행동하는 곳이 되어 극적이고 입체적인 표현으로 바뀐다고 하였다. 그래서 판소리는 서사와 연극(서술자의 관여가 없는 행위예술)이 만나는 두 갈래의 속성을 지닌 형식이라 하였다.[44] 김창현은 판소리는 사건을 알려주기도 하고 지금 여기에서 공연되기도 하기에, 그 제시 형식이 서사와 극을 모두 아우르고 있어 서사와 극의 '중간 장르'라 하였다.[45]

이렇게 판소리를 어떤 갈래로 정할지 생각이 갈린다. 판소리는 한 대목만 떼어 노래로 부를 때는 가장 서정에 가깝고,[46] 잘 짜인 이야기를

40 한 가지 보기로 4글자 부피의 4마디 걸음의 말가락(4음 4보격)을 지니는 시조는 정리된 생각이나 흐트러짐이 없는 안정된 정서를 표현하기에 알맞아, 선비들이 즐겼던 문학이다. 성기옥(1986), 『한국시가율격의 이론』, 새문사, 215-216쪽. 유교 사회였던 조선시대에 선비들의 가치관이나 세계관을 가장 잘 드러내기에 알맞은 우리말 노래였다.

41 조동일(1992), 앞의 책, 27-50쪽.

42 전신재(1989), 「판소리의 연극성에 관한 연구」, 성균관대학교 박사학위논문; 성현경(1990), 「판소리의 갈래 연구」, 『동아연구』 20, 서강대 동아연구소.

43 엄기주(1989), 「판소리의 서술원리와 장르 성향」, 『수선논집』 14, 성균관대학교 대학원.

44 김흥규(1990), 「판소리의 장르적 성격과 부조(浮彫)」, 『동양학』 20, 단국대학교 동양학연구소, 171쪽.

45 김창현(2005), 앞의 책, 270쪽.

46 판소리를 듣는 이들은 소리꾼의 소리(창)를 가장 중요하게 여긴다. 흔히 '일왈창(一曰唱)'이라 하여 뭐라 해도 소리를 잘하는 소리꾼을 명창으로 친다. 그래서 소리는 별로인데

들려준다는 점에서는 서사이고, 소리판에서 청중에게 연기를 보여준다는 점에서는 극이라 할 수 있다. 이 밖에 경기체가(교술/서정), 몽유록(교술/서사), 가전체(교술/서사), 수필(교술/중간 장르)도 연구자에 따라 그 갈래 규정을 달리하고 있다.

3. 문학 갈래 교육의 방향

문학에 대한 이해를 위해서는 갈래에 대한 이해가 필요하다고 생각해서 '갈래'라는 문학 지식은 국어나 문학 교육과정에서 늘 다루어 왔다. 그런데 문학의 갈래 이론은 연구자들이 오랜 연구 끝에 세운 어렵고 수준 높은 문학 지식이다. 또한 문학 갈래 이론 가운데는 여전히 쟁점이 되고 있는 내용이 많다. 그렇다면 문학 갈래에 대한 내용을 문학 교실에서 다루어야 할지, 다룬다면 어떻게 가르치고 배우는 것이 좋을지 생각해 보아야 한다.

(1) 갈래 교육이 필요한지 따져보기

교육과정이나 교과서에 문학의 갈래에 대해 나오기 때문에, 반드시 가르치고 배워야 한다는 생각보다는 문학 갈래를 가르치고 배울 필요가 있는지, 문학 갈래에 대한 지식이나 이론을 가르치고 배우는 것이 어떤 의미나 가치가 있는지, 생각해 보는 것이 중요하다. 정해진 내용이라도 그것에 대해 따져보지 않으면 암기나 모방으로 흘러 죽은 공부에 그친다. 흔히 우리는 교육과정이나 교과서에 나오는 내용은 반드시 가르치

아니리만 잘하는 소리꾼을 '아니리 광대'라 하여 낮잡아보기도 한다.

고 배워야 한다고 생각한다. 그러나 이런 생각에 사로잡히면 자칫 교과의 내용을 학생들에게 강요하게 된다. 참된 가르침은 강제나 힘으로 하는 것이 아니고, 배우는 이가 배우는 것에 대해 가치를 느끼고 배워서 알게 된 것에 대해 보람을 느끼게 해 주는 것이다.[47]

문학 갈래에 대한 몇 가지 논쟁이 있고 문학 작품을 갈래짓기하는 것이 문학 작품을 질서 있게 분류하는 것이 아니라 오히려 그 문학 작품의 성격을 헷갈리게 하여 작품 해석이나 감상을 방해한다면 갈래짓기에 대해 다시 생각하게 된다. 많은 문학 작품들이 한 가지 갈래의 특성만 지니는 것은 아니다. 인물 사이의 대화로만 이루어진 이야기는 극 같이 느껴지기도 하고, 극 가운데서도 한 사람이 자신의 감흥을 쏟아내서 서정 같이 느껴지는 극도 있다. 또는 이야기가 들어 있는 시나 노래는 서정처럼 느껴지지 않고 서사처럼 느껴지기도 한다. 그러고 보면 순수한 서정, 순수한 서사, 순수한 극이라 일컬을 수 있는 문학 작품은 매우 드물지도 모른다. 그래서 마리노는 문학 갈래 이론은 문학 현실과 딱 맞아떨어지지 않을 수도 있어 완전한 개념이나 이론은 있을 수 없다고 보았다.[48] 김병국은 "우리가 그 작품이 의거하고 있는 갈래(장르) 관습을 조금만 강조하다 보면, 우리는 은연중 그 작품의 독창성이 손상당하고나 있지 않은가 의구심을 갖게 마련이다."[49]고 하였다.

문학의 갈래는 고정되어 있다고 할 수 없다. 새로운 작품들이 생기면서 그 범주가 달라지기 때문이다.[50] 갈래는 그때그때 바뀔 수 있고 때

---

47 이런 교육의 원리를 장상호는 '심열성복(心悅誠服)'이라 했고 엄태동은 '환열설복(歡悅說服)'이라 하였다. 장상호(2020), 『교육학의 재건』, 교육과학사, 247쪽; 엄태동(2006), 『교육의 본질과 교육학』, 학지사, 207쪽. 교육은 강제나 압박이 아니라 마음에서 우러나와 기꺼이 가르치고 배울 때 진가가 드러난다.

48 Marino, A.(1978), Toward a definition of literary genre, op. cit., p. 54.

49 김병국(1995), 앞의 책, 150쪽.

50 Warren, A. & Wellek, R.(1976), *Theory of Literature*, op. cit., p. 227.

로는 문학을 즐기고 누리는 계층에 따라 달라진다.[51] 이렇게 문학의 갈래는 사회와 역사의 흐름에 따라 언제든지 바뀔 수 있다고 생각하는 쪽에서는 갈래는 변치 않는 튼튼한 틀이라 생각하지 않는다. 그래서 고정된 갈래 틀이나 굳어진 갈래 개념, 갈래의 전통과 권위를 거부하기도 한다. 더욱이 오늘날에는 끊임없이 새로운 형식이나 틀로 작품을 짓기도 해서 갈래를 구분하기가 어려운 작품도 많아지고 있다. 더 나아가 그동안의 갈래 틀을 아주 벗어난 새로운 시도도 많이 일어나고 있다. 문학이란 다른 무엇과 견줄 수 없이 작품 그 자체만 놓고 그 작품의 제멋(개성)을 들여다보아야 한다는 쪽에서는 문학을 갈래짓기하는 것을 달갑지 않게 여기기도 한다. 어떤 작품을 어느 한 갈래로 다루게 되면 그 작품이 지니는 다른 갈래의 특성을 놓칠 수 있다. 그래서 갈래짓기하는 것보다 문학의 형식이나 표현 방법이나 기법을 눈여겨보아야 한다고 생각할 수도 있다.

그러므로 문학 갈래에 대한 공부가 필요한지 함께 따져보는 활동을 해 볼 필요가 있다. 문학의 갈래에 대해 공부하거나, 몇 가지 논쟁거리인 내용에 대해 탐구하고 나서 학생들은 문학을 갈래짓기하는 것이 목적이 아니고 문학을 잘 이해하는 데 목적이 있다고 정리할 수도 있다. 분류가 목적이 아니라 작품들이 어떤 틀로 되어 있고, 시대에 따라 어떤 작품들이 꽃을 피웠는지 살펴보는 것을 과녁으로 삼을 수 있다. 갈래마다 지니는 특성을 작품 이해의 발판으로 여기는 것이다. 보기를 들어 어떤 작품은 서정에도 가깝고 서사에도 가까운데 그나마 서정에 가깝다면 왜 더 가까운지 탐구해 볼 수 있다. 또 문학의 갈래는 문학 작품의 틀과 속살을 이해하는 참고 지식으로만 활용하자고 결론을 내릴 수도 있다.[52] 문학 갈래에 대한 이론이 단지 지식 자체로만 머물면 문학을 이

---

51 Marino, A.(1978), Toward a definition of literary genre, op. cit., p. 49.

해하는 데 도움이 되지 않는다고 생각하고 작품을 이해하거나 짓는 데에 필요한 도움 지식, 길잡이 지식으로 다룰 수도 있다.

(2) 학생 눈높이에 맞게 다듬기

배우는 이는 자신의 능력과 수준을 너무 벗어난 지식에 대해서는 배움의 의욕이 생기지 않는다. 지레 겁을 먹고 미리 포기하기 마련이다. 따라서 배우는 이의 수준에 맞는 눈높이 교육이 필요하다. 문학 갈래 이론은 학생들이 이해하기에 어려운 높은 수준의 문학 지식이다. 문학 연구자들이 세운 갈래 이론은 오랜 연구를 거듭하여 얻어낸 결과인데 이것을 짧은 시간 안에 학생들에게 이해시킨다는 것은 위험하고 무모한 일이다. 갈래 이론을 자세하고 꼼꼼하게 설명한다고 해도 그것을 제대로 이해할 만한 능력이나 수준을 갖추지 못하면 배우는 이에게는 무의미한 상징으로 다가올 수 있다. 학문 세계(문학 연구)에서 높은 가치를 지니는 이론이라도 배우는 이의 능력으로는 다가가기에 어려운 이론은 교육 쪽에서는 오히려 독이 될 수도 있다. 체력에 맞지 않는 운동은 오히려 몸에 해롭듯이 배우는 이의 수준에 맞지 않는 문학 지식은 배움 활동이나 열정을 가로막는 걸림돌이 될 수 있다.

히르트(E. Hirt)는 극은 극적 인물의 자기표현으로, 서정시는 시인의 자기표현으로 된 문학이라 하였다. 서사는 인물들에 대한 서술자의 보고와 서술자의 자기표현(사건의 진행을 지켜보고 평가하는 것)과 꾸며낸 인물의 자기표현(대화)을 번갈아 가면서 이야기하는 것이라 하였다. 서정은 혼잣말하기(독백)에 가깝고 희곡은 여러 사람이 같이 표현하는

---

52 김창현은 보편적인 윈 갈래(큰 갈래)는 역사적 갈래(작은 갈래)를 가르고 나누기 위한 기준이라기보다는 살아 움직이는 역사적 갈래의 실체나 본질을 드러내는 도구로 활용할 수 있다고 보았다. 김창현(2005), 앞의 책, 29쪽.

것이고, 서사는 알려주기(보고), 혼잣말하기(독백), 마주 이야기(대화)가 섞여 있다고 하였다.[53] 히르트의 이러한 갈래 가늠하는 방법은 좀 더 쉽게 이해할 수 있는 이론이 될 수 있다.

김학성은 너무 어려운 이론과 설명이 갈래를 이해하는 데 걸림돌이 될 수 있다며 진술 양식을 바탕으로 우리 문학의 갈래를 다음과 같이 정리하였다.[54]

> 서정: 어떤 상황(정황)을 노래하고자 하는 진술 양식
>
> 전술: 어떤 사실(화젯거리)을 전달하고자 하는 진술 양식
>
> 서사: 어떤 사건을 이야기하고자 하는 진술 양식
>
> 희곡: 어떤 행동을 재현하고자 하는 진술 양식

위의 갈래 이론은 자아와 세계의 관계를 중심으로 갈래짓기한 조동일의 이론보다는 학생들이 이해하기 쉬울 수 있다. 그런데 서정, 서사, 교술(또는 전술), 이런 말들이 얼른 쉽게 알아들을 수 있는 말은 아닌 것 같다. 또 이 말들이 아주 알맞은 말이라 잘라 말하기도 힘들다. '서정(抒情)'은 뜻을 펼쳐 보인다는 뜻인데, 지은이 자신이 겪은 감정이나 정서, 곧 마음속에 품고 있는 것을 쏟아낸다는 뜻을 담고 있다. 우리가 이른바 서정 갈래로 다루는 문학의 모든 속살을 다 담아낼 수 있는 말은 아니다. 또 '서사(敍事)'라는 말도 일어난 일을 차례대로 적는다는 뜻이므로 이 말이 서사 갈래에 드는 모든 문학을 다 아우를 수 있는 말이라 보기 힘들다. '교술(敎述)'은 너무 교훈 문학에 치우친 말 같아 또한 모자람이 있다. 이렇듯 지금 쓰고 있는 갈래 용어들은 모두다 어느 정도 흠

---

53 Hernadi, P.(1972), *Beyond Genre*, op. cit., pp. 14-15.

54 김학성(2009), 「가사의 장르적 특성과 현대사회의 존재 의의」, 『한국 고전시가의 전통과 계승』, 성균관대학교출판부, 422-423쪽.

이 있다. 본디 말이라는 것이 나타내고자 하는 뜻을 제대로 다 담지 못할 때가 많다.

김대행 밖에 여러 사람이 펴낸 『문학교육원론』에서는 표현 양식을 바탕으로 갈래를 구분하여 "노래하기, 이야기하기, 보여 주기, 알려 주기"로 우리 문학 갈래를 설명하기도 하였는데,[55] 이런 설명은 앞의 갈래 이론보다 학생들이 이해하기 더 쉬울 수 있다. 이런 설명들 말고도 학생들의 수준에 맞게 갈래 이론이나 설명을 새롭게 다듬고 손질하여 보일 수도 있다.[56] 문학 교실의 상황과 맥락에 따라 학생들의 눈높이에 맞는 자료를 준비하여야 한다.

이때 이해하기 쉽게 다듬은 이론이나 설명은 수준 높은 지식이나 이론을 공부하기 위한 방편임을 안내해 주어야 한다. 그렇지 않으면 학생들 눈높이에 맞게 다듬은 내용을 진리로 여기는 잘못을 범한다. 따라서 지금 우리가 쓰는 갈래에 관한 말들은 알아듣기 쉽게 손질한 말이며, 반드시 알맞은 말은 아니라는 것을 일깨워 주어야 한다. 그리고 이런 방편 지식을 도움 삼아 나중에 문학 갈래에 대한 깊이 있는 공부를 할 수 있다고 안내해야 한다.

(3) 논쟁 중인 문학 지식임을 안내하기

문학 갈래에 대한 자세한 내용이나 깊이 있는 지식, 이론을 학생들

55 김대행 · 우한용 · 정병헌 · 윤여탁 · 김종철 · 김중신 · 김동환 · 정재찬(2000), 『문학교육원론』, 서울대학교출판부, 156-188쪽.

56 2022 개정 국어과 교육과정[교육부(2022), 『국어과 교육과정(교육부 고시 제2022-33호[별책5])』, 교육부, 11쪽]을 보면, 1~2학년에서는 '시, 노래, 이야기', 3~4학년에서는 '시, 이야기, 극', 5~6학년에서는 '시, 소설, 극, 수필', 7학년 위로는 '서정, 서사, 교술, 극'으로 문학 갈래 용어를 정해 놓았는데, 이는 서정, 서사, 교술이라는 말이 아이들이 이해하기에는 어려운 말임을 보여준다.

에게 다 보일 수는 없다. 문학 작품들은 몇 가지로 갈래짓기 할 수 있는지에 대해 설명하고, 큰 갈래는 어떤 특징이 있고, 큰 갈래 아래 작은 갈래로는 어떤 문학들이 있는지 설명하는 식으로 문학 갈래에 대해 안내하고 소개할 수밖에 없다. 그런데 이런 문학 갈래에 대한 이론이나 지식을 간추려 설명하고 거기서 끝내버리면 학생들이 문학 갈래라는 문학 지식을 고정된 정답이나 진리처럼 여길 수 있다. 따라서 문학 갈래에 대해 어떤 논쟁이 있는지, 아직 풀지 못한 문제는 무엇인지도 소개하는 것이 바람직하다. 그래야 학생들은 문학 갈래라는 문학 지식도 꾸준히 탐구하고 더 밝혀 나가야 하는 지식임을 알게 된다.[57]

교과서의 문학 갈래에 대한 설명은 문학 갈래에 대한 연구를 학생들이 어느 정도 이해할 수 있게 간추려 놓은 것이다. 복잡한 문학 지식을 안내해 주기 위한 하나의 방편이다. 그러기에 문학 갈래에 대한 모든 것을 알려주고 있다고 생각해서는 안 된다. 교과서의 내용은 하나의 참고자료일 뿐이다. 문학 갈래에 대해서 탐구해야 할 것이 많다는 것을 알려주어야 한다.

문학 갈래에 대한 뜻매김이나 문학을 몇 가지 갈래로 나눌 것인지에 대한 이론은 완성된 문학 지식이 아니다. 더 좋은 문학 갈래 이론이 나올 수 있기 때문이다. 이 세상의 많은 지식은 지난날의 지식에서 잘못된 점이나 모자란 점을 밝혀내면서 조금씩 나아졌다. 그러니 지금의 지식

57 『예기(禮記)』, 「유행(儒行)」에 "널리 배우되 끝이 없어야 한다(博學而不窮)"는 말이 있다. 탐구는 한 번에 완성되는 것이 아니라 꾸준히 해야 한다. 송(宋)나라 육구연(陸九淵, 1139~1193)의 『육구연전집(陸九淵全集)』에 "배움에서 의문이 없는 것을 걱정해야 한다. 의문을 품으면 나아간다. 작게 의문을 품으면 작게 나아가고 크게 의문을 품으면 크게 나아간다(爲學患無疑 疑則有進 小疑小進 大疑大進)."는 말이 있다. 명(明)나라 진헌장(陳獻章, 1428~1500)의 「여우인논학서(與友人論學書)」에 "배움에는 의심 품기가 귀하다. 작게 의심하면 작게 나아가고 크게 의심하면 크게 나아가며 의심하지 않으면 나아감이 없다(學貴有疑 小疑則小進 大疑則大進 不疑則不進)."고 하였다. 물음을 던질 때 배움이 자란다. 교과에 나오는 지식에도 늘 물음을 던져야 한다.

도 어떻게 보면 앞날의 더 나은 지식을 위한 디딤돌이나 밑거름이다. 지금의 지식을 바탕으로 더 나은 지식이 만들어진다. 문학 지식도 마찬가지다. 지금 교육과정이나 교과에 나오는 문학 지식은 언제든지 잘못된 지식으로 밝혀질 수 있으며 탐구 중인 지식임을 가르쳐 주어야 한다.

네 번째 갈래(주제적 양식, 교술, 전술, 수필)를 문학의 갈래에 넣을 수 있는지에 대해서 서로 생각이 다르다, 문학 갈래를 어떤 잣대로 나눌 것인지에 대해 생각이 다르다, 많은 문학이 순수하게 어느 한 가지 갈래에 딱 들어맞지 않을 수 있어 매김씨꼴로 그 문학의 갈래를 나타내야 한다는 생각도 있다, 우리 문학 가운데 몇몇 문학은 그 갈래를 연구자마다 다르게 정하고 있는 문학도 있다, 이런 내용들을 간단하게나마 소개해 주는 것이 필요하다. 이때 문학 갈래에 대해 배우고 공부하는 이들은 어느 한 가지 권위 있는 이론을 절대 진리로 여기지 않고 문학 지식 가운데는 다시 살피고 다시 짚어볼 내용이 많다는 것을 알게 된다.

(4) 탐구 과제로 활용하기

참다운 배움이나 공부는 말이나 글로 정리해 놓은 지식이나 이론을 받아들이고 외우는 것이 아니다. 간추려 놓은 그 설명의 뜻을 제대로 이해해야 그것이 온전한 자신만의 지식이 된다. 그렇다면 배우는 이가 그 지식에 대해 스스로 참여하여 탐구하게 해야 한다. '우리 문학의 큰 갈래에는 서정·서사·극·교술 이렇게 네 가지가 있고 그 아래 작은 갈래들이 있다', '서정 갈래에는 어떤 것들이 있고 서사 갈래에는 어떤 것들이 있으며……', 이런 식으로 우리 문학의 갈래에 대해 간추려 설명해 놓은 글을 읽었다고 해서 문학 갈래에 대한 공부나 탐구가 완성되었다고 생각해서는 안 된다.[58] 그 문학 지식에 대해 배우는 이가 몸소 뛰어들어 탐구해보고 경험해 보게 해야 한다.[59]

좋은 가르침은 정해진 답을 말이나 글로 전달하는 것이 아니라, 답을 찾는 배움의 길을 안내하고 활발한 탐구의 기회를 마련해주는 것이다. 배우는 이가 임자가 되어 스스로 답을 찾도록 이끌어 주고 문제 해결에 도움이 되는 자료나 실마리를 넌지시 보여주어야 한다.[60]

문학 갈래에 대해 쟁점이 되는 문제 가운데 학생들이 관심 가는 문제를 한 가지 정해 놓고 탐구해 볼 수 있다. 보기를 들어, 학자마다 다르게 갈래를 규정하고 있는 문학에 대해 탐구 문제로 정해서 함께 탐구해 볼 수 있다. 문학 갈래는 받아들이는 이가 어떻게 받아들이는가에 따라 그 갈래가 정해지기도 한다. 어떤 작품에 어떤 갈래 이름을 주는가는 그 작품을 읽고 보는 이에 달려 있다. 듣는 이나 읽는 이를 중요하게 여기는 '독자반응이론'에서는 갈래의 가늠은 받아들이는 이의 몫으로 돌릴 수밖에 없다. 때로는 같은 작품을 두고도 읽는 눈이 다르고 듣는 귀가 다르다. 받아들이는 이에 따라 어떤 작품은 다르게 들리고, 다르게 보인다.

문학의 갈래에 대해 읽는 이가 가늠해 보게 하는 일이 학생들에게

---

58 최미숙은 문학 지식이나 개념에 대해 단순하게 뜻매김(정의)한 것을 중심으로 가르치게 되면 뜻매김 자체를 이해하는 교육에 그칠 수 있다고 하였다. 최미숙(2019), 「문학교육 '개념' 교육에 대한 비판적 고찰 – '은유'를 중심으로 –」, 『문학교육학』 62, 한국문학교육학회, 16쪽.

59 제대로 체험하여 배우지 않고 단지 말로 대신하고 그것을 귀로 듣는 것을 장상호(2020), 앞의 책, 217쪽은 '구이지학(口耳之學)'이라 하였다. 구이지학은 진정한 배움이라 할 수 없고 뜻도 모르고 답을 되뇌는 앵무새 놀음과 같은 것이다. 『순자(荀子)』, 「권학(勸學)」에 "군자의 학문은 귀로 들어가 마음에 붙어 온몸으로 퍼져서 행동으로 나타난다. 소곤소곤 말하고 단정하게 행동하니 한결같이 모범으로 삼을 만하다. 소인의 학문은 귀로 들어가 입으로 나온다. 입과 귀 사이는 네 치밖에 안 되는데, 어찌 일곱 자의 몸을 아름답게 하기에 족하겠는가?"(君子之學 入乎耳 著乎心 布乎四體 形乎動靜 端而言蝡而動 一可以爲法則 小人之學也 入乎耳出乎口 口耳之間則四寸耳 曷足以美七尺軀哉)

60 엄태동(2006), 앞의 책, 204쪽은 내용을 설명하는 언어가 아니라 배움(상구) 활동을 지시하고 처방하는 언어야말로 가르치는 이(하화자)가 가르침(하화)의 장면에서 즐겨 쓰는 언어라 하였다.

잘못된 판단을 하게 할 수도 있어 위험하다고만 생각할 일이 아니다. 여기에 문학 작품을 학생들이 제힘으로, 제 나름대로, 제 생각대로 한번 마음껏 즐기고 감상해 볼 수 있는 마당이 펼쳐질 수 있다. 아울러 갈래의 가늠은 많이 열어두는 것이 좋다. 어느 한 갈래로 가늠해 보게 할 수도 있고 또는 두 갈래가 합쳐 있다거나 교술에 가까운 서정이라든지, 또는 서정에 가까운 교술이라든지 하는 식으로 자유롭게 가늠해 볼 수 있게 할 수도 있고, 아니면 이름씨꼴(명사형)의 갈래 이름을 쓰지 않고 매김씨꼴(관형사형)의 갈래 이름을 쓰는 것도 허용하는 것이 좋다. 아니면 딱히 어떤 한 갈래로 규정할 수 없다는 결론에 이를 수도 있다. 다만 갈래를 그렇게 생각한 그럴만한 근거를 또렷이 밝히게 하는 것이 중요하다. 갈래 규정이나 판단의 근거가 흐릿한 채 그냥 막연한 생각이나 느낌으로만 가늠하는 것은 좋은 배움이라 할 수 없기 때문이다. 좋은 배움은 그 안에 배우는 이 나름대로 생각이 자리 잡는 배움이다. 남의 생각을 따라가는 데만 허겁지겁하는 것도 좋은 배움이라 할 수 없고, 자신의 뚜렷한 관점이나 탐구 없이 흐릿하게 대충 생각을 정리하는 것도 좋은 배움이라 할 수 없다. 최선의 답을 찾으려면 자의적 주관성이 아닌 책임을 지는 주관성을 바탕으로 탐구해야 한다. 그러면 확신에 찬 열정을 가지고 의미 있는 배움을 경험할 수 있다.

배우는 이 스스로 갈래를 가늠해 보고 정해 보는 것이 문학 갈래라는 문학 지식을 더 깊이 있게 이해하고 공부하는 길이 될 수 있다. 어떤 문학의 갈래를 정해 보는 일은 문학의 갈래에 대한 지식이나 이론을 깊이 공부하지 않고는 하기 힘든 일이다. 탐구 문제를 해결하기 위해서는 그에 따른 공부가 뒷받침되어야 한다. 교육은 배우는 이들이 자신의 수준을 한 단계 높여 가면서 배우는 데서 오는 즐거움과 보람을 느끼게 하는 것을 중요하게 여긴다. 학계가 탐구한 결과를 정확히 재생하는 것보다 탐구의 과정을 중시하는 것이 교육의 본질에 가깝다. 배우는 이가 스스로 탐구하면서 열정을 가지고 빠져들게 하는 교육이 공적 지식이나 합의된 지식을 받아들이게 하는 교육보다 나중에는 더 가치 있는 열매를 맺을 수 있다. 체험으로 탐구해보지 않은 지식은 배우는 이에게 기억을 강요하는 지식이 되어버린다. 이런 지식은 새로운 지식을 찾거나 만들어내는 데 큰 도움이 되지 못한다. 이런 탐구 활동은 교육과정이나 교과에 있는 문학 지식을 비판이나 평가 없이 수용만 하는 것이 아니라, 스스로 주체가 되어 검증하는 길을 가게 하는 것이다.

4. 마무리

문학의 갈래는 문학을 이해하는 데 중요한 연구 분야기에 문학 연구 쪽에서 꾸준히 탐구해 온 주제이다. 또한 문학 교실에서도 빠지지 않고 늘 다루어 왔던 문학 지식이다. 그런데 문학의 갈래는 튼튼하게 굳어진 틀이 아니고 달라질 수도 있으며, 때로는 낱낱의 문학 작품을 갈래라는 테두리에 가두어 놓아 그 작품만의 제멋을 상하게 할 수도 있다고 생각하는 이도 많다. 그 밖에도 문학의 갈래에 대해 아직도 논쟁 가운데 있어 시원하게 풀지 못한 문제들이 있다. 이 글은 이렇게 문학 갈래에 대한 몇 가지 논쟁을 정리해 보고 문학 갈래를 문학 교실에서 다룬다면 어떻게 교육하는 것이 바람직할지 그 방향을 생각해 본 글이다.

상상이나 허구의 문학이 아닌 네 번째 갈래(교훈 문학, 주제 양식, 교술, 전술)를 문학의 큰 갈래의 하나로 볼 수 있는지에 대해 논란이 있다. 또 갈래를 뚜렷하게 정하기 어렵거나 두 가지 이상의 갈래 성격이 겹치거나, 다른 갈래로 옮겨가거나 변하고 있는 갈래를 중간 혼합의 갈래인 다섯 번째 갈래로 정하자는 주장이 있고 여기에 반대하는 의견도 많다. 이렇듯 큰 갈래를 몇 가지로 정할 것인가 하는 문제에 대해 서로 생각이 다르다. 문학의 갈래를 나누고 가르는 기준에 대해서도 서로 생각이 다르다. 자아와 세계의 관계를 바탕으로 문학을 갈래짓기한 이도 있지만 이런 기준에 대한 비판도 끊임없이 이어지고 있다. 그래서 제시 형식을 그 기준으로 내세우기도 한다. 다음으로 오로지 어느 한 갈래로 정하기 어려운 작품들이 많기에 이름씨꼴 갈래 이름보다는 매김씨꼴 갈래 이름을 쓰자는 주장이 있다. 하지만 매김씨꼴 갈래 이름은 문학의 갈래짓기 본뜻에 어긋난다고 보아 반대하기도 한다. 그리고 우리나라 문학 가운데는 갈래를 규정하기 어려운 문학이 있다. 이런 문학들의 갈래를 어떻게 가늠할지 아직도 연구자마다 생각이 다르다.

문학 갈래에 대한 이런 쟁점들이 있을 때 문학 갈래에 대한 교육을 어떻게 하면 좋을지 생각해 보았다. 먼저 문학 갈래를 가르치고 배우는 일이 필요한지 생각해 보아야 한다. 교사나 학생이나 가르치고 배울 주제에 대해 그것이 가르치고 배울 의미나 가치가 있는지 생각해 보아야 뜻깊은 교육 경험으로 나아갈 수 있다. 두 번째로 문학 갈래에 대해 가르치고 배우기로 했다면 배우는 이의 수준에 맞게 문학 갈래에 대한 지식이나 내용을 다듬고 손질해야 한다. 문학 교실의 상황에 맞게 그때그때 알맞은 방편을 마련하여야 한다. 그리고 이렇게 마련된 방편은 더 어렵고 복잡한 문학 갈래 이론을 공부하기 위한 디딤돌임을 안내해 주어야 한다. 셋째, 문학 갈래에 대한 여러 쟁점을 소개해 주어야 한다. 문학 갈래에 대해 몇 문장이나 몇 단락 정도의 요약정리본을 학생들이 읽었다고 해서 문학 갈래에 대한 지식이나 이론을 온전히 이해했다고 생각해서는 안 된다. 교과서의 설명은 참고자료일 뿐이다. 문학 갈래에 대해 논쟁 중이거나 풀지 못한 문제들이 있음을 소개해 주어야 학생들은 어느 한 견해를 진리처럼 여기지 않고, 문학 갈래에 대해 탐구할 것이 많다는 것을 알게 된다. 넷째, 문학 갈래에 대한 몇 가지 쟁점 가운데 학생들이 관심이나 흥미 있는 문제를 탐구 과제로 정하여 함께 탐구해 볼 수 있다. 배우는 이가 주체가 되어 스스로 탐구에 뛰어들 때 그 지식이 의미 있는 지식이 된다. 또 몸소 탐구하는 과정에 참여할 때 문학 갈래에 대해 더 깊이 이해하게 된다. 학자들이 탐구한 결과를 되뇌는 것이 아니라 스스로 탐구하는 과정을 겪어보게 하는 것이 뜻깊은 배움이 된다.

07

가사 문학은 어떤 갈래인가?

가사 문학은 갈래를 정하기가 어렵기 때문에, 배우는 이들에게 생각거리와 탐구거리를 던져 줄 수 있어 좋은 교육 밑감이 될 수 있다. 가사 문학의 갈래를 정하기가 어렵다는 것을 어떻게 문학 갈래 교육의 밑감으로 살려 쓸 수 있을지 살펴보았다.

가사의 문학 갈래를 연구자마다 다르게 정한 것은 같은 작품을 두고도 사람마다 다른 갈래로 보았기 때문이다.

갈래를 정하기 어렵다는 것은 갈래에 대한 열린 시각을 갖게 해 준다. 또한 가사의 갈래 이론 논쟁에서 볼 수 있듯이, 하나의 정답만이 있다는 지식관에서 벗어나는 것이 배우는 이들이 지녀야 할 자세임을 일러준다. 그리고 학자들이나 이론가들이 정해 놓은 가사나 문학의 갈래 이론을 그대로 받아들이기만 하면, 배우는 이 자신만의 지식이 될 수 없으니, 배우는 이들 스스로가 가사의 갈래를 가늠하게 하면서 의미 있는 배움을 경험하게 해야 한다.

1. 들머리

가사는 네 마디의 말가락을 길게 이어 지어 즐겼던 우리말 노래이다. 가사는 고려 때 생겨났다고 보는 이들이 많으나, 아직 그 첫 작품이 무엇인지 시원하게 풀지 못했다. 하지만 조선 때 많이 짓고 즐겼던 문학의 한 갈래[1]임에는 틀림없다.

1 '갈래'라는 말이 지나치게 분류라는 측면에 기울어 있어, '장르'라는 말을 그대로 쓰는 것이 좋겠다고 말한 이도 있다. 김창현(2005), 『한국적 장르론과 장르보편성』, 지식산업사, 16쪽. 하지만 장르(genre)란 말도 종류를 뜻하는 프랑스 말이다. 본디 말이란 것이 있는 그대로의 모든 것을 다 담을 수 없을 때가 많다. '갈래'란 말이 흠이 없을 수 없지만, 학문에서 쓰는 말 가운데는 모자라지만 가져다 쓰지 않을 수 없는 말도 많다. 따라서 이 글에서는 '갈래'라는 말을 살려 쓴다.

가사는 한자로 '歌詞'로 쓰기도 하고 '歌辭'로 쓰기도 한다. '歌詞'로 쓰면 들을 거리, '歌辭'로 쓰면 읽을 거리란 뜻이 강하다. 또 옛날 한글로 적은 노래책에는 '가ᄉᆞ'로 적었는데, '가ᄉᆞ'로 쓰면 한문으로 글살이를 했던 선비들과 달리 한글로 글살이를 했던 아낙네들이나 여느 백성들의 노래란 뜻이 강하다.[2] 이처럼 가사는 노래로 지어 부르고 듣기도 했고, 글로 지어 읊조리거나 읽기도 했다. 또 처음에는 주로 선비들이 짓고 즐겼으나 나중에는 여인들이나 여느 백성들도 짓고 즐기게 되었다. 시조를 짓고 즐기는 사람이 정해져 있었던 것에 견준다면 가사는 시조보다는 여러 계층이나 신분의 사람들이 짓고 즐겼던 예술이자 문학이었다고 할 수 있다. 아무래도 시조보다는 짓기가 쉬웠음을 짐작할 수 있는데, 딱히 형식에 얽매이지 않고 네 마디의 말가락을 자유롭게 이어서 하고 싶은 생각과 느낌을 말하는 문학의 갈래였기 때문일 것이다.

가사는 이렇듯 네 마디의 말가락으로 자유롭게 이어서 하고 싶은 말을 줄이지 않고 자세하게 드러낼 수 있는 문학이다. 가사는 이런 율격 장치가 있는 가락글(율문)이기에 노래로 부르거나 읊조릴 수도 있었다. 그래서인지 가사는 아무래도 '노래하기'의 성격을 지닌 문학이라 할 수 있다. 그런데, 노래하기는 혼잣말의 성격에 가깝고 지은이 자신의 정서나 감정을 드러내는 표현 방식이라 '서정'이라는 문학 갈래로 여기기 쉽다. 하지만 문학 갈래를 연구하는 이들 가운데 가사 문학은 서정이라고 보기 힘들다는 이들이 나타나면서 가사가 문학의 어느 갈래에 드는지에 대한 논쟁이 벌어지기 시작했고 아직도 그 논란은 끝나지 않고 있다. 그만큼 가사 문학은 여러 갈래의 특성을 지니고 있고, 그 어느 문학 갈래보다도 색다른 문학임을 알 수 있다. 더욱이 시대가 흐르면서 가사는 그 폭이 넓어지고 작품의 모습도 갖가지로 나타나 가사 문학을 한 가지

2 김학성(2001), 「가사의 본질과 담론 특성」, 『한국문학논총』 28, 한국문학회, 197쪽.

성격으로 정리하기가 어려운 점이 있다.

가사 문학이 이처럼 여러 갈래의 특성을 지녀 어느 한 갈래로 규정하기 어렵기에 문학 갈래 교육을 할 때 줄기로 다루고 있지 않다. 교과서가 문학교육 현장의 모든 모습을 다 보여줄 수 없지만, 아쉬운 대로 문학 교실의 상황을 살펴보기 위해 교과서를 들여다보면, 가사 문학은 문학의 갈래를 배우는 단원에서 어떤 갈래라고 규정해서 보이고 있는 교과서는 드물다. 그런데 어떤 갈래라고 매기고 금치는 것이 어렵기 때문에 오히려 문학 갈래 교육의 소재로 알맞을지 모른다. 본디 의미 있는 배움은 아리송함, 알쏭달쏭함 같이 배우는 이의 생각을 알맞게 건드려주는 상황에서 활발하게 일어날 수 있기 때문이다. 가사 문학의 갈래 규정의 어려움이라는 문학 지식은 협력 탐구를 적용하기에 충분히 활용해 볼 만한 가치가 있다.

가사 문학의 갈래를 학자마다 다르게 정리하여, 가사의 갈래에 대해서 때로는 정해진 이론이나 답을 주기 어렵다. 그런데 이렇게 일정한 답을 주기 어려운 내용은 배우는 이들에게 생각거리와 탐구거리를 던져줄 수 있다.

가사 문학의 갈래를 보는 눈이 왜 다르며, 문학 연구자들이 저마다 나름대로 목소리로 어떻게 가사 문학의 갈래를 정하고 있는지를 살펴보고자 한다. 지난날 가사 문학 갈래에 대한 여러 생각들이 가사 문학을 배우고 공부하는 이들의 머리를 아프게도 하지만 가사 문학이 다른 문학과 어떻게 다르고, 가사 문학만이 지닌 특성을 탐색해 보는 데 많은 도움을 줄 수 있을 것이다. 다음으로 앞서 살핀 가사 문학 갈래에 대한 여러 생각들을 바탕으로, 가사가 어떻게 협력 탐구를 적용한 문학 갈래 교육의 밑감이 될 수 있는지를 살펴보고자 한다.

2. 가사는 문학의 어떤 갈래인가?

가사가 문학의 어떤 갈래인지 연구한 글들을 보면 크게 두 가지로 나눌 수 있다. 가사를 어느 한 갈래로 정할 수 있다는 연구와, 가사는 어느 한 갈래로 정할 수 없고 여러 갈래에 걸쳐 있다는 연구이다. 가사 문학의 갈래에 대해 잠깐 이야기한 글이나 책들까지 다 살펴보기는 번거로우니, 가사 문학 갈래에 대해 깊이 밝힌 연구를 주로 살피겠다.

(1) 가사는 어느 한 갈래로 정할 수 있다

가사는 어느 한 갈래로 정할 수 있다는 이들이 있다. 가사가 때로는 여러 갈래의 모습을 띠고 있긴 하지만, 그 본질과 뿌리를 잘 살펴보면 어느 한 갈래에 이르게 된다고 보는 이론들이다.

1) 서정(抒情)

가사를 서정 갈래로 보아야 한다는 이들이 있다. '서정(抒情)'은 뜻을 펼쳐 보인다는 뜻인데, 지은이 자신이 겪은 감정이나 정서, 곧 마음속에 품고 있는 것을 쏟아낸다는 뜻을 담고 있다.[3] 그래서 아무래도 지은이 자신의 목소리로 말하는 갈래로 받아들이기 쉬워 혼잣말, 곧 주관의 고백과 같은 성격을 띤다. 자신의 속마음에 느끼는 정서나 감흥을 털어놓는 말하기라 할 수 있다. 어떤 대상이나 상태에 느끼는 바가 있어 마음이 움직여 그것을 지은이 자신만의 말로 표현하는 갈래가 서정이다. 내

3 서(抒)는 풀다, 펴다, 쏟다, 털어놓다의 뜻을 가지고 있다. 그러나 '서정'이란 말 자체는 우리가 이른바 서정 갈래로 다루는 문학의 모든 속살을 다 담아낼 수 있는 말은 아니다. 더군다나 이 말은 일본에서 서양의 개념을 옮겨 놓기 위해 만든 말이다. 그렇다고 널리 쓰고 있는 '서정'이란 말을 고쳐 쓰는 것도 쉽지 않은 일이다.

가 나한테 말하는 것이라 '나로 돌아가기(자아로 회귀)'를 본바탕으로 한다. 서정은 무엇을 전달하거나 알려주려고 하기보다는 내가 느낀 바를 듣는 이나 읽는 이도 받아들여 마음속에 깊이 자리 잡기를 바라는 갈래라 할 수 있다. 따라서 서정을 크게 내용과 형식으로 나누어 설명한다면, 지은이나 말하는 이가 마음에서 일어나는 느낌(내용)을 혼잣말로 바로 말하는(형식) 갈래이다.

김광조는 가사가 어떤 갈래인지 알아보려면 말하는 이와 듣는 이가 어떤 관계인지, 곧 말 주고받기 모습(담화 형식)을 분석해야 한다고 하였다. 가사 갈래의 순수함을 간직했다고 볼 수 있는 조선 전기 가사를 분석하였는데, 이들 작품이 대화체를 써서 서사와 극의 성격이 나타나기도 하고, 겉으로 드러난 듣는 이(현상적 청자)를 설정해서 교술의 성격이 작품 속에 들어가 있기는 하지만, 이런 것들은 말하는 이 자신의 태도나 주관의 감흥을 표현하기 위한 시적 표현 기법이라고 보았다.[4]

이를테면, 주인이 머슴들을 가르치고 설득하려고 지은 「고공가(雇工歌)」는 머슴이라는 현상적 청자를 설정하여 일방적인 말 건네기를 하고 있어, 듣는 이나 읽는 이에게 알려주어 주장하려는 욕구적 기능(conative function)이 강하게 나타나는 말하기지만, 지은이의 정서 표현을 효과 있게 하려고 받아들인 형상화 방법이라고 보았다. 다시 말해, 어떤 말을 전하려고 작품의 겉에 듣는 이를 드러낸 것이 아니라, 말하는 이의 심회를 효과 있게 서술하려고 한 서술적 장치나 공감을 넓히려고 한 시적 표현 기법일 뿐이라 하였다. 그러니 듣는 이에게 말을 건네는 가사 작품들은 듣는 이의 반응이나 태도 변화를 기대하고서 듣는 이를 겉에 드러냈다기보다는, 말하는 이의 속마음을 쉽게 펴고, 하고자 하는 말을 곧바

4 김광조(1997), 「담화 분석을 통한 가사의 장르적 성격」, 『한국시가연구』 2, 한국시가학회, 31-50쪽.

로 거칠게 하지 않고 한 번 걸러서 하려는 시적 형상화의 장치를 쓰고 있는 것이라 하였다. 또한 「속미인곡(續美人曲)」에 나오는 두 여인의 극적 대화도 님을 그리워하고 방황하는 지은이의 모습을 보여주려고 꾸며낸 시적 대화라 하였다. 두 여인은 정철이라는 한 사람의 두 내면을 표현하려고 만든 장치이다. 그러기에 작품에 나오는 인물은 지은이의 생각과 느낌을 나타내기 위한 하나의 도구일 뿐이다. 따라서 가사는 서정이 짙은 갈래이며, 말 건네기나 대화 같은 것은 지은이 자신의 심정을 효과 있게 드러내려는 시적 장치일 뿐이라고 정리하였다.[5]

성기옥·손종흠은 가사가 읊조리는 방식으로 즐기는 노래이고, 두 줄(행)이 마주 보면서 대(對)를 이루는 방식으로 진행되고, 지은이의 정서 표현에 중점을 두고 있기 때문에 서정으로 보는 것이 가장 맞다고 하였다.[6]

한편 김대행은 가사가 서정 갈래라고 말하지는 않았지만, 가사는 알려주어 주장하기보다는 정서적 감화나 마음의 표현을 위한 갈래라고 하여 많은 이들이 받아들이는 교술 갈래론에 물음을 던졌다. 가사가 일일이 말을 풀어서 길고 늘어진 문체, 곧 확장적 문체를 가지고 있는 것은 맞지만, 있었던 일이 아닌 마음속에 그리고 있는 바를 말하고 있고, 알려주어 주장하기보다는 생각이나 마음이 흘러가는 바를 드러내고 있다고 보았다. 어떤 가르침이나 주장에 무게를 두고 있는 종교가사, 도덕가사조차도 따지고 보면 이성적 판단에 바탕을 두고 있으므로 마음과 깊게 맞닿아 있다고 하였다. 곧 가사는 마음의 문제를 읊은 문학이라 하였다.[7]

---

5 김광조(1997), 위의 글, 36-39쪽.

6 성기옥·손종흠(2006), 『고전시가론』, 한국방송대학교출판부, 471쪽.

7 김대행(2008), 「가사와 태도의 시학」, 『한국시가문화연구』 21, 한국고시가문학회, 29-46쪽.

2) 네 번째 장르(제4장르)

여러 가지 문학을 서정, 서사, 극이라는 세 가지 갈래에만 담을 수 없다고 여긴 이들은 새로운 갈래를 하나 더 만들어야 한다고 생각하였다. 그래서 마련한 것이 '교훈(didactic) 갈래'이다. 교훈 작품은 이론이나 도덕, 실용 학문의 한 갈래를 설명하거나, 인상적이고 설득적인 상상과 허구의 형식을 가지고 도덕이나 종교의 철학적 주제나 교리를 예를 들어 설명하려고 계획한 작품이다.[8] 교훈 문학은 읽는 이에게 어떤 가르침을 주고자 지은 작품이라 할 수 있는데, 흔히 가르치고, 설득하고, 설명하려는 의도로 만든 문학이라 할 수 있다. 그러니 이런 문학은 아무래도 알려주어 주장하는 성격을 띠게 마련이다.

조동일도 우리 문학 갈래에 네 번째 갈래(제4장르)를 새로 끌어들였다. 서정, 서사, 극이라는 세 갈래만으로는 우리 문학의 모든 작품을 다 설명할 수 없다고 보고, '교술'이라는 갈래를 새롭게 내세워 우리 문학의 역사에서 문학의 테두리에 들지 못했던 작품들까지도 모두 끌어안을 수 있게 하였다.[9] 서정·서사·극의 3분법 체계는 문학을 상상이나 허구가 들어간 작품만 다루게 되므로, 지은이 자신의 경험이나 사실을 바탕으로 지은 작품은 문학에서 빠질 수밖에 없었다. 그래서 네 번째 갈래를 마련할 필요가 생겼다.

가. 교술(敎述)

조동일은 많은 이들이 서정 갈래로 여기는 가사 작품들조차 자세히 읽어 보면, 주관적 감흥보다는 오히려 실제로 있었던 일에 관한 관찰 또는 경험을 자세하게 또는 객관적으로 나타내려는 데 충실하다는 것을

8 Abrams, M. H. & Harpham, G. G.(2012), *A Glossary of Literary Terms*(10th ed.), Boston: Wadsworth Cengage Learning, pp. 88-89.

9 조동일(1992), 「가사의 장르 규정」, 『한국문학의 갈래 이론』, 집문당, 61-65쪽.

알 수 있다고 하였다. 또한 가사는 문체도 이것저것 들어 나열하고 여러 가지를 덧붙여 반복, 부연하는 확장적 문체를 즐겨 쓰기에 서술적 문체라고 보았다. 그리고 가사 작품의 내용을 살펴보면 사실을 그려서 남에게 보여주려고 알려주는 내용이며 거기 덧붙여 일정한 교훈적 주장을 하고 있다고 보았다. 또한 서사의 성격을 지닌 가사 작품도 잘 들여다보면, 실제 인물이 실제로 있었던 일을 적었고, 지은이가 겪은 일을 남에게 알려주려고 적었기 때문에, 서사가 아니다고 하였다. 서사가 되려면 인물의 형상화나 효과적인 구성이 나타나야 하는데 가사는 여기까지 이르지 못했다고 판단하였다.[10]

이와 같은 가사의 표현, 문체, 내용의 특징들을 종합하여 가사라는 문학이 "첫째, 있었던 일을, 둘째, 확장적 문체로, 일회적으로·평면적으로 서술해, 셋째, 알려주어서 주장한다."고 정리하였다. 이런 세 가지 특징은 서정, 서사, 희곡의 세 가지 갈래 그 어느 것에도 들지 않기 때문에, 네 번째 갈래를 따로 마련해야 한다고 하였다. 그래서 네 번째 갈래로 '교술(敎述)'이라는 말을 새롭게 만들었는데, '교(敎)'는 알려주며 주장한다는 뜻이고 '술(述)'은 어떤 사실이나 경험을 서술한다는 뜻이다고 하였다.[11]

그리고 교술인 가사가 서정이나 서사 갈래의 성격도 아울러 가지고 있을 때는 관형사 계열의 용어와 명사 계열의 용어를 함께 쓸 것을 제안하였다. 이를테면 교술이라는 기본 성격은 그대로 두면서 서정적 가사, 서사적 가사 같이 쓰자고 하였다.[12]

나. 전술(傳述)

성무경은 갈래의 성격을 알아보는 가장 효과 있는 방법은 작품의 문

---

10 조동일(1992), 위의 책, 55-59쪽.

11 조동일(1992), 위의 책, 61쪽.

12 조동일(1992), 위의 책, 19쪽.

학적 진술 방식이 무엇이냐 하는 데서 찾을 수 있다고 보았다. 그리고 '진술 방식'과 '진술 양식'을 구분하는 것이 좋겠다고 하면서, '진술 방식'은 문학 작품을 이루는 한 구성 요소가 되어 기능적으로 작용하는 언어적 국면으로 흔히 문체라 이를 수 있는 것이고, '진술 양식'은 본질적인 하나의 추상으로 문학적 국면으로 '존재 양식'이라 일컬을 수 있는 것이다고 했다.[13] '진술 방식'은 문장 차원의 진술로 부분의 진술이고 작품의 미문예성(美文藝性), 곧 문채(文彩) 구실을 하게 되는 것이고, '진술 양식'은 화행 짜임의 규칙으로 양식화의 원리가 되는 것이라 했다.[14]

성무경은 조동일이 내세운 교술 갈래가 주의·주장을 설복하려고 의도하는 교훈·목적 문학들에만 한정될 수 있다고 보고, '교술'이라는 개념어로는 가사의 넓은 외연을 담을 수 없어 새로운 추상을 마련해야 한다고 하였다.[15] 조동일의 '교술(敎述)'이나 헤르나디(P. Hernadi)의 '주제적 양식'[16]이라는 말은 지은이가 읽는 이에게 직접 말하는 방식의 개념이어서 서정, 서사, 희곡도 이런 진술을 가지고 있다 할 수 있기에, 새로운 개념어를 만들어야 한다고 하였다. 그래서 서술의 확장에 '노래하기'라는 환기 방식이 방해하여 '서술의 평면적 확장'을 이루는 진술 양식을 '전술(傳述)'이라 하자고 제안하였다. ㉮서정(또는 서정적 양식이라 했던 그 어떤 것)·㉯교술(또는 주제적 양식이라 했던 그 어떤 것)·㉰서사(또는 서사적 양식이라 했던 그 어떤 것)들은 모두 양식화의 전제 조건으로 '서술'(지은이가 읽는 이에게 직접 말하는 방식)을 지니고 있기는 하지만, ㉯만이 양식화의 본질적 조건으로 '서술성(평면성)'을 진술 특성으로 하기에 '술(述)'을 특별히 강조할 필요가 있고, 또 '전(傳)'은 '전달한다'는

---

13 성무경(2000), 『가사의 시학과 장르실현』, 보고사, 47-48쪽.

14 성무경(2000), 위의 책, 78쪽.

15 성무경(2000), 위의 책, 31쪽.

16 주제적 양식은 지은이가 읽는 이에게 직접 말하는 방식이다. Hernadi(1972), *Beyond Genre: New Directions in Literary Classification*, New York: Cornell University Press, p. 166.

뜻으로 네 가지 큰 갈래라 일컬었던 모든 진술 양식이 '전달'을 전제하고 있긴 하지만, ㉯만이 그 '전달'을 문면(文面)에 의도적으로 내비칠 수 있다는 점에서 명칭의 일부 개념을 맡을 수 있다고 보았다.[17] 말하자면, 성무경은 지금까지 교술 또는 주제적 양식으로 일컬어왔던 갈래를 '전술'이라는 말로 새롭게 일컬어야 그 갈래가 가지고 있는 진술 양식의 속살을 고스란히 담을 수 있다고 보았다.

이렇게 전술 양식을 새로 끌어들인 성무경은 가사는 "서술의 확장에 노래하기라는 환기 방식이 서술의 입체화를 방해하여 평면적 확장을 이루게 하는 진술 양식이며 그 본질은 서술에 있다"[18]고 결론 내렸다. 그러면서 「사미인곡(思美人曲)」과 같은 작품은 '극적 진술 양식의 가면을 쓴 전술 양식'이라 하였다. 「사미인곡」은 지은이가 가면(퍼소나, persona)을 쓰고 자신을 드러내지 않고 숨어서 말하는 방식으로 되어 있으나, 그것은 진술 양식이 아닌 진술 방식으로서 기법적 장치에 해당한다고 보았다. 곧 '양식화된 가면'을 쓰고 거짓 진술을 하고 있다고 보았다.[19] 또한 서사처럼 느껴지는 「관동별곡(關東別曲)」도 자세히 읽어 보면 '심층 서사구조(플롯)'나 '전향적(←) 인과율'[20]이 보이지 않기 때문에 '기초 서

17 성무경(2000), 앞의 책, 56-57쪽.

18 '노래하기'는 헤르나디가 문학적 진술 양식을 포괄하는 환기 방식의 두 축으로 설정했던 '행동하기(action; 극적 양식)'와 '보여주기(vision; 주제적 양식)' 가운데 '보여주기'를 이른 것인데, '보여주기'는 비예술적인 언어(일상의 언어)로부터 문학의 경계를 구분 짓는 기준으로 '상상적'이라는 표지 이외에는 아무것도 갖추지 못하고 있어 선명성이 없다고 보아, 성무경은 '노래하기'라는 말로 바꾸었다. 성무경(2000), 위의 책, 49쪽. '서술의 입체성'은 행동언어로서 대화가 서술에 개입하는 것으로 그 입체성을 문학 용어로 '플롯(plot)'이라 한다(위의 책, 110쪽). 따라서 서술의 입체성을 방해한다는 말은 가사가 대화 같은 행동언어나 플롯 같은 서사 문학의 본질적 요소까지는 갖추지 못한다는 말이다. 그래서 '입체적 확장'이 아니라 '평면적 확장'이라 한 것이다.

19 성무경(2000), 위의 책, 90-92쪽.

20 '전향적(forward) 인과율'은 리몬-캐넌(Rimmon-Kenan)이 포스터(Foster)의 스토리(story)와 플롯(plot)의 개념을 비판하기 위해 쓴 말로, 스토리에도 인과율이 들어갈 수 있다고 보아, 스토리에 '후향적(backward) 인과율'이 있고 플롯에 '전향적 인과율'이 있다고 하였다.

사'가 드러날 뿐이지 '양식 서사'[21]까지 나아가지 못하였다고 보고, 기초 서사의 진술 방식으로 되어 있는 전술 양식이라 분석하였다.[22] 그리고 「속미인곡(續美人曲)」도 희곡(극) 양식의 가면을 쓴 진술 방식으로, 대화자로 나오는 갑녀나 을녀는 모두 정철의 인격적 서술자 목소리가 형상화된 것이라 보았다. 「속미인곡」이 대화체의 진술 방식으로 행동 언어(대화)를 드러내지만, 그것은 희곡이라는 진술 방식을 선택했을 뿐 희곡이라는 진술 양식, 곧 존재 양식으로까지는 나아가지 못했다고 보았다.[23]

이와 같이 성무경은 서정적, 서사적, 극적 성격을 지닌 가사 작품도 자세히 들여다보면 단지 그러한 문체나 진술 방식, 서술 기법을 썼을 뿐이지, 가사는 그 본질이라 할 수 있는 진술 양식이 지은이 자신의 인격적 목소리로 자세히 풀어서 말하고 전달하려는 '전술'이라는 양식이라고 하였다.

김학성은 성무경의 주장과 이론을 발전시켜 가사의 갈래 특성을 밝혔다. 가사는 노랫말이 일단 길어야 하는 특징이 있는데, 이는 펼쳐 서술[포서(鋪敍)]하고 갖추어 기록[비록(備錄)]하는 문학이라고 하였다. 곧 세세하게 펼쳐 서술하고 조목조목 갖추어 서술함으로써 말이 길어진 긴 노래가 되는 것이 가사의 특징이라 하였다.[24] 가사는 '노래하기'를 지향

Rimmon-Kenan, S.(1983), *Narrative Fiction: Contemporary Poetics*, 최상규 옮김(1985), 『소설의 시학』, 문학과지성사, 35쪽.

21 '기초 서사'는 '인과율'이 중시되지 않고 다만 단선적 과정(시퀀스)만의 의미를 지닌 스토리(서술의 줄거리)만을 지닌 것으로 서사 양식뿐 아니라 다른 양식에도 실현되는 진술 방식이다. 이와 달리 '양식 서사'는 서사 양식의 본질적 진술 방식으로 기초 서사가 구체적 언어 표현으로 양식화된 것이다. 성무경(2000), 앞의 책, 129-132쪽.

22 성무경(2000), 위의 책, 125-141쪽.

23 성무경(2000), 위의 책, 225-243쪽.

24 이는 홍만종(洪萬宗, 1643~1725)의 『순오지(旬五志)』에 나오는 가사 문학에 대한 평론을 근거로 말한 것이다. 홍만종의 『순오지』에 "면앙정가(俛仰亭歌)는 정승 송순(宋純)이 지은 글이다. 산수의 경치를 **자세히 그리고**, 거기에서 노는 즐거움을 **곡진히 말했으니** 참으로

하면서도 그 진술 방식에서는 설명·기록·전달·의론을 위해 '다 갖추어 말하기'를 지향하는 특성을 아울러 갖추고 있다고 하였다. 그러니 '다 갖추어 말하기' 지향과 '노래하기' 지향의 양극단 대립의 중간 영역에 있으면서 그 대립을 중화시켜 미감을 창출하는 담론 특성을 갖는 갈래라고 하였다. 가사는 내면에 느끼는 정서나 감흥을 '자상하게 알려주고 전달하기' 위한 담화체 양식을 취하고 있으므로 서구의 주제적 양식에 든다고 보았다.[25] 여기서 그는 성무경의 논리가 이론적 엄밀성을 지향하다 보니 상당히 어려운 면을 지니고 있다고 보고, 이해하기 쉽게 갈래틀을 다음과 같이 정리하였다.

서정: 어떤 상황(정황)을 노래하고자 하는 진술 양식

전술: 어떤 사실(화젯거리)을 전달하고자 하는 진술 양식

서사: 어떤 사건을 이야기하고자 하는 진술 양식

희곡: 어떤 행동을 재현하고자 하는 진술 양식[26]

위의 기준에서 볼 때 가사는 4음(량) 4보격이라는 율격에 맞추어 다정하게 말하면서도, 하고자 하는 말을 다 갖추어 상대방이 알아들을 수 있게 자상하게 말하는 진술 방식, 곧 어떤 사실(화젯거리)을 알리고 전

가슴 속의 호연한 취미가 서려 있는 듯하다.……관동별곡(關東別曲)은 송강(松江) 정철(鄭澈)이 지은 것이다. 여기에서 송강은 관동에 속한 산수를 **역력히 들어서** 그 그윽하고 기괴한 경치를 묘하게 형용하고 기이하게 그려냈으니, 실로 악보의 절조라 할 것이다.……강촌별곡(江村別曲)은 오산(五山) 차천로(車天輅)가 지은 것이다. 강산의 취미를 성하게 이야기하고 한가로이 사는 흥취를 **빠짐없이 서술**한 글이다.……유민탄(流民歎)은 현곡(玄谷) 조위한(趙緯韓)이 지은 것이다. 혼조(昏朝)의 번거로운 정치와 열읍(列邑)의 혹독한 부세(賦稅)를 개탄하여 그 정경을 **자세히 엮어** 놓았다." 홍만종 지음, 이민수 옮김(1971), 『순오지(旬五志)』, 을유문화사, 266-268쪽.

25 김학성(2009), 「가사의 장르적 특성과 현대사회의 존재 의의」, 『한국 고전시가의 전통과 계승』, 성균관대학교출판부, 402-423쪽.

26 김학성(2009), 위의 책, 422-423쪽.

달하고자 하는 담화체 양식을 보이므로 전술(교술, 주제적) 양식에 해당하는 갈래라고 규정하였다.

김학성도 성무경과 같이 조동일이 쓴 '교술'이라는 말은 '교훈적 서술'이란 말을 줄인 것으로 그 뜻이 너무 제한적이어서, 원칙적으로 가사 가운데 교훈가사에 드는 것밖에 담지 못한다고 보고, 화제(글감, 이야기 자료, 전언message)를 알리고 설명하는 '전달 서술'이라는 '전술'이라는 이름을 붙이는 것이 알맞다고 하였다. 또한 헤르나디가 말한 '주제적 양식'에서 '주제'란 말은 모든 문학 작품에 다 해당하는 두루 쓰는 이름이므로 알맞지 않다고 보았다.[27]

그리고 가사를 전술 양식으로 보지 않고 서정이니 서사니 극이니 하면서 여러 갈래의 특성을 갖추었다고 말하는 것은, 작품의 미감을 얻기 위한 기법적 장치들을 진술 양식으로 착각하고 가사를 복합 갈래 또는 혼합 갈래로 오해하기 때문이라고 하였다. 표면에 드러난 문채만 보고 그 뒤에 자리하고 있는 가사의 본질과 근원을 제대로 읽어 내지 못하면 가사를 복합이나 혼합 갈래로 보는 잘못을 저지를 수 있다고 보았다.[28]

(2) 가사는 여러 갈래의 모습을 띠고 있다

가사는 여러 갈래의 모습을 갖추고 있어 어느 한 가지 갈래로 못 박을 수 없다고 보는 이들이 있다. 갈래를 한 가지로 정할 수 없다는 이론들을 살펴보겠다.

27 김학성(2018), 「가사의 문학성을 찾아서: 가사의 담화방식과 화행짜임」, 『오늘의 가사문학』 16, 고요아침, 16쪽.

28 김학성(2009), 앞의 책, 435쪽.

1) 중간·혼합갈래

문학 작품 가운데는 어느 갈래로 집어넣기가 뚜렷하지 않은 작품들이 있다. 또한 하나의 갈래 안에 들 수 있다고 보는 작품도 그 갈래의 본바탕을 빈틈없이 갖추고 있지 않은 때가 종종 있다. 더욱이 다른 나라의 문학에서 볼 수 없고, 우리 문학에서만 볼 수 있는 역사적·관습적 갈래들은 한때 꽃피우다가 시들어 사라지고 만 것들이 많은데, 이런 작품들은 우리만의 역사 속에 태어나고 목숨을 다한 것들이라 갈래를 무엇이라고 단정해서 말하기 힘들다.

김흥규는 갈래를 경계선이 확연히 구분되는 범주적 개념으로 보는 것보다 하나의 이념형으로 갈래 사이의 중간적 위치를 인정하는 좌표적 개념으로 보자고 제안하였다. 그래서 갈래는 항상 그렇게 있는 실재(實在)로 보기보다는 다양한 작은 갈래(역사적 갈래)들을 설명하기 위해 만든(따라서 다른 것으로 대치할 수 있는) 개념의 장치로 보는 것이 좋다고 하였다. 그래서 갈래의 용어도 서정·서사·희곡·교술 같이 불변의 범주성을 전제하는 명사류 대신 서정적·서사적·희곡적·교술적 갈래들이라는 관형어적 구분을 택하는 것이 좋다고 보았다. 또한 설명의 편의를 위해 거의 모든 역사적 갈래들을 그 주요 속성이나 경향에 따라 서정적 갈래들, 서사적 갈래들, 희곡적 갈래들, 교술적 갈래들 하는 식으로 구분해 보지 않을 수 없으니 이런 편의적 구분조차도 쉽지 않은 중간적·혼합적 갈래들은 무리한 분류를 강제하기보다 그 다면적 연관을 존중하는 접근방법이 필요하다고 하였다. 다시 말해 김흥규는 여러 갈래의 속성에 걸쳐 있어 갈래짓기가 어려운 역사적 갈래들은 중간·혼합적 갈래로 다룰 것을 제안하였다.[29]

김흥규는 가사는 서정성이 강한 작품이 있는가 하면 실제적 사실과

29 김흥규(1986), 『한국문학의 이해』, 민음사, 32-35쪽.

체험을 기술하는 데 치중한 것도 있고, 이념·교훈을 널리 펴기 위한 노래가 있는가 하면 허구적 짜임을 제대로 갖추어 일정한 사건을 이야기해 나가는 작품도 있어, 여러 종류의 경험·사고 및 표현 욕구에 대하여 폭넓게 열려 있는 혼합갈래의 하나로 보았다. 가사는 어떤 하나의 범주 또는 자질에 귀속시키기보다는 그 개방성을 인정하는 것이 바람직하다고 보았다.[30]

2) 가사는 작품에 따라 그 갈래가 다르다

가사는 작품에 따라, 또는 시대에 따라 그 갈래를 다르게 정해야 한다고 생각하는 이들이 있다. 다시 말해 가사는 서정 갈래가 될 수도 있고, 교술 갈래가 될 수도 있고, 때로는 서사나 극 갈래가 될 수도 있다고 보는 견해들이다.

주종연은 교훈 문학(또는 교시 문학)이 문학의 갈래에 들어와야 가사 작품들을 다 끌어안을 수 있다고 보고, 가사는 서정적인 것과 서사적인 것 그리고 교시적인 것, 세 가지로 크게 나눌 수 있다고 하였다.[31]

전일환은 가사는 본디 서정을 바탕으로 서사성과 교술성이 복합된 특수한 갈래라 하였다. 이런 복합성 갈래였던 것이 조선 후기로 내려오면서 지은이, 작품에 따라 서사성이 높아지거나 교술성이 특별히 짙어지는 경향을 보이게 되어 다른 갈래와 혼동하게 되었다고 하였다. 그리고 가사를 큰 갈래[유개념상(類槪念上)의 갈래]로 세운다면 거기에 따른 작은 갈래(하위개념상의 갈래)로 서정적 가사, 서사적 가사, 교술적 가사로 나눌 수 있을 것이라 하였다. 지은이가 주관적이며 관조적인 수법으로 자기의 사상 감정을 시적 감흥으로 형상화한 작품들을 서정적 가

30 김흥규(1986), 위의 책, 118-119쪽. 김흥규의 중간·혼합갈래는 다섯 번째 갈래(제5장르)로 볼 수 있어 5분법의 갈래 이론이라 할 수 있다.

31 주종연(1993), 「가사의 장르고」, 『한국고전문학 장르연구』, 한신문화사, 12쪽.

사라 하고, 나라와 겨레의 서사적인 사건을 그린 것이나 기행(紀行) 또는 유배(流配) 사건을 서술한 작품을 서사적 가사, 그밖에 어떤 사실을 알려 주고 가르쳐주기 위한 교술성을 강조한 것을 교술적 가사로 규정하자고 하였다.[32] 그리고 가사의 갈래 성격을 다음과 같은 그림으로 나타냈다.

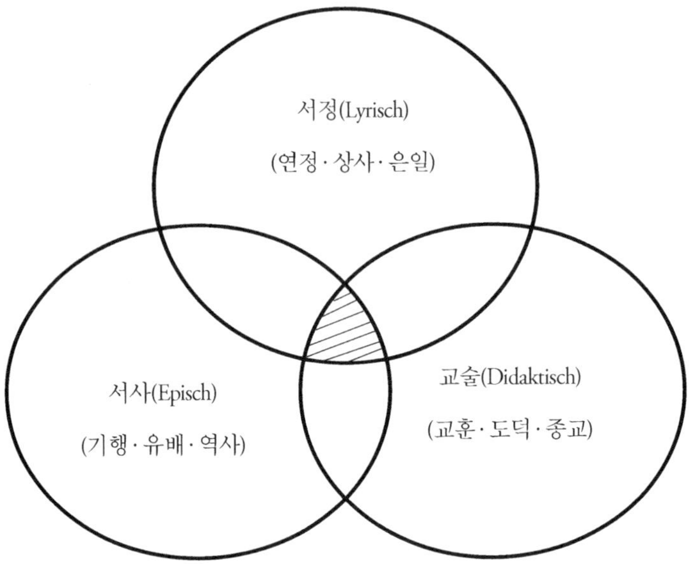

[그림 7-1] 가사의 복합성[33]

박연호는 가사를 한 가지 갈래로 규정하기 힘들다고 보았다. 가사를 어떤 갈래로 못 박는 것이 오히려 가사의 본질을 해칠 수 있다고 여겼다. 또한 3분법이니 4분법이니 하는 갈래론(장르론)은 서구 사람들의 문학을 가르기 위한 이론이라, 이 이론으로 우리 문학의 역사에서 나타난

32 전일환(1986), 「가사 문학 장르에 관한 재고」, 『국어문학』 26, 전북대학교 국어국문학회, 260-268쪽.

33 전일환(1986), 위의 글, 273쪽.

여러 문학을 밝히 설명할 수 없다고 하였다. 그래서 조선 전기 가사는 말하는 이의 정서와 내면을 드러내는 작품들이 많고, 조선 중기 가사는 지은이가 겪은 일을 객관적으로 보이려는 작품들이 많고, 조선 후기 가사는 주제와 내용, 갈래의 성격이 매우 넓어지고 다른 갈래를 끌어안는 작품들이 많아졌다고 정리하였다. 조선 전기 가사는 거의 모두 서정 갈래의 작품이고, 조선 후기 가사는 주제적 양식이 많으며 몇 작품은 서사적 양식으로 되어 있다고 하였다. 곧 가사는 시기나 작품에 따라 서정, 서사, 주제적 양식(교술)의 성격을 모두 갖고 있다고 보았다.[34]

그리고 박연호는 가사가 시대가 흐르면서 여러 갈래의 모습을 띠게 된 것은, 가사의 갈래 성격이 달라졌다기보다는 서사 양식이나 주제 양식으로 말해야 할 것들을 많은 이들에게 익숙한 가사체라는 4마디 가락글(율문)로 표현한 것이라고 생각하였다.[35] 박연호의 연구에 따르면 가사는 본디 서정 갈래가 그 본모습이나, 사람들이 이야기하기나 알려주기 같은 말하기를 할 때도 필요에 따라 선택한 문체였다고 할 수 있겠다.

김창현은 본디 가사는 짧은 노래(단형시가)인 시조나 한시와 공존한 서정 갈래였는데, 길이가 길어지다 보니 긴 숨의 시상과 정보를 받아들일 수 있게 되어, 서사적인 경향도 띠게 되고 정보의 전달이나 저장에도 활용될 수 있었다고 했다. 그래서 처음에 가사를 짓고 즐겼던 사대부들이 서정적 감흥을 위해서가 아니라 '필요한' 때에 실용적으로 가사를 이용하게 되고, 이런 관행을 바탕으로 교술적 서사 갈래로 변질되었을 것이라고 하였다. 또한 나중에는 가사를 짓는 사람들이 오직 정보와 메시지 전달에만 힘을 쏟게 되어, 미적 향유보다는 집단교양·정보전달, 심지어 정보의 저장과 보존이 목적이 되기까지 해서, 가사는 예술적 구성이

---

34 박연호(2003), 『가사 문학 장르론』, 다운샘, 15-83쪽.

35 박연호(2003), 위의 책, 59쪽.

결여된 채 정보와 주장을 전달하는 수단으로 변질되었다고 했다.[36] 그래서 가사라는 갈래의 본질과 속성을 다음과 같은 그림으로 설명하였다.

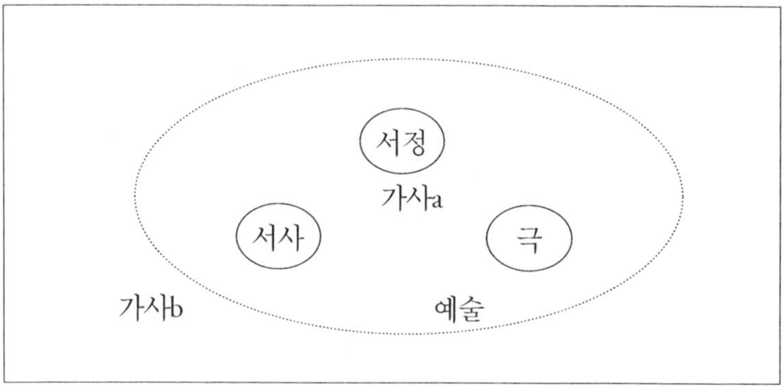

[그림 7-2] 가사의 이동[37]

위 그림과 같이 가사는 '서정' 가까이에 있다가 조선 후기로 오면서 차츰 서사의 바깥쪽으로 옮겨갔으며(가사a → 가사b), 나중에는 그 분포 지역이 넓어졌다고 하였다. 그래서 때로는 문학다움(예술)을 잃어버린 작품도 나오게 되었다고 했다.[38]

이처럼 김창현은 가사는 본디 서정 갈래였으나, 시조나 한시로 지은 이의 서정적 감흥을 충분히 읊을 수 있어, 가사는 나중에 다른 길을 가게 되었다고 보았다. 가사는 길이에 제한을 두지 않고 하고 싶은 말을 자유롭게 할 수 있는 문학이었기 때문에, 정보와 주장을 전달하는 갈래

---

36 김창현(2005), 앞의 책, 246-249쪽.

37 김창현(2005), 위의 책, 248쪽.

38 참고로 김창현은 네 번째 갈래(제4장르)인 교술(또는 주제 양식, 수필, 전술)을 문학의 갈래로 인정하지 않았다. 김창현(2005), 위의 책, 56-84쪽. 곧 무엇을 알려주거나 가르쳐주거나 설득하는 글들은 문학에 들 수 없다고 보았다. 그래서 가사 가운데는 문학의 테두리를 벗어난 것도 있다고 한 것이다. 전일환도 교술을 문학 밖에 있는 것으로 여겼다. 전일환(1986), 앞의 글, 272쪽.

로 그 테두리가 넓어졌고, 문학에서 멀어진 작품들도 나오게 되었다고 보았다.

한편 김병국은 프라이(N. Frye)와 헤르나디(P. Hernadi)의 이론에 기대어 가사의 갈래를 규정하기는 하였지만, 그의 글을 자세히 읽어 보면 가사가 여러 갈래의 속성을 지니고 있음도 무시할 수 없다고 말하고 있음을 알 수 있다. 가사가 주제적 갈래이며, 지은이가 사회의 대변자 노릇을 하며, 규칙적으로 판 찍힌 운문체이거나 이른바 교술 또는 적어도 교시적인 것이기에 프라이의 수사론적 장르 체계의 개념을 빌려 에포스(epos)에 든다고 보았다. 그리고 서정이나 서사와 비슷한 작품이 있는 것은 에포스가 모든 언어적 진술 방식을 두루 갖는 특성 때문이라고 보았다. 또한 헤르나디의 갈래 이론에 따르면 가사가 주제적 양식(thematic mode)에 가깝지만, 구체적인 작품을 대하게 되면 어떤 것은 주제적 양식(「성산별곡(星山別曲)」), 어떤 것은 극적 양식(「속미인곡(續美人曲)」), 어떤 것은 서사적 양식(「관동별곡(關東別曲)」), 어떤 것은 서정적 양식(「사미인곡(思美人曲)」)의 본질에 가깝다고 하였다.[39] 그러고 보면 김병국은 가사가 에포스나 주제적 양식에 가깝지만, 서정이나 극, 서사에 가깝다고 생각할 수 있는 작품들도 있다고 본 셈이다.

이제까지 살펴본 가사 문학의 갈래 규정에 대한 여러 연구자의 견해를 표로 정리해 보면 다음과 같다.

39 김병국(1995), 『한국고전문학의 비평적 이해』, 서울대학교출판부, 165-168쪽.

[표 7-1] 가사가 문학의 어떤 갈래인지 여러 연구자의 생각

<table>
<tr><th colspan="4">한 가지 갈래로 정할 수 있음</th><th colspan="4">여러 갈래의 성격을 지님</th></tr>
<tr><th colspan="2">서정</th><th colspan="2">네 번째 갈래(장르)</th><th colspan="2">중간·혼합갈래</th><th colspan="2">여러 갈래</th></tr>
<tr><th>연구자</th><th>중요한 말</th><th>연구자</th><th>중요한 말</th><th>연구자</th><th>중요한 말</th><th>연구자</th><th>중요한 말</th></tr>
<tr><td>김광조</td><td>주관의 감흥</td><td rowspan="2">조동일</td><td rowspan="2">교술(敎述)
주장, 서술</td><td rowspan="4">김흥규</td><td rowspan="4">여러
갈래의
속성</td><td>주종연</td><td>서정적,
서사적,
교시적</td></tr>
<tr><td>성기옥
손종흠</td><td>정서 표현</td><td>전일환</td><td>서정, 서사,
교술 복합</td></tr>
<tr><td rowspan="2">김대행</td><td rowspan="2">정서적 감화
마음의 표현</td><td rowspan="2">성무경
김학성</td><td rowspan="2">전술(傳述)
사실 전달</td><td>박연호</td><td>서정, 서사,
주제적 양식</td></tr>
<tr><td>김창현</td><td>서정, 서사,
비문학</td></tr>
</table>

3. 가사가 문학의 어떤 갈래인지 문학 교실에서 다룬다면?

가사가 문학의 어떤 갈래인지 연구한 이론을 살펴보았다. 시대가 흐르면서 가사의 갈래가 달라졌다고 보는 연구도 있었고, 시대에 상관없이 가사는 한결같이 하나의 갈래로 정할 수 있다고 보는 연구도 있었다. 가사의 갈래를 여러 갈래로 보는 것에 대해서 문체나 서술 기법 같은 것을 가사의 본질이나 근원으로 잘못 알고 있기 때문이라고 비판하는 견해도 있었다. 그리고 가사의 갈래를 무엇이라고 정할 수 없으니 중간·혼합 갈래로 다루자고 한 이도 있었다. 가사 문학의 갈래에 대한 생각이 이렇게 여러 가지인 까닭은 같은 가사 작품을 두고도 읽는 이마다 그 갈래를 다르게 보기 때문이다. 가사는 갈래 문제만 놓고 봤을 때는 혼란스럽고 당황스러운 문학이다. 장덕순이 지적한 대로 가사는 우리 문학의 양식 가운데 가장 문제가 되는 문학이다.[40] 그런데 이렇게 문제가 많

은 '가사는 문학의 어떤 갈래인가?'가 가사 문학이나 문학 갈래를 가르치고 배울 때 오히려 좋은 교육 밑감이 될 수 있다.[41] 어떤 문학의 갈래를 정한다는 것이 쉽지 않은 일이며, 또한 같은 문학을 두고도 이렇게 갈래를 다르게 정할 수 있다는 것은 좋은 탐구 거리가 된다. 탐구, 배움에 대한 열정과 흥미나 관심을 끌기에 매력을 가지고 있다. 가사의 갈래를 어떻게 정할지 여러 견해를 살펴보고 자신만의 견해를 세워본 다음에, 다른 이들과 토론하면서 가장 옳은 이론이나 주장을 가려보는 활동으로 나아갈 수 있다. "어떤 정해진 지식을 가르치는 것보다 해답이 마련되어 있지 않은 영역을 탐구해 가는 과정이야말로 바람직한 교육의 모습이다."[42] 이렇게 여러 갈래의 특성을 지니고 있고, 어느 한 가지 갈래로 정하기 힘든 가사는 문학 갈래에 대한 지식을 탐구하게 하는 좋은 교육 자료가 된다.

(1) 배우는 이들이 이해하기 쉽게 다듬어 가사 문학의 성격 알아보기

가사 문학의 특성을 이해하려면 배우는 이들이 이해할 수 있는 수준으로 다듬어야 한다. 학자들이 연구한 가사 문학 갈래 이론을 그대로 보이면 학생들은 어려워하므로 학생들의 수준에 맞게 '방편'을 써야 한

---

40 장덕순(1995), 『국문학통론(國文學通論)』, 박이정, 37쪽.

41 거듭 말하거니와 가르치고 배울 거리는 가르치고 배우는 이가 고르고 정하는 것이 가장 바람직하다. 교육은 교육에 뛰어드는 임자가 스스로 고를 때 그 참 값어치가 드러난다. 가사가 문학의 어떤 갈래인가를 반드시 문학 교실에서 다루자는 것이 아니라, 만약 다룬다면 어떻게 가르치고 배울 것인지를 생각해 본 것이다. 가사의 문학 갈래를 어떻게 정할지 관심이나 흥미를 보이는 이들이 아주 없다고 할 수는 없다. 이 문제에 대해 관심을 보이는 이들이 있다면 문학 교실에서 다루어 볼 수 있다.

42 정재찬(1993), 「담화 분석을 통한 가사의 장르성 연구 – 상춘곡을 중심으로 한 문학교육적 연구 – 」, 『선청어문』 21, 서울대학교 국어교육과, 208쪽; 장상호(2000), 『학문과 교육(하): 교육적 인식론이란 무엇인가』, 서울대학교출판문화원, 456쪽.

다. 방편(方便, fang-pien, upāya)은 석가모니가 상대방의 근기(根機), 곧 소질이나 능력에 따라 설법을 하는 대기설법(對機說法)과 상대방이 이해하고 실천하기 쉬운 것부터 시작해서 차츰 수행능력을 성숙시키는 차제설법(次第說法)을 뜻한다.[43] 가장 높은 진리를 체험한 부처가 그 수준에 이르지 못한 중생들과 바로 소통하기가 어렵기 때문에 방편을 바탕으로 가르쳤다.[44] 방편은 배우는 이가 지금의 지식수준에서 벗어나도록 '유인하는 미끼', (가르치는 이가) 이미 벗었던 허물을 뒤집어쓰는 '허물쓰기', 가르치는 이의 수준과 배우는 이 사이에 놓인 '보폭에 맞는 징검다리', 문제 상황의 '어둠의 굴 저편에서 손짓하는 한 줄기 빛', 체험이라는 저 하늘의 '달을 가리키는 손가락', 깨달음에 이르는 '강을 건넌 후 버리고 가야 할 뗏목'들에 빗댈 수 있다.[45] 방편은 잠정의 진리이다. 배우는 이가 밟는 징검다리는 한 때는 앞으로 나가기 위한 디딤돌이지만, 한 차례 앞으로 나가기 위해선 넘어서지 않으면 안 될 걸림돌이 되는 것이다.[46]

문학 교실에서 문학 지식을 가르칠 때도 방편을 살려 쓰는 것이 중요하다. 학생들이 이해하기 어려운 문학 지식은 학생들 수준에 맞게 다듬어야 한다. 갈말(용어)를 비롯해 개념이나 이론을 배우는 이가 이해할 수 있게 고치는 것도 필요하다. 한편 이때 중요한 것은 지금 배우는 문학 지식이 마지막 완성된 지식이 아니고 방편임을 반드시 안내해 주어야 한다는 것이다. 그래야 이 방편을 바탕으로 더 어려운 수준의 문학 지식을 탐구하고 배워나가게 된다. 방편이 되는 문학 지식은 그다음 단

---

43 김영헌(1998), 「초기불교의 교화방법론 연구」, 『불교대학원논총』 5, 동국대학교 불교대학원, 111-139쪽; 김남희(2000), 「법화경의 '방편'에 관한 교육학적 해석」, 서울대학교 석사학위논문, 10쪽.

44 김남희(2000), 위의 글, 13쪽; Pye, M.(2003), *Skillful Means: A Concept in Mahayana Buddhism*, London: Routledge, pp. 1-3.

45 김남희(2000), 앞의 글, 155쪽.

46 김남희(2000), 위의 글, 131쪽.

계의 문학 지식을 배우기 위한 디딤돌이 된다. 또 방편이 되는 문학 지식을 온전히 이해한 다음에는 이 방편 지식은 다음 단계의 문학 지식을 배우기 위한 걸림돌이기 때문에, 과감히 버려야 할 지식이 되기도 한다. 이것을 '허물벗기'에 빗댈 수 있다. 허물을 벗는 짐승은 허물벗기를 되풀이하면서 점차 더 튼튼한 몸을 이룬다. 방편 지식을 허물벗기 하듯 되풀이하면서 꾸준히 다시 새롭게 이해해 나가면서 더 나은 지식을 내 것으로 만들게 되고 점점 더 진리에 가까이 다가가는 것이다.

먼저 가사라는 문학이 어떤 특성이 있고 그 말하기가 여느 문학과는 어떻게 다른지 공부하면서 가사 문학만의 고유함을 이해하는 과정이 필요하다. 이런 공부를 한 다음에 가사가 문학의 어떤 갈래인지 공부할 수 있다. 처음부터 국문학자들이 설명하고 있는 가사 문학 갈래 이론을 그대로 보이는 것은 무리이다.

가사의 갈래가 무엇인지 논란이 된 까닭은 가사가 노래하기를 좇으면서도 여느 서정 갈래처럼 될 수 있는 대로 하고자 하는 말을 줄이지 않고 남김없이 풀어서 말하기 때문이라 할 수 있을 것이다. 가사는 앞서 말했듯이 네 글자 부피가 네 걸음으로 된(4음량 4보격) 말가락 틀(율격 구조)을 지니고 있는데, 이러한 틀을 계속 이어가기만 하면 되고, 주제나 글감과 길이에 따로 마련한 걸림돌이 없어, 열려 있는 갈래라 할 수 있다. 이렇게 말가락(율격)만 지키면 되고 나머지는 크게 신경 쓰지 않고 무엇인지 읊조릴 수 있었기에, 서정시인 시조에서 못다 표현한 것을 말할 수 있었다. 그래서 서정에 가까운 작품이 있는가 하면, 겪은 일을 적어 읊조리기도 하고, 이야기체로 말을 엮어가기도 하고, 어떤 이념이나 가르침을 누구에게 알려주거나 주장하여 설득하려는 작품도 있었다.

가사는 네 글자의 부피에 가까운 토막(4음량)을 한 마디(걸음)로 치고, 네 마디를 한 줄로 치면(이것을 흔히 '4음 4보격의 연속체'라고 이른다.), 흔히 백 줄 안팎의 긴 길이의 노래이다. 서정의 특징 가운데 하나는 다른 갈래보다 짧다는 것이다.[47] 서정의 대표가 되는 시나 노래는 거의 모두 짧다. 이에 견주어 보면 가사는 제법 길다. 「거창가(居昌歌)」 같이 7백 줄이 넘는 작품도 있고, 「일동장유가(日東壯遊歌)」 같은 가사는 자그마치 4천 줄이 넘어가기도 해서 웬만한 이야기 글에 맞먹는다. 길이로만 따져보면 여느 서정 갈래와 달리 가사는 꽤 길다. 시는 하고 싶은 말을 다 하는 것이 아니라, 줄이고 줄여서 하기에 빈틈이 많고, 그러기에 듣는 이나 읽은 이가 그 빈틈을 채워가야 한다. 그런데 가사는 줄이기보다는 하고 싶은 말을 늘려서 하기에 시와는 다른 말하기처럼 느껴지기도 한다. 지나치게 자세하게 말하면 듣는 이나 읽는 이는 지은이가 느끼는 바와 하나 되기보다는 남의 이야기처럼 느껴져 거리가 생기게 된다. 그렇다 보니 가사를 서정으로만 보지 않고 다른 갈래로 보는 주장이 나오게 된다.

한편 가사가 지은이가 보고 겪은 일을 지은이 자신의 목소리로 자세하고 자상하게 알려주기도 하지만, 객관의 대상이나 세계를 지은이 자신이 느낀 바대로 노래하고 있기에 서정의 성격도 지닐 수밖에 없다. 어떤 대상을 보고 감흥을 느끼게 하는 자신에 대해 거리낌 없이 털어놓는 작품이라면 서정으로 다룰 수밖에 없다. 카이저(W. Kayser)는 "정조의 순간적인 고조를 띤 대상성의 내면화가 서정성의 본질"이라 하였다.[48] 길이가 아무리 길어져도 지은이의 시적 감흥이 녹아 들어가 있으면 서정으로 보지 않을 수 없다. 가사 작품들에 나오는 꽃, 나무, 산, 물 같은 풍경이나 자연은 객관적 대상으로 머무는 것이 아니라 때로는 지은이의 마음을 움직여 감흥이나 정회를 쏟아놓고 펼치게 하는 중요한

47 Steiger, E., *Grundbegriffe der poetik*, 이유영·오현일 옮김(1976), 『시학의 근본 개념』, 삼중당, 111쪽; Hernadi, P.(1972), op. cit., p. 163, p. 174.

48 Kayser, W., *Das Sprachiliche Kunstwerk*, 김윤섭 옮김(1990), 『언어예술작품론』, 예림기획, 494쪽.

글감(소재)이 되기도 한다. 주제 양식, 교술, 전술과 같은 알려주기의 성격과 주관의 혼잣말(독백)이라는 서정의 성격을 다 갖추고 있는 데서 빚어지는 긴장이 가사 문학의 갈래 정하기를 어렵게 한다. 어떻게 보면 갈래를 정하기 어렵다는 것이 가사 문학의 특성이라고 할 수 있다.

이렇게 먼저 가사 문학이 갖는 특성을 이해하게 해야 가사가 문학의 어떤 갈래인지 탐구할 수 있게 된다. 가사가 어떤 양식이나 형식, 문체로 되어 있는지 살펴보면서 무슨 큰 갈래(장르類, Gattung)와 맞닿아 있는지 탐구해 본다. 또 가사로 읊은 주제들을 살펴보고 가사가 주로 마음의 문제를 노래했는지, 아니면 있는 사실을 전해주는 데 중점을 두고 있는지 생각해 보게 한다. 이러면서 가사와 문학 갈래에 대한 지식을 차츰 높여 나간다.

그런 점에서 김학성이 제안한 다음과 같은 진술 양식에 대한 정리는 문학 갈래나 가사 문학의 특성에 대해 이해하는 길잡이가 된다.

> 서정: 어떤 상황(정황)을 노래하고자 하는 진술 양식
>
> 전술: 어떤 사실(화젯거리)을 전달하고자 하는 진술 양식
>
> 서사: 어떤 사건을 이야기하고자 하는 진술 양식
>
> 희곡: 어떤 행동을 재현하고자 하는 진술 양식[49]

위와 같이 문학 갈래에 대해 정리하고 가사 문학을 전술이라고 정한 이론이 반드시 꼭 옳다고만 할 수 없다.[50] 그런데 위의 정리는 학생들이 이해하기 쉽게 정리된 이론으로 볼 수 있다. 따라서 김학성의 이론을 방편으로 삼아 가사의 갈래나 문학 갈래에 대한 지식을 어느 정도 배우

49 김학성(2009), 앞의 책, 422-423쪽.

50 김창현 같은 이가 가사를 '전술'로 규정한 것을 비판한 바 있다. 김창현(2006), 앞의 책, 75-82쪽.

고 난 다음에 나중에 다른 이론들도 살피면서 더 깊이 공부해 나갈 수 있다. 혹여 이 이론에 허점이 발견된다면 이 이론은 오류가 있는 문학 지식이 될 수 있다. 그러나 오류는 더 나은 지식으로 나아가기 위한 길잡이가 되므로 이 오류를 살려 써서 가사의 갈래에 대한 지식을 심화시켜 나갈 수 있다.

문학 지식 교육에서도 가장 권위 있다고 인정한 지식만을 다룰 것이 아니라, 지식의 역사를 다루는 것이 필요할 때가 있다. 너무 수준이 높은 학문 지식보다 오히려 오류가 담긴 지식이 좋은 배움 자료가 될 수 있다. 오류가 담긴 지식도 지식 탐구에 도움이 된다면 충분히 살려 쓸 수 있는 지식이 된다. 수준 높은 지식을 제대로 점유하는 일은 짧은 시간에 이루어질 수 없고, 오랜 기간의 탐구 경험을 거쳐야 한다. 높은 수준의 학문 지식을 학생에게 바로 소개하는 것보다 그런 학문 지식이 어떻게 변천해 왔는지 지식의 역사와 흐름, 거듭남의 과정을 보여주는 것이 바람직하다. 이때 오류로 밝혀진 지식은 오늘날의 지식을 배우기 위한 방편이 된다.[51]

이와 관련하여 앞에서 살핀 여러 사람의 가사 갈래 이론도 모두 얼마만큼은 오류가 있다. 조동일은 너무 가사 작품의 표면 진술에 치우친 면이 있다. 가사 작품에서 말하는 이나 그 작품을 듣고 즐기는 이도 가사를 어떤 사실이나 경험을 알려주고 주장하는 말하기로 받아들일지는 의문이다. 또 가사를 온전히 서정으로 이해할 수 있는지도 의문이 들기

---

51 포퍼(K. Popper)는 대담하게 이론과 가설을 추측하여 오류를 바탕으로 배울 것을 권하였다. 추측이 거짓임을 알아냄으로써 진리에 대해 더 많은 것을 배울 수 있고, 더 가까이 나아갈 수 있다고 보았다. Popper, K. R.(1963), *Conjectures and Refutations: The Growth of Scientific Knowledge*, London: Routledge & Kegan Paul, p. 231. 라베츠(J. Ravetz)는 어떤 지식이 발견된 맥락과 논쟁을 다시 구성하는 일이 과학교육에서 필요하다고 했는데, 시대에 뒤지거나 오류가 담긴 자료도 교육에서 다시 살려 쓸 수 있다고 보았다. Ravetz, J. R.(1971), *Scientific Knowledge and its Social Problems*, New York: Routledge, pp. 207-208.

때문에 김광조의 주장도 얼마큼은 오류가 있어 보인다. 가사 작품들이 모두 다 정서 표현에만 중점을 둔다고 보기도 어렵고, 설득, 서사, 극의 문체를 보인 작품들을 모두 서정 표현을 위한 하나의 문학 장치로만 볼 수 있는지도 따져보아야 한다. 서술의 확장과 억제를 기준으로 서정과 전술로 구분된다는 성무경이나 김학성의 견해도 문제는 있어 보인다. 가사 작품에는 서술을 확장하지 않고 줄인 작품도 있기 때문이다. 중간·혼합 갈래를 따로 마련하는 것은 어떻게 보면 갈래 정하기가 어려운 문학들을 적당히 여기에 넣어 타협한 것처럼 보일 수 있어 김흥규의 견해도 다시 생각해 볼 여지가 있다. 또한 가사가 모든 갈래의 성격을 지니고 있다는 주장들도 작품마다 그 성격이 다르므로 검증이 더 필요하다. 이렇게 속속들이 따지고 보면 가사 문학이 어떤 갈래인지 대한 이론들이 모두 허점을 지니고 있고 다시 살피고 따져보아야 할 이론들이다.

배우는 이의 수준에 맞게 가사의 갈래 이론을 가르치되, 이것은 더 복잡하고 어려운 이론을 공부하기 위한 방편임을 이해하게 해야 한다. 그리고 지금 배우는 가사의 갈래에 대한 이론이 틀린 이론일 수 있지만, 우리가 가사의 갈래에 대해 좀 더 쉽게 이해하기 위해서 이런 이론을 공부하는 것임을 깨닫게 해야 한다. 다시 말해, 모든 지식이나 이론은 오류를 발판 삼아 개선되고 발전함을 이해하게 해야 한다.[52]

(2) 여러 이론 살피기

문학 작품을 듣고 보고 읽는 이에 따라 갈래는 달라질 수 있다. 같은

52 퍼킨슨(H. Perkinson)은 지식에는 오류가능성이 있기 때문에 비판을 통해서 개선해 나가야 한다고 주장하였다. Perkinson, H. J.(1971), *The Possibilities of Error: An Approach to Education*, 장상호 옮김(1984), 『오류가능성의 교육적 의의』, 교육과학사, 17-27쪽. 완벽한 지식이란 있을 수 없으며 늘 오류가 있을 가능성이 있다는 것이 끊임없는 지식 탐구의 열정을 놓지 않게 한다.

작품을 두고도 어떤 이는 서정으로 느끼고 어떤 이는 서사로 느낄 수 있다. 슈타이거(E. Steiger)는 같은 작품이라도 그것을 받아들이는 방법에 따라서 좀 더 서정적으로, 좀 더 서사적으로, 또는 좀 더 극적으로 느끼기도 한다고 했다.[53] 더욱이 듣는 이나 읽는 이를 중요하게 여기는 독자반응이론이나 수용미학에서는 갈래의 가늠은 독자의 몫으로 돌리고자 할 것이다.

가사 문학이 어느 갈래에 드는지 연구자마다 의견이 여러 가지로 갈리는 까닭은 그만큼 가사 문학이 여러 갈래의 모습을 지니고 있기 때문이다. 그래서 같은 작품을 두고도 어떤 이는 서정 갈래로 보기도 하고, 어떤 이는 교술이나 전술 같은 주제적 양식으로 보기도 한다. 예컨대, 「상춘곡(賞春曲)」을 정재호,[54] 전일환,[55] 김광조,[56] 박연호[57]는 서정 갈래로 보았지만, 조동일[58]은 교술, 성무경[59]과 김학성[60]은 전술, 곧 네 번째 갈래(제4장르)로 보았다. 더더욱 가사는 나중에 문학에서 멀어져 버렸다고 보는 이도 있다. 여느 문학과 견주어 가사 문학만이 갖는 남다름이다.

문학 갈래 이론을 20년 넘게 연구하여 나름대로 튼튼한 이론을 마련한 조동일의 이론도 많은 연구자의 비판을 받기 시작한 지 오래되었다. 주로 가사의 갈래 이론에 집중하여 조동일의 가사 갈래 이론의 모자란 점을 밝혀내고 새롭게 도전장을 내민 이들이 나타나기 시작했다. 성무경이 야심 차게 자신만의 갈래 이론을 다시 세웠고[61] 박연호가 이를 다

---

53 Steiger, E., 이유영·오현일 옮김(1976), 앞의 책, 279-280쪽.

54 정재호(1982), 『한국가사문학론』, 집문당, 12쪽.

55 전일환(1986), 앞의 글, 270쪽.

56 김광조(1997), 앞의 글, 42-44쪽.

57 박연호(2003), 앞의 책, 50쪽.

58 조동일(1992), 앞의 책, 53-56쪽.

59 성무경(2000), 앞의 책, 186쪽.

60 김학성(2009), 앞의 책, 419쪽.

61 성무경(2000), 앞의 책, 23-31쪽에서 조동일의 가사 갈래 이론을 하나하나 비판하였다.

시 비판하였으며[62] 김학성은 다시 박연호의 이론을 반박하였고,[63] 김창현은 한국 문학 갈래 이론 전체를 다시 새로운 눈으로 보았다.[64] 이처럼 문학 갈래 이론이나 가사 갈래 이론은 누군가의 이론을 새롭게 반박하면서 발전해 왔다. 학문의 모든 지식이나 이론은 늘 새롭게 거듭나는 과정을 겪는다는 것을 가사 갈래 논쟁에서 또렷하게 배우게 된다.

가사 문학이 어떤 갈래인지에 대해 여러 주장과 의견이 있다는 사실 그 자체가 절대적 지식관 같은 정초주의 인식론이 위험한 것이라는 것을 일깨워 준다. 가사가 어떤 갈래인지는 아직도 탐구 중이며, 이를 보아 문학 지식 가운데도 나중에는 바뀌야 하고 고쳐야 하는 것도 있다는 것을 배우는 이들이 경험할 수 있다. 그러므로 가사의 갈래에 대해 어느 한 가지 이론만을 보이고 공부하도록 하는 것보다, 여러 이론을 보여주고 탐구하고 조사하게 함으로써 지식에 대한 믿음이나 태도(인식론의 신념)에 대한 수준을 높여야 한다.

지식이나 앎에 대한 개인 나름의 생각이나 믿음을 '인식론의 신념(epistemological belief)'이라 한다.[65] 배우는 이는 어떤 지식을 두고 인식론의 신념에 따라 그 지식을 다르게 평가하기 때문에, 문학 지식 교육에서 인식론의 신념은 배움에도 중요한 영향을 미친다. 권위 있는 전문가나 학자가 내세운 이론이 확실하고 절대적인 지식이라 믿는 것은 인식론의

62 박연호(2003), 앞의 책, 19-23쪽에서 성무경의 이론을 비판하였다.

63 김학성(2009), 앞의 책, 414-422쪽에서는 박연호가 성무경의 이론을 비판한 것에 대해 다시 반박하고, 성무경의 이론을 발전시켜 갈래 이론을 새로 정리하였다.

64 김창현(2005), 앞의 책, 22-23쪽에서 사람들은 자아와 세계의 관계를 따져 작품의 갈래를 판단하지 않기 때문에 '제시형식'을 기준으로 갈래를 판단해야 한다고 했다. 또 같은 책, 44-56쪽에서 조동일의 갈래 이론을, 75-82쪽에서 성무경의 갈래 이론을 자세히 비판하였다.

65 Hofer, B. K. & Pintrich, P. R.(1997), The development of epistemological theories: Beliefs about knowledge and knowing and their relation to learning, *Review of Educational Research*, 67(1), p. 88, p. 117; Hofer, B. K.(2001), Personal epistemology research: implications for learning and teaching, *Educational Psychology Review*, 13(4), p. 355.

신념이 미숙한 이들에게 나타나는 학습 태도이다. 이런 학습자는 정해진 지식을 수동적으로 받아들이기만 하고 스스로 그 지식을 비판적으로 다시 살피거나 평가하지 않기 때문에 바람직한 배움으로 나아가지 못한다.[66] 가사의 갈래에 대한 여러 견해를 살피면서 지식이란 인식주체가 구성해가는 것임을 경험하게 해야 한다. 여러 이론을 살피면서 어느 한 이론의 문제점을 해결하려고 대안 이론이 나타났고, 또 그 이론도 오류가 있음이 드러나자 또 다른 새 이론이 나타나, 가사의 갈래 논쟁이 끊임없이 진행 중임을 이해할 때, 학문의 역사는 지식이나 이론을 새롭게 바꾸는 과정의 되풀이라는 것을 경험하게 된다. 그러면서 인식론의 신념이 자란다.

가사의 갈래는 논쟁 중인 문학 지식이라 문학 교실에서 딱히 다루지 않고 있거나, 다룬다 해도 그동안 가장 권위 있는 이론으로 여겨 왔던 조동일의 교술 갈래 이론을 간추려 보이는 정도다. 그러나 가사가 교술이라는 주장에 대해 반대하는 견해가 꾸준히 이어지고 있다. 또한 가사는 그냥 교술이라는 큰 갈래에 든다고만 소개해버리면 이런 문학 지식은 단순히 받아들이거나 외워야 하는 정보 조각으로 남고 만다. 여기에는 배우는 이 스스로가 문학 지식에 대해 다시 살피고 다시 짚어볼 틈이 없게 된다. 이러한 교육에서는 인식론의 신념이 자라기 힘들다.

---

66 Ryan, M. P.(1984), Monitoring text comprehension: Individual differences in epistemological standards, *Journal of Educational Psychology*, 76(2), pp. 248-258; Ryan, M. P.(1984), Conceptions of prose coherence: Individual differences in epistemological standards, *Journal of Educational Psychology*, 76(6), pp. 1226-1238; Schommer, M.(1990), Effects of beliefs about the nature of knowledge on comprehension, *Journal of Educational Psychology*, 82(3), pp. 498-504; Schommer, M.(1994), Synthesizing epistemological belief research: Tentative understandings and provocative confusions, *Educational Psychology Review*, 6(4), pp. 302-306.

(3) 스스로 배우고 탐구하여 제대로 이해하기

가사 갈래 이론도 학자들이나 이론가들이 정리해 놓은 자료를 주고 받아들이기만 하라고 하면, 배우는 이 자신만의 지식이 될 수 없다. 갈래 이론을 배우는 이가 나름대로 생각해 보고 따져보고 가늠해 보게 해야 의미가 있는 지식이 된다. 남이 한 말을 따라가기에 바쁜 이는 시간이 지나면 쓸모없는 많은 양의 정보 덩어리만 간직하게 된다.

그런 점에서 가사는 문학 갈래를 공부하는 이들이 지식의 당사자가 되어 스스로 답을 찾아보게 할 수 있는 좋은 밑감이 될 수 있다. 갈래가 뚜렷이 정해져 있는 문학 작품보다 가사처럼 갈래를 정하기 혼란스러운 문학은 학생들이 저마다 나름대로 잣대를 마련하여 갈래짓기를 해 보면서 지식을 받아들이기만 하는 것이 아니라, 지식을 자신의 것으로 점유(appropriation)[67]할 수 있는 기회를 갖게 해 준다. 여기에 문학 작품을 학생들이 제힘으로, 제 나름대로, 제 생각대로 한번 마음껏 즐기고 감상해 볼 수 있는 마당이 펼쳐질 수 있다.

문학을 연구하는 이들이 어떤 작품을 서정이라고 정하였다고 해도 그 작품을 읽는 이는 전혀 서정이라고 받아들이지 않을 수도 있다. 가사가 오늘날 교술이나 전술이라는 갈래로 많이 정리되고 있는 쪽으로 가고 있는데, 문학 연구자들과 같이 학생들은 가사를 교술이나 전술로 생각하지 않을 수도 있다.

---

67 '점유(占有, appropriation)'는 자신의 바깥에 있는 지식을 내 안으로 끌고 들어와 온전히 내 것으로 만들어 나와 한 몸처럼 된 상태이다. 엄태동(1998), 『교육적 인식론 탐구 – 인식론의 딜레마와 교육』, 교육과학사, 183쪽. 한편 지식을 내 안에 자리 잡게 한다는 뜻으로 '내면화(內面化, internalization)'라는 말을 쓰기도 하지만, 이 말은 정해진 지식을 스스로 따져보지 않고 덮어놓고 받아들일 때도 쓰는 말이므로, 스스로 임자가 되어 지식을 내 것으로 만든다는 '점유'와는 속뜻이 다르다. 김지현(2000), 「비고츠키의 지식점유과정과 언어매개기능에 관한 교육학적 고찰」, 서울대학교 박사학위논문, 59-60쪽. 이로 볼 때 바람직한 지식 교육의 방향은 '지식의 내면화'보다는 '지식의 점유'에 있다.

그러기에 가사 작품도 읽는 이에 따라 마음의 표현 같은 서정으로 받아들일 수도 있고 자상하게 알려주기 같은 교술이나 전술로 받아들일 수도 있다. 한 가지만 보기로 들면, 「상춘곡」을 두고 조동일은 봄날의 풍경이라는 객관적 대상을 향하고 있고, 되도록 풍경을 있는 그대로 자세히 나타내고자 하며, 세부까지 온전히 갖추어진 그림을 그리고자 했다고 보았다. 게다가 주관의 감흥보다는 오히려 실제로 있었던 일에 관한 관찰 또는 경험을 자세하게 또는 객관적으로 나타내려는 데 더 충실하기에 서정이라 할 수 없다고 하였다.[68] 그러나 전일환은 봄날의 풍경이 객관 대상으로만 있는 게 아니라, 주관적 관조의 세계에 다다른 심미적 절정의 경지에 이르고 있다고 보았다. 또한 그때 사대부들의 일반적인 시적 감흥의 시정신은 주관적 감흥을 바로 말하지 않고, 절제하는 유교적 세계관을 바탕으로 절도 있게 나타내는 것이 그들의 정서였기 때문에 「상춘곡」은 서정으로 볼 수밖에 없다고 하였다.[69]

이처럼 학자들도 때로는 같은 작품을 두고도 읽는 눈이 다르고 듣는 귀가 다르다. 받아들이는 이에 따라 어떤 작품은 다르게 들리고, 다르게 보인다. 더욱이 가사는 다른 문학에 견주어 여러 갈래의 성질을 갖고 있어, 작품을 대하는 이에 따라 가사의 본질과 속성은 달라질 수밖에 없다. 그러고 보면 가사는 배우는 이들이 갈래를 나름대로 구분해 볼 수 있는 훌륭한 밑감이 된다.

가사가 문학의 어떤 갈래인지, 여러 견해를 살펴서 올바른 인식론의 신념을 갖춘 다음에는 배우는 이 스스로 이제 가사 문학은 어떤 갈래로 정할 수 있을지 탐구하고 조사하는 활동을 해 볼 수 있다. 이러면서 가사 문학에 대한 특성을 더욱 깊이 이해하게 되고 갈래 이론에 대해서도

68 조동일(1992), 앞의 책, 54쪽.

69 전일환(1986), 앞의 글, 276쪽.

'증득(證得)'의 과정을 밟게 된다. 가사 갈래 이론에 대한 증득이 이루어지고 난 다음에, 가사 갈래에 대한 가장 옳은 이론을 가늠할 수 있다. 자신만의 이론을 세운 다음에 나중에 다른 이들과 서로 토론하면서 어떤 이론이 더 옳은지 판가름해보는 활동으로 나아갈 수 있다.

장상호에 따르면, 지식에는 '증득(證得)된 지식'과 '지득(知得)된 지식'이 있는데, 지득된 지식은 교육에서 다루는 지식이 될 수 없고, 교육에서 다루어야 할 지식은 증득된 지식이어야 한다. 증득된 지식은 스스로 마음으로 받아들인 지식을 말한다.[70] 지득된 지식은 스스로 가리고 골라 인정한 것이 아니라, 바깥의 보상이나 압력, 강요 때문에 외워서 되풀이하는 지식을 이른다.[71] 쉽게 말하면, 지득은 혀끝과 머리로만 얻는 것이고 증득은 온몸과 마음으로 얻는 것이다.[72] 우리는 지식을 배울 때 혀끝(말)과 머리로만 배워서는 안 되며, 온몸과 마음으로 배워야 그것이 진정으로 내 지식이 되고 온전한 진리 체험을 했다고 말할 수 있다. 그러므로 '증득'은 갈고 닦아 스스로 참된 앎과 깨달음에 이르는 것이다. 어떤 지식이 진정한 내 지식이 되려면 이런 증득의 길을 거쳐야 한다.

이때 가사의 갈래 가늠에 대해 여러 생각을 폭넓게 받아들여 주는 것이 좋다. 어느 한 갈래로 가늠해 보게 할 수도 있고 또는 두 갈래가 합쳐 있다거나 교술에 가까운 서정이라든지, 또는 서정에 가까운 교술

---

70 불교에서는 부처님의 가르침을 깨닫는 길을 신(信) → 해(解) → 행(行) → 증(證)으로 설명한다. 깨달으려고 하는 이는 무엇보다 먼저 부처님의 가르침을 믿어야 하고[信], 이 가르침을 바르게 이해해야 하고[解], 이 가르침에 따라 그대로 실천해야 하고[行], 이런 믿음과 이해, 실천을 거쳐 나 자신이 깨달음을 증득(證得)해야 한다. 아무리 믿고 아무리 이해하고 아무리 실천해도, 내가 체험을 못 하면 내 보배가 되지 않는다. 법륜(2022), 『법륜 스님의 반야심경 강의』, 정토출판, 17쪽.

71 장상호(2000), 『학문과 교육(하): 교육적 인식론이란 무엇인가』, 서울대학교출판문화원, 254쪽. 지득(知得)은 화이트헤드(A. Whitehead)가 말한 '죽은 지식(생기 없는 관념, inert ideas)'과 비슷하다. Whitehead, A. N.(1929), *The Aims of Education*, New York: The Free Press, p. 1.

72 김남희(2000), 앞의 글, 111쪽.

이라든지 하는 식으로 자유롭게 가늠해 볼 수 있게 할 수도 있다. 아니면 이름씨꼴(명사형)의 갈래 이름을 쓰지 않고 매김씨꼴(관형사형)의 갈래 이름을 쓰는 것도 받아들이는 것이 좋다. 다만 갈래를 그렇게 생각한 그럴만한 근거를 또렷이 밝히게 하는 것이 중요하다.

가사의 갈래를 완벽하게 설명하기보다는 가사의 갈래는 열려 있으니, 읽는 이나 듣는 이에 따라 다르게 가늠할 수 있음을 느끼게 하고, 배우는 이 스스로가 나름대로 잣대를 세워 가사의 갈래를 따져보게 하는 것은 문학 갈래 지식에 대한 학생의 인격적 지식[73]을 경험하게 하는 길이 된다. **교육에서는 학문의 지식이나 학자들이 이루어 놓은 높은 지식을 배우는 것보다, 배우는 이들이 자신의 수준을 한 단계 높여 가면서 배우는 데서 오는 즐거움과 보람을 느끼게 하는 것을 더 중요하게 여긴다. 학계가 탐구한 결과를 정확히 되살리는 것보다 탐구하는 과정을 중시하는 것이 교육의 본질에 가깝다.** 결과나 최종점보다는 성실하게 탐구하는 길을 가치 있게 여기는 것이 중요하다. 배우는 이가 스스로 탐구하면서 열정을 가지고 빠져들게 하는 교육이 공적 지식이나 합의된 지식을 겨냥하여 받아들이게 하는 교육보다 나중에는 더 가치 있는 열매를 맺을 수 있다. 스스로 탐구해보지 않은 지식은 배우는 이에게 기억을 강요하는 지식이 되어버릴 수 있다. 이런 지식은 새로운 지식을 찾거나 만들어내는 데 큰 도움이 되지 못한다.

---

73 폴라니(M. Polanyi)는 지식에 '개인적(또는 인격적, personal)'이란 말을 붙였다. 그 지식이 '개인적'이라 해서 개인이 제멋대로 만들어 낸 지식이란 뜻은 아니다. 숨겨진 진리를 찾아내려고 하는 이에게 지식은 그것을 밝히기 위해 힘써야 한다는 점에서 거기에는 책임감도 들어 있다. Polanyi, M.(1966), *The Tacit Dimension*, Chicago: The University of Chicago Press, p. 25. 내가 탐구하는 지식이 내가 가지고 있는 여러 근거에 들어맞는지 스스로 판단해야 할 때가 있다. "진리의 성립은 형식적으로 정의할 수 없는 우리 자신의 일련의 판단기준에 의존한다." Polanyi, M.(1958), *Personal Knowledge: Towards a Post-Critical Philosophy*, Chicago: The University of Chicago Press, p. 71. 이로 보아 '개인의(또는 인격의) 지식'은 개인 스스로 그 지식이 참 진리인지 밝히려고 힘써 그 사람의 인격이나 책임감이 담겨 있는 지식이라 할 수 있다.

(4) 함께 생각 나누기

가사 문학의 특성을 이해하고 공부한 다음, 가사의 갈래에 대한 여러 이론을 살펴 지식이나 이론이 어떻게 변해 왔는지 짚어보고, 배우는 이 나름대로 가사의 갈래에 대해 생각해 보면서, 어느 정도 가사의 갈래 이론에 대해 자신만의 관점과 태도를 정하고 나면, 이제 다른 사람들과 토론하면서 서로의 생각을 주고받을 수 있다. 이때 교육적 인식론을 바탕으로 더 나은, 더 옳은 지식이나 이론을 찾아볼 수 있다.

'교육적 인식론'은 서로 맞서고 겨루는 이론들을 가르치고 배우면서 어떤 것이 더 낫고 더 옳은지 가려보는 것이다. 가르치고 배우면서 배우는 이가 가르치는 이의 주장에 승복하게 된다. 서로 맞서는 이론을 내세우는 이들은 서로 불평등한 자리에 있음을 인정하고 그 거리를 없애기 위해 가르치고 배우게 되고, 그중 한편이 다른 편으로 변화함으로써 누가 더 선진이고 후진인지 확인할 수 있게 된다.[74] 교육적 인식론은 지식의 수준이 다른 이들이 서로 만나 수준이 높은 사람이 가르치는 이가 되어 가르치고, 수준이 낮은 이는 배우는 이가 되어 배움으로써 그 지식이 잠정으로 더 나은 지식임을 확인해 보는 과정이다.[75] 우리는 어떤 것에 대한 영원한 진리를 가질 수 없고, 배우고 가르치면서 어떤 것에 대한 잠정의 진리를 가질 수 있을 뿐이다.[76] 교육이야말로 어떤 지식이 옳은지 잠정으로 판가름해주는 가장 좋은 방법이 된다. 서로 가르치고 배우면서 더 나은 지식을 찾아가고 새롭게 구성해 나가는 것, 이것은 교육이라는 활동으로 가장 나은 지식에 서로 생각을 같이하는 것이다.

---

74 장상호(2000), 『학문과 교육(하): 교육적 인식론이란 무엇인가』, 앞의 책, 103쪽.

75 이용남(2007), 「학교, 정초주의, 반 정초주의, 그리고 교육」, 『교육원리연구』 12(1), 한국교육원리학회, 140쪽.

76 정환금(2012), 「교육적 인식론」, 이용남 외, 『교육학: 교육의 이해』, 교육과학사, 356쪽.

보기를 들어 갑이라는 이는 가사 문학은 서정 갈래라고 주장하고, 을이라는 이는 교술 갈래라고 주장하고, 병이라는 이는 작품에 따라 갈래가 달라진다고 주장한다고 해보자. 이때 저마다 자신의 주장을 뒷받침하기 위해 근거를 대면서 치열한 토론을 벌일 것이다. 이때 만약 갑과 을이 병의 주장을 받아들이고 병의 지식이 자신들의 지식보다 한 단계 위라고 인정한다면 병은 갑과 을의 선진이자 스승이 될 수 있다. 그리고 갑과 을은 병의 지식을 배우고자 할 것이고 병은 자신의 지식을 갑과 을에게 가르치게 된다. 곧 병의 주장이 가장 옳은 지식으로 자리 잡게 된다. 이렇듯 가르치고 배우면서 가장 나은 지식을 가리고 고를 수 있다. 그러나 병의 지식도 어디까지나 한때의 진리일 뿐이다. 모든 지식은 고쳐지고 다듬어지는 역사를 밟는다. 따라서 병의 지식을 발판 삼아 가사 갈래에 대한 탐구는 꾸준히 이어진다.

이처럼 서로 가르치고 배우면서 어떤 지식이나 이론이 더 나은지 판가름해보면, 교육과정이나 교과에 있는 문학 지식을 비판이나 평가 없이 받아들이기만 하는 것이 아니라, 스스로 임자가 되어 자증(自證)하고 자기가 옳다고 생각한 지식이나 이론을 가지고 다른 사람을 상대로 타증(他證)하는 길을 가게 된다. 그런 점에서 서로 가르치고 배우면서 생각을 나누는 활동은 생기 없는 문학 지식 교육에 활기를 불어넣을 수 있는 훌륭한 대안이 된다.

한편 가사 문학을 어떤 갈래로 규정할지 자신만의 이론을 정하고 서로 토론하면서, 가사 문학은 딱히 어떤 한 갈래로 정할 수 없다는 결론에 이를 수도 있다. 이런 결론이 반드시 나쁘다고만 할 수는 없다. 오히려 문학 갈래 지식에 대한 열린 시각을 갖게 할 수 있다.

가사 문학은 어느 한 갈래로 정하기 어렵고, 여러 갈래의 성격을 지닌 우리 문학만의 고유한 역사적 갈래이다. 학생들은 가사의 갈래를 어떻게 규정하는 것이 가장 옳은지를 탐구하게 되면서, 우리 문학의 역사적 갈래 가운데는 가사와 같이 갈래를 규정하기 힘든 문학도 있다는 것을 이해할 수 있게 된다. 토도로브(T. Todorov)는 갈래 개념이 일으키는 문제를 말하였고,[77] 김병국은 가사의 갈래(장르) 이론이 세계의 보편 일반 가설에 비추어 어쩔 수 없이 선택된 면도 있다고 하였고,[78] 김준오는 이론적 갈래(장르)는 순전히 사변적으로, 연역적으로 규정된다고 말하기도 하였다.[79] 가사의 갈래 규정에 많은 논란이 있다는 것에서 갈래에 대한 열린 시각을 갖게 할 수도 있다.

가사처럼 어떤 문학은 꼭 무슨 갈래라고 규정하기 어려운 것도 많은데, 갈래 이론은 "절대적이 것이 아니라 많은 가능한 체계들의 하나" 일 수 있고, 이런 "체계는 한계가 있을 수밖에 없다."[80] 갈래는 문학을 좀 더 잘 이해하고 좀 더 잘 감상하기에 도움을 얻으려고 정해 놓은 하나의 틀이다. 그런데 이런 틀을 너무 강조하고, 모든 문학 작품을 꼭 이런 갈래 틀에 담아서 가르치려다 보면, 문학 작품들이 저마다 남다르고 색다른 모습의 세계를 마련했다는 것을 제대로 살필 수 없어 오히려 문학 작품 이해에 걸림돌이 될 수 있다. 문학 작품 가운데는 저만의 형식이나 성격, 내용을 갖추고 있어 다른 갈래에서 볼 수 없는 고유한 특성을 지닌 작품도 있다는 것을 이해하게 하는 것이 중요하다.

그리고 우리 문학만이 갖는 순수하고 고유한 특징이 있을 것인데, 이것을 꼭 이론 갈래인 서정·서사·극·교술에 들어가게 해야 하는지도 따져보아야 한다. 갈래 이론은 서양 문학을 연구하면서 생긴 것이라 우리 문학의 역사에서 생겨나고 없어져 갔던 역사적 갈래들이 네 가지 큰 갈래에 딱 들어맞지 않을 수도 있다. 이를테면 경기체가, 몽유록, 판소

---

77 Todorov, T.(1970), *Introduction à la Littérature Fantastique*, R. Howard(Trans.)(1973), *The Fantastic: A Structural Approach to a Literary Genre*, Ithaca, N.Y.: Cornell University Press, pp. 3-5.

78 김병국(1995), 앞의 책, 149쪽.

79 김준오(1990), 『한국 현대 장르 비평론』, 문학과지성사, 11쪽.

80 김준오(1990), 위의 책, 12쪽.

리 같은 문학들은 가사와 같이 어떤 갈래인지 사람마다 다르게 말하고 있다. 이런 문학이 다른 나라에는 없기 때문이다. 그래서 네 가지 큰 갈래(4분법)에 넣으려다 보면 오히려 우리 문학의 참모습이 제대로 드러나지 않을 수도 있다. 둥근 구멍에 네모난 자루를 끼우려는 것과 같고, 조그마한 새집에 커다란 새들이 깃을 치기 바라는 것과 같다.

그러므로 가사 문학의 갈래에 대해 가장 옳은 이론을 가려낼 때, 꼭 그동안의 이론만을 고집하지 않고, 배우는 이들이 내세우는 여러 가지 새로운 주장도 인정할 필요가 있다. 이때 마땅한 근거를 보여 자신의 주장에 책임과 헌신이 뒤따르도록 해야 한다.[81] 지식의 임자 노릇을 한다는 것은 내 인격이 지식에 스며들게 하는 것이며 그 지식에 책임과 확신을 갖는다는 것이다. 탐구의 결과는 늘 열어두되 자신이 주장하는 지식에 대해서는 그에 따른 책임이 있다는 것을 알게 해야 진지하고 성실하게 토론에 참여한다.

가사 문학은 어떤 갈래인가에 대해 나만의 지식을 세우고 이것을 다른 사람과 생각을 나누면서 가장 나은 이론을 찾아보면, 가사의 갈래 이론을 꼼꼼하게 공부하지 않을 수 없게 된다. 제대로 공부해야 토론에 참여할 수 있기 때문이다. 그러니 자연히 가사의 갈래 이론에 대해 철저한 증득이 미리 준비되어 있어야 한다. 한편 토론에 참여할 때 참여자는 열린 자세를 가져야 한다. 내 지식도 틀릴 수 있다는 생각을 하고 나보다 더 뛰어난 주장을 하는 이의 지식을 받아들일 수 있는 자세를 갖추어야 한다.[82] 그래야 내 지식도 개선될 수 있기 때문이다. 내 지식에만 갇

---

81 폴라니는 자신의 지식이 자의적인 것이 되지 않기 위해 책임을 지고 헌신하는 자세를 가져, 자신의 지식이 보편타당함을 갖추려고 힘써야 한다고 하였다. Polanyi(1958), *Personal Knowledge*, op. cit., pp. 310-311.

82 포퍼는 서로 비판하면서 자라기에 비판을 받아들이고 비판에 귀를 기울이는 태도를 지녀야 한다고 하였다. Popper, K. R.(1945), *The Open Society and Its Enemies*, Princeton: Princeton University Press. 퍼킨슨은 서로 비판을 받아들이면서 우리의 지식을 발전시켜나간다고

혀 있고 남의 지식을 배우려고 하지 않는 이는 성장과 발전이 없다. 그러기에 교육적 인식론을 바탕으로 하는 토론은 내 지식도 다른 사람의 지식도 진보시키고 발전시킬 수 있는 좋은 문학 지식 교육 방안이 된다.

4. 마무리

가사 문학은 그 갈래를 정하기가 어렵기에 문학의 갈래 교육에서 다루기에 알맞지 않을 수도 있으나, 생각을 달리해 보면 오히려 문학 갈래 교육의 좋은 밑감이 될 수도 있다. 가사가 어떤 갈래인지 가늠하기 어렵고, 또 문학 연구자마다 가사의 갈래를 다르게 정했는데, 이런 점이 문학 갈래를 배우는 이들에게 많은 생각거리, 탐구 거리를 줄 수 있다.

가사 문학의 갈래를 어떻게 보고 있는지 여러 이론을 살펴보았다. 가사 문학 갈래 이론의 역사는 곧 문학 지식의 거듭남의 역사임을 알 수 있었다. 가사의 갈래 논쟁은 어떤 지식이든지 흠 없고 빈틈없는 완벽한 것은 있을 수 없고 늘 바뀌고 새로워진다는 것을 일깨워 주고 있기에 교육 밑감이 될 수 있다. 가장 많은 이들이 인정하고 있는 지금의 지식도 잠정의 디딤돌 정도의 의의를 지닐 뿐이다.

그래서 가사의 갈래를 정한 이론 가운데 가장 많은 이들이 받아들이는 하나의 이론만을 소개하고 가르칠 것이 아니라, 여러 이론을 학생의 수준에 맞게 보이고, 여기서 갈래 규정이 어렵다는 가사 문학만의 특성을 이해하는 것이 더 나은 교육이 될 수 있다. 또한 가사 갈래 논쟁의 역사에서 알 수 있듯이, 절대적 지식관에서 벗어나는 것이 배우는 이가 가져야 할 자세임을 경험하게 하는 것이 중요하다. 그리고 이론가들이

하였다. Perkinson, 장상호 옮김(1984), 앞의 책, 46-47쪽.

나 학자들이 연구해 놓은 결과물만 받아들이는 것은 배우는 이의 참지식이 될 수 없으므로, 배우는 이들 스스로가 가사의 갈래를 가늠해 보게 하는 것이 더 바람직한 교육이 될 수 있다. 가사 문학에 대해 깊이 공부한 다음 서로 생각을 나누면서 가사가 문학의 어떤 갈래인지, 가장 나은, 가장 옳은 이론이나 견해를 찾아보게 하는 활동까지 나아갈 수 있다. 이는 서로 가르치고 배우면서 가장 나은 지식을 가려보는 것으로 교육적 인식론을 바탕으로 하는 문학 지식 교육이다.

가사라고 하는 같은 역사적 갈래라도 사람마다 다르게 볼 수 있고 다르게 풀이할 수 있음을 보여주는 일, 가사나 문학의 갈래에 대한 이론이나 지식을 배우는 이가 차곡차곡 쌓아가고 더해가는 것이 아니라 이론이나 지식에는 빈틈이나 허점이 있을 수 있으니 그것을 찾아보게 하고 따져보게 하는 일, 가사나 문학의 갈래에 대해 어떤 해답을 주어 물음을 잠재우기보다는 생각할수록 궁금함과 호기심을 불러일으키는 일, 갈래에 관한 문학 지식은 완벽한 것이 아니라 늘 달라질 수 있어 우리가 배우는 문학 지식도 잠정의 진리라는 것을 깨닫게 해주는 일, 이것이 가사와 문학의 갈래 교육이 나가야 할 길이다.

08

우리 노래의 말가락*

* 이 글은 송재익(2024), 「우리 시가 율격 규정의 어려움과 운율 교육 – 음보율과 음수율 논쟁을 중심으로 –」, 『국어교육』 185, 한국어교육학회, 125-156쪽을 깁고 더한 글이다.

우리 노래의 말가락(율격) 이론인 음보율과 음수율에 관한 여러 연구자의 견해를 다시 정리해 보고 음보율과 음수율이 어떤 점에서 문제가 있는지 살펴보았다. 그리고 문학 교실에서 우리 노래의 말가락이라는 문학 지식을 다룬다면, 어떻게 가르치고 배우면 좋을지 생각해 보았다.

우리 노래는 그 말가락(율격)을 똑 부러지게 정하기 어렵기 때문에 음보율이나 음수율 같은 어느 한 가지 이론으로 정해서 가르치고 배우는 것은 바람직한 방법이 아니다. 우리 노래의 말가락에 대한 여러 견해나 이론을 소개해 줄 필요가 있다. 그리고 우리 노래의 말가락은 꾸준히 연구해 나가야 할 과제임을 일러 주어야 한다. 한편, 학생 수준에 맞는 방편을 마련하여 우리 노래의 말가락에 대해 함께 탐구해 볼 수 있다.

1. 들머리

운율(韻律: 압운과 율격)은 시와 노래를 비롯한 서정 문학을 서정 문학답게 만드는 중요한 표현 방법 가운데 하나이다. 운율이 없는 작품은 노래[시가(詩歌)]로 느껴지지 않고 줄글[산문(散文)], 이야기글로 느껴진다. 노래(시가) 문학에 운율이 없다면 노래 문학이라 하기 어려울 것이다. 그러기에 노래 문학을 올바로 감상하기 위해 운율이라는 문학 지식을 이해할 필요가 있다. 그래서 문학교육에서도 운율은 문학 지식에서 빠지지 않고 다루어 왔던 지식이다.

글을 읽는 소리를 듣거나 출렁거리는 바다를 바라볼 때, 춤추는 사람을 볼 때 우리는 율동(律動, rhythm)[1]을 느낀다. 율동이란 잇따라 일어

1 리듬(rhythm)을 한자말로 흔히 율동(律動)으로 옮긴다. '율동'은 규칙적으로 반복적으로

나는 사건에서 대립되는 변화를 말하는데, 이 율동에 어떤 규칙이 덧붙어 틀로 나타나면 그것이 바로 율격(律格, metre)이 된다. 율격이란 말(언어)의 수가 엄격히 규칙으로 된 것을 이른다. 음운론적(音韻論的)으로 판별적(distinctive) 가치를 지니는 요소라야 율격의 단위 구실을 한다.[2] 율격은 율문(verse)을 이루고 있는 소리가 되풀이되고 규칙을 띤 것을 말한다. 다시 말해서 율격을 이야기할 때, ① 소리, ② 되풀이, ③ 규칙의 세 가지는 대단히 중요하다. 율격은 줄글(산문)과 가락글(율문)을 가려주는 변별 자질이다. 율격은 말 틀(언어체계) 안에서 규칙을 보이고 틀이 잡혀 있어 변하지 않는 성격을 띤다.[3]

일찍이 로츠(J. Lotz)가 말가락(율격)의 틀을 갈라 보였다. 율격은 크게 순수음절율격(pure-syllabic meter)과 복합음절율격(syllabic-prosodic meter)으로 나뉜다. 순수음절율격은 글자 수[음절수(音節數)]가 율격의 단위가 된다. 복합음절율격은 글자 수와 함께 그 말 틀(언어체계)이 가진 가락의(율적) 특성이 율격에 관여한다. 복합음절율격에는 소리의 높고 낮음이 규칙에 따라 바뀌고 되풀이되는 고저율(高低律, tonal meter), 강세(accent)가 있는 강한 음절과 강세가 없는 약한 음절의 바뀜이 규칙에 따라 되풀이되는 강약률(强弱律, dynamic meter), 길고 짧은 소리가 규칙에 따라 바뀌고 되풀이되는 장단율(長短律, durational meter)이 있다. 고저율은 한시(漢詩)의 평측법(平仄法)이 그 보기이다. 강약률은 영시(英詩)나 독일 시에 주로 나타난다.[4] 장단율은 주로 라틴말, 희랍말에서 볼 수 있고, 소리에

움직인다는 뜻을 담고 있다. 순우리말로는 흐름, 흐름결, 흐름새로 옮길 수 있다. 그러나 율동이나 흐름이란 말이 리듬이란 말이 지니는 뜻을 제대로 드러내주지 못한다고 생각해서 한자말이나 토박이말로 뒤치지 않고 그대로 리듬이란 말을 쓰는 경우가 더 많다.

2 김대행(1979), 『한국시가구조연구(재판)』, 삼영사, 22-23쪽.

3 김대행(1984), 「운율론의 문제와 시각」, 김대행 편, 『운율』, 문학과지성사, 12쪽.

4 강약률의 기본단위가 되는 '음보'(foot)는 '강한 음절과 약한 음절의 결합'이다. 그런데 이 음보는 '약강격'과 '강약격'과 '약약강격'과 '강약약격'의 넷으로 구분된다고 본다.

대한 지속시간이 얼마나 길게 되어 있는가에 따라 정해지는 율격이다.[5]

율격이 소리의 시간 질서 위에서 나타나는 거리의 되풀이라면, 압운(押韻, rhyme)은 자리의 되풀이라는 점에서 다르다.[6] 율격이 음운론의 자질이라면 압운은 음성론의 자질이다. 압운은 음성 차원에서 생기는 효과로, 어휘론·통사론 같은 낱말과 문장의 되풀이는 압운의 범위를 벗어나 문장 수사학의 되풀이에 든다. 압운이란 음절 전체가 완전히 같을 때 생기는 것이 아니고 글자 소리(음성)의 한 조각이 같을 때 생긴다.[7] 그러니 같은 형태소나 같은 낱말이 되풀이되는 것은 압운이라 할 수 없다. 우리말의 특성으로 볼 때, 우리 노래 문학에서 압운을 살려 써서 시나 노래를 지은 보기는 찾을 수 없다.[8] 우리 노래에 압운의 개념에 맞고 또 압운의 구실을 보이는 압운 형태가 없었기 때문에,[9] 운율이라는 말은 우리말 노래 문학에는 어울리지 않는 말이다. 왜냐하면 운율은 압운과 율격을 합쳐서 이르는 말이기 때문이다. 따라서 우리말 노래를 지을 때는 운율보다는 율격이라는 말을 쓰는 것이 더 올바른 표현이다. 다만 압운과 율격이 동서양을 막론하고 노래나 시를 짓는 중요한 두 가지 줄기로 써왔던 말이기 때문에 운율이라는 말을 흔히 쓰곤 한다. 여기서는 우리말 노래(국문 시가)를 살피기 때문에 '율격' 또는 더 쉽게 '말가락'이란 말을 쓰기로 한다.

---

5 Lotz, J.(1960), Metric typology, In T. A. Sebeok(Ed.), *Style in Language*, Cambridge, Massachusetts: M.I.T. Press, pp. 140-142; Lotz, J.(1972), Elements of versification, In W. K. Wimsatt(Ed.), *Versification: Major Language Types*, New York: Modern Language Association, p. 16.

6 김대행(1984), 앞의 책, 13쪽.

7 한시(漢詩)에서 압운한 글자를 운자(韻字)라 하는데, 이때 운자는 한글 발음으로 첫소리(초성) 말고 가운뎃소리(중성)와 끝소리(종성)의 발음이 서로 비슷한 한자이다. 보기를 들어, '동(東)'에서 첫소리인 'ㄷ'은 성(聲)이고 이를 뺀 'ㆁ'이 곧 운(韻)이라 할 수 있다. 한시에서 압운은 같은 종류의 가웃뎃소리·끝소리를 정해진 자리에 놓는 것이다.

8 김대행(1979), 앞의 책, 43-50쪽.

9 김대행(1979), 위의 책, 56-57쪽.

2. 우리 노래의 말가락에 대한 여러 이론

우리 노래의 말가락[율격(律格)] 이론은 한 가지로 정리된 이론은 없으며, 아직도 의견이 갈린다. 1900년대 초반부터 국문학자들이 시조의 율격을 연구하기 시작해서 처음에는 시조는 글자 수를 일정하게 맞춰 짓는 데서 말가락이 생긴다는 음수율(音數律)로 정리하는 경향이 있었다. 그러나 시조는 글자 수가 매우 들락날락하여 시조의 율격을 음수율로 정하는 것이 문제가 있다고 보았다. 그래서 광복 이후 여러 연구는 시조는 한 줄이 4마디(또는 4걸음)의 틀로 되어 있고 여기서 말가락이 생긴다는 음보율(音步律)이 시조의 기본 말가락이 된다고 정리하기에 이르렀다. 실제로 평시조(단형시조)의 거의 모든 작품이 이 규칙에서 벗어나지 않기 때문에 음보율은 시조의 말가락 문제를 해결한 것처럼 보였다. 그러나 음보율은 우리 노래의 말가락을 설명하기에 많은 허점이 있어 다시 음수율로 돌아가자는 의견이 나오기 시작했다. 우리 노래의 말가락에 대한 논쟁은 음수율과 음보율의 힘겨루기의 흐름이라 할 수 있다.

한시(漢詩)에는 운문을 지을 때 말의 음악적 성질을 이용하는 격률로 음성율(音聲律), 음위율(音位律), 음수율(音數律)이라는 것이 있다. 음성율은 소리의 성질을 이용하여 말가락을 만든다는 말로 평측법(平仄法)이 여기에 든다. 음위율은 비슷한 소리의 성질을 가진 글자를 정해진 자리에 놓는다는 말로 압운법(押韻法)이 여기에 든다. 음수율은 글자 수를 맞춘다는 말로 조구법(造句法) 같은 것이 여기에 든다. 한시는 시 전편에 엄격한 규칙을 지켜야 하므로 매우 짓기 까다로운 문학 양식이다. 하지만 이런 격률을 엄격하게 지키기 때문에 한시를 들을 때 꼭 노래를 듣는 느낌이 들게 된다. 영어에서는 운문(verse)을 지을 때 'meter'를 이용하는데, 줄(시행) 안에서 정해진 길이로 되풀이되는 율동 틀이다. 이 틀은 음운자질의 형태가 되풀이되는 것으로 통사 의미와는 관계가 없다. 여기서 음운자질이 되풀이될 때 두 가지 소리 성질—보기를 들면, 강약이나 고저와 같은 자질—을 쓴다. 그렇다고 볼 때 우리 노래의 음악다움을 한시의 격률이나 영어의 운율(meter)을 잣대로 따지는 것은 문제가 있다. 우리 노래에 이런 규칙을 쓰기 어렵기 때문이다. 따라서 한시와 영시 짓는 법을 기준으로 삼아 우리 노래의 말가락을 연구하는 것은 무리가 있다.

처음에 우리 노래의 말가락을 연구할 때는 우리 노래가 압운이나 고저, 강약 같은 율격 자질을 가질 수 없기에 글자 수(음절수)로 따져보는 음수율로 기울 수밖에 없었다.[10] 그래서 조윤제 같은 학자는 시조의 기본형으로 초장과 중장은 3·4·3(4)·4, 종장은 3·5·4·3의 음절수가 된다고 정리하였다.[11] 그러나 조윤제가 정리한 이 기본형에 들지 않은 시조 작품이 너무 많았다. 그래서 음수율은 우리 노래의 말가락을 밝히 드러내 줄 수 없다고 보아 다른 방법을 찾게 되었다.

(1) 음보율: 우리 노래는 마디로 끊어 읽는 데서 말가락이 생긴다

음수율이 우리 노래의 말가락을 밝힐 수 없게 되자 여러 연구자가 음보율로 방향을 돌렸다. 음보율을 내세우는 이들은 우리 노래는 글자 수(음절수)가 일정한 규칙으로 정해져 있지는 않지만, 음보는 일정한 규칙이 있으니, 우리 노래의 거의 모든 작품은 3음보나 4음보로 되어 있다고 주장한다.

---

10 우리 노래의 말가락을 음수율에서 찾다 보니 개화기 가사나 창가 작품 가운데는 엄격하게 글자 수를 맞춘 작품들이 많이 나오게 되었다.

11 조윤제(1948), 「시조의 본령」, 『한국시가의 연구』, 을유문화사, 178쪽.

1) 네 글자 부피의 마디: 4음량의 등장성(等長性)을 가진 음보

정병욱은 먼저 오늘날 우리말은 고저율과 장단율과 관련된 운율 형태가 나타나지 않는다고 보았다. 그러면 우리 노래는 음수율로 설명해야 하는데, 3·4조니 4·4조니 하는 음수율이 알고 보면 문제가 있다고 보았다. 우리말은 2음절과 3음절로 된 낱말이 많으므로 여기에 토씨나 어미가 붙으면 음보에는 3음절이나 4음절이 많이 나타날 수밖에 없다. 그러니 3·4조니 4·4조니 하는 것은 우리말 노래 말가락의 기본 형태라고 생각해 온 것은 겉보기에만 치우친 착각이라고 하였다. 그러므로 국문학의 운율에 관한 근거는 음수율에서 찾을 수 없다고 보았다.[12]

정병욱은 우리말 노래가 실린 정간보(井間譜)를 분석하여 우리 노래 말가락의 기본단위인 음보가 시간으로 따질 때 등장성(等長性)을 갖추고 있다고 보았다. 그리고 리듬(rythme)은 우리말의 특징과 고유 음악의 성질로 보아 강약률을 보인다고 주장했다. 그래서 시조는 1행 4음보로 되어 있으되, 제2보와 제3보의 사이에 휴지(cesura)를 둔다고 보았다.[13]

김흥규는 먼저 음수율(자수율)이 우리 노래의 율격 원리가 될 수 없음을 증명하고자 했다. 김흥규에 따르면, 초·중장의 3·4·4(3)·4 음절수, 종장의 3·5·4·3의 음절수를 따르는 시조 작품은 4~5%밖에 되지 않는다. 실제 작품과 자수율론의 '정형(定型)'이라는 것이 제대로 들어맞지 않기에 우리 노래는 글자 수의 규칙이 지배하는 율격 원리를 가지고 있다고 할 수 없다. 우리는 시조나 가사의 마디를 읽을 때 음절수의 작은 편차에 얽매이지 않고 그것들을 적어도 심리적으로 같은 단위로 받아들인다. 예를 들어 '淸江에/ 비 듯는 소리(효종의 시조)'와 '흔싱/ 緣分이며(사미인곡)'는 3/5음절과 2/4음절이 숫자로 보면 엄청나게 다를 성

12 정병욱(1983), 『증보판 한국고전시가론』, 신구문화사, 24-25쪽. 김대행(1979), 앞의 책, 26쪽도 우리 시가의 기본 율조를 3·4조나 4·4조로 이르는 것은 옳지 않다고 보았다.

13 정병욱(1983), 앞의 책, 40-44쪽.

싶지만, 우리는 음의 길이와 호흡의 분배를 통해 그것들을 자연스레 이어지는 두 마디의 율격형으로 생각하고 나타낸다. 그러므로 소리마디의 규칙성을 율격 형성의 기본 요소로 보는 음보율로 우리 노래의 말가락을 밝혀야 한다.[14]

김흥규는 우리 노래의 말가락 틀을 밝히기 위해 로츠(J. Lotz)의 율격 틀 갈래짓기를 조금 손질하여 다음과 같이 보였다.

- 율격(律格) 유형
  - 음량(音量)율격
    - 음수율(音數律): 불시, 일본시
    - 음보율(音步律): 한국시
  - 운소(韻素)율격
    - 강약률(强弱律): 영시
    - 성조율(聲調律): 중국시
    - 장단율(長短律): 고대 희랍시

[그림 8-1] 율격 유형[15]

위와 같이 여러 나라 노래의 율격 틀은 크게 음량율격과 운소율격의 두 갈래로 나뉜다. 음량율격은 음량을 나누는 규칙이 말가락을 만드는 결정 요인이 되는 율격이며, 운소율격은 일정한 상가음운(上加音韻 곧 운소(韻素), super-segmental phoneme)을 규칙에 따라 배열하는 율격이다. 관여하는 상가음운이 무엇인가에 따라 강약률(dynamic meter), 성조율(tanal meter), 장단율(durational meter)로 나뉜다.[16]

이렇듯 김흥규는 로츠가 말한 순수음절율격(pure-syllabic)을 음량율격이라 고치고 복합음절율격(syllabic-prosodic)을 운소율격이라 고쳤다.

---

14 김흥규(1986), 『한국문학의 이해』, 민음사, 148-150쪽.

15 김흥규(1986), 위의 책, 150쪽.

16 김흥규(1986), 위의 책, 같은 곳.

이것은 음절이 율격 형성에 중요 자질이 될 수 없어 운소라는 이름을 붙인 것으로 보인다. 로츠의 율격 틀로는 설명하기 힘든 우리 시나 노래를 밝히기 위해 음보율을 따로 마련하고, 음보율과 고정 음수율을 같이 묶어 음량률이라 하였다. 이렇게 우리 시와 노래의 율격을 밝히기 위해 새롭게 틀을 짠 것이 돋보인다.

또한 김흥규는 우리 노래에 '음보'라는 말을 충분히 쓸 수 있다고 보았다. 김흥규에 따르면, 음보 또는 소리마디라는 실질을 개념으로 만든 것은 'foot'이라는 말과 관련이 있다 하더라도, 음보 자체는 우리 노래의 말가락 구성단위를 가리키는 데 훨씬 알맞은 개념이다. 영시의 가락읽기(율독)에서 음보란 문법적 친근성이 일정하지 않은 낱말들로 이루어지는가 하면, 그 경계선이 한 낱말의 중간에 놓이기도 한다. 'foot'은 교과서 같은 설명의 편의를 위한 가설이나 분석상의 허구일 뿐이다. 이와 달리 우리 노래의 경우 음보란 통사적 분석과 율격상의 분절에 따라 뚜렷한 경계표지를 가지는 '호흡상의 실체적 단위'이다.[17]

음절수가 반드시 같지 않은 음보들의 율격적 등가성(等價性) — 심리적·감각적으로 인정되는 등장성(等長性) — 은 작은 음보들의 끝소리를 연장하거나 좀 더 큰 쉼을 덧붙임으로 보장된다. 따라서 우리 노래의 말가락은 음량율격의 계열 가운데서도 소리마디의 규칙이 말가락을 이루는 원리가 되어 음보율에 든다.[18]

김흥규는 시조의 정해진 틀은 네 개의 소리마디[음보(音步)]가 합쳐 한 줄(행)을 이루고 그것이 세 번 겹쳐 한 마리(수)를 이루는, '4음보격 3행시의 구조'로 일단 규정할 수 있다고 보았다. 시조 율격의 기본단위가 되는 소리마디 가운데서 나타나는 잦기(빈도)와 음절수의 평균치로

---

17 김흥규(1986), 위의 책, 152쪽.

18 김흥규(1986), 위의 책, 153쪽.

보아 기준이 되는 4음절 음보를 평음보(平音步)라 하고, 그보다 작은 음보를 소음보(小音步), 큰 음보를 과음보(過音步, 과음절 음보)라 한다면, 시조의 일반적 율격 형태는,

小(平)	平	小(平)	平
小(平)	平	小(平)	平
小	過	平	小(平)

위와 같다. 초·중장은 '小(平)-平-小(平)-平'의 비교적 규칙적인 흐름을 지켜 각 장(章)의 뒤에 무엇인가가 이어질 것을 짐작케 하는 율격적 개방성을 띤다. 이와 달리 종장은 이 평명한 연속성을 막아 호흡을 비대칭적으로 긴장시켰다가 풀어줌으로써 작품을 마무리하는 틀을 갖추고 있다. 더욱이 종장의 앞쪽이 지닌 '소음보-과음보'의 불균형한 틀은 여기에 시적 조임(긴장)이 모이도록 하는 효과를 내고, 뒤쪽은 여기에 이어지는 풀어짐(이완)의 흐름을 이루어 한 마리(수)를 마무리하도록 틀이 짜여 있다.[19]

이렇게 김흥규는 시조의 기본이 되는 말가락을 음보율로 보았다. 김흥규가 소음보, 평음보, 과음보라는 말을 만들어 낸 것은, 조윤제가 정리한 초·중장은 3·4·3(4)·4의 음절수, 종장은 3·5·4·3의 음절수라는 원칙에 벗어난 작품이 너무 많아, 이것을 보완하여 대안을 마련하기 위한 것이다. 음절수를 숫자로 밝히 드러내는 것보다 소·평·과음보라는 말을 써서 음절수가 넘나듦이 있을 수 있음을 보였다. 음절수가 정해져 있지 않다는 것도 나타내면서 음보가 말가락의 기본단위가 될 수 있음을 드러낼 수 있다는 점에서 소·평·과음보라는 말은 시조의 율격 문제를 풀 수 있는 알맞은 말이 될 수 있다. 더욱이 시조의 종장 앞쪽이 '소음

19 김흥규(1986), 위의 책, 44-45쪽.

보-과음보'로 되어 있는 까닭을 시상의 흐름과 관련지어 밝혀, 율격과 노래의 뜻이나 주제가 깊은 관련이 있음을 밝혀낸 것은 뛰어난 성과이다.

김대행도 시조는 대체로 4음절의 길이를 기준치로 하는 지속적인 시간을 갖는 두 개의 음보(마디)가 짝을 이루고 그것이 다시 겹쳐나가는 연첩률(連疊律)을 만듦으로써 율적 틀을 이룬다고 하였다. 각 장은 짝을 이룬 두 음보가 두 번씩 나타나는 4보격이다.[20] 이것을 "2음보 대응(對應)과 그 연첩(連疊)"이라 정리하였다. 시조는 2음보(두 마디)가 의미의 단위가 되고 이것이 기본 틀이다. 그런데 이 2음보가 서로 짝을 이루면서 대응이 된다. 그리고 그 배수, 곧 2음보의 연첩인 4음보(네 마디) 단위로 의미 서술이 커진다.[21]

이렇게 김대행은 시조는 두 마디가 뜻을 이루는 단위가 되고, 여기서 두 마디가 짝을 이루고 그것이 또 겹쳐서 네 마디로 넓혀간다는 규칙을 밝혔다. 시조의 말가락을 음보율로 보는 관점을 가지고 있다. 그러나 김대행이 음보율을 주장하는 여느 학자들과 다른 점은 단순한 등장성에 바탕을 두고 있는 음보율은 대립적 교체가 규칙적으로 일어나는 율격 특성을 충족시키지 못하고 있다는 것에 물음을 던졌다는 점이다.[22] 그래서 두 마디 대응과 연첩에 더 큰 방점을 둔 것으로 보인다.

조동일은 일본의 자수율은 엄격하지만 우리 노래는 그 글자 수를 엄격하게 지키지 않기에, 우리 노래는 자수율(음수율)보다 음보율로 그 말가락을 밝혀야 한다고 주장하였다. 줄(행)을 이루는 음보 수는 고정되어 있고, 행을 이루는 음절수가 변할 수 있다는 것이 우리 시의 규칙이라

20 김대행(1979), 앞의 책, 225쪽.

21 김대행(1980), 『한국 시의 전통 연구』, 개문사, 29-31쪽.

22 김대행은 음보율이라는 말을 쓰려면 음보 사이에 어떤 대립적 교체의 규칙이 있어야 한다고 하면서, 음보율이라는 말을 널리 쓰고 있기에 그대로 쓰지만 바른 말은 아니라고 하였다. 김대행(1979), 앞의 책, 38쪽.

하였다.[23] 조동일은 김흥규와 비슷하게 우리 노래의 음보(율격적 토막) 길이의 균형은 자수의 균형으로 이루어지는 것이 아니라 호흡에서 같은 길이로 가지게 된다고 보았다.[24] 그래서 그는 일정한 수로 되풀이되는 음보를 말하기 위해 '음보격(音步格)'이란 말을 썼다.[25] 그러면 민요는 3음보격과 4음보격으로 크게 나눌 수 있고, 고려속요와 경기체가는 3음보격이고 시조와 가사는 4음보격이 된다.[26]

조동일은 기본음수율을 따르는 시조 작품이 전체의 4퍼센트 정도밖에 안 되는데, 이것을 정형으로 삼는다는 것은 실상과 너무 동떨어진 것이라며 음수율을 비판하였다. 음수율은 일본 시가 율격을 기준으로 삼아, 식민지 사고방식에서 벗어나지 못했다는 표현까지 썼다.[27]

조동일에 따르면, 일정한 수로 되풀이되는 음보를 말하기 위해 '음보격(音步格)'이란 말을 쓰고, 일정한 수로 되풀이되는 행을 말하기 위해 몇 '행 형식'이라는 말을 쓰면, 시조는 "4음보격 3행시"인 정형시이다. 자수가 고정되어 있지 않아 정형시라 하기에 모자라거나 불완전한 정형시, 심지어 기형적이 정형시라 할 수도 있으나, 음보율에서 보면 음보격과 행의 형식이 일정하기 때문에 정형시가 되는 데에 아무런 지장이 없다. 음보를 ㅡ 로 나타내고 반행 또는 반줄을 / 로 나타내고, 행 또는 줄은 줄을 바꾸어 나타내면 시조의 정해진 틀은 다음과 같다.[28]

---

23 조동일(1996), 「현대시에 나타난 전통적 율격의 계승」, 『한국민요의 전통과 시가율격』, 지식산업사, 289-299쪽.

24 조동일(1996), 「시조의 율격과 변형규칙」, 위의 책, 218쪽.

25 조동일(1996), 위의 책, 221쪽.

26 조동일(1996), 「현대시에 나타난 전통적 율격의 계승」, 위의 책, 290쪽.

27 조동일(1996), 「시조의 율격과 변형규칙」, 위의 책, 211-213쪽.

28 조동일(1996), 위의 책, 221-222쪽.

[표 8-1] 시조의 정형시형[29]

	제1음보	제2음보		제3음보	제4음보
제1행(초장)	—	—	/	—	—
제2행(중장)	—	—	/	—	—
제3행(종장)	—	—	/	—	—

그리고 조동일은 평시조(석줄 노래)의 일반 율격은, "① 3행이다. ② 2음보가 반행 또는 반줄을 이루고 반줄이 둘씩 연결되어 있는 4음보격이다. ③ 기준음절수는 4음절이다. ④ 제3행(종장)의 제1음보는 기준음절수 미만이고, 제2음보는 기준음절수 초과이다.", 이렇게 간추렸다.[30]

한편 성기옥은 음보율을 주장하기는 하였으나, 음절이 음보를 구성하는 필수자질이기에 음절의 중요성도 강조하였다. 성기옥은 우리 노래의 율격은 영시나 라틴 시의 율격처럼 강약이나 장단, 또는 고저의 대립으로 기층단위인 음보를 이루는 것과는 다른 원리로 만들어진다고 보았다. 우리 노래 율격의 기층단위(음보)가 구성자질의 선형대비의 원리에 따라 만들어지는데, 그 구성의 주된 자질이 음절이다.[31] 음절로 율격의 규칙성을 찾을 수 없다고 음절을 율격 형성의 자질이 아니라는 식의 논리는 극복해야 할 논리적 함정이라 하였다.[32]

그러나 우리 시와 노래에는 불규칙한 음절수로 이루어진 작품이 많기에, 반드시 음절만으로 기층단위(음보)를 구성해야 하는 것도 아니다. 우리 노래에 많이 보이는 3음절 음보와 4음절 음보는 결국 다른 것이 아니고 같은 종류의 변이 음보일 뿐이다. 음절은 율격적인 시차성(示差

29 조동일(1996), 위의 책, 222쪽.

30 조동일(1996), 위의 책, 229-230쪽.

31 성기옥(1986), 『한국시가율격의 이론』, 새문사, 85쪽.

32 성기옥(1986), 위의 책, 88쪽.

性)을 변별해 내는 절대적 구실을 하고 있지 않다. 음절은 다만 율격을 이루는 규칙의 경향을 드러내기만 할 뿐 규칙성 그 자체를 가리키지는 않는다.[33]

3음절 음보와 4음절 음보가 같은 음보로 의식되면서 음절수의 형태는 다르기 때문에, 음보 형성에는 음절만이 아닌 다른 구성의 자질이 관여한다는 것을 짐작할 수 있다. 이 다른 구성 자질은 음절에 붙어 있은 운율적 특성을 지녀야 하고, 3음절 음보와 4음절 음보 사이에 보이는 한 개의 음절수의 차이를 보상해 낼 수 있는 기능이 있어야 한다. 이런 조건에 만족할 수 있는 자질이란 음장(音長)과 관련된 운율자질밖에 없다. 3음절 음보의 맨 마지막 음절을 장음(長音)으로 길게 읽을 수 있고, 아니면 묵음(黙音)으로 실현되는 정음(停音)으로 처리할 수도 있다. 중간휴지(반행의 경계)나 행말휴지(행의 경계) 앞에 정음을 설정하면 장음만의 실현으로 일어나는 단조로움이나 억지스러운 율독을 극복할 수 있다.[34]

이렇게 장음(길게 읽기)과 정음(쉬어 읽기)을 마련하면 우리 노래의 율격을 밝힐 수 있다. 우리 노래 율격의 기층단위를 구성하는 원리는 음절이나 장음, 정음 자체가 아니라 그들이 갖는 음지속량(音持續量)에 바탕을 둔다. 한 개의 음절, 한 개의 장음, 한 개의 정음은 각각 1모라(mora)의 음지속량을 가진다. 음절을 대상(代償)하는 자질로 설정된 장음과 정음은, 결국 음절과 동일한 1모라의 음량을 보상한다고 볼 수 있다. 따라서 기층단위(음보)의 구성자질은 음절, 장음, 정음 셋이고, 음절은 율격형성의 직접적인 재료로 주동적 자질이자 필수 구성자질이다. 이와 달리 장음과 정음은 이들 없이도 음보를 이룰 수 있는 수의적 구성자질

33 성기옥(1986), 위의 책, 90-92쪽.

34 성기옥(1986), 위의 책, 92-96쪽.

이다. 규범율문 안에서라면 자칫 헤어나기 어려운 율동적 단조로움을 벗어날 수 있는 율동적 다양성을 만들어내는 구실을 장음과 정음이 맡고 있다.[35]

위에서 성기옥이 말한 율격의 질서를 시조 작품을 보기를 들어 설명해 보면 다음과 같다. "어져 네로구나 날소기든 네로구나"라는 시조 초장에서 첫마디 '어져'는 기준음격 4모라 가운데 2모라만 음절이 차지하고 있어, 2모라의 보상적 자질이 필요하다. 그래서 '어져—∨'로 율독하면 4음절 음보만큼의 음지속량을 갖는다. '어져'에서 '져'를 길게 소리내고 한 음량 정도를 쉬면 4모라의 음량이 된다. 이렇게 음절, 장음(—), 정음(∨), 이 세 가지가 음보의 구성자질이 된다. 두 번째 마디 '네로구나'는 4음절로 된 음보이기 때문에, 장음과 정음은 실현되지 않는다. 그러므로 음절은 필수적 구성자질이고 장음과 정음은 수의적 구성자질이 되는 것이다.

성기옥은 로츠의 율격 분류를 새롭게 고치고 손질해야 세계 여러 나라의 율격을 밝힐 수 있다고 보았다. 성기옥에 따르면, 어느 것이 율격 형성에 크게 관여하느냐, 곧 주가 되는 형성 자질을 기준으로 율격의 유형을 갈래지어야 한다. 단순율격에 관여하는 중심 자질은 음절이고 거기에 보조로 운율자질이 관여할 수 있으며, 반대로 복합율격에 관여하는 중심자질은 운율자질이고 거기에 보조로 음절이 관여한다. 그리고 단순율격을 음절의 '수(number)'로 잰다는 규정이 음절의 '양'으로 바뀌어야 한다. 음절수로 잴 수 있는 경우란 음절만이 율격 형성에 관여하는 유형에만 한정되어 시간언어이면서도 단순율격에 속하는 유형을 아우를 수 없다. 한편 복합율격의 경우 '음절수와 운율자질의 위치'는 '운율자질의 수와 위치'로 고쳐야 한다. 복합율격의 중심 형성자질은 음절이

35 성기옥(1986), 위의 책, 97-98쪽.

라기보다 운율자질이기 때문이다. 그리고 복합율격이 만들어지는 원리는 모든 유형이 운율자질의 대립(opposition)에서 만들어지므로 — 장음과 단음의 대립, 측성과 평성의 대립, 강세와 무강세의 대립 — 복합율격은 층형대립(層形代立)의 원리에 따라 만들어진다고 규정할 수 있다. 이에 견주어 단순율격은 그러한 대립 현상이 없고, 음절정점(syllabic peak), 또는 음절량의 등가적 대비로 개별화된 음절들이 잇따라 만들어지므로 곧 선형대비(線形對比)의 원리를 따른다고 할 수 있다.[36]

이에 따라 성기옥이 새롭게 분류해 보인 율격의 틀은 다음과 같다.

[표 8-2] 수정된 단순율격과 복합율격[37]

기준 \ 유형		단순율격	복합율격
율격 형성의 기저자질	중심자질	음절(필수적)	운율자질(필수적)
	부수자질	운율자질(수의적)	음절(수의적)
규칙성의 측정기준		음절 및 이에 상응하는 운율자질의 양	운율자질의 수와 위치
형성의 원리		선형대비	층형대립

이렇게 율격 유형 틀을 손질하면 우리 노래의 율격도 단순율격의 한 유형으로서 그 율격적 특성을 뚜렷이 드러낼 수 있다. 음절은 기층체계 형성의 필수자질이며 장음과 정음은 이에 보조적으로 관여하는 수의적 자질이 된다. 또 음절·장음·정음이 각각 1모라 길이의 양으로 측정될 수 있을 뿐만 아니라 이 양의 선형대비에 따라 율격이 형성되고 있다. 특히 율격형성의 원리가 음지속량의 선형대비에 의한다는 사실은 같은 시간언어에 속하며 음절과 장음을 형성자질로 삼는 라틴 시의 장단율에

36 성기옥(1986), 위의 책, 121-122쪽.

37 성기옥(1986), 위의 책, 123쪽.

서 보이는 음지속량의 층형대립과 완연히 구별되는 단순율적 특징을 보인다.[38]

우리 노래는 음절수와 음절들의 음지속량은 일치하지 않기 때문에 그 규칙성은 음절의 수가 아니라 음절의 양에 기준을 두어 측정된다. 이러한 사실은 곧 음절이 음절 자체로서보다 그 지속량으로서 우리 시가의 율격 형성에 관여하기 때문에 율격의 규칙성이 음절수가 아니라 모라 수로 측정해야 함을 뜻하는, 음량률(音量律)이라는 새로운 유형 설정이 필요하다. 우리 시가의 율격 유형은 단순율격의 아래 유형으로서, 음절율과는 또 다른 유형의 음량률이라 할 수 있다.[39]

이어서 성기옥은 우리 노래 율격에 나타나는 여러 자료를 바탕으로 율격 양식을 다음과 같이 체계화하였다.

[표 8-3] 한국 시가의 율격 양식[40]

보격 \ 음격		2음격	3음격	4음격	5음격	비고
동량보격	2보격	○	○	○	○	
	3보격		○	○	○	
	4보격		○	○	○	
	5보격			○		
층량보격	2보격			○		4·5음 2보격
	3보격			○		4·4·5음3보격

여기서 '보격(步格)'은 행 안에서 음보와 음보들의 구조를 말한다. '음격'은 음량(모라)을 가리킨다. 곧 2음격 음보는 2모라로 구성된 음보이

38 성기옥(1986), 위의 책, 124-125쪽.

39 성기옥(1986), 위의 책, 125쪽.

40 성기옥(1986), 위의 책, 158쪽.

다. '동량보격(同量步格)'은 크기가 같은 음보의 결합으로 같은 음보가 되풀이되는 것이고, '층량보격(層量步格)'은 크기가 다른 음보의 결합으로 다른 음보가 주기적으로 되풀이되는 것을 이른다.

이렇다고 할 때 시조는 "4음 4보격"의 정형시가 된다. 4음 4보격은 4음격 음보 네 개가 결합하여 형성되는 율격 양식으로 "4m(*P*)4m(*Pm*) 4m(*P*)4m(*Pl*)"[41] 로 공식으로 만들 수 있다. 4음량(모라)이 한 음보를 이루고, 4개의 음보가 한 행을 이루고, 2개의 음보가 반행을 이룬다.

성기옥에 따르면, 시조 율격의 심층 기저에서 4음 2보격 두 개의 중첩으로 형성되는 안짝과 바깥짝의 대칭이 있다는 것이 중요한 특성이다. 이 때문에 4음 4보격은 완전한 율격적 평형을 얻고 안정성을 확보하게 되어, 4보격 특유의 유장한 율동감을 가장 자연스럽게 조성할 수 있게 된다. 이에 따라 차분하고 정리된 생각이나 흐트러짐이 없는 안정된 정서 또는 분별력을 앞세우는 감정상태나 교시적인 어조가 두드러진다. 4음 4보격은 당시 새로운 지배이념이 된 유가적 세계관의 구체적 실천을 이상으로 삼았던 사대부의 미의식을 가장 잘 드러낼 수 있는 율격모형이었다. 가치질서의 재편과 더불어 이 율격이 널리 퍼졌다. 그리하여 임란을 거쳐 조선 후기에 접어들면 시조와 가사를 넘어 기층문화의 영역에까지 영향을 뻗쳐, 판소리, 잡가, 민요에도 많이 나타나게 된다.[42]

2) 음보율의 문제점

위에서 살핀 대로 몇몇 이론가들이 음보율로 우리 시가를 비롯한 시조의 율격을 설명할 수 있다고 주장하였다. 그리고 이런 음보율이 한동안 율격 이론의 주류를 이루었고, 중·고등학교 교과서도 이를 받아들이고 있다.[43] 이들의 주장이 조금씩 다르기는 하지만 큰 틀에서 보면 4음

41 m=모라/*P*=음보말휴지/*Pl*=행말휴지/*Pm*=중간휴지. 성기옥(1986), 위의 책, 167쪽.

42 성기옥(1986), 위의 책, 215-216쪽.

량이라는 호흡과 음 지속의 단위가 우리 말가락의 기본임을 주장하고 있다. 그런데 음보율이 우리 노래의 말가락을 밝히기에 문제가 있다는 주장이 많이 나왔다.

음보율의 문제점 가운데 하나는 '음보'라는 말을 우리 노래에 쓸 수 있느냐 하는 것이다. 음보는 영시(英詩)의 'foot'을 옮긴 말인데, 영시의 음보는 강음절과 약음절이 만난 음절무리로 이 음보가 되풀이되면서 영시의 운율을 만들어낸다. 그러나 우리 시가에서 영시의 강약률과 같은 음운자질을 찾기 힘들다는 점에서 음보라는 말을 쓸 수 있을지가 의문이다. 우리 시가의 음보는 같은 소리의 성질을 이용하는 음운론 기반이 뚜렷하지 않다.

오세영은 음보(音譜, foot)라는 말을 우리 시가에서 쓸 수 없다고 보았다. 그에 따르면, 영시와 같은 강약률의 복합음절율격이 아닌 이른바 순수음절율격에서는 음보가 있을 수 없다. 본디 음보란 같은 음성적 특징을 지닌 동수 음절(同數 音節)이 규칙적으로 되풀이될 때, 그 반복의 최소 단위를 일컫는 말이다. 예컨대 약약강률(anapest)의 경우 약음절 두 개, 강음절 한 개로 구성된 3음절이 계속 되풀이되며 이때 그 가장 작은 되풀이 단위라 할 3음절의 반복으로 되어 있어 그 어느 것도 음절수가 다른 단위가 같은 음보로 쓰일 수 없다. 따라서 우리 시의 경우와 같이 각 단위의 음절수가 다른 3·4·5조를 3음보로 이른다는 것은 있을 수 없는 일이다. 그러므로 한국 시가의 율격에서 음보의 개념을 추방해야 한다.[44] 이렇듯 오세영은 우리 시가는 영시에서 말하는 음보라는 개념을 적용할 만한 율격이 보이지 않기 때문에 음보라는 말을 쓸 수 없다고

---

43 류수열(2018), 「시조의 율격에 대한 학술 담론과 교육 담론의 거리 – 시조는 음보율로 설명될 수 있는가 – 」, 『시조학논총』 48, 한국시조학회, 16-20쪽.

44 오세영(1996), 「한국시가 율격재론」, 『한국근대문학론과 근대시』, 민음사, 67쪽; 오세영(2007), 「한국 현대시의 성찰」, 오세영 외, 『한국 현대시사』, 민음사, 39-40쪽.

보았다.

김정화는 김흥규가 말한 '호흡상 실체적 단위'는 우리 시에만 있는 것이 아니고 거의 모든 시에 있으며, 호흡상 실체적 단위인 기층단위[45]가 있다고 해서 이것을 모두 '음보'라 이를 수 없고, 각 시의 기층단위는 해당 시 기층단위의 율격적 성질을 가장 잘 드러내는 용어가 설정되어야 한다고 하였다. 한국 시의 기층단위가 음보가 아닌 이상 한국 시에서 '음보율'은 있을 수 없으며, 어쩌다 기층단위가 음보라 하더라도 '음보율'이라는 말 자체가 성립될 수 없다고 보았다.[46]

김진희도 밝혔듯이, 음보는 통사적 구조와 상관없이 강약이나 장단 같은 율격자질에 따라 형성되는데, 순수음절율격인 시조에서 음절수의 결합은 통사적 구조와 밀접한 관련이 있다. 더욱이 시조는 음절수조차 일정히 않아 음보와 거리가 사뭇 멀다.[47]

고정희도 '음보율'은 이질적 요소의 교체에서 오는 리듬감을 결여한 단순 반복 규칙이라는 맹점이 있어 문제가 있다고 보았다.[48]

그래서 많은 이들이 우리 시가의 율격단위인 '음보'는 '마디'로 바꾸어 쓸 것을 제안하였다.[49] 마디는 로츠가 이야기한 '콜론(colon)'과 비슷한 것이다.[50] 우리 시가의 율격은 율격자질보다는 율격휴지의 영향을 받는다. 마디라는 말로 바꾸면 문장 구조와 읽기 휴지를 바탕으로 끊어읽기를 하는 우리 시가의 율독을 설명하는데 알맞다. 음보라는 말을 버리고 마디로 이르자고 한 연구자들은 많았지만, 아직도 음보라는 말을

45 기층단위는 구를 이루는 각 하위 단위로 우리가 흔히 마디라 이르는 것이다.

46 김정화(2003), 「한국 시 율격의 유형」, 『어문학』 82, 한국어문학회, 161-162쪽.

47 김진희(2014), 「시조의 정형률」, 『동방학지』 167, 연세대학교 국학연구원, 74쪽.

48 고정희(2012), 「고전시가 율격의 교육 내용 연구」, 『국어교육연구』 29, 서울대학교 국어교육연구소, 423쪽.

49 김대행(1989), 『우리 시의 틀』, 문학과비평사, 119-121쪽; 오세영(1996), 앞의 글, 68쪽; 김진희(2014), 「시조의 정형률」, 앞의 글, 74쪽; 류수열(2018), 앞의 글, 27쪽.

50 Lotz, J.(1972), Elements of versification, op. cit., p. 11.

자주 쓰고 있고, 문학 교실에서도 쓰고 있다. 음보라는 말을 오랫동안 써 왔기 때문일 것이다.[51] 그래서 조동일은 음보보다는 '율격적 토막'이나 더 줄여서 '토막'이 낫겠다고 하면서도, 음보도 많이 쓰는 말이므로 관례를 따를 수밖에 없다고 하였다.[52]

그러나 이렇게 '음보'라는 말을 '마디'나 '토막'으로 바꾸어도 문제가 생긴다. 고정희는 '세 토막', '네 토막'이라고 하는 율격의 기본단위는 음절들을 일정한 단위로 '끊어 읽'는 데서 형성되는데, 이렇게 '끊어 읽기'가 강조된다는 것은 이미 그 시가의 율격이 '음절적'임을 암시한다고 보았다. 그래서 그는 고전시가의 율격을 '음보율'이라고 하고 그것을 파악하는 유일한 방법으로 '끊어 읽기'를 제시하는 것은 결국 '음수율'을 가르치는 것과 다를 바 없다고 보았다.[53]

또 음보율을 주장하는 이들은 음보의 특징으로 음보들은 그 길이가 같다는 '등장성(等長性)'을 들었다. 김대행[54]과 성기옥[55]은 음량(音量)을 뜻하는 모라(mora) 개념으로 음보가 같은 길이로 일정하다는 것을 밝히고자 했다. 김흥규와 성기옥은 우리 시 율격의 규칙성이 음절의 수가 아니기에, 음절의 양으로 측정된다는 뜻의 '음량률'이란 새로운 율격 유형을 마련해야 한다고 했다.[56]

그러나 김정화는 이런 음량률은 객관적이며 타당한 유형 이름이 되

---

51 이를 두고 류수열은 학술 담론에서 만들어진 이론이 교육 담론으로 전이되면서 넓게 퍼지고 굳어져서 새로운 학술 담론이 교육 담론으로 전이되지 못한 결과라고 해석하였다. 류수열(2018), 앞의 글, 9쪽. 이런 지적은 이미 김창원이 한 바 있다. 김창원(1996), 「운율을 어떻게 가르칠 것인가」, 김은전 외, 『현대시교육론』, 시와시학사, 267쪽. 말하자면 문학 연구 쪽에서는 지식이나 이론이 자꾸 바뀌는데, 문학교육 쪽에서는 한번 교과서에 실린 지식이나 이론이 쉽게 바뀌지 않는다는 것이다.

52 조동일(1996), 앞의 책, 219쪽.

53 고정희(2012), 앞의 글, 424-425쪽.

54 김대행(1979), 앞의 책, 36-41쪽.

55 성기옥(1986), 앞의 책, 125쪽.

56 김흥규(1986), 앞의 책, 150쪽; 성기옥(1986), 앞의 책, 125쪽.

지 못한다고 보았다. 한국 시에서 모라(mora)의 계산은 상당히 자의적이며 비과학적이다. 율격을 이루는 단위가 양의 규칙성을 지닌다면 모라로 환원되는 과정에서 지나친 자의성이 배제되고 어느 정도 객관성을 지녀야 한다. 이러한 시는 음절이 음운론적 장단을 변별적 자질로 하고 있으면서 그것이 시의 율격 형성에도 관여하는 고대 그리스 시이다. 그러므로 음의 양을 측정한다는 것은 바로 운소율[57] 중 장단율의 시를 일컫는 것이 더 맞다. 또 음절 자체가 지닌 음절량이 아니라 음절 외의 장음(長音; 길게 읽기)이나 정음(停音; 쉬어 읽기, 휴지)까지 모라로 환원되는 양을 음량률이라 하였는데, 장음이나 정음은 실제로 드러난 음이 아니란 뜻에서 휴음이라 할 수 있다. 한국 시에서 이런 휴음을 헤아릴 필요는 없으며, 그것이 얼마만의 '양'을 지니느냐는 한국 시에서 중요하지 않다.[58]

한편 일본 시는 각 기층단위[박절(拍節)][59] 사이에 음절이 고정되어 있지 않은데, 각 단위가 반복의 실체가 될 수 있는 것은 한국 시와 같이 겉으로 드러나는 음절 외에 휴음(장음/정음)이 그 빈자리를 메워주기 때문이다. 이렇게 본다면 일본 시의 기층단위 역시 음절의 양으로 측정되어야 하며 일본 시도 '음량률'에 들어야 할 것이다. 그러나 일본 시는 음수율이다.[60] 여기서 율격을 구성하는 원리가 다르지 않은데 하나는 음량률이고 하나는 음수율이 되어 모순이 생긴다.[61]

김진희는 시가를 소리 내어 읽을 때 음절을 길게 늘려 읽는 장음화는 음운론의 법칙과는 아무런 관련이 없기 때문에, '등장성'은 문제가

---

57 운소율: 강약률, 고저율, 장단율과 같이 운소 자질이 가장 중요한 율격 형성의 자질이 되는 경우. 김정화(2003), 앞의 글, 175쪽.

58 김정화(2003), 위의 글, 179-180쪽.

59 마디를 이른다.

60 일본 시는 구(행)에서는 5음절과 7음절로 고정되어 있다.

61 김정화(2003), 위의 글, 180-181쪽.

있다고 보았다. 예를 들어, 「상춘곡(賞春曲)」에서 "얼운은– 막대집고 아히는– 술을 메고 微吟– ∨ 緩步ᄒᆞ야 시냇ᄀᆞ의 호자안자"를 읽을 때, 장음(長音)으로 읽는 것('–'로 나타낸 곳)은 언어학의 장음화와 관련이 없으며, 정음(停音)으로 읽는 것('∨'로 나타낸 곳)도 정음 자체가 언어학과 관련이 없다. 또 김종서의 시조를 "朔風은/ 나무 긋틔 불고/ 明月은/ 눈 속에 ᄎᆞᆫ듸"와 같이 읽을 때, 첫 음보의 '朔風은'과 둘째 음보의 '나무 긋틔 불고'가 읽을 때 같은 시간이 걸린다고 말할 수 없다. 더욱이 초장의 두 번째 마디가 5음절 이상인 시조는 매우 많기 때문에 김종서의 시조를 변격이라 할 수도 없다.[62]

김진희는 실제로 음성분석기를 써서 음절수가 다른 시조 마디가 비슷한 시간의 길이로 읽히지 않음을 보였다. 곧 음절수가 길면 읽는 시간도 길어진다. 또 마디 사이에서 쉬는 것은 구나 행 사이에서 쉬는 것보다 짧았는데, 이는 짧은 마디의 경우 좀 더 길게 쉰다는 기존의 예상과 다른 결과이다. 곧 사람들은 시가를 읽을 때, 마디를 같은 시간에 읽지 않는다. 사람들은 시가를 읽을 때 음절수가 다른 마디를 같은 길이로 느끼지 않고, 음절수의 많고 적음으로 노래다움을 느낀다. 심리적·감각적으로 인정되는 등장성(等長性)이란 개념은 모호하며 그렇기에 여전히 음보율로는 우리 시가의 율격 문제를 밝히기 어렵다.[63]

또한 음보율은 세계 문학의 율격을 연구한 로츠(J. Lotz)의 율격 틀의 분류 기준에 맞지 않다. 율격 분류의 기준은 시행의 율격에 작용하는 음절이나 음운 요소인 율격자질이다. 음보는 이런 율격 자질이 결합된 덩어리인데, 음수율·고저율·강약률·장단율과 함께 음보율을 마련하는 것은 대단히 어색한 일이 된다. 그리고 몇몇 연구자들이 음보율을 음량

62 김진희(2014), 「시조 율격론의 난제」, 『한국시가연구』 36, 한국시가학회, 319-320쪽.
63 김진희(2014), 「시조 율격론의 난제」, 위의 글, 320-323쪽.

률(音量律)이라는 다른 이름으로 세계 문학의 율격 체제에 끼워 넣으려고 하였으나, 음량률(quantitative meter)은 이미 로츠의 율격 유형에 있는 것으로 장단율과 같은 것이다.[64] 우리 시가에는 고대 그리스 시의 장단율이 나타나지 않기 때문에, 음보율의 다른 이름인 음량률은 장단율과 혼동을 일으킬 뿐이다. 많은 이들이 음보율을 우리 시가의 율격 틀로 규정하려고 하였으나, 이는 음수율을 인정하지 않으려는 반동의식에서 깊어진 것이다.[65]

(2) 음수율: 우리 노래는 글자 수가 어느 정도 정해져 있는 데서 말가락이 생긴다

1) 글자 수가 정해져 있되 넘나듦이 있다(고정음수율이 아닌 변동음수율)

최홍원의 연구에서 밝혔듯이 시조 연구 초창기에는 시조의 율격을 자수율(또는 음수율)에서 찾으려고 하였다. 이은상, 이병기, 이광수, 조윤제 같은 이들이 모두 시조의 율격을 음절수에서 찾았다.[66] 그 뒤에 음보율이 시조의 율격 이론의 대세로 자리 잡자 음수율은 한동안 고개를 들지 못하다 몇몇 연구자들이 다시 이 음수율을 주장하기 시작하였다.

음보율의 문제점이 드러나자 이에 대한 반동으로 다시 음수율이 대안으로 나타났다. 중국 시, 일본 시, 한국 시, 세 나라의 시의 율격을 연구한 천본호사(川本皓嗣)는 동아시아 세 나라 말의 특성으로 볼 때, 이들 나라의 율격은 음수율이 될 수밖에 없다고 말한다. 중국말, 일본말, 한국말의 음운 틀에서는 음절의 장단이나 강약과 같이 운율법에 바로 이용할 수 있는 적당한 이항대립이 없기 때문에 순수한 음수율은 동아시

---

64 Lotz, J.(1960), Metric typology, op. cit., p. 140, p. 146.

65 김진희(2014), 「시조 율격론의 난제」, 앞의 글, 324-328쪽.

66 최홍원(2018), 「시조 '3장 6구'와 '종장 첫 구'의 공서(共棲)와 시조 연구의 과제 – 시조 형식론과 율격론을 다시 살피다 –」, 『국어문학』 67, 국어문학회, 118-124쪽.

아 시의 숙명이 될 수밖에 없다고 보았다.[67]

원용문은 우리 시가의 율격을 음수율, 강약률, 고저율, 장단율, 음보율같이 여러 이론으로 설명하는데, 우리 시가라는 한 가지 주제에 이렇게 5가지나 되는 율격 이론이 있다는 것은 율격을 잘못 이해하고 있거나 제대로 이해했다고 해도 그 적용 방법에 문제가 있기 때문이라 보았다.[68] 그러면서 몇 가지 율격 이론이 잘못되었다는 것을 밝혔다. 먼저 강약률은 우리말 자체에 강약의 강세가 없기 때문에 우리 시가에 적용할 수 없다고 보았다.[69] 그리고 고저율도 우리 시가의 율격이 될 수 없다고 보았다. 시를 낭송할 때 고저악센트(pitch accent), 곧 음의 높낮이가 나타나는 것은 낭송의 특징상 자연스럽게 된 것이지, 우리 시가의 율격 특징이 고저율이라서 그렇게 된 것은 아니다. 우리말에는 고저강세가 없으며 고저율이란 것도 우리가 귀로 들어 의식할 수 있는 것이 아니고, 사음기(寫音器)라는 정밀 기계로 알아내거나 15세기 국어의 성조(聲調)를 통해 감지할 수 있다는 점에서 보편성을 인정받기 어렵다.[70] 장단율 또한 우리 시가의 율격이 될 수 없는데, 시를 낭독할 때 장음으로 읽고 단음으로 읽는 것은 낭독자의 주관적 인식에 따른 것일 수도 있다. 장단이라고 하는 율격 요소는 우리 국어에 보편적으로 관여하는 음운자질이 아니다. 통사적 요소의 배분 때문에 생기는 장단음까지도 우리 시가의 율격으로 여기는 것은 온당치 못하다.[71] 그리고 한국 시가의 율격 체계가 음보율이란 말은 성립할 수 없다. 산문을 읽든 운문을 읽든 반드시 호흡과 휴지를 필요로 하기 때문에 음보율은 어떤 체계의 율격에나 다

67 川本皓嗣(2006), 「동아시아 시학 구축을 위해: 음수율이라는 숙명」, 『한국시가연구』 21, 한국시가학회, 46-55쪽.

68 원용문(2003), 「고전시가의 율격 문제」, 『청람어문교육』 27, 청람어문교육학회, 5-6쪽.

69 원용문(2003), 위의 글, 18쪽.

70 원용문(2003), 위의 글, 20-23쪽.

71 원용문(2003), 위의 글, 27-28쪽.

있는 것이다.[72]

그래서 원용문은 우리 노래의 율격은 음수율이 될 수밖에 없다고 보았다. 시조를 보기로 들 때, 기본음수율에 한두 글자를 더하고 뺄 수 있다는 것, 종장 첫마디는 3음 고정, 둘째 마디는 5음 이상이어야 한다는 규정 자체가 음수율의 제한을 받는다는 것을 그대로 증명해 주는 것이라고 보았다. 실제로 3장 6구 12마디의 시조 형식 중에 음수율의 제한을 안 받고 마음대로 쓸 수 있는 작품은 없다.[73] 글자 수가 고정되어 있는 정자(定字)시가 아닌 정형시도 음수율의 제약을 받는다는 것을 우리의 시조가 잘 나타내 준다. 시조는 각 장마다 4음보로 구성되었고, 그 각 음보들은 음수율의 제약을 받아 기준음수율에서 제멋대로 글자 수를 늘리거나 줄이는 것을 허용하지 않는다. 이처럼 글자 수의 통제를 받으면 음수율이지 글자 수가 고정되어야 음수율로 볼 수 있다는 견해는 받아들이기 어렵다. 음수율은 시조의 각 음보를 형성하는 데 중요한 구실을 하고, 그 음보들은 의미단위와 기식단위에 따라 등장성을 유지하고 규칙적으로 반복하고 있으니, 시조는 정형시라 할 수 있고, 음수율의 리듬을 형성한다고 할 수 있다.[74]

이처럼 원용문은 시조를 비롯한 우리 노래의 율격을 음수율로 정해야 한다고 보았다. 시조가 글자 수의 제약을 받는 것 자체가 음수율을 바탕으로 하고 있다는 것이다. 글자 수가 고정되어 있는 것만 음수율로 보는 것은 짧은 생각이라고 보았다.

김정화는 시조와 가사를 비롯한 우리 시가의 율격을 살펴보면 우리 시의 율격은 음수율이라 할 수 있다고 하였다. 그동안 많은 연구자가 음수율을 부정한 것은 음수율이 꼭 글자 수가 고정되어 있어야 한다는

72 원용문(2003), 위의 글, 34쪽.

73 원용문(2003), 위의 글, 14쪽.

74 원용문(2003), 위의 글, 39-30쪽.

생각을 벗어나지 못했기 때문이라 보았다. 김정화에 따르면, 우리 시의 율격을 밝히려면 '가장 중요한 자질'이 무엇인가를 찾아야 한다. 그렇다면 순수하게 음절만 관여하는 율격 유형이 있을 것이고, 음절과 운소 자질이 함께 관여하는 유형이 있고, 운소 자질만 드러나는 유형, 이렇게 크게 3가지가 있을 수 있다. 음절이 가장 중요한 율격 형성의 자질이 되는 경우 음절율격(음절률)이라 이를 수 있다. 음절수가 얼마이냐에 따라 단위 유형이 결정되고 서로 다른 음절수로 이루어진 단위들은 나름대로 율격적 성질을 지니게 된다. 그러므로 음절률은 바로 음수율이라 할 수 있다. 우리 시는 각 구(행)[75]를 이루는 총 음절수가 일본 시처럼 고정(일정한 음절수)되어 있지 않지만, 율격을 형성하는 가장 중요한 자질이 음절이라는 점, 율격 단위의 유형을 결정하는 것이 음절의 수라는 점 때문에, 음수율이 될 수밖에 없다. 구를 이루는 총 음절의 수가 고정되어 있지 않다고 해서 음수율의 유형에서 제쳐두어서는 안 되고, 우리 시만이 지닌 특징으로 여겨야 한다. 우리 시가 기층단위(마디)를 이루는 음절수에서도 유동성을 보이고 구를 이루는 총 음절수에서도 유동성을 보인다고 우리 시를 음수율에서 보이는 규칙이 없다고 보는 것은 잘못이다. 우리 시는 그 나름대로 음수율다운 규칙을 보인다. 기층단위(마디)를 구성하는 음절수는 최소 1음절에서 최고 4음절이며 각 기층단위(율어)의 조합으로 구가 형성될 때에도 몇 가지 자연적인 구성 형식(규칙)이 있다. 예를 들어 2율 어구(두 마디)의 경우는 5음절~8음절, 3율 어구(세 마디)의 경우는 6음절~12음절, 4율 어구(네 마디, 한 행)의 경우는 10음절~16음절까지이다. 곧 우리 시는 구(행)에서 유동적인 음수율을 보이는 시다.[76]

---

75 김정화의 글에서 말하는 '구'는 율격의 기층단위(마디)가 모여서 기본단위를 이룬 '행'과 같다.

76 김정화(2003), 앞의 글, 167-174쪽.

그러면서 율격 형성의 중요 자질이 무엇이냐에 따라 다음과 같이 율격 유형의 체계를 세울 수 있다고 보았다.

- 음절률=음수율 - 음절이 가장 중요한 율격 형성의 자질이 되는 경우
  - 고정 음수율 — 음절수가 고정성을 보이는 유형 - 일본 시, 프랑스 시
  - 유동 음수율 — 음절수가 유동성을 보이는 유형-한국 시
- 운소율 - 운소 자질이 가장 중요한 율격 형성의 자질이 되는 경우
  - 강약률
    - 강세율 - 고대 영시나 독일 시
    - 강세음절률 - 전통적인 영시
  - 고저율 - 중국 시
  - 장단율 - 그리스 시, 희랍 시

[그림 8-2] 율격 유형의 체계[77]

위와 같이 김정화는 우리 시의 율격을 밝히기 위해 로츠의 율격 유형을 조금 손질하였고 용어도 바꾸었다. 한국 시는 각 구를 이루는 음절수에 유동성은 있지만 한도 내에서 유동성을 갖는다. 그러므로 우리 시는 음수율의 유형에 속하면서도 고정 음수율이 아닌 "유동 음수율"이다. 마디에서는 우리 시나 일본 시가 모두 음절의 수가 드나듦이 있지만, 일본 시는 구(행)에서는 5음절과 7음절로 고정되어 있다. 그래서 일본 시는 고정 음수율에 들고, 우리 시는 유동 음수율에 든다. 우리 시는 마디나 구에서 음절수가 넘나듦이 있지만 그 안에 나름대로 규칙을 갖는다. 그동안 우리 시를 음수율로 보지 않았던 것은 음수율=고정 음수율이라는 고정 관념과, 유동 음수율이라 하여 음절수에 아무 규칙도 없는

77 김정화(2003), 위의 글, 176쪽.

것처럼 오해했기 때문이다.[78]

김정화의 주장을 시조 한 수를 보기로 들어 설명해 보겠다.

이고 진	뎌 늘그니	짐 프러	나를 주오	(14)
3	4	3	4	
나는	졈엇써니	돌히라	무거을가	(13)
2	4	3	4	
늘거도	셜웨라 커든	지믈조차	지실가	(15)
3	5	4	3	

위 정철(鄭澈)의 시조를 보면, 마디에서 음절의 규칙성을 찾을 수 없다. 2음절에서 5음절까지 다양하다. 똑같은 글자 수로 되풀이하고 있지 않다. 또 행마다 총 음절수도 1행(초장)은 14음절, 2행(중장)은 13음절, 3행(종장)은 15음절로 역시 규칙성이 없다. 우리 시조는 이렇듯 마디의 음절수도 다르고 행을 이루는 총 음절수도 다르다. 그렇지만 위 시조에서 한 마디는 2음절-5음절 사이에 있고, 한 행의 총 음절수는 13음절-15음절 사이에 있어, 음절수가 변화가 있기는 하지만 무한정 변화하는 것은 아니다. 이것을 두고 김정화는 '한도내적 유동성'[79]이란 말을 쓴 것이다. 다시 말해 음절수가 많아졌다 적어졌다 하지만, 정해진 한도 안에서 달라진다는 것이다.

이와 같이 김정화는 유동 음수율이라는 말을 만들어서 우리 시의 율격 문제를 해결하였다. 음절수의 변화가 있지만 나름대로 규칙 안에서 변하기 때문에 우리 시의 가장 중요한 율격 자질은 음절이 될 수밖에 없다고 보았다.

---

78 김정화(2003), 위의 글, 182-183쪽.

79 김정화(2003), 위의 글, 182쪽.

고정희는 율격이란 추상적인 패턴을 일컫는 말이지 실제적 시행이나 수행에서 나타나는 패턴은 아니라면서, 불규칙성이나 다양성이 규칙성을 훨씬 압도하는 율격 유형들이 얼마든지 있음을 헤아려야 한다고 하였다. 그래서 시조에서 규칙으로 제시한 음절수에서 벗어나는 음절들이 아무리 많다고 해도 그 때문에 '시조'라는 한 가족이 안 되는 것은 아니라고 보았다. 그러므로 규칙에 맞는 예가 너무 적다는 이유로 음수율을 버린 것은 다소 성급한 판단이라고 여겼다.[80]

고정희는 이광수의 「시조의 자연율」의 연구를 바탕으로, 시조는 반드시 지키는 음수율이 있음을 눈여겨보아야 한다고 하였다.

			①4
			②4
③3		④4	

어둡게 나타낸 곳은 고정된 음수를 지켜야 하는 음보들이다. 종장 첫 마디(③)는 3음절로 되어 있고 이것은 시조의 장르 표지가 된다. ①, ②, ④에 보이는 4음절은 시조 종장의 율격 특징과 밀접하게 관련되어 있다. 초·중장에서는 마지막 음보가 4음절로 되어 있기 때문에 휴지가 없어서 종결감을 주지 못하지만, 종장에서는 4음절이 세 번째 음보로 이동하고 그 뒤에 대체로 3음절이 이어지면서 종결감이 강화되는 효과가 생겨난다. 그리고 시종일관 평명한 율격을 유지하던 시조에서 갑자기 종장 첫 마디에 3음절의 감탄 어사를 놓아 충격을 준다.[81]

전통 율격을 이어받았다는 김소월의 현대 시 「진달래꽃」을 자세히

80 고정희(2012), 앞의 글, 426쪽.

81 고정희(2012), 위의 글, 436-437쪽.

분석해 보면, 어떻게 끊어 읽든지 한 음보를 이루는 음절의 수는 거의 모두 3에서 4가 되어, 그때 사람들이 전통 율격으로 생각했던 4·4조의 음수율에서 크게 벗어나지 않았음을 알 수 있다. 4음절을 기준 음보로 삼고, 4음절인 음보와 4음절 미만의 음절로 이루어진 음보를 따져보면 무질서하게 흩어진 것처럼 보이는 음수율의 일정한 교체를 볼 수 있다. 이로 보아 '음보'는 율격의 단위가 될 수 없지만, '음절의 수'는 율격의 단위가 될 수 있음을 짐작할 수 있다.[82]

조윤제가 초·중장은 3·4·3(4)·4의 음절수, 종장은 3·5·4·3의 음절수라는 자수율을 제시한 것은 '3음절과 4음절'의 교체에서 오는 규칙성을 암시한 것이고, 김흥규가 '소음보와 평음보의 교체'가 초·중장까지 일정한 규칙을 이루다가 종장에서 '과음보'가 더해지면서 율격 규칙이 달라진다고 한 것도 음절수의 교체를 암시하고 있는 것이다. 이처럼 연속되는 음보에서 나타나는 음절수의 교체를 부각시켜서 '율격 단위'로 삼는다면, 음보율의 맹점이었던 '이항대립적 자질을 갖추고 있는 율격 단위의 결여' 문제도 해결할 수 있다.[83]

따라서 우리 시가 율격의 정체성은 '음보'라는 율격의 상수(常數)와 '음절수'라는 율격의 변수(變數)를 고려할 때 가장 합리적으로 밝힐 수 있다. 한국 시가의 율격 특징은 무엇보다 음절수의 교체에서 찾을 수 있다. 그러므로 율격 교육에서 학생들이 서로 다른 음절수로 이루어진 평음보(4음절)와 소음보(4음절 미만), 또는 평음보와 과음보(5음절 이상)의 교체에서 생겨나는 고전시가의 리듬감을 익히는 것이 중요하다. 고전시가 율격 교육의 핵심 내용은 결국 음수율이 되어야 한다.[84]

이처럼 고정희는 우리 시가의 율격은 알고 보면 음절수가 다른 음보

82 고정희(2012), 위의 글, 438-439쪽.

83 고정희(2012), 위의 글, 439쪽.

84 고정희(2012), 위의 글, 440-441쪽.

의 교체인데, 이것을 이해하는 것이 가장 중요하다고 보았다. 이렇게 서로 다른 음절수의 교체로 율격을 형성한다는 음수율을 이해하면 음보율이 가진 한계를 극복할 수 있다. 시조는 정해진 음절수가 있는 음보가 반드시 있으며, 이런 규칙이 종결감과 비종결감을 형성하고, 4음절과 4음절이 아닌 음절수의 교체로 시상을 전개하기 때문에 시조의 율격은 음수율이 핵심이라고 정리하였다.

시조는 영시(英詩)처럼 음보를 구분할 음운자질이 뚜렷하지 않다. 끊어 읽기도 읽는 이에 따라 달라질 수 있어, 음절, 장단, 강약 같은 어떤 음운자질로도 시조의 리듬규칙을 설명하기 힘들다. 이런 까닭으로 김진희는 율격론을 넘어서 작시법이라는 넓은 개념으로 관점을 넓힐 필요가 있다고 보았다. 그래서 율격, 압운, 병렬률 들을 모두 아우르는 작시법에 해당하는 말로 '정형률'이라는 말을 썼다.[85]

시조의 음절수가 프랑스 시나 일본 시와 같이 고정되어 있지 않기 때문에, 시조의 율격을 음보율로 보아야 한다는 주장이 넓게 퍼져 있으나, 율격은 상대적으로 엄격할 수도 느슨할 수도 있다. 시조의 율격은 음수율이되 좀 느슨한 종류의 것이다.[86]

김진희에 따르면, 시조의 한 마디에 들어가는 음절수는 작품마다 매우 다르기 때문에, 한 마디 안에서 음절수의 규칙을 찾으려고 해서는 안 된다. 반행(半行)[87]으로 넓혀보면 앞마디는 뒷마디보다 작거나 같다는 규칙('앞마디≦뒷마디')을 얻을 수 있다. 단, 마지막 반행(종장 마지막 두 마디)은 앞마디가 뒷마디보다 크거나 같다('앞마디≧뒷마디'). 이것은 종결부에서 시상의 마무리를 위해 율격을 달리한 것이다. 이처럼 반행 안에 음절수 차이로 생기는 시조의 음수율을 '상대적 음수율'로 표현할

85 김진희(2014), 「시조의 정형률」, 앞의 글, 71쪽.

86 김진희(2014), 「시조의 정형률」, 위의 글, 73-74쪽.

87 반행은 두 마디가 결합된 것으로 그동안 구(句)로 일러왔던 것이다.

수 있다. 마디 사이의 상대적 관계를 통해서 음수율적 규칙을 나타낼 수 있다. 곧 시조의 음수율은 음절의 개수는 명확히 고정해 놓지 않고 대신 율격단위 사이의 상대적 규칙을 정해 놓은 것이므로 이를 상대적 음수율이라 이를 수 있겠다. 한편, 행의 음수율도 음절수는 정해져 있지 않지만, 구성요소 간의 음절수 차이를 통해 규정되는 상대적 음수율이다.[88]

김진희가 밝힌 시조의 율격을 다음과 같이 정리하여 나타낼 수 있다.[89]

제1행(초장) 제1반행(앞마디≦뒷마디)≦제2반행(앞마디≦뒷마디)
제2행(중장) 제1반행(앞마디≦뒷마디)≦제2반행(앞마디≦뒷마디)
제3행(종장) 제1반행(앞마디≦뒷마디)≧제2반행(앞마디≧뒷마디)

여기에 더하여 좀 더 자세한 분석을 해보면, 전반행(제1반행)에서는 앞마디가 뒷마디보다 작은 경우가 더 많지만, 후반행(제2반행)에서는 앞마디가 뒷마디보다 작은 경우와 그 둘이 같은 경우가 거의 같은 비율을 보인다. 또 전반행이나 후반행의 뒷마디는 대개 4음절로 고정되는 경향이 강하다. 그리고 종장에서 이런 규칙이 뒤집히는 것은 종장의 전반행이 다른 반행들과 많이 다르기 때문이다.[90] 종장의 첫 마디는 3글자이고 두 번째 마디는 5글자 이상인 경우가 많아 종장의 전반행은 후반행보다 훨씬 길다. 이것은 시가의 마무리와 관련된 율격 현상이라 할 수 있다.

이렇게 김진희는 반행과 행으로 율격의 단위를 넓혀보아야 시조의

88 김진희(2014), 「시조의 정형률」, 위의 글, 78-83쪽.

89 김진희(2014), 「시조의 정형률」, 위의 글, 81쪽과 83쪽을 바탕으로 다시 정리한 것이다.

90 김진희(2014), 「시조의 정형률」, 위의 글, 83쪽.

율격을 제대로 밝혀낼 수 있다고 보았다. 반행 안에서는 앞마디의 음절수와 뒷마디의 음절수가 상대적으로 달라지면서, 행 안에서는 전반행의 음절수와 후반행의 음절수가 상대적으로 달라지면서 음수율을 만들어 나간다고 보았다.

김진희는 이와 같은 상대적 음수율과 더불어, 병렬률이 시조의 정형률을 형성한다고 보았다. 시조의 병렬은 반행 간에 가장 자주 나타나며(전반행과 후반행이 서로 짝을 이룸), 통사적 병렬이 일어나지 않더라도 의미·형태·율격 여러 층위의 병렬[91]을 통해 반행 간의 비슷함이 확보된다고 보았다. 그래서 시조에서 병렬은 반행을 단위로 한 시조의 율격에 특히 기여하는 보충적 리듬 장치라 하였다. 이처럼 시조의 정형률을 '상대적 음수율'과 '병렬률'로 정리하였다.[92]

음보율에 반대하여 음수율로 우리 노래의 율격을 밝히려는 이들의 같은 생각은 우리 노래가 음수율이긴 하되 글자 수(음절수)가 고정된 '고정음수율'이 아니라 일정한 한도나 틀 안에서 유연하게 글자 수가 변하는 음수율이라는 것이다. 그래서 이들의 이론들은 모두 '변동음수율'이라 정리할 수 있다. 글자 수가 변하기는 하지만 나름대로 규칙이 있기 때문에 음수율로 볼 수밖에 없다는 것이다. 다시 말해 우리 노래의 말가락은 글자 수가 정해져 있되 넘나듦이 있는 말가락이다.

2) 음수율의 문제점

오세영은 한 시행을 구성하는 음절수로 우리 시의 율격을 규정하였다.[93] 그러나 평시조의 경우 한 시행이 14음절이나 15음절로 꼭 맞아떨

---

91 의미적 병렬은 의미상 짝을 이루는 것이고, 형태적 병렬은 한문구 같은 것을 같은 자리에 놓아 짝을 이루는 것이고, 율격적 병렬은 반행 간 음절수의 짝을 맞추는 것이다. 김진희(2014), 「시조의 정형률」, 위의 글, 86-88쪽.

92 김진희(2014), 「시조의 정형률」, 위의 글, 89-90쪽.

93 오세영(1996), 앞의 책,

어지지 않는 작품도 많으며, 가사도 한 시행이 8음절로 그 규칙을 정확히 지키지 않는 작품도 많다. 또한 한 시행은 두 마디나 세 마디로 구성된다고 하여 마디도 율격을 구성한다고 보았는데, 이는 음절수만으로 우리 시의 율격을 밝힐 수 없음을 드러낸 것이다.

우리 시가의 율격을 음수율로 보는 이들은 우리 시가 작품들이 음절수의 규칙이 고정되어 있지는 않지만, 반드시 음절수를 맞추는 자리가 정해져 있고, 음절수가 한정 없이 변하지 않고 일정한 틀 안에서 변하고, 반줄(반행)이나 줄(행) 안에서 어느 정도 음절수의 규칙을 찾을 수 있기에, 우리 시가는 음수율로 설명할 수 있다고 보고 있다. 그런데 음절수의 규칙이 매우 엄격하여 정해져 있지 않다는 것은 어떻게 보면 전형적인 음수율이 아니라는 것을 드러내고 있는 것이라 할 수도 있다.

'유동 음수율'이나 '상대적 음수율'이란 말도 달리 생각하면, 전형적인 음수율의 원리에서 벗어난 율격이라는 뜻을 담고 있다. 그렇기에 이런 유동 음수율과 상대적 음수율을 음수율의 한 유형이라고 할 수 있을지도 꾸준히 탐구해야 한다. 유동 음수율과 상대적 음수율이 우리 시가만의 남다른 음수율이라면, 두루 쓰고 있는 율격의 유형으로는 설명하기 어려운 율격이 되는 셈이다. 한국 시가만의 율격을 밝히기 위해서 새로운 기준을 세우는 것은 한편으로는 세계 보편의 기준을 거스르는 것이 될 수도 있어 조심스러운 일이다.

시조는 정해진 글자 수가 있는 자리가 있고, 반줄이나 줄 안에서 어느 정도 글자 수의 일정한 규칙이 있기 때문에 음수율다운 특징을 가지는 것도 사실이다. 그런데 우리 시가 전체를 놓고 볼 때, 이 음수율이 우리 시가 전체에 두루 적용될 수 있을지는 여전히 탐구 과제이다. 시조만 음수율로 규정되고 나머지 시가들이 음수율로 규정되기 어렵다고 한다면, 시조의 음수율이 타당한 율격 이론이 될지는 의심의 여지가 있다. 만약 우리 시가는 시조만 음수율이고 나머지 민요, 고려속요, 가사들은 음보율이라 한다면, 시조만 우리 시가의 변격이 되는 것이다. 시조는 엄연히 우리 시가의 대표적인 갈래이고, 여러 시가의 영향 속에 짓고 즐겼던 문학이며, 우리 시가의 거의 모든 갈래가 음보율로 그 율격 규칙을 밝힐 수 있는데, 시조만 따로 음수율로 규정한다는 것이 설득력을 가질 수 있을지는 여전히 어려운 문제로 남을 수 있다. 조동일에 따르면, "특정 작품 이전에 잠재적으로 또는 무의식 속에 존재하면서 계승되고, 시인이 작품을 창작할 때 정립되지 않은 의식 또는 잠재적인 가능성이 작용하는 것이다."[94] 시조도 이전에 있던 향가나 고려속요의 영향을 받아 생겨났고, 또 이것이 현대 시까지 계승되었다면, 다른 갈래 시가의 율격이 시조에 어떤 영향을 주었는지도 돌아보면서 시조의 율격을 밝혀야 할 것이다.

조동일은 우리 시가를 음보율로 설명하면 문학사의 흐름을 이해하게 된다고 보았다. 우리 시는 4음보격(안정감)과 3음보격(변화감)의 대립으로 그 역사가 흘러왔다고 보았다. 대체로 보아 향가는 4음보로 보이고, 이에 대한 반동으로 고려속요는 3음보를 따랐고, 다시 이에 대한 반동으로 시조나 가사는 4음보를 따랐고, 또 이에 대한 반동으로 현대시에 이르러 3음보가 두드러지게 되었다. 시조는 선비들의 노래로 3음보의 변화감을 버리고 4음보의 안정감을 원했기 때문에 일어난 노래이다. 선비들은 성리학이나 이기철학을 이념으로 삼았기 때문에 아무래도 안정된 질서를 좇았던 이들이라, 4음보격의 노래를 추구했을 것이다.[95] 이러한 조동일의 견해는 우리 시가의 역사를 음보율의 변화로 설명할 수 있다는 점을 보여주는데, 만약 우리 시가를 음수율로 규정하게 되면 이런 시가 율격의 문학사를 설명하기 어렵게 된다.

---

94 조동일(1996), 앞의 책, 267쪽.

95 조동일(1996), 앞의 책, 260-261쪽.

이제까지 우리 노래의 말가락에 대한 여러 견해를 살펴보았는데, 이를 간추려 표로 나타내면 다음과 같다.

[표 8-4] 우리 노래 말가락에 대한 여러 견해

음보율		음수율	
연구자	중요한 말	연구자	중요한 말
정병욱	등장성을 지닌 음보	원용문	글자 수 제약
김흥규	음량율격	김정화	유동 음수율
김대행	2음보 대응과 그 연첩	고정희	율격의 변수인 음절수
조동일	3음보격과 4음보격	김진희	상대적 음수율
성기옥	음량률, 음보격		

3. 우리 노래의 말가락을 문학 교실에서 다룬다면?

우리 시가의 율격이나 시조의 율격에 관한 여러 이론을 보면 알 수 있듯이, 율격이란 것이 참 복잡하고 어려운 문학 지식임을 알 수 있다. 고저장단의 구별이 모호한 한국어의 음성적 특징 그리고 엄격한 정형성보다는 유연한 정형성이 두드러지는 한국 정형시의 율격 특성[96]이 우리 노래의 말가락이라는 문학 지식을 다루기 어렵게 만든다. 교착어로서 어미와 조사의 종류가 제약되는 데다 중세 국어의 성조 특성이 약화되고 또 노래와도 분리된 상태에서, 근대 정신을 담을 만한 새로운 운율 체계를 만들어내기가 어려웠기 때문이다.[97] 이것은 우리 시가만의 문제

96 송지언(2021), 「외국 국어 교과서의 운율 교육내용 비교연구 – 프랑스와 독일의 중학교 국어 교과서를 중심으로 –」, 『고전문학과 교육』 47, 한국고전문학교육학회, 46쪽.

97 김창원(1996), 앞의 글, 269쪽.

도 아니고 이미 서양에서도 율격을 밝힌다는 것은 매우 어려운 과제였다.[98] 더욱이 시가의 율격에 대해 한 가지로 합의된 지식이나 이론이 있는 것도 아니고 아직도 논쟁 중에 있다.

우리 노래의 말가락이라는 문학 지식도 여러 이론이 맞서고 논란과 갈등 가운데 있는 문학 지식이다. 이런 문학 지식을 교육의 밑감으로 잘 살려 쓰면 활발한 탐구를 이끌 수 있다. 왜 우리 노래의 율격은 어떤 이는 음수율로 설명하려고 하고 어떤 이는 음보율로 설명하려고 할까? 의문을 가지고 호기심을 가지다 보면 탐구하고 공부하고 싶은 흥미나 관심이 생길 수 있다. 이런 흥미나 관심이 직접적 흥미나 관심이라면 학생들이 깊이 몰입하여 탐구할 수 있을 것이다. 직접적 흥미나 관심이 아니더라도 우리 노래의 율격이라는 문학 지식이 여러 의견이 충돌하고 있고 아직도 논란 중에 있어 합의를 이루지 못한 문학 지식이라고 학생들에게 소개한다면, 학생들은 어떤 견해가 가장 타당한지 탐구해보고 싶다는 간접적 흥미가 생길 수도 있다. 그렇다면 우리 노래의 말가락은 협력 탐구로 공부해 볼 수 있는 문학 지식이 된다.

(1) 우리 노래의 말가락에 친하게 다가가기: 교육의 방편 살려 쓰기

우리 노래의 율격에 대해 이해하려면 여러 단계나 과정이 필요하다. 인식주체의 지식에 대한 구조적인 변화가 따르지 않고는 지식의 수준을 높일 수 없다. 노래의 율격에 대한 높은 수준의 이론이나 설명을 학생들이 짧은 시간에 이해하도록 하기 위해 교과서에 간추려 서술해 주는 것은 바람직한 방법이라 할 수 없다. 먼저 시가의 율격에 대해 친숙하게 다가갈 수 있도록 학생들의 눈높이에 맞게 설명해 주고 시가의 율격은

98 Fussell, P.(1979), *Poetic Meter and Poetic Form*, New York: Random House, p. 4.

더 복잡하고 어려운 이론들이 있음을 안내해 주어야 한다.

복잡한 우리 시가의 율격 이론을 처음에는 쉽게 다듬어서 가르쳐야 할 것이다. 보기를 들어, "시조라는 문학 갈래는 한 줄이 4마디로 되어 있고 두 마디가 반줄(또는 반행)을 이루고 기준이 되는 글자 수는 4글자이다.", 이렇게 시조의 율격 형식을 설명할 수 있다. 시조의 율격을 이루는 규칙에 대해 먼저 쉽게 다가갈 수 있게 손질하여 지식을 보인다. 이렇게 손질한 지식은 앞으로 좀 더 복잡한 지식을 배우기 위한 방편이 된다. 이 방편을 거치지 않고는 어렵고 복잡한 지식으로 나아가기 힘들다. 배우는 이의 지식수준이 높아지면 방편이 되는 간단한 지식에서 나아가 이제 시조의 율격에 대해 더 깊이 파고들 수 있다.

또는 원용문의 시조 율격 설명이 시조의 율격을 처음 공부하는 이들한테는 가장 쉬운 이론이 될 수 있다. "3음절이나 4음절이 기본 음수가 되고 여기에 한두 글자를 더하고 뺄 수 있으며, 종장 첫마디는 3음절로 고정되어 있고, 둘째 마디는 5음절 이상이어야 하는, 3장 6구 12마디의 형식으로 되어 있다"[99]고 설명할 수 있다. 그러나 이런 설명은 어디까지나 시조의 율격이라는 문학 지식을 깊이 있게 공부하고 탐구하기 위한 방편임을 학생들에게 안내해 주어야 한다. 시조의 율격 이론은 더 복잡하고 어려운 내용들이 많은데 우리는 일단 이런 정도로 시조의 율격을 이해하고 앞으로 더 수준 높은 내용들을 공부해 나가자고 해야 한다.

학생들이 여러 편의 시조를 보고 시조의 율격에서 어떤 규칙성이 있는지 찾아보게 하는 것도 시조의 율격을 공부하는 초기 단계에서 해볼 만한 활동이다. 학생들은 여러 수의 시조를 보면서 글자 수가 고정된 부분이 있음을 찾게 될 것이고 여기에서 시조는 어느 정도 글자 수의 제약을 받는다는 것을 알게 될 것이다. 하지만 글자 수가 절대 고정이

99 원용문(2003), 앞의 글, 14쪽.

아니라 넘나듦이 있음을 찾아내고 고정음수율만으로는 시조의 율격을 밝히기 어렵다는 것을 깨닫게 될 것이다. 배우는 이의 수준에 맞게 그때그때 변형된 탐구 활동을 하면서 시조의 율격에 관한 규칙성을 발견하게 한다.

그리고 시조의 율격이라는 문학 지식을 제대로 이해하려면 시조의 형식이나 시조를 이루는 틀을 어느 정도 익히게 해야 한다. 시조는 초·중·종장의 3행시이며 한 행은 구(반행)로 나뉘면 구(반행)는 다시 두 마디로 나뉜다는 것을 일러주어야 한다. 그러면서 구(반행)에서 찾을 수 있는 규칙, 행에서 찾을 수 있는 규칙, 시조 전체 형식에서 찾을 수 있는 규칙들을 탐구해 보게 한다. 시조의 기본적인 틀을 이해한 다음에 시조의 말가락이나 말결음새가 어떤 정형의 틀을 보이는지 탐구하게 해야 한다. 이렇게 시조의 율격에 대해 쉽고 친숙하게 다가갈 수 있게 한 다음에 시조의 율격 이론을 공부하게 해야 한다.

그리고 시조의 율격을 마디(음보)를 기준으로 설명할 수도 있고, 글자 수(음절)를 기준으로 설명할 수도 있는데, 자신은 어떤 기준으로 설명하는 것이 타당한지 생각해 보게 한다. 시조를 마디를 기준으로 설명할 때와 글자 수를 기준으로 설명할 때 어떤 장단점이 있는지도 탐구하게 한다. 이런 과정에서 시조는 글자 수가 제약되는 부분이 있기는 하지만 마디나 반행, 행에서 글자 수가 딱 정해져 있지는 않고 유동적임을 발견하게 해야 한다. 그래서 음수율로 설명하기에 어떤 점이 문제가 될 수 있고 음보율로 설명하기에는 또 어떤 점이 문제가 될 수 있는지 생각해 보게 해야 한다.

일단 시조의 율격에 대해 우리가 이런 정도로 먼저 이해하고 나서 좀 더 복잡하고 어려운 이론들을 나중에 공부해 나간다는 탐구 과정을 안내한다. 이렇게 시조의 율격을 제대로 이해하기 위해서는 이런 단계들을 먼저 밟아야 한다는 것을 학생들이 경험하게 된다. 이와 같은 방편

활동을 거쳐서 시조의 율격에 대한 지식수준을 차츰 높여 간다.

김흥규가 분류한 율격 유형(그림 8-1), 성기옥이 분류한 율격 유형(표 8-2, 표 8-3), 김정화가 분류한 율격 유형(그림 8-2)은 고등학생들에게도 어렵다. 이런 어려운 율격 유형까지 문학 교실에서 다루기는 어려울 것이다. 다만 김흥규가 소음보, 평음보, 과음보로 율격 형태를 정리한 틀이나, 성기옥이 4음량을 설명하기 위해 만든 장음(長音)이나 정음(停音)이라는 용어, 김정화가 만든 유동 음수율이라는 용어는 학생들의 눈높이에 맞게 설명하면 충분히 이해할 수 있는 개념들이다. 먼저 이런 개념들을 학생들의 수준을 고려하여 안내한다면 학생들이 시가의 율격에 대해 더 깊이 이해할 수 있게 도울 수 있다. 다시 말해, 연구자의 어려운 이론까지 다 다루기보다는 학생들이 이해할 수 있는 개념을 주로 다루어 시가의 율격에 대한 이해를 높여야 할 것이다.

또한 시가의 율격에 관한 이론 가운데는 늘 오류가 있을 수 있음을 안내해 주어야 한다. 시가의 율격이라는 문학 지식도 오류 수정의 역사를 거쳐 발전되고 개선되었다. 처음에는 음수율로 시가의 율격을 밝히려고 했으나 이에 대한 반동으로 음보율이 득세하였으며, 음보율도 문제점이 드러나자 다시 음수율이 고개를 들고 있다. 시가의 율격에 대한 변천 과정은 오류 수정의 역사나 다름없다. 이전의 지식이나 이론의 문제점이 드러나면 새로운 지식이나 이론에 완전히 자리를 내준다. 여기에서 피아제(J. Piaget)가 말한 구조적 단절성이 생긴다. 이전의 인식 수준과 이후의 인식 수준은 구조적으로 단절될 수밖에 없다. 한편 이전의 오류로 밝혀진 지식은 다음의 더 나은 지식을 위한 디딤돌이 된다. 여기에서 피아제가 말한 발생적 연속성이 생긴다. 이전의 지식이 낡은 지식이지만 이것을 발판으로 삼지 않고는 개선된 지식이 나올 수 없기에 이전 단계와 이후 단계 사이에는 발생적 연속성이 있는 것이다.[100] 학생들도 시가의 율격이라는 문학 지식을 공부하면서 오류를 통해 지식은 수정되고 갱신된다는 것을 경험하게 해야 한다.

간추리면, 지금 배우고 있는 지식이 더 수준 높은 지식을 이해하기 위한 방편이고, 이 방편을 도움 삼아 시가의 율격이라는 문학 지식 깊이를 차츰 더해가야 한다는 것을 경험하게 해야 한다. 그리고 이런 방편적 지식은 나중에 시가의 율격을 깊이 있게 이해한 다음에는 과감히 버려야 할 지식이다. 이런 지식들이 나중에는 오류로 밝혀질 수 있지만 이런 오류를 길잡이 삼아 우리 노래의 말가락을 더 깊이 알아간다는 것을 경험하게 해야 한다.

(2) 한 가지 이론만이 정답이 아님을 알아가기: 지식에 대한 올바른 관점 갖추기

우리 노래의 말가락에 대한 여러 연구자의 견해를 살펴보면 시가의 율격이라는 문학 지식의 거듭남의 역사를 알 수 있다. 세상의 거의 모든 지식이 그렇지만 시가의 율격이라는 문학 지식도 정설이라 여기는 주장에 반대하는 주장이 나타났고 또 반박하는 주장을 재반박하는 주장이 나왔다.[101] 말하자면 음수율이 시가 율격의 기본이 된다는 학설에 반대하여 음보율이 나왔고 다시 이 음보율의 문제점을 지적하여 음수율을 주장하는 학설이 나타났다. 또 음수율이나 음보율이라는 용어조차도 문제가 있음을 지적하는 주장도 있다. 이렇듯 시가의 율격이라는 문학 지식은 학자들의 치열한 탐구과정과 논쟁이 끊임없이 이어지고 있어, 지금까지도 확실하게 합의하여 어떤 한 이론이 정설로 정립되어 있지는 않다.

시가의 율격에 대한 여러 견해를 학생들에게 소개해 주는 것이 학생

---

100 Piaget, J.(1954), *The Construction of Reality in the Child*, M. Cook(Trans.), New York: Basic Books.

101 포퍼는 끊임없는 추측과 논박으로 지식이 개선된다고 하였다. Popper, K. R.(1963), *Conjectures and Refutations*, op. cit., p. 51.

들의 인식론의 신념을 성장시키는 데 도움이 된다. 학생들은 시가의 율격에 대한 여러 견해를 비교하고 검토하면서 시가의 율격 이론이 어떻게 변천해 왔고 시가의 율격을 연구자마다 어떻게 다르게 보고 있는지를 경험하게 된다. 이런 경험으로 시가의 율격이라는 문학 지식도 절대 진리처럼 고정불변의 정설은 없고 한편으로 불완전한 문학 지식임을 알게 된다. 그러면서 어떤 연구자의 이론도 오류가 있을 수 있음을 알게 되고 시가의 율격이라는 문학 지식도 늘 수정과 갱신의 과정을 겪고 있다는 것을 배우게 된다. 이런 과정에서 문학 지식은 객관적이고 절대적인 진리가 아니고 문학 지식을 가르치고 배우는 활동에 참여하는 이가 다시 새롭게 구성할 수도 있음을 깨닫게 된다. 여기서 절대주의자(절대 진리가 있다고 믿는 수준)나 이원론자(정답 아니면 오답이라고 믿는 수준)에서 벗어나 상대주의자(지식은 상황이나 맥락에 따라 달라진다고 믿는 수준)나 평가주의자(지식은 주체가 비판하고 평가할 수 있다고 믿는 수준) 같은 더 높은 수준의 인식론의 신념을 갖추게 된다.

지금까지 시조의 율격에 관한 문학 지식은 교과서에서 주로 3음절이나 4음절을 단위로 4음보를 이루는 것으로 설명하고 있다.[102] '4음량의 등장성을 가진 음보'를 주장했던 여러 학자의 견해를 받아들인 것이다. 그런데 앞서 살폈듯이 이런 주장에 반대하여 음수율을 우리 시가의 율격으로 보는 견해도 많으며, 같은 음보율이라도 김대행처럼 '2음보 대응과 그 연첩'에 방점을 둔 견해도 있고, 성기옥처럼 음절이 율격 형성의 필수적인 중심자질임을 강조한 견해도 있다. 그렇기 때문에 교과서에 우리 노래의 율격에 관해 몇 문장이나 한 문단 정도로 간략하게 설명하는 것은 학생들이 우리 시나 노래의 율격에 관한 다양한 주장이나 견해를 만나볼 기회를 빼앗는 것이다. 교과서에 교과서 집필진의 생각이

102 류수열(2018), 앞의 글, 16-19쪽.

나 또는 어느 권위 있는 학자의 견해 하나만을 시가의 율격 이론으로 정해서 실어 보이고 그 이론이 가장 타당한 정설인 양 가르치고 배우도록 하는 것이 과연 올바른 교육의 맥락인지 따져볼 필요가 있다.[103] 이런 방식은 문학 지식의 본질이나 성격과도 맞지 않는다. 문학 지식은 주체가 구성해 나가야 한다. 또한 문학 지식은 오류가능성을 늘 지니고 있어 더 나은 지식을 구성하기 위한 도구의 구실을 한다.[104] 교과서에 시조의 율격은 4음량의 길이를 가진 4음보라고 정답처럼 보이면 주체가 지식을 탐구하여 인격적, 당사자적 지식으로 구성할 기회가 없어진다. 또한 음보율이라는 기존 주장에 대해 반박하는 주장들이 끊임없이 이어지고 있어 음보율도 흔들리고 있는 지식이요, 도전받고 있는 지식이다. 음보율도 오류가능성이 있는 지식임을 놓친 것이다. 따라서 음보율을 하나의 정답처럼 여겨 그것을 교과서에 설명하고 가장 타당한 이론인 것처럼 다룬다면 문학 지식의 조건과 특성에도 들어맞지 않을뿐더러 학생들의 인식론의 신념을 키우는 데에도 도움이 되지 못한다.[105]

인식론의 신념 수준이 높은 이는 권위 있는 전문가의 이론이라도 틀릴 수 있다고 생각하고 무조건 믿지 않고 다시 따져보는 반성적 사고(reflective thinking)를 한다.[106] 권위 있는 학자의 이론에도 결함이 있을

103 파머(P. Palmer)는 한 가지 자료만 주고 그와 맞서는 증거들은 빼 버리는 교사는 배움의 공간을 닫아 버리는 것이라고 비판하였다. Palmer, P. J.(1993), *To Know as We are Known: Education as a Spiritual Journey*, San Francisco: HarperOne, p. 77.

104 듀이는 지식은 배움과 탐구를 위한 도구, 수단이지 그 자체가 목적이나 본질이 될 수 없다고 보았다. Dewey, J.(1916), *Democracy and Education: An Introduction to the Philosophy of Education*, 이홍우 옮김(2007), 『민주주의와 교육』, 교육과학사, 241쪽; Dewey, J.(1920), *Reconstruction in Philosophy*, New York: Henry Holt and Company, p. 145.

105 퍼킨슨(H. Perkinson)은 학생들이 어떻게 교과를 잘 배우느냐가 중요한 것이 아니라 교과는 완전무결한 지식이 아니라는 것을 이해하는 것이 중요하다고 하였다. 오류가능성을 지닌 인간이 교과를 만들었다. Perkinson, H. J.(1971), *The Possibilities of Error: An Approach to Education*, 장상호 옮김(1984), 『오류가능성의 교육적 의의』, 교육과학사, 48쪽.

106 Dewey, J.(1910), *How We Think*, Boston: Heath, p. 6; Dewey, J.(1934), *Art as Experience*, New York: Minton, Balch & Company, p. 290.

수 있다. 예컨대 조동일은 우리 시가의 율격을 음수율로 밝히려는 관점을 두고 일본 시가 율격을 기준으로 삼아 분석하려고 한 식민지 사고방식의 전형적인 예라고 심하게 비판하였다.[107] 그러나 이것은 일본 시와 우리 시의 음수율이 다른 성격임을 생각하지 못한 것이다. 일본 시는 마디 안에서는 그 음절수가 같지 않은 점이 우리 시와 비슷하기는 하지만, 구를 이루는 음절수는 항상 5음절과 7음절로 고정되어 있다. 말하자면 일본 시는 고정 음수율로 되어 있다. 하지만 우리 시는 마디를 구성하는 음절수도 다르고 구를 구성하는 음절수도 다르다. 그런 가운데서도 마디나 구를 구성하는 음절수의 범위가 어느 정도 정해져 있다는 특징이 있다. 일본시가 글자 수가 고정된 율격이라면 우리 시는 글자 수가 정해진 범위 안에서 조금 늘고 줄 수도 있는 유동성을 지닌 율격이다. 일본 시처럼 우리 시를 고정 음수율로 따져서는 우리 시만의 고유한 율격을 밝히기 어렵다. 그러니까 우리 시도 음수율로 설명한다면 일본 시와는 다른 성격의 음수율이라고 설명할 수 있는데, 조동일은 우리 시를 음수율로 밝히려는 태도 자체를 식민지 사고방식이라고 단정하는 성급함을 보인 것이다.

한편 우리 시가의 율격에 대한 여러 견해를 소개하는 것이 시가의 율격을 깊이 있게 이해하는 데에도 도움이 된다. 우리 시와 노래의 율격은 어찌 보면 음보율만으로 설명하기 어렵고 음수율만으로도 설명하기 어렵다. 음보율을 주장하는 이의 이론도 조금씩 다르다. 예컨대 성기옥의 음보율론은 음수율의 성격도 지니고 있다. 어떻게 보면 변형된 음수율이라고 할 수도 있다. 성기옥의 기본 논조는 시조의 율격을 '4음 4보격'으로 정리하여 음보율론이지만, 율격 형성의 기저자질로 음절이 필수적인 중심자질이라 하였기 때문에, 알고 보면 음수율의 한 변형으로

107 조동일(1996), 앞의 책, 213쪽.

도 다시 평가할 수 있다. 마찬가지로 음수율을 주장하는 이들의 의견도 조금씩 다르다. 김정화는 마디나 구에서 음절수가 변하지만, 그 범위나 한도가 정해졌다고 보는 관점이다. 김진희는 반행(구)을 단위로 그 규칙을 찾아 정리하여 김정화보다는 더 엄격한 음수율의 규칙을 마련한 셈이다. 같은 음수율이라도 고정희의 이론을 살펴보면 시조 초장과 중장의 마지막 마디와 종장의 세 번째 마디는 대개 4음절로 고정되고, 종장의 첫 마디는 3음절로 고정된다는 특징을 알게 된다. 김진희의 이론을 살펴보면 시조는 반행(구) 안에서 앞마디가 뒷마디보다 같거나 적은 음절로 되어 있다는 것을 알게 된다. 이런 규칙이 종장의 후반행에서 깨지는 것은 시상의 마무리와 관계있다는 것을 알게 된다.

이와 같이 같은 음보율론, 음수율론이라도 연구자에 따라 그 자세한 내용은 다르다. 그러니 음보율 가운데 대표적인 한 이론, 음수율 가운데 대표적인 한 이론만 보이는 것도 인식론의 신념을 신장시킨다는 측면에서는 썩 바람직한 것은 아니다. 음보율이나 음수율이나 여러 견해를 다 소개해 주어야 학생들은 같은 율격 이론이라도 그 자세한 내용은 또 다르다는 것을 알게 된다. 정설이라 여기거나 권위 있는 전문가의 이론이라 여기는 어느 한 이론만을 시조의 율격이라고 소개하면 이렇게 다양한 시조의 율격 특징을 만나볼 기회가 사라진다. 여러 견해를 살펴보는 것이 복잡하고 번거롭다고 여길지 모르나, 시조의 율격을 제대로 이해하는 데는 오히려 도움이 될 수 있다.

그리고 시조의 율격에 대한 여러 견해를 살펴보게 되면 이론마다 어떤 결함이나 문제점이 있는지 알게 된다.[108] 고정희가 지적한 대로 고전

108 로단(L. Laudan)은 이론에 대한 평가는 모두 비교의 맥락 안에서 이루어져야 한다고 했는데, 이는 서로 겨루고 있는 이론들을 견주어 보아야 어떤 이론이 더 나은지 판가름할 수 있다는 말이다. Laudan, L.(1977), *Progress and Its Problems: Toward a Theory of Scientific Growth*, Berkeley: University of California Press, p. 120.

문학 연구자들이 말하는 '음보'와 현대 율격 이론에서 말하는 '음보(foot)'가 개념이 다른 데서 혼선을 빚고 있다. 현대 율격 이론에서 음보는 강약, 평측, 장단과 같은 언어의 이항대립적인 자질로 구성된 하나의 단위를 이르는 말이다. 그러나 고전시가 연구자들은 음악의 '마디'와 같이 일정한 길이를 지닌 음절들로 구성된 단위를 음보라고 이르고 있다. 우리 시가에서 강약, 평측, 장단과 같은 이항대립적 자질로 구성된 율격 단위가 실제로 나타나지 않기 때문이다.[109]

간추리면, 우리 시가의 율격을 교육할 때, 시가의 율격에 대한 이론이 어떻게 변해 왔고 어떤 이론들이 대립하고 갈등하고 있는지를 소개하고, 학생들이 여러 견해를 비교, 검토하도록 하는 것이 좋다. 이런 과정에서 우리 노래의 율격이라는 이론의 거듭남의 역사를 생생하게 체험할 수 있고, 문학 지식의 변천과 발전, 개선 과정을 들여다볼 수 있다. 그러면서 문학 지식은 객관적인 절대적인 진리가 아니라 오류 수정의 과정을 되풀이하면서 끊임없이 개선, 발전된다는 것을 이해하게 되어 인식론의 신념이 성장하게 된다.

(3) 스스로 탐구해보면서 깊이 알아가기: 문학 지식에 대한 온전한 이해

우리 노래의 율격이라는 문학 지식을 학생들이 이해할 수 있는 수준으로 손질하여 학생들이 어느 정도 이해한 다음에, 또 시가의 율격에 대한 여러 이론을 살펴보았다면, 이제 학생들도 스스로 그 이론들을 검증해 보면서 시가의 율격이라는 문학 지식을 증득하는 과정을 밟아야 한다.

---

109 고정희(2012), 앞의 글, 417-418쪽. 이런 비판은 류수열도 한 바 있다. 류수열(2018), 앞의 글, 20-22쪽.

우리 시가의 율격을 정리한 연구자들은 오랜 탐구 과정을 거쳐 치열하게 연구하고 나서 하나의 이론을 세우는 길을 걸어온 이들이다. 시가의 율격이라는 문학 지식을 하나의 이론으로 세우기 위해서는 많은 시간과 탐구의 열정이 필요하다. 그러기에 학생들이 학자들처럼 치열한 탐구 과정 없이 교과서에 몇 문장 정도로 서술해 놓은 설명만을 읽고 시가의 율격이라는 문학 지식을 증득했다고 할 수는 없다. 학생들도 시가의 율격에 대해 깊이 탐구하여 제대로 이해했을 때라야 시가의 율격이라는 문학 지식을 증득했다고 할 수 있다.

우리 시가의 율격은 음수율보다는 음보율 또는 마디로 설명하는 것이 더 타당하다는 의견이 한때 정설로 인정되었고, 오늘날 문학 교실에서는 이런 이론을 따르고 있다. 하지만 앞서 살폈듯이 음보율도 많은 문제점을 지니고 있다. 음보율을 주장한 학자들도 음보율이 가진 문제점을 인식했기 때문에, 김대행처럼 '2음보 대응과 그 연첩'이라는 말을 쓰기도 했고, 성기옥처럼 음절을 율격을 이루는 필수 구성자질로 보고 장음과 정음을 수의적 구성자질로 구분해 본 것이다.

김창원이 지적했듯이 그동안 문학 교실에서 운율 교육은 '운율에는 이러이러한 것들이 있으며, 이 작품에는 이런 운율이 나타난다'는 방식으로 이루어져 왔다. 곧 운율에 대해 기술하고 분류하는 데 무게를 두어 가르쳐 왔다.[110] 이런 방식은 정해진 틀이 있고 거기에 맞추어 학생들은 짜 맞추기만 하는 학습활동을 하는 데 그친다. 이런 방식으로는 학생들이 우리 시가의 율격이라는 문학 지식을 증득하기 어렵다.

'우리 시가는 이러한 율격으로 되어 있다.'는 식으로 알려주고 학생들이 그런 문학 지식을 내면화하도록 하는 것은 시가의 율격이라는 문학 지식을 증득하게 하는 것이 아니라 지득하게 하는 것이 되고 만다.

110 김창원(1996) 앞의 글, 268쪽.

이런 방식의 문학 지식 교육은 학생들이 시가의 율격에 대해 그 지식의 체계를 충분히 이해하거나 소화하지 못하고 정해진 내용을 암기하는 것으로 그치게 한다. 이것은 지식 탐구에 대한 의미 있는 경험을 가로막는다. 교과서나 교사가 시가의 율격에 대해 잘 정리하여 설명해 주더라도 학생들이 시가의 율격에 대해서 스스로 탐구하고 따져보지 못하면 정보 이상의 의미나 가치를 지니지 못한다.

시가의 율격에 대한 여러 이론을 탐구해보면서 어떤 이론이 가장 타당한지 내가 주체가 되어 스스로 판단해 보아야 한다. 배우는 이 스스로가 탐구하고 검증하지 않으면 그것은 자신의 개인적(인격적) 지식이 될 수 없고, 그 지식을 증득했다고 하기 어렵다. 주체가 스스로 평가해 보지 않은 지식은 죽은 지식, 지득된 지식, 한낱 정보 조각일 뿐이다.[111]

예를 들어 시조의 율격이 음보율이라는 이론에 대해 검증하고 평가해 본다고 해 보자. 음보율이 가진 단점은 사람들이 시조를 읽을 때 꼭 4마디로 끊어 읽는다고 잘라 말할 수 없다는 것이다. 어떤 이는 시조를 읽을 때 2마디씩 끊어 읽을 수도 있고, 3마디씩 끊어 읽을 수도 있다. 시조의 한 행을 꼭 4마디로 끊어 읽으라고 강제할 수는 없다. 물론 문장의 구조로 볼 때 시조는 4마디로 끊어 읽는 것이 가장 자연스럽다.[112] 그러나 모든 작품이 그런 것도 아니고 읽는 이는 꼭 그런 규칙을 지켜서 읽는 것도 아니다. 그러니 시조의 율격 이론은 공식이나 법칙이 아니라 하나의 가설처럼 여겨야 한다. 시조의 율독에서 문장의 구조나 의미로 볼 때, 한 행을 4마디씩 끊어 읽는 것이 가장 자연스러운 작품이 많은데,

111 프레이리(P. Freire)는 가르치는 일은 단순히 지식을 전달하는 일이 아니라 지식을 구성하고 생산하게 하는 일이라 하였다. Freire, P.(1997), *Pedagogia de Autonomia*, P. Clarke (Trans.)(1998), *Pedagogy of Freedom: Ethics, Democracy, and Civic Courage*, Lanham: Rowman & Littlefield Publishers, p. 49.

112 성기옥(1986), 앞의 책, 79쪽에 따르면, 자연스럽게 읽히고 끊어진 단위들 사이에 등가(等價) 관계가 있어야 그 끊어 읽기가 잘 된 것이다.

이것은 일반적인 율독 경향이 그렇다는 것이지 반드시 그렇게 율독해야 한다는 법칙은 아니다. 율독은 개인의 주관 성향에 따라 달라질 수 있으며, 한 행을 4마디로 끊어 읽으면 어색하여 무리가 되는 시조 작품이 있을 수 있다. "율격 자체가 작품 속에 객관적으로 있는 실체라기보다는 읽는 이가 작품에 어떤 규칙을 정하는가에 따라 달라진다."[113]

연관된 문제로 시조를 4음보로 설명할 때 늘 딸려오는 '4음량'이라는 개념도 짚어보아야 한다. 이런 개념이 시조의 율격을 올바로 밝힐 수 있는 개념인지 따져보아야 한다. 김정화는 성기옥이 마련한 장음이나 정음의 개념이 자의적이고 비과학적이라고 비판하였다. 또 김흥규가 이야기한 '호흡상 실체적 단위'에 대해서도 비판하였다. 김진희도 심리적·감각적으로 인정되는 등장성의 개념은 모호하다고 지적하였다. 이렇게 음의 양으로 시조의 율격을 설명하는 것은 세계 문학의 율격 유형에 없는 우리만의 독특한 율격 유형으로 그 타당성이 의심되는 면이 없지 않아 있다.

음수율도 시조의 율격을 완벽하게 설명해 주는 이론이라 단정하기 힘들다. 시조 작품에 나오는 마디나 구에 고정된 음절수가 정해진 곳(예: 초·중장의 네 번째 마디와 종장의 첫 번째 마디, 세 번째 마디)이 있기는 하지만, 마디나 반행(구), 행에서 음절수의 규칙을 찾아보기 힘들다. 음수율을 주장하는 이들은 '유동 음수율', '상대적 음수율', '율격의 변수인 음수율'이라는 새말을 써서 시조의 율격의 기본은 음수율임을 강조하고자 하나, 이런 용어들을 만든 것 자체가 보편적인 음수율이 아님을 반증하는 것이기도 하다.

우리 시가의 율격에 대한 여러 이론 가운데 어떤 이론은 무슨 결함이 있으며, 그나마 어떤 이론이 가장 우리 시가의 율격을 잘 설명해 줄

113 고정희(2012), 앞의 글, 442쪽.

수 있는 이론인가? 이 이론은 무엇이 잘못되어 있고 무엇이 틀렸는가? 이 이론에서 눈여겨볼 점은 무엇인가? 이 이론은 어떤 면에서 수정이 필요한가? 왜 이 연구자는 우리 시가의 율격을 이렇게 밝히려고 했는가? 이렇게 시가의 율격이라는 문학 지식에 대해서 당사자, 참여자, 주체가 되어 따져보고 평가해 보고 다시 구성해 보는 과정을 밟아야 한다. 이런 깊이 있는 탐구과정을 거칠 때 시가의 율격에 대해 제대로 증득하게 되고 그것이 주체의 참지식이 된다. 우리 시가의 율격이라는 문학 지식이 주체 안에 내주[114]하는 지식으로 자리 잡게 된다.

우리 시가의 율격에 대한 여러 이론을 되뇌는 데서 그치면 정해진 문학 지식의 재생에 머무르고 만다. 어떤 것이 가장 나은 이론이 될 수 있는지 스스로 검증하고 판단해 보아야 값지고 뜻깊은 진리 탐구의 경험을 하게 된다. 여기서 더 나아가 탐구하는 이 스스로 시가의 율격에 대해 새로운 정리를 하도록 하는 데까지 허용해도 좋을 듯하다. 어떤 학생이 우리 시가의 율격 이론들이 모두 결함이 있다고 생각하고 우리 시가의 율격을 나름대로 새롭게 정리할 수도 있다. 예컨대, "우리나라 시가 문학의 한 갈래인 시조는 음보율이나 음수율로도 설명하기 어려운 율격을 지니고 있다. 다만 음절수(글자 수)가 정해진 자리가 있어 어느 정도 정해진 틀을 가진 정형률을 가지고 있다." 이렇게 정리할 수도 있다. 중요한 것은 탐구하는 이 스스로가 율격에 대해 깊이 탐구하여 자신만의 관점과 태도를 정해 보게 하는 것이다. 문학 지식을 스스로 검증할

114 폴라니는 지식이 아주 나와 한 몸이 되는 것을 '내주(內住, indwelling)'라고 표현했다. Polanyi, M.(1966), *The Tacit Dimension*, Chicago: The University of Chicago Press, p. 16. '내주'는 글자 그대로 '그 안에 살다'는 뜻이다. 내가 배우거나 탐구한 지식 안에 살면서 생각하고, 실천한다는 말이다. 곧 내가 얻은 지식이 내가 사는 집이 된다. 앞서 얻은 지식 안에 살면서 다른 지식을 배우고 탐구해 나간다. 지식이 내 몸처럼 되고 내가 그 지식에 들어가 살게 되고 또 그 지식이 내 안에 들어와 산다. 결국 내가 얻은 지식은 내 인격과 따로 떨어질 수가 없다.

때 그 문학 지식이 주체와 동떨어진 객관적 대상에 머무르지 않고, 주체의 내부에 들어와 주체와 하나가 되는 문학 지식이 된다. 이것이 문학 지식을 제대로 증득하는 길이다.

간추리면, '우리 시나 노래의 율격은 이렇다'고 정해서 알려주고 따르라고 하는 방식은 우리 시가의 율격에 대해 증득이 아닌 지득을 부추기는 일이다. 배우는 이 스스로가 우리 시가의 율격에 대한 여러 이론을 탐구해보고 나서 자신만의 관점을 정해 보게 하여 시가의 율격이라는 문학 지식을 증득하는 체험을 하게 해야 한다.

(4) 함께 생각 나누기: 서로 가르치며 배우기

우리 노래의 말가락에 대해 서로의 생각을 주고받으면서 토론하는 과정에서 누구의 관점이나 생각이 더 장점을 갖는지 알아보게 된다. 어떤 사람의 관점이 가장 낫다고 인정하게 되면 그 사람의 의견을 우리 시가의 율격에 대한 잠정적인 진리로 받아들이고 배우게 된다. 협력 탐구에는 이와 같은 교육적 공조가 끼어든다. 시가의 율격이라는 문학 지식을 가르치고 배우면서 가장 나은 지식을 찾아보는 것이다. 시가의 율격에 대해 가르칠 것이 많은 사람은 배울 것이 많은 사람보다는 시가의 율격에 대한 지식수준이 높은 이가 될 것이다. 반대로 시가의 율격에 대해 가르칠 것보다 배울 것이 많은 사람은 시가의 율격에 대한 지식수준이 낮다는 것을 인정하고 자신보다 시가의 율격에 대해 더 많이 아는 사람의 가르침을 받아들인다.

시가의 율격에 대한 협력 탐구 과정을 예를 들어 설명하면 다음과 같다. 갑이라는 이가 시조의 율격에 대한 여러 견해를 비교, 검토해 보고 나서 김진희의 '상대적 음수율'을 가장 타당한 이론으로 판정했다고 하자. 을이라는 이는 처음에 성기옥의 '4음 4보격'이라는 이론을 가장 타당한 이론으로 정했으나, 갑의 주장을 듣고 성기옥의 이론보다는 김진희의 이론이 더 타당하다는 것을 배우게 되었다면, 갑이 선택한 '상대적 음수율'이라는 이론이 갑과 을에게는 가장 타당한 이론으로 당분간 자리 잡게 된다. 곧 을은 갑의 가르침과 설득을 통해 갑의 주장에 동의하고 갑의 관점을 기꺼이 수용한 것이다. 이때 갑은 을이 자신의 지식수준으로 올라오도록 상대적 음수율에 대해 을에게 가르쳐 줄 것이다. 이렇게 시조의 율격에 대한 여러 견해를 함께 검증하면서 가장 나은 이론을 찾아간다. 여기에는 가르침과 배움이라는 교육의 원리가 협력 탐구에 참여하는 이들을 이어준다. 시조의 율격에 대해 몇몇 사람이 모둠으로 협력 탐구하다가 여러 사람이 같이 모여 협력 탐구할 수 있고 나중에는 교사나 반 학생들이 모두 참여한 가운데 가장 타당한 시조의 율격 이론을 가려보는 활동으로 나아갈 수 있다.

협력 탐구로 가장 타당한 이론으로 판정된 시가의 율격 이론도 어디까지나 잠정적으로 가장 나은 이론이다. 협력 탐구로 정한 이론도 나중에 오류로 밝혀질 수도 있고, 뒤에 더 뛰어난 이론이 나올 수도 있기 때문이다. 앞으로도 우리 시가의 율격에 대한 탐구는 계속될 것이기 때문에 시가의 율격을 더 잘 밝힐 수 있는 이론이 나올 가능성이 충분히 있다. 협력 탐구로 가장 낫다고 여기는 우리 시가의 율격 이론도 완벽한 것이 아님을 깨달을 때 우리 시가의 율격 탐구는 계속된다. 세상의 모든 지식이 그렇지만, 문학 지식도 한번 정해지면 탐구가 끝나는 것이 아니라 끊임없는 탐구의 연속이다.

문학 교실에서 우리 시가의 율격에 대해 협력 탐구를 하는 것은 시가의 율격 이론을 옳은 이론과 틀린 이론으로 나누는 것이라기보다는, 먼저 내 수준에서 옳은 이론과 네 수준에서 옳은 이론이 다를 수 있음을 인식하는 것이다. 그런 다음 내 수준에서 옳은 이론이 다른 사람의 이론과 견주어 볼 때 더 부족하다고 느끼면, 내 이론을 버리고 다른 사람의 이론을 배우려고 한다. 이런 과정에서 자연히 시가의 율격이라는 문학 지식을 가르치고 배우는 활동이 일어나게 된다. 지식 교육은 지식의 수준에 차이가 있을 때 생기는데, 시가의 율격이라는 문학 지식의 수준에 종적 위계가 밝혀지면 여기에 자연히 교육활동이 끼어들게 된다. 시가 율격에 대해 협력 탐구를 해보고 나서, 자신이 옳다고 여기는 시가의 율격 이론이 다른 사람이 따르는 이론보다 그 위계나 수준에서 더 낮다고 생각하면, 자신의 지식수준을 변화시키기 위해 높은 수준의 시가 율격 이론을 배우려 할 것이다. 반대로 협력 탐구를 해보고 나서, 자신이 옳다고 여기는 시가의 율격 이론이 다른 이들이 따르는 이론보다 더 상위의 것이라고 생각하면, 자신이 지지하는 이론을 또래들에게 가르치려고 할 것이다. 그래서 다른 이의 지식수준이 차츰 자신의 수준만큼 올라오도록 도울 것이다.

우리 시가의 율격에 대한 자신의 지식수준이 낮고 틀렸다고 생각한 이는 자신보다 수준이 높고 옳다고 생각한 이의 의견에 맞게 자신의 지식을 고치거나 바꿀 것이다. 시가의 율격에 대한 여러 견해에 대해 교육 주체들이 자신들의 생각을 서로 주고받으면서 교육적 공조를 할 수 있게 해야 한다. 다른 이의 주장이 자신의 주장보다 더 나아 보인다든지, 자신의 주장이 다른 이의 주장보다 더 설득력 있어 보인다든지 하는 판단이 내려지면 지식의 우열 판단이 시작된다. 시가의 율격에 대한 자신의 지식수준이 낮은 이는 협력 탐구 과정에서 높은 수준의 지식으로 탈바꿈하기 위해 힘을 쓰게 된다. 그러므로 협력 탐구는 단지 시가의 율격에 관한 정보나 사실을 얻는 것이 아니라, 시가의 율격이라는 문학 지식에 대한 틀을 바꾸는 것이고, 시가의 율격이라는 문학 지식에 대한 자신의 수준에서 거듭나는 과정이다.

한편 우리 시가의 율격을 꼭 한 가지로만 정하도록 제한하는 것보다 협력 탐구의 결론은 열어두는 것이 바람직하다. 예컨대 음수율, 장단율,

음보율, 이런 것 중에서 꼭 한 가지만을 정답으로 고를 것이 아니라, 두 가지, 더 나아가 여러 가지 율격 이론으로 우리 노래의 율격을 설명할 수 있다는 의견이 나올 수도 있다. 로츠도 헝가리 시나 프랑스 시를 예로 들면서 한 나라의 시가 두 가지 율격 유형을 가질 수 있음을 이야기한 바 있다.[115]

그동안 문학 교실에서 어떤 문학 지식을 다룰 때 확실한 정답 찾기에만 너무 힘을 쏟지는 않았는지 생각해 보아야 한다. 흔히 교육의 현장이나 문학 교실에서는 지식이나 이론에 대해 명확하게 정해서 가르쳐야 한다는 강박관념으로, 학문 현장에서 논쟁 가운데 있는 내용도 뚜렷하게 정리해서 학생들에게 보이려고 한다.[116] 그러나 이런 방식은 오히려 학생들에게 잘못된 지식을 비판 없이 받아들이게 할 수도 있다. 문학 연구 쪽에서 논쟁이 되고 있는 지식이나 이론에 대해 공부하고 뚜렷한 결론은 미뤄둘 수 있다. "지식이란 의심나는 것을 확실히 알아낼 때까지 뒤로 미루고 억단하지 않는 것이 중요하다."[117]

우리 시가는 음절수가 정해진 마디가 있고, 음절수가 넘나듦이 있지만 어느 정도 제약이 있기 때문에 음수율의 특징을 지닌다. 또한 우리 시가는 음보를 단위로 율격을 형성하기도 하기 때문에 음보율의 특징도 지니고 있다고 결론 내릴 수 있다. 다시 말해 우리 시가는 음수율과 음보율의 특징을 모두 지니고 있는 우리나라의 독특한 문학 갈래이다라고 판정내릴 수도 있다. 이런 탐구도 허용해 주어야 한다. 다만 탐구의 결과는 언제든지 다시 반박될 수 있고 달라질 수 있음도 경험하게 해야

115 Lotz, J.(1972), Elements of versification, op. cit., p. 14.

116 이윤희·김수지·류수열은 학술적으로 논쟁거리가 되고 있는데도 구체적인 내용으로 정돈하는 것이 필요하다는 모순의 상황 때문에, 학술 담론과 교육 담론 사이에 긴장이 생긴다고 하였다. 이윤희·김수지·류수열(2019), 「'수필' 개념을 둘러싼 학술 담론과 교육 담론의 긴장」, 『문학교육학』 65, 한국문학교육학회, 132쪽.

117 장상호(2020), 『교육학의 재건』, 교육과학사, 148쪽.

한다.[118] 그래야 문학 지식에 대한 탐구를 멈추지 않는다. 열린 탐구 결과가 오히려 더 많은 탐구 열정을 북돋는다.

우리 시가의 율격 이론을 따질 때 로츠의 이론을 많이 끌어들인다. 이 이론은 세계 여러 나라의 시가를 연구하여 율격의 유형을 정리했기 때문이다. 그러나 로츠가 우리나라 시가를 연구 대상으로 삼지는 않았다. 그러므로 꼭 로츠의 율격 유형에 우리 시가를 끼워 맞춰야 할 까닭이 없다고 생각할 수도 있다.[119] 세계 여러 민족의 시가와 다른 우리만의 남다른 말가락 때문에 우리 노래의 율격을 새롭게 우리만의 이론으로 밝힐 수도 있다. 실제로 김흥규나 성기옥이 로츠의 틀을 참고하여 새로운 분류 틀을 보인 것은 우리 시가만의 율격을 밝히기 위해서이다.

조동일은 율격은 정형시의 일반적인 율격과 작품마다 특이하거나 독자적인 율격, 이 두 차원의 것으로 이해해야 한다고 하였다.[120] 또 질서만 찾는 율격론은 질서를 정형으로 삼고 정형을 규범으로 내세우면서 규범론적 율격론으로 기울어지기 쉽다고 하였다.[121] 너무 일반적인 율격만 찾다 보면 작품의 독자적인 율격을 놓칠 수 있다. 일반의 질서만 찾게 되면 규범론으로 기울어 작품마다 다른 질서는 찾기 힘들다.

협력 탐구 과정을 거치면서 율격 이론은 형식만 따지면 안 되고 그 형식이 노래의 주제나 의미 형성에 어떤 기여를 했는지도 밝혀야 한다는 또 다른 결론에 이르렀다면 그것도 훌륭한 탐구이다. 율격 이론 자체만을 탐구하는 것도 문학 지식 탐구에 들지만, 그 문학 지식을 작품의

118 포퍼는 반증가능성을 열어 놓고 시행착오를 거쳐 진리에 다가간다고 하였다. Popper, K. R.(1963), *Conjectures and Refutations*, op. cit., p. 234. 자신의 지식이 반증가능성을 지니며 진리가 아닐 수도 있다고 생각해야 한다.

119 성기옥은 로츠의 분류 틀이 지나치게 순수 원형에 집착한 나머지 모든 자료 현상을 싸잡지 못한다고 비판하였다. 성기옥(1986), 앞의 책, 120쪽.

120 조동일(1996), 앞의 책, 229쪽.

121 조동일(1996), 위의 책, 284쪽.

의미와 그 작품이 생산되고 향유되는 문화까지 넓혀 탐구한다면 그것도 훌륭한 문학 지식 탐구이다.

김창원이 말했듯이, 음수율이나 음보율과 같은 개념은 율격을 밝히기 위한 편의 방편일 수도 있다.[122] 개념이나 용어에 너무 치중하지 않고 율격의 특성을 탐구하게 할 수 있다. 여기서 아예 학생들이 알맞은 율격 용어를 만들어보는 방법도 있을 것이다.

여기서 더 나아가 음수율이나 음보율 모두 우리 시가의 율격을 밝히기에 모자람이 있다는 결론을 내릴 수도 있다. 음수율은 글자 수가 고정되는 것이 기본이지만 우리 노래는 글자 수가 고정되어 있지 않아 순수한 음수율은 아니다. 상대적 음수율, 유동 음수율이란 말을 쓴 것부터가 순수한 음수율이 아님을 반증하는 것이다. 또한 음보율은 김창원의 지적대로 학술 담론에서는 지나치게 분류학에 흐르고 교육 담론에서는 지나치게 자의적이다는 단점을 지닌다.[123] 그래서 음보율도 우리 노래의 율격을 밝히기에는 모자람이 있다. 따라서 음수율이나 음보율 모두가 우리 시가의 율격을 완벽하게 설명하지 못하므로 다른 대안을 찾아보는 것도 탐구 방향의 하나가 될 수 있다. 이를테면 "시조는 한 줄이 4마디가 기본이 되되 어느 정도 글자 수의 제약이 있다"는 식으로 시조의 율격을 정리할 수도 있다. 음수율이나 음보율이라는 학술 용어를 쓰지 않고, 음수율과 음보율의 이론 틀에 꼭 매이지도 않으면서 교사와 학생들이 탐구 과정에서 다시 새롭게 우리 시와 노래의 율격을 정리해 보는 것이다.

간추리면, 우리 노래의 말가락에 대해 서로 가르치고 배우는 협력 탐구로 가장 나은 이론을 가려볼 수 있다. 가장 나은 이론이라 인정받은

---

122 김창원(1996), 앞의 글, 275쪽.

123 김창원(1996), 위의 글, 277쪽.

이론도 어디까지나 잠정적으로 가장 나은 이론이므로 우리 노래의 율격 탐구는 계속된다. 그리고 협력 탐구의 결과는 늘 열어두어 기존의 이론을 따르지 않고 우리 노래의 율격을 새롭게 정리해 보게 하는 것도 좋다. 이렇게 할 때라야 교육의 보람과 지식 탐구의 가치를 경험할 수 있다.

4. 마무리

우리 시가는 다른 나라의 시가처럼 강약률, 고저율, 장단율로는 그 율격을 밝히기가 어렵다. 우리말에는 강약의 강세나, 소리의 높낮이가 없기에 강약률이나 고저율(또는 성조율)의 율격을 지닐 수가 없다. 또한 길게 읽고 짧게 읽는 것도 읽는 이의 주관에 따른 것이어서 장단율도 우리 시가에 두루 퍼져 관여하는 율격이 될 수 없다. 그래서 우리 시가의 율격을 소리 마디의 일정함에서 찾으려는 음보율이나 글자 수의 일정함에서 찾으려는 음수율로 밝히려는 노력이 있었고 지금도 꾸준히 이어지고 있다. 그러나 음보율이나 음수율도 우리 시가의 율격을 온전히 밝히기에는 모자람이 있어 그에 대한 비판이 꾸준히 나오고 있다. 우리 시가의 율격 이론은 음보율과 음수율 논쟁의 역사라 할 수 있다.

이 글에서는 우리 시가 율격의 대표적인 이론인 음보율과 음수율에 관한 여러 연구자의 견해를 다시 정리해 보고 음보율과 음수율이 어떤 점에서 문제가 있는지 살펴보았다. 율격은 시가 문학을 가장 시가 문학답게 만드는 자질이기에 시가 문학의 바른 감상을 위해서 필요한 문학 지식이다. 작품에서 율격이 느껴질 때 읽는 이는 정보를 찾기 위한 읽기가 아니라 작품을 감상하기 위한 심미적 독서를 하기 때문이다. 그런데 우리 시가는 그 율격을 규정하기가 어렵기에 운율 교육을 어렵게 하기도 한다. 그래서 문학 교실에서 따로 다루지 않을 수도 있으나, 만약 가르치는 이나 배우는 이가 시가 문학을 제대로 읽고 감상하기 위해 율격에 대해 탐구하고 공부할 필요가 있다고 느낀다면, 문학 교실에서 우리 시가의 율격이라는 문학 지식을 다루어 볼 수 있을 것이다. 그래서 우리 시가의 율격이라는 문학 지식을 문학 교실에서 어떤 방향으로 가르치고 배우면 좋을지 몇 가지 방법을 제안하여 보았다.

첫째, 우리 시가는 그 율격을 규정하기 어렵기 때문에 음보율이나 음수율 같은 어느 한 가지 이론으로 규정해서 가르치고 배우는 것은 바람직한 방법이 아니다. 어느 한 가지 이론을 정설이나 정답처럼 보이고 거기에 대해 간추려 설명하여 보이는 것은 학생들이 문학 지식을 주체가 되어 능동적으로 탐구하게 하는 길을 가로막는다. 둘째, 우리 시가의 율격에 대한 여러 견해나 이론을 소개할 필요가 있다. 이런 방법이 번거롭다고 할지 모르나, 학생들은 여러 견해를 살펴보면서 지식이나 문학 지식에 대한 올바른 관점을 갖추어 나갈 수 있다. 또 여러 견해를 살펴보는 것이 우리 시가 율격을 이해하는 데에도 도움이 된다. 셋째, 우리 시가의 율격은 꾸준히 연구해 나가야 할 과제임을 안내하는 방법이 있다. 문학 지식은 교과서에 뚜렷이 밝혀 정리해서 보여야 한다는 강박관념에서 벗어나 문학 지식 가운데는 이처럼 아직도 논란 중인 지식이 있으며 한 가지로 합의하지 못한 지식이 있음을 안내해 주어야 한다. 넷째, 학생 수준에 맞는 방편을 마련하여 함께 탐구해 볼 수 있다. 우리 시가 율격에 대한 이론을 학생들의 수준에 맞게 다듬고 손질하여 공부해 볼 수 있다. 정해진 문학 지식을 받아들이기만 할 때보다 학생들 스스로 탐구해 볼 때 바람직한 배움의 경험이 일어난다. 이때 탐구의 결과는 열어두되 그 결과는 어디까지나 잠정의 이론이며 앞으로 꾸준히 탐구해 나가야 함을 경험하게 해야 한다.

09

서술-시점 이론을 어떻게 볼 것인가?*

---

* 이 글은 송재익(2022), 「소설의 시점-서술 교육의 한 방향」, 『한국어문교육』 39, 고려대학교 한국어문교육연구소, 387-419쪽을 깁고 더한 글이다.

소설의 시점-서술 이론이 문학 교실에서 교육의 밑감으로 다룰 수 있는지를 살펴보고, 어떻게 교육하면 좋을지 생각해 보았다.

시점-서술 이론은 논란이 많고 여러 이론이 꾸준히 새롭게 나타나기도 해서 배우는 이의 탐구심을 불러일으킨다는 점에서 교육의 밑감으로 살려 쓸 만한 문학 지식이다. 시점-서술 이론 교육은 먼저 쉬운 이론으로 시작해야 하고, 그 쉬운 이론을 교육의 방편으로 삼아야 한다. 다음으로 여러 이론을 살펴보게 하여 바람직한 지식관을 갖추게 해야 한다. 그리고 이론에 대하여 스스로 임자가 되어 따져보게 하여 지식을 온전히 이해하게 해야 한다. 마지막으로 서로 가르쳐 주고 배우면서 좀 더 나은 지식을 찾아가게 해야 한다.

1. 들머리

이야기(또는 서사敍事, narrative) 문학이 여느 문학 갈래와 남다른 것은 말하는 이가 듣는 이나 읽는 이에게 이야기를 들려준다는 것이다. 이때 이야기를 들려주는 이는 작품 속에 나오는 이가 아닐 수도 있기 때문에, '서술자(敍述者, narrator)'라 이른다.[1] 서사 문학의 대표 갈래인 소설(小說, novel)도 서술자가 작품에 나오기 마련이다. 소설을 읽는 이는 소설 작품 안에서 이야기를 해설해 주는 서술자가 말하는 것을 읽는다. 작품 속의 인물과 작품을 읽는 이 사이에 이야기를 풀어 말해주는, 곧

1 '서술자'와 '말하는 이(화자)'는 엄격히 다른 말인데, 무심코 섞바꾸어 쓰는 일이 많다. 김성렬은 이야기의 바깥에서 이야기를 끌어나가고 인물을 거느려 나가는 이를 '서술자(narrator)'라 하고, 작품 속에서 직접 자신의 이야기를 하는 인물을 '화자(speaker)'로 구분해야 한다고 하였다. 김성렬(2016), 「시점론의 반성과 재정립」, 『한국문예창작』 15(1), 한국문예창작회, 117쪽. 그래서 일인칭이나 이인칭에는 '서술자'란 말이 붙을 수 없다고 보았다. 위의 글, 129쪽.

이야기를 중개(仲介, mediacy)하는 서술자가 있다는 것이 소설 양식이 지니는 가장 중요한 특징이다.[2] 여기서 서술자가 작품 속 인물과 사건을 보는 것을 '시점(視點)'이라 하고, 서술자가 소설을 읽는 이에게 사건을 어떻게 전달하는가를 '서술(敍述)'이라 할 수 있다. 곧 시점은 '누가 보느냐'이며, 서술은 '어떻게 말하느냐'이다.[3] 같은 서술자가 이야기할 때도, 그 서술자가 자신이 본 사건을 이야기하는 것과 남이 본 사건을 듣고 그것을 이야기하는 것은 그 말하기가 다를 수밖에 없다. 서술자가 제가 본 사건을 이야기할 때는 그가 볼 수 있는 것만 말할 수 있고, 남이 보거나 겪은 일을 서술자가 이야기할 때는 그 사건을 보거나 겪은 사람과 서술자의 시각이 모두 들어가게 된다.[4] 그래서 보는 것(시점)과 이야기하는 것(서술)은 구분해야 할 때가 있다.[5]

서술자를 어떤 사람으로 내세우느냐에 따라, 또 그 서술자가 어떻게 말하느냐에 따라 작품의 감상은 달라질 수밖에 없다. 그러기에 소설을 가르치고 배우는 마당에서 시점과 서술은 늘 중요한 문학지식으로 여겨왔다. 『국어과 교육과정』에서도 소설의 시점과 서술은 꾸준히 다루어왔던 문학지식이다.[6] 그런데 소설의 시점-서술 이론은 연구자마다 다른 개념이나 용어를 들기도 해서 아직도 한 가지로 합의를 보지 못하고 있다. 이와 같이 논란거리에 있는 서술-시점 이론은 배우는 이들에게 많은 탐

---

2 Stanzel, F. K., *Theorie des Erzählens*, C. Goedsche(Trans.)(1984), *A Theory of Narrative*, Cambridge: Cambridge University Press, p. 4.

3 나병철(1993), 『소설의 이해』, 문예출판사, 383쪽.

4 최병우(1987), 「소설에 있어 시점의 유형」, 『국어교육』 61, 한국국어교육학회, 287쪽.

5 Genette, G., *Discours du Récit*, J. E. Lewin(Trans.)(1980), *Narrative Discourse: An Essay in Method*, New York: Cornell University Press, p.186; Rimmon-Kenan, S.(1983), *Narrative Fiction: Contemporary Poetics*, London: Methuen, p. 72.

6 서리(2012), 「시점을 통한 소설 해석 교육 연구」, 서울대학교 석사학위논문, 2쪽; 정진석(2013), 「소설 시점 교육의 사적 고찰과 개선 방향 연구」, 『어문연구』 41(3), 한국어문교육연구회, 441-458쪽.

구 거리를 주기 때문에, 문학 교실에서 함께 탐구해 볼 수 있는 문학 지식이다.

2. 소설의 시점-서술에 대한 여러 이론

(1) 브룩스와 워렌의 이론과 그에 대한 비판

본디 '시점(point of view)'은 미술에서 쓰던 말이었지만, 20세기부터 문학 비평 쪽에서 쓰는 중요한 말이 되었다.[7] 같은 사건이나 인물일지라도 보는 각도와 사람에 따라 달리 보이고, 이것을 설명하는 자리에 따라서 전혀 엉뚱한 것이 될 수 있기 때문에, 이 시점의 문제는 소설의 얼개를 짜나갈 때 매우 중요한 구실을 하게 된다.[8] 미국의 소설가 헨리 제임스(H. James)는 시점에 대해 뚜렷한 뜻매김은 하지 않았지만, 서술자의 시점에 대해 말하였고,[9] 이어 퍼시 러보크(P. Lubbock)는 시점은 소설에서 중요한 기법이며 소설 미학의 밑바탕이 된다고 보았다.[10] 브룩스(C. Brooks)와 워렌(R. Warren)은 『소설의 이해(Understanding Fiction)』에서 4가지 시점 유형을 정리하여 보였다. 이 4가지 시점은 가장 널리 알려져 있고, 가장 편하게 쓰고 있는 이론이기도 하다. 시점-서술 이론의 본보기로 가장 많이 받아들여 왔고 지금도 그 힘을 떨치고 있다.

---

7 문덕수·신상철(2007), 『문학일반의 이해』, 시문학사, 242쪽.

8 구인환(1996), 『소설론』, 삼지원, 236쪽.

9 James, H.(1884), *The Art of Fiction*, 윤기한 옮김(1989), 『소설예술론』, 학문사, 78쪽.

10 Lubbock, P.(1957), *The Craft of Fiction*, London: Jonathan Cape, p. 251.

[표 9-1] 브룩스와 워렌이 분류한 시점의 유형 2판[11]

	사건의 내부적 분석 (*Internal analysis of events*)	사건의 외부적 관찰 (*External observation of events*)
이야기 속 인물로서 서술자(*Narrator as a character in story*)	1. 주인공이 자신의 이야기를 말함(Main character tells own story)	2. 부인물이 주인공의 이야기를 말함(Minor character tells main character's story)
이야기 속 인물이 아닌 서술자(*Narrator not a character in story*)	4. 분석적 또는 전지적인 작가가 (인물의) 생각과 느낌으로 들어가서 이야기를 말함(Analytic or omniscient author tells story, entering thoughts and feelings)	3. 작가가 관찰자로서 이야기를 말함(Author tells story as observer)

[표 9-2] 브룩스와 워렌이 분류한 시점의 유형 3판[12]

	사건의 내부적 분석 (*Internal analysis of events*)	사건의 외부적 분석 (*External analysis of events*)
1인칭(이야기 속 인물로서 서술자) [*First person(narrator as a character in story)*]	1. 주인공이 자신의 이야기를 말함[Main character tells own story]	2. 부인물이 주인공의 이야기를 말함(Minor character tells main character's story)
3인칭(이야기 속 인물이 아닌 서술자-단지 관찰자지만, 식별된다) [*Third person(narrator not a character in story-mere observer, but identified)*]	4. 분석적 또는 전지적인 서술자가 (인물의) 생각과 느낌으로 들어가서 이야기를 말함 [Analytic or omniscient narrator tells story, entering thoughts and feeling]	3. 서술자(식별되지 않음, 곧, 작가)는 개인적인 판단과 해석이 있든 없든 관찰자로서 말함[Narrator(unidentified, i.e., author) tells story as observer, with or without personal judgement and interpretation)]

11 Brooks, C. & Warren, R. P.(1959), *Understanding Fiction*(2nd ed.), New York: Appleton-Century-Crofts, p. 148. 첫판은 1943년에 나왔으나 2판과 크게 다르지 않기 때문에 여기서는 다루지 않는다.

12 Brooks, C. & Warren, R. P.(1979), *Understanding Fiction*(3rd ed.), N.J.: Prentice-Hall, p. 174.

2판이 3판과 달라진 점은 시점의 3유형과 4유형에서 쓴 '작가(author)'라는 말을 '서술자(narrator)'라는 말로 바꾼 점이다. 또한 1인칭(*First person*)과 3인칭(*Third person*)이라는 말을 덧붙인 것이 달라진 점이다. 어쨌든, 두 표에서 세로축은 서술자가 작품 속 인물로 나오는가, 그렇지 않은가에 따라 나눈 것이고, 가로축은 서술자가 이야기에 대해 어느 정도 아는가에 따라 나눈 것이다. 위에서 주인공이 자신의 이야기를 말하는 유형은 (1) 1인칭 주관적(first-person) 서술, 부인물이 주인공의 이야기를 말하는 유형은 (2) 1인칭 관찰자(first-person observer) 서술, 서술자가 바깥에서 관찰자로서 이야기를 말하는 유형은 (3) 작가 관찰자(author-observer) 서술, 분석적 또는 전지적인 서술자가 이야기를 말하는 유형은 (4) 전지적 작가(omniscient-author) 서술로 시점의 유형을 4가지로 나누어 이름을 붙였다.[13] '1인칭 주관적 서술'과 '전지적 작가 서술'은 사건의 내부적인 분석 유형에 들고, '1인칭 관찰자 서술'과 '작가 관찰자 서술'은 사건의 외부적 관찰 유형에 든다. 그리고 '1인칭 주관적 서술'과 '1인칭 관찰자 서술'은 작품에 나오는 인물이 서술자로 되어 있고, '전지적 작가 서술'과 '작가 관찰자 서술'은 서술자가 작품 속에 나오는 인물이 아니라는 점을 위 표가 말해주고 있다. 로버트 스태인톤(R. Stanton)도 시점의 유형을 1인칭 중심인물 시점(first-person-central), 1인칭 주변인물 시점(first-person-peripheral), 3인칭 제한적 시점(third-person-limited), 3인칭 전지적 시점(third-person-omniscient), 이렇게 4가지로 보였는데,[14] 브룩스와 워렌이 보인 유형과 거의 비슷하다.

브룩스와 워렌이 분류한 4가지 시점-서술 유형은 나름 하나의 잘 정리된 틀로 자리 잡아 많은 이들이 받아들여 쓰고 있다. 그동안 문학 비

13 Brooks & Warren(1959), op. cit., pp. 659-664; Brooks & Warren(1979), op. cit., p. 511.

14 Stanton, R.(1965), *An Introduction to Fiction*, New York: Holt, Rinehart, and Winston, Inc, pp. 26-27.

평 쪽에서는 말할 것도 없고 문학 교실에서도 이 이론을 거의 다 따르고 있다. 한편으로는 가장 이해하기 편하기 때문이기도 하다. 이 4가지 유형으로 많은 작품의 시점이나 서술의 특징을 살필 수 있어 나름 장점을 지닌 이론이기도 하다. 그러나 완벽한 이론이란 있을 수 없다. 그래서 이 이론에 대한 비판이 꾸준히 이어진다.

웨인 부스(W. Booth)는 인칭(person)에 따라 서술의 유형을 분류하는 것을 비판하였다. 그는 이야기가 1인칭, 3인칭으로 서술되었다고 말하는 것은 조금도 중요한 일이 아니라고 하였다. 그래서 그는 극적 서술자(dramatized narrator), 극적이지 않은 서술자(undramatized narrator), 관찰자의 대리 서술자(narrator-agents), 장면과 요약(scene and summary), 주석(commentary), 자의식 서술자(self-conscious narrator), 거리의 변화(variation of distance)에 따라 서술자의 유형을 분류하였다.[15]

우리나라에서도 일찍이 최병우가 브룩스와 워렌이 밝힌 시점의 유형이 문제가 있음을 지적하였다. 보기를 들어 서술자가 작중인물인 1인칭 소설에서 서술자는 그가 주인공이든 부인물이든 자신에 대해서는 전지적이나, 작품 속 다른 인물에 대해서는 제한적인 자리에 설 수밖에 없다. 곧 1인칭 소설은 주관적 시점이든 관찰자 시점이든 말하기 방식은 다르지 않다고 볼 수도 있다. 또 3인칭 소설의 경우 주인공의 심리 상태는 서술자가 전지적으로 서술하고, 다른 인물들은 서술자가 관찰하는 정도에 그칠 때가 많다. 이렇게 볼 때, 브룩스와 워렌이 구분한 시점의 유형은 매우 불완전한 것이다.[16]

박기범은 브룩스와 워렌의 시점 유형에서 '전지적 작가 시점'은 소설 작품의 유형 특질을 설명하기에 범위가 너무 넓다는 문제가 있다고

15 Booth, W. C.(1983), *The Rhetoric of Fiction*(2nd ed.), Chicago: University of Chicago Press, pp. 150-159.

16 최병우(1987), 앞의 글, 285-286쪽.

보았다. 어떤 인물의 시선으로 바라보는 세계가 그려지는 소설이나, 모든 인물의 내면을 바라볼 능력을 가진 서술자가 서술하는 소설, 또는 서술자 자신의 목소리를 가끔 직접 보여주는 소설이 모두 하나의 같은 유형으로 처리되어 세밀한 시점-서술상의 차이와 그 효과를 짚어내지 못한다고 보았다.[17] 많은 작품을 전지적 작가 시점으로 다루어, 배우는 이들이 시점-서술에 따라 달라지는 형식의 특성을 공부할 수 있는 기회를 갖지 못하게 된다.[18] 그리고 브룩스와 워렌의 시점 이론은 '보는 주체'와 '이야기하는 주체'를 따로 구분하지 않고 있기 때문에 이야기 속의 인물이 초점화자가 되는 경우를 제대로 설명해 낼 수 없다.[19] 더욱이 오늘날 소설은 이야기 바깥의 서술자가 자신을 숨기면서 여러 인물의 눈으로 바라보는 세계를 그려내고 있어, 시점이 여러 모습을 띠고 있다. 삼인칭으로 서술하면서도 시점이 작중인물 안에 있는 때도 있고, 일인칭 시점이면서도 이야기에 대해 다 알고 있는 서술자가 나타나는 작품도 있다. 이처럼 오늘날 소설은 복잡한 시점-서술의 모습을 보여주고 있어, 브룩스와 워렌의 시점 이론으로는 오늘날 소설의 이야기 방식에 제대로 다가갈 수 없다.[20]

한편 김성렬은 '3인칭 시점'이란 말은 '그'가 본 것을 서술한다는 뜻을 담고 있어, 오해를 불러올 수 있는 말로 보았다. 3인칭 인물은 작품을 서술해 나가는 자리에 있지 않다. '그'는 서술의 대상이 된 인물일 따름이지 자기의 시선을 가지고 — 예를 들어 1인칭의 '나'처럼 — 작품의 서

17 이런 비판은 오탁번·이남호(1999), 『서사문학의 이해』, 고려대학교출판부, 188-189쪽에서도 한 적이 있다.

18 박기범(2008), 「시점-서술 교육의 반성과 개선 방향」, 『국어교육학연구』 31, 국어교육학회, 325쪽.

19 그래서 주네트(Genette)는 서술자가 있는 자리와 서술자가 하는 구실을 달리 보았다. 누가 바라보는가(초점자)의 '시점'과 누가 이야기하는가(서술자)의 '서술'을 구분하여, 시점 대신에 '초점화(focalization)'라는 말을 썼다. Genette, G., *Narrative Discourse*, op. cit., p. 189.

20 박기범(2008), 앞의 글, 331-332쪽.

술을 이끌어 나가는 이가 아니다.[21] 또한 김성렬은 브룩스와 워렌의 이론을 우리말로 옮기면서 굳이 '시점'이란 말을 쓰지 않아도 될 것을 써서 이것이 굳어져 지금까지 우리가 잘못된 말을 쓰고 있다는 것을 지적하였다. 그리고 브룩스와 워렌은 『소설의 이해』 2판(위의 [표 9-1])에서 '이야기 속 인물로서 화자' 항목에서는 주인공(main character), 부인물(minor character)로 작가를 감춘 채 작품 속의 주인공을 서술자로 삼았지만, '이야기 속 인물이 아닌 화자' 항목에서는 작가를 서술자로 다루고 있다. 그러니까 하나는 작품 속의 인물을 기준으로 하고 다른 범주는 작가의 자리를 기준으로 삼은 말이므로 범주의 오류를 범하고 있는 것이다. 한편 브룩스와 워렌은 3판(위의 [표 9-2])에서는 작가(author)라는 말을 버리고 서술자(narrator)라는 말을 썼지만, 책 뒤쪽 용어풀이(Glossary)에서는 다시 작가라는 말을 써서 작가와 서술자를 엄정하게 구분하지 못하고 있다.[22]

이렇게 시점에 '작가'라는 말을 쓰는 것에 대해서는 한결같은 비판이 있었다. 박기범에 따르면, '작가 관찰자 시점'이나 '전지적 작가 시점'처럼 '작가'를 시점 유형의 이름에 쓰게 되면 배우는 이들은 작품에서 서술자가 곧 작가라고 받아들이게 된다. 이렇게 되면 같은 작가의 삼인칭 시점의 소설들은 모두 비슷한 말투와 세계관과 태도로 서술하는 것으로 볼 수밖에 없는 오류를 범하게 된다.[23] 김동환도 '서술자(narrator)'

---

21 김성렬(2016), 앞의 글, 109쪽. 일찍이 미케 발(Mieke Bal) 이런 지적을 했다. 한용환(2000), 「소설의 화자 – 말하는 주체인가, 쓰는 주체인가」, 『동악어문학』 36, 동악어문학회, 466쪽. 오탁번·이남호(1999), 앞의 책, 205쪽에도 서술자가 3인칭 대명사로 가리키는 이는 작중 인물이지 자신이 아니며, 1인칭 서술자 또한 다른 인물을 3인칭 대명사로 가리키기 때문에, '3인칭 서술자'란 말이 틀렸다고 하였다.

22 김성렬(2016), 앞의 글, 112쪽. 브룩스와 워렌이 용어풀이에서 작가라는 말을 다시 쓴 것에 대해서는 김동환도 꼬집었다. 김동환(2009), 「소설교육에서 시점 개념에 대한 반성적 고찰」, 『문학교육학』 30, 한국문학교육학회, 412쪽.

23 박기범(2008), 앞의 글, 326쪽.

와 '작가'를 같은 범주로 다루면, 작품 바깥에 있어야 하는 작가가 안에 있을 수밖에 없는 서술자 구실을 할 수 있어, 문제가 있다고 보았다. 브룩스와 워렌의 시점 유형을 우리나라에 들여오면서 1959년판의 것을 그대로 따라 이런 잘못이 생겼다고 보았다.[24]

(2) 대안으로 나타난 새로운 이론들

어떤 지식이나 이론에 문제가 있다는 것이 밝혀지면 그것을 대신할 새로운 지식이나 이론이 나타난다. 문학 교실에서 시점-서술의 유형을 브룩스와 워렌이 정리한 4가지 유형을 오랫동안 다루어왔지만, 거기에 대한 비판이 나타나기 시작했고 그것을 갈음할 새로운 이론을 내세운 연구들이 나오기 시작했다. 대안으로 나타난 새로운 이론들 가운데 손꼽히는 몇 가지 이론들을 살펴보겠다.

1) 최병우: 작품외적 서술자와 작품내적 서술자

최병우는 서사 사건은 작중인물 사이의 대화와 행동이며, 그것을 바라보는 초점주체(焦點主體, focalisateur)의 시각에 따라 이야기가 결정되고, 그것을 서술자가 서술함으로써 비로소 서사 작품이 완성된다는 미케 발(M. Bal)의 의견을 받아들여 '서술자'와 '초점주체'를 마련하였다. 서술자가 작중인물이 되는 때와 그렇지 않은 때, 단순한 문장 주어의 인칭(1인칭, 3인칭)이 다른 것을 넘어서서 서술의 근본이 달라진다. 일단 남의 체험을 이야기해 주는 '작품외적 서술자'의 서술과 자신의 체험

24 김동환(2009), 앞의 글, 402-412쪽. 그러나 한용환(2000), 앞의 글, 472-474쪽처럼 우리가 지금 화자나 서술자라 이르는 것들은 결국 작가 자신이라고 주장하는 쪽에서는 오히려 '작가'라는 말을 쓰는 것을 반길지 모른다. 김동환(2009), 앞의 글, 412-413쪽의 말대로 '서술자'보다는 '작가'로 설명하는 것이 많은 이들이 이해하기에 쉬웠을 수도 있다.

을 이야기하는 '작품내적 서술자'의 서술로 크게 나눌 수 있다.[25]

최병우는 서술자와 초점주체가 어떤 관계에 있으며, 서술자가 작중인물에 대해 어떤 관점을 갖고 있느냐에 따라 작품외적 서술자의 유형을 분류하였다. 최병우는 주네트(Genette)의 초점화 분류를 바탕으로 작품외적 서술자의 유형을 '비초점화', '내적 초점화', '외적 초점화' 3가지로 나누었다. 비초점화는 서술자가 서사적 사건에 대해 모두 알고 있는 유형이다. 이 비초점화는 다시 '편집자적 서술자'와 '중립적 서술자'로 나눌 수 있다. 편집자적 서술자는 서사적 사건에 대해 일일이 그 의미를 해명하거나 해설과 주석을 달아가는 서술자이고, 중립적 서술자는 주관을 억제하고 인물의 인식 수준에서 이야기를 펼쳐 나가는 서술자이다. 그리고 내적 초점화는 인물의 내부로부터 서사적 사건을 바라보는 것으로 어느 한 인물의 시각에 고정시키는 '고정적 서술자', 몇 인물의 시각으로 옮겨 다니는 '가변적 서술자', 같은 사건에 대한 많은 사람의 편지나 일기를 모아 인물마다의 시각이나 견해를 보여주는 '복합적 서술자', 이 세 가지로 구분할 수 있다. 한편 외적 초점화는 서사적 세계를 인물의 바깥에서 바라보는 것으로 제한적 성격이 뚜렷한 유형이다. 이 외적 초점화에는 완전한 행동의 재현에만 머무르는 '관찰자적 서술자'와 행동 재현과 대화 재현을 모두 시행하는 '제한적 서술자'로 구분할 수 있다.[26]

다음으로 우리가 흔히 1인칭 서술자라 하는 자신의 체험을 이야기하는 서술자는 작중인물과 같은 인물로 최병우는 이를 '작품내적 서술자'로 이름 붙였다. 작품내적 서술자에서 초점주체와 초점대상이 같은 때는 '내적 초점화'(1인칭 주인공 시점과 상응)라 하고, 둘이 다를 때는 '외적 초점화'(1인칭 관찰자 시점과 상응)라 이를 수 있다. 또 초점주체

---

25 최병우(1987), 앞의 글, 288-289쪽.

26 최병우(1987), 위의 글, 292-294쪽.

가 초점대상을 어느 정도 알고 서술하는가에 따라 더 자세히 나눌 수 있다. 내적 초점화는 '신변기술적 서술자'와 '자기분석적 서술자'로 나눌 수 있다. 신변기술적 서술자는 초점대상인 작품내적 서술자 자신의 행위나 말을 객관적으로 보여주기만 하는 서술자이고, 자기분석적 서술자는 작품내적 서술자가 자신의 본질적 모습을 드러내려고 자신을 분석하고 비판까지 하는 서술자이다.[27] 그리고 작품내적 서술자의 외적 초점화는 '단순 서술자'와 '해설자적 서술자'로 나눌 수 있다. 단순 서술자는 초점대상한테 들은 이야기를 서술하거나(예, 현진건의 「고향」) 초점대상에 대해 완전히 이해하지 못하는 서술자(예, 주요섭의 「사랑 손님과 어머니」)이다. 해설자적 서술자는 초점주체가 초점대상에 대해 잘 알거나 그에 대해 자신의 의견을 덧붙이고 그의 행동을 분석 비판하기까지 하는 서술자(예, 김동인의 「붉은 산」, 「셜록 홈즈」시리즈)이다.[28]

다음으로 초점시(초점화한 시간, 사건의 발생 시간)와 발화시(서술의 시간)가 일치하는가, 그렇지 않은가에 따라 작품내적 서술자를 더 자세히 분류할 수 있다. 내적 초점화의 경우 '회상적 서술자'와 '보고적 서술자'로 구분할 수 있다. 회상적 서술자는 자신의 오래된 과거 체험을 회상하며 이야기하는 이로 초점시와 발화시가 같지 않은 경우(예, 유진오의 「창랑정기」)이다. 보고적 서술자는 초점주체가 최근에 체험한 것을 서술하는, 곧 초점시와 발화시가 같은 경우(예, 윤흥길의 「장마」)이다. 그런데 어렸을 때의 체험을 이야기할 때 초점시와 발화시를 모두 어렸을 때로 해도 서술자가 하는 말은 아주 어린이의 말이라 하기 힘들다. 그래서 보고적 서술자는 서술자가 어른인 경우와 아이인 경우로 나눌 수 있다. 외적 초점화도 초점시와 발화시가 같지 않은 '회고적 서술

---

27 최병우(1987), 위의 글, 296-297쪽.

28 최병우(1987), 위의 글, 297-298쪽.

자'와, 초점시와 발화시가 같은 '관찰적 서술자'로 나누어 볼 수 있다. 회고적 서술자는 초점주체가 오랜 과거에 초점화한 대상에 대해 서술하는 것이고 관찰적 서술자는 초점주체와 서술주체가 같은 때에 있으므로 재초점화 현상이나 언어상의 양면성이 없는 서술자 유형이다.[29]

최병우가 제안한 시점-서술의 유형 분류를 그림으로 보이면 다음과 같다.

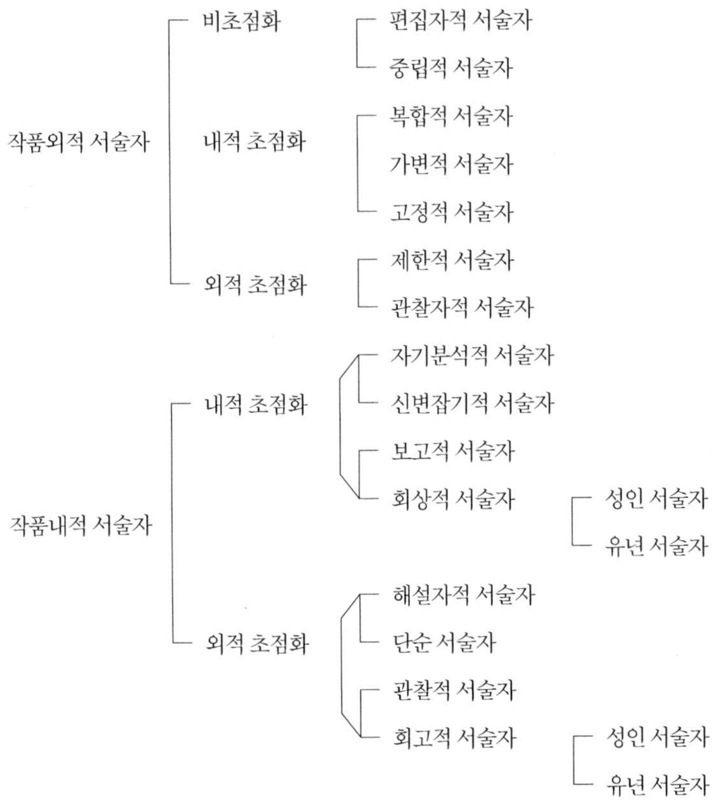

[그림 9-1] 시점-서술자의 유형 분류[30]

29 최병우(1987), 위의 글, 298-300쪽.

위와 같이 최병우는 그동안 널리 써왔던 시점의 4가지 유형 분류 대신에 새로운 시점-서술 유형 분류를 보였다. 작품외적 서술자(그동안 3인칭 서술이라 이른 것)는 서술자와 초점주체와 어떤 관계인지, 또 서술자가 작중인물에 대해 어떤 관점을 지니고 있는지에 따라 서술자의 유형을 더 자세하게 나누었다. 그리고 작품내적 서술자(그동안 1인칭 서술이라 이른 것)는 초점주체와 초점대상의 관계에 따라, 초점주체가 초점대상을 얼마큼 알고 있느냐에 따라, 초점시와 발화시가 같은가에 따라 서술자의 유형을 더 자세하게 나누었다.

2) 박기범: 서술자의 인칭, 시점, 서술에 따라 시점 분류

소설에서 서술자가 등장인물과 같은 사람이면 일인칭, 다르면 삼인칭으로 나눠 볼 수 있다. 또 서술자가 분명히 드러나는 화자시점과 서술자가 사라진 듯한 인물시점이 있다. 그리고 서술자가 하는 말이 서술자의 목소리를 두드러지게 하면 화자서술, 이야기 속 어떤 인물의 목소리를 닮으면 인물서술로 구분할 수 있다.[31]

삼인칭 서술은 서술자가 이야기에 나오지 않는 경우이다. 서술자가 이야기에 나오지 않기 때문에 서술자는 등장인물을 '그', '그녀' 같은 삼인칭 대명사로 가리킨다. 삼인칭 서술 상황은 어떤 시점과 결합하느냐에 따라서 크게 '화자 시점-서술'과 '인물 시점-서술'로 나뉜다. '화자 시점-서술'은 주로 서술자의 시점에 기대면서 때때로 인물의 시점으로 변환되기도 하는 방법이다. 화자 시점-서술은 이야기 바깥의 서술자가 이야기 안의 사건을 보면서 서술한다. 이때는 서술자가 바깥에서 지난적(과거) 일을 이야기하는 것이므로, 서술자는 지나간 일을 바라보는 자리에 있어 전체 이야기나 인생에 관한 자신의 관점이 드러나게 된다. 따라

30 최병우(1987), 위의 글, 300-301쪽.

31 박기범(2008), 앞의 글, 338쪽.

서 '전지적 시점서술'이라 이를 수 있다. 한편 화자 시점-서술은 때에 따라 인물의 내면을 보이지 않을 수 있다. 이처럼 제한된 정보를 지닌 경우를 '목격자 시점서술'이라 할 수 있다. 목격자 시점서술은 내면 의식을 보이거나 주석적 서술은 하지 않고, 다만 이야기의 선택과 배열에만 서술자의 관점이 끼어든다. '인물 시점-서술'은 어떤 인물의 시점에 기대는 방식이다. 서술자는 인물의 시점에 잡힌 것을 단순히 말하는 데 그치기 때문에 자신의 관점이 들어갈 여지는 없다.[32]

한편 일인칭 서술 상황은 이야기 세계에 나오는 인물이 소설의 서술자 노릇을 하는 경우이다. 일인칭 서술 상황에서는 이야기 안의 '나'가 하는 일에 따라 '주인공 시점서술'과 '목격자 시점서술'로 나눌 수 있다. 주인공 시점서술은 '나'가 주인공의 구실을 하는 경우이고, 목격자 시점서술은 '나'가 단순한 증언자나 목격자 구실을 하는 경우이다.[33]

위에서 살핀 시점-서술 유형을 간단하게 그림으로 나타내면 다음과 같다.

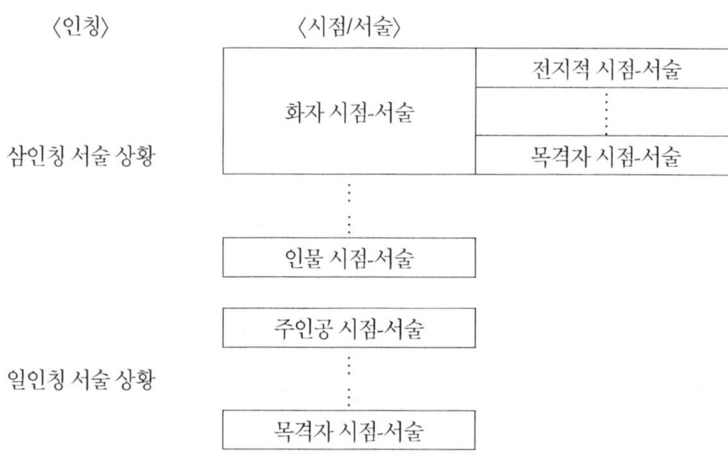

[그림 9-2] 시점-서술 유형[34]

32 박기범(2008), 위의 글, 338-343쪽.

33 박기범(2008), 위의 글, 344-346쪽.

위 그림에서 점선으로 나타낸 것을 눈여겨보아야 한다. 박기범이 시점-서술 유형을 그림으로 간단하게 나타내면서 점선을 쓴 것은 유형들 사이에 수많은 시점-서술의 모습이 있다는 것을 드러내기 위해서이다.[35] 시점-서술의 유형이 매우 폭넓은 모습을 띠고 있음을 놓치지 말아야 함을 일러 주고 있다. 이와 같이 박기범은 시점(초점화)과 서술을 구별해서 가르쳐야 함을 강조했다. 그리고 브룩스와 워렌의 4가지 시점 유형이 한계를 지니기 때문에 인칭, 시점, 서술의 세 축에 따라 서술 상황을 분류하는 방법을 제안하였다.

3) 김동환: 1인칭 시점, 3인칭 제한적 시점, 3인칭 전지적 시점

김동환은 시점에서 중요한 서술자를 가리키는 말로 '작가'라는 말은 빼야 한다고 보았다. 서술자는 엄연히 작품 안에 있는 이고 서술자를 관찰자라는 말로 설명하는 것도 피해야 한다고 보았다. 관찰자는 인물이나 사건만을 대상으로 할 때 쓸 수 있는 말인데, 서술자는 배경, 심리, 상황같이 아주 여러 가지를 서술하기 때문이다. 김동환에 따르면, 문장의 임자말(주어)이 1인칭인가 3인칭인가에 따라 서술자의 유형이 달라지므로 시점에 1인칭과 3인칭이라는 말을 써서 설명할 필요가 있다. 한편 1인칭의 경우 주인공 시점과 관찰자 시점은 구분하기가 어렵다. 사건을 서술하는 이가 사건과 인물을 보기만 한다고 해서 주인공이 아니라고 할 수는 없다. 주인공은 사건을 겪거나 겪은 후에 가장 의미 있는 변화를 겪는 인물이다. 그런데 어떤 문제가 있는 인물을 관찰하는 일만으로도 변화나 성장이 드러나므로 관찰자와 주인공을 구분하기가 쉽지 않다. 이런 맥락에서 시점의 유형을 1인칭 시점, 3인칭 제한적 시점, 3인칭 전지적 시점으로 정하는 것이 바람직하다.[36]

---

34 박기범(2008), 위의 글, 348쪽.

35 박기범(2008), 위의 글, 349쪽.

김동환은 시점을 가르치지 않으면 모를까 가르친다면 위와 같이 1인칭 시점, 3인칭 제한적 시점, 3인칭 전지적 시점으로 간단하게 가르치는 것이 좋다고 보았다. 너무 복잡한 유형보다는 단순하게 정해서 가르칠 것을 제안한 것이다.

4) 김성렬: '시점'이라는 말 대신 '인칭 설정 방식'으로

김성렬은 먼저 '시점'이라는 말이 불필요한 오해를 가져올 수 있다며, '인칭 설정 방식'이라는 말을 쓰자고 제안하였다. '1인칭 서사', '2인칭 서사', '3인칭 서사' 같은 말을 쓰면, 3인칭 시점/작가 시점 같은 말을 할 때, 작가가 직접 작품에 끼어들었다거나 3인칭 주인공의 눈으로 작품을 펼쳐나간다거나 하는 오해를 피할 수 있다.[37] 또한 2인칭의 경우 '당신'은 호명되는 인물이지 '당신'의 시선만으로 이야기가 펼쳐지는 경우는 없다. 그러므로 '~인칭 시점'이란 말은 버려야 한다. 그리고 인물이 소설에서 어떤 구실을 하고 있느냐가 분류의 기준이 된다. 1인칭 서사는 1인칭이 주인공이냐 관찰자냐에 따라 1인칭 주인공 서사, 1인칭 관찰자 서사가 되고 2인칭 서사는 2인칭 인물이 하는 일에 따라 더 자세히 나눌 수 있다. 나머지 인칭도 마찬가지다.[38]

그러면서 김성렬은 2인칭이나 다인칭 서사 방식을 새롭게 덧붙여서 인칭 설정 방식에 따른 서사 유형을 다음과 같이 분류하였다.

---

36 김동환(2013), 「소설 교육을 위한 이론 개념의 정착과정 및 재설정 방안 연구」, 『한국문학교육학』 40, 문학교육학회, 197-199쪽.

37 김성렬(2016), 앞의 글, 115쪽.

38 김성렬(2016), 위의 글, 119쪽.

[표 9-3] 서사 방식의 새로운 분류[39]

일인칭 서사	(1) 일인칭 주인공 서사
	(2) 일인칭 관찰자 서사
이인칭 서사	(1) 화자의 존재 불명인 이인칭 호명 서사
	(2) 화자 '나'가 이인칭으로 호명하는 서사
삼인칭 서사	(1) 전지적 서술자 서사
	(2) 제한된 전지적 서술자 서사
	(3) 객관적 서술자 서사
다인칭 교차 서사	(1) 두 인물 교차 서사
	(2) 불특정 인칭 교차 서사

'일인칭 서사'에서 (1) '일인칭 주인공 서사'는 '나'가 주인공으로 자신의 이야기를 한다. (2) '일인칭 관찰자 서사'는 일인칭인 관찰자가 주인공의 곁에서 그의 행동을 관찰하고 보고하는 방식이다.[40]

'이인칭 서사'는 이인칭, 너/당신/그대가 주제어로 설정된 서사 방식이다. 이인칭 서사에는 이인칭 '당신'을 부르는 이가 누구인지 뚜렷하지 않은 (1) '화자의 존재 불명인 이인칭 호명 서사'가 있다. 여기에는 화자와 서술자, 달리 말해 내포작가의 자리에서 '당신'의 행동과 생각까지 서술하지만 화자/서술자는 '당신'을 한 사람의 객관적 대상으로 다루는 ① 화자=서술자(내포작가)≠작중 '당신'인 경우가 있다. 화자 자신은 작품의 표면에 드러나지 않는다. 작품 밖에서 당신을 부르면서 당신의 내면 깊은 곳까지 알고 이인칭 인물의 행위를 중심으로 이야기를 끌어가는 서술자이다. 이 서술자는 자연히 내포작가를 대행하는 일을 한다. 그리고 '너'를 부르는 화자/서술자가 사실은 작품 속의 '당신'으로 짐작되는 것으로 ② 서술자=화자≒작중 '당신'인 경우가 있다. 화자이자 서술

39 김성렬(2016), 위의 글, 120쪽.

40 김성렬(2016), 위의 글, 120-121쪽.

자는 작품의 표면에 드러나지 않으나 이 경우 화자는 이야기 속의 '당신'으로 짐작되는 인물이다. 이인칭 서사의 두 번째 유형으로 (2) 화자 '나'가 '당신'을 부르는 경우가 있다. '나'라는 화자가 있으니 일인칭 소설이라 해야 하나 그럴 수 없는 것은 당신이 이야기 전개의 중요한 구성 인자로 당신이 빠지면 소설의 효과는 완전히 달라지기 때문이다. 이 경우도 두 가지로 나눌 수 있는데 ① '나'가 '당신'을 부르지만 '당신'은 수동적인 수화자(narratee) 구실을 하는 경우와 ② '당신'이 '나'보다 더 중요하거나 대등한 구실로 이야기를 이끄는 경우다.[41] 이인칭 서사를 다시 표로 정리하면 다음과 같다.

[표 9-4] 이인칭 서사의 분류[42]

(1) 화자의 존재 불명인 이인칭 호명 서사	① 화자=서술자(내포작가)≠작중 '당신'
	② 서술자=화자≒작중 '당신'
(2) 화자 '나'가 이인칭을 호명하는 서사	① 화자 '나'가 호명하는 '당신'의 역할 수동적
	② '나'와 '당신'이 상호 역할

'삼인칭 서사'는 그/그녀가 주인공으로 나오는 소설이다. 삼인칭 서사는 세 가지 유형으로 나눌 수 있다. 먼저 (1) '전지적 서술자 서사'는 그동안 전지적 작가 시점이라 이른 것이면서 서술자의 눈이 넓어진 경우다. 서술자는 이야기 속에 직접 뛰어들어 자신의 존재를 알리고 주인공의 앞날이 어찌 될지를 슬쩍 알려주기도 하고 주인공의 행실에 대해 평가하기도 한다. 두 번째로 (2) '제한된 전지적 서술자 서사'가 있다. 이는 우리가 근대소설 이후 전지적 작가 시점이라 일러 온 유형으로 서술자는 인물의 안팎을 넘나들지만, 일정한 제한을 스스로 의식하며 인물

41 김성렬(2016), 위의 글, 122-125쪽.

42 김성렬(2016), 위의 글, 123쪽.

을 그려 나가는 방식이다. 서술자는 인물의 심리나 행동·감정을 거침없이 그려 나가고 자신의 세계관조차 논평 형식으로 집어넣지만 어디까지나 숨어 있는 내포작가의 분신 노릇만 하고 자신이 작가임을 절대 드러내지 않는다. 세 번째로 (3) '객관적 서술자 서사'로 시점론에서 작가 관찰자/삼인칭 관찰자로 일러 온 유형이다. 인물에 대한 심리 묘사나 동조하는 관점을 될 수 있는 대로 줄이고 인물이 겪는 어려움과 운명을 냉정하게 보여준다.[43]

'다인칭 인물 교차 서사'는 여러 인칭의 인물이 교차되면서 이야기를 이끌어 가는 방식으로 두 가지 유형으로 나눌 수 있다. 먼저 (1) '두 인물 교차 서사'는 다른 시선에 갇힌 두 인물을 대비시켜 인간 의식의 한계를 뚜렷하게 보이면서 자신의 주관에 갇혀 갈등하는 인물들이나, 한 인물의 시선에만 고정되어 놓치기 쉬운 삶의 또 다른 단면을 충격적으로 보여주는 방식이다. 두 인물의 엇갈리는 시선으로 인간의 인지력이나 인식 기능이 얼마나 주관적인지, 그리하여 인간이 얼마나 제한적이고 모순을 지니고 있는지를 잘 보여준다. 두 번째로 (2) '불특정 인물 교차 서사'는 두 인물 교차 서사를 넘어 불특정 다수의 시선을 교차시키는 방식이다. 딸(이인칭), 아들(삼인칭), 남편(삼인칭), 엄마(일인칭)의 엇갈리는 시선으로 엄마를 저마다 다르게 보고 있음을 드러내고 있는 신경숙의 『엄마를 부탁해』가 손꼽히는 작품이다.[44]

이와 같이 김성렬은 시점에 대한 다른 나라의 이론을 우리말로 옮기면서 생긴 잘못을 제대로 따져보거나 고치지 않고 그대로 받아들였던 것을 지적하였다. 또 가장 널리 알려져 쓰고 있는 브룩스와 워렌의 네 가지 시점 유형이 가진 문제점을 짚어보았다. 그러면서 그동안 써왔던

43 김성렬(2016), 위의 글, 125-127쪽.

44 김성렬(2016), 위의 글, 127쪽.

'시점'이라는 말보다는 '서사'라는 말을 쓸 것을 주장하였다. 그리고 서술 방식의 유형을 새롭게 분류해 보였다. 더욱이 그동안 눈여겨보지 않았던 이인칭 서사나 다인칭 서사도 서술 방식의 새로운 유형으로 들여왔다.

3. 시점-서술 이론을 문학 교실에서 다룬다면?

소설을 재미있게 읽으면 그만이지, 무슨 시점 같은 지식이나 이론을 꼭 알아야 하는가? 오히려 이런 지식이나 이론이 소설 읽는 것을 가로막지 않는가? 하고 되물을 수 있겠다. 더욱이 시점-서술 이론은 파고들면 들수록 복잡해지고 어려워진다. 때로는 이런 것까지 소설을 읽는 이들이 알아야 하는가 하고 고개를 갸우뚱하게 된다.[45] 어떤 이는 소설교육은 소설 감상 능력을 기르는 데 힘을 쏟아야지 지식을 가르치는 데 힘을 써서는 안 된다고 말한다. 지식이 문학 감상 능력을 갖추는 밑거름이 되어야 한다는 말은 맞지만, 그렇다고 문학 지식을 반드시 작품 감상 능력을 기르는 도구나 수단으로만 다루어야 한다는 말은 옳지 않다. 문학 지식 가운데는 그것 자체로 교육할 값어치가 있는 것도 있다. 그럼 어떤 문학 지식이 가르치고 배울만한 가치가 있는 것인가? 그것은 가르

45 정진석은 소설 작품은 인물, 사건, 시공간, 구성, 문체와 같이 여러 가지 것들로 얽어 짜여 있기 때문에, 읽는 이는 흔히 지은이가 꾸민 세계의 인물과 사건에 빠져 읽는 때가 많지, 딱히 시점을 생각하며 읽는 때는 많지 않다고 하였다. 정진석(2013), 앞의 글, 467쪽. 한편 한용환은 아예 시점이나 화자, 서술자라는 이론을 따지는 것 자체가 큰 의미가 없다고 주장하였다. 소설에서 실제로 말을 하거나 목소리를 들려주는 주체는 없기 때문에, 우리가 화자나 서술자라 이르는 이는 가공된 개념에 지나지 않는다고 보았다. 소설 속의 모든 말하기는 작가 자신이 하는 것이기 때문에, 시점과 서술에 관련된 가공된 이론들은 서사 작품 실체를 이해하고 설명하는 데 오히려 혼란만 부추긴다고 보았다. 한용환(2000), 앞의 글, 463-472쪽.

치고 배우고자 하는 마음이 생기게 하는 문학 지식이다.[46]

결국 **가르치고 배울 거리를 정하는 일은 가르치고 배우는 이의 몫**으로 넘겨야 한다. 그것이 교육의 참맛을 살리는 길이다. **내가 가르치고 배울 값어치가 있다고 생각하면 교육의 밑감으로 살려 쓰는 것이고, 딱히 가르치고 배울 값어치가 없다고 생각하면 교육의 밑감으로 고르지 않으면 된다.** 따라서 시점-서술 이론도 가르치고 배우는 이가 공부해 볼 만한 지식이라고 생각하면 교육의 소재로 살려 쓸 수 있다. 반드시 가르치고 배우라고 강요할 수는 없다. 교육의 참맛은 강요에서 생기지 않고 스스로 가르치고 배우고자 하는 열정에서 생긴다.

지금까지 살핀 대로 가장 많이 따르고 있는 브룩스와 워렌의 4가지 시점 유형 분류에 대해 문제점을 찾고 그에 대한 대안으로 새로운 시점-서술 유형 나누기가 이어졌다. 시점-서술 유형에 대해 이론가들마다 견해가 다름을 알 수 있다. 어떤 지식이나 이론은 이렇듯 늘 반대 이론이 나타나고 또 그동안 받아들여 왔던 이론에 대해서 다시 되짚어보고 새로운 대안 이론이 나타나서 고쳐지고 달라지고 더 나아지는 길을 거친다.

소설의 시점-서술 이론도 끊임없는 논쟁 중에 있는 문학 지식이다. 시점-서술에 대한 이론이 여러 가지인데, 오늘날까지도 널리 알려 있어 가장 큰 힘을 떨치고 있는 이론이 있는가 하면, 꾸준히 새로운 이론들이 나타나고 있다. 이런 논쟁 가운데 있는 문학 지식은 배우는 이들이 주체가 되어 탐구하고 비판하고 평가해 보면서 지식을 새롭게 구성하고 창조해 볼 수 있다는 점에서 충분히 교육적으로 활용해 볼 만한 문학 지식

---

46 이것을 폴라니(M. Polanyi)가 쓴 말로 이른다면 '발견의 열정'과 '설득의 열정'이라 할 수 있고, 장상호가 쓴 말로 이른다면 '상구열정'과 '하화열정'이라 할 수 있다. Polanyi, M.(1958), *Personal Knowledge: Towards a Post-critical Philosophy*, The University of Chicago Press, pp. 150-151; 장상호(2000), 『학문과 교육(하): 교육적 인식론이란 무엇인가』, 서울대학교 출판문화원, 515쪽. 사람은 누구나 배우고자 하는 열정과 가르치고자 하는 열정이 있다.

이다. 여러 이론 가운데 어떤 이론이 가장 낫고 흠이 덜한 이론인지 관심이나 호기심, 탐구심을 가지고 공부할 수 있다. 그러기에 교육의 원리에 근거하여 어떤 주제나 대상에 대한 지식이나 이론의 우열을 판가름하는 교육적 인식론을 적용하기에도 알맞은 문학 지식이다.

어떤 문학 지식이 **교과서에 나온 대로 알고 외워야 한다고 정해져 있다면, 그것은 지식이 되기보다는 정보가 되기 쉽다.** 낱낱의 단편적인 사실들이 정보이다. 이런 정보를 알고 있는 것과 지식을 갖추는 것은 다르다. 정보는 애써서 배우는 과정을 거치지 않고도 누리그물(인터넷)을 검색하면 얻을 수 있다. 그러나 지식은 제대로 배워야 갖출 수 있는 것이다. 오우크쇼트(M. Oakeshott)는 지식을 얻는 과정은 단순히 무엇인가를 쌓아 올리는 것이 아니고, 관념의 전체 세계를 바꾸고 다시 만드는 일이라고 하였다. 지식을 얻는 것을 하나의 새로운 세계를 만드는 일에 빗대었다.[47]

이렇다고 볼 때 진정한 지식은 어떤 대상이나 주제에 대해 배우고 탐구하고 체험하여 얻게 된 틀이나 얼개이다. 따라서 시점의 유형에는 이러이러한 것들이 있다고 정해서 보여주는 것은 말로 된 정보를 보여주는 것일 뿐이다. 이와 달리 시점의 유형에는 이러이러한 것도 있고 저러저러한 것도 있으며, 아직도 새로운 유형이 나타나고 있으니, 여기에 대해 탐구해 보자고 이끌어 주는 것이 올바른 지식 교육의 한 방법이다. 참다운 배움은 어떤 낱낱의 사실인 정보를 아는 것에 있지 않고, 어떤 주제에 대해 해석하거나 설명하는 앎과 생각의 틀을 갖추는 데에 있다.

말이나 글로 일러주는 것에만 그치는 것은 정보전달은 될 수 있지만, 지식 교육은 될 수 없다. 하나씩 하나씩 쌓아가는 것이 정보라면, 수많은 정보를 고르고 평가하여 어떤 주제나 대상에 대한 앎의 틀을 짜

47 Oakeshott, M. J.(1933), *Experience and Its Modes*, London: Cambridge University Press, p. 41.

나가는 것이 지식이다.[48] 정보는 벽돌에 빗댈 수 있고, 지식은 집에 빗댈 수 있다. 벽돌만 가지고 있는 이와 집을 가지고 있는 이는 아주 다르다. 퍼킨슨(H. Perkinson)과 로저스(C. Rogers)는 정해진 답을 하나씩 가르치고 배워나가는 일을 '벽돌쌓기'에 빗대었다.[49] 교사가 '정답'이라는 벽돌을 하나씩 알려주면 학생은 그것을 벽돌처럼 하나씩 차곡차곡 쌓아가는 방식이다. 이런 벽돌쌓기식 수업에서는 진정한 배움이 일어나기 힘들다. 이제 정보 알려주기에서 벗어나 지식 교육으로 나아가야 한다. 그동안 소설의 시점-서술 유형을 4가지 분류틀로 정해 놓고 많이 가르쳐왔는데,[50] 이는 시점-서술에 대한 정보를 전달하는 일에 가깝다.

소설의 시점-서술 유형에 대한 대안을 내놓는 연구가 꾸준히 이어지고 있다는 현상이, 단편적인 정보전달에서 벗어나, 탐구 열정을 북돋우는 지식 교육으로 나아갈 수 있는 바탕이 된다. 어느 한 가지 이론만을 정답으로 여기고 따르는 것이 아니라, 이론마다 어떤 장단점이 있는지를 짚어보면서 지식에 대한 열린 생각을 갖추게 되고, 지식을 배우는 이가 스스로 내 것으로 만드는 길을 걸어보고, 서로 함께 따져보면서 더 나은 지식을 구성해 나가는 활동을 해 볼 수 있다. 소설의 시점-서술을 문학 교실에서 다룬다면, 어떻게 가르치고 배우면 좋을지 생각해 보고자 한다.

---

48 장상호(2000), 앞의 책, 343쪽.

49 Perkinson, H. J.(1971), *The Possibilities of Error: An Approach to Education*, 장상호 옮김(1984), 『오류가능성의 교육적 의의』, 교육과학사, 43-44쪽; Rogers, C. R. & Freiberg, H. J.(1994), *Freedom to Learn*, Hoboken, New Jersey: Prentice Hall, p. 174. 매슬로우(A. Maslow)는 단지 물건을 모으듯이 어떤 정보나 사실들을 모아 차곡차곡 쌓는 것은 진정한 배움이 아니라 '비본질적인 배움(extrinsic learning)'이라 하였다. Maslow, A. H.(1967), Self-actualization and beyond, In James F. T. Bugental(Ed.), *Challenges of Humanistic Psychology*, New York: McGraw-Hill, p. 280.

50 이승준(2008), 「고등학교 문학 교과서의 '시점'과 '서술자' 이론에 대한 고찰」, 『우리어문연구』 30, 우리어문학회, 345쪽.

(1) 이해하기 쉬운 이론으로 시작하기

시점-서술 이론을 처음 배우는 이한테는 쉽게 다듬어 가르쳐야 할 것이다. 그러고 나서 시점-서술에 대한 지식의 수준이 오르면 복잡한 다른 이론들을 다룰 수 있다. 이해하기 쉬운 이론으로 시작해서 나중에 여러 이론을 살펴보는 쪽을 겨냥해야 한다. 배우는 이는 저마다 수준이 다르다. 또한 학자들의 이론을 다듬지 않고 그대로 보이고 설명하는 것은 오히려 독이 될 수 있다. 높은 수준의 지식이나 이론이 그 자체로는 훌륭할지 모르나 그것을 이해할 능력이 부족한 이들에게는 너무 버거운 짐으로 다가온다.

우리는 흔히 쓰는 말로 '눈높이 교육'이란 말을 하곤 한다. 실제로는 교육의 본질 안에 이미 배우는 이의 눈높이에 맞추어 가르쳐야 한다는 뜻이 담겨 있기 때문에 어떻게 보면, '눈높이'라는 말은 꾸미는 말이나 군더더기 말에 지나지 않는다. 알맞은 거리의 과녁과 같이 '보이는 목표(end-in view)'에 맞게 활동하는 것이 좋다는 듀이(J. Dewey)의 견해,[51] 아이들이 이미 얻은 실제 발달 수준(level of actual development)과 어른이나 또래의 도움으로 발전해 나가는 잠재 발달 수준(level of potential development)의 거리인 '근접발달영역(zone of proximal development)' 안에서 알찬 배움이 일어난다는 비고츠키(L. Vygotsky)의 견해,[52] 내가 조금만 더 솜씨를 갖추면 이를 수 있을 것 같은 수준일 때 도전하고자 하는 마음이 생겨 '흐름(flow)'을 경험하게 된다는 칙센트미하이(M. Csikszentmihalyi)의 견해,[53]

---

51 Dewey, J.(1916), *Democracy and Education: An Introduction to the Philosophy of Education*, 이홍우 옮김(2007), 『민주주의와 교육』, 교육과학사, 179쪽.

52 Vygotsky, L. S.(1978), *Mind in Society: The Development of Higher Psychological Processes*, M. Cole, V. John-Steiner, S. Scribner, & E. Souberman(Trans. & Eds.), Cambridge, Massachusetts: Harvard University Press, p. 86.

53 Csikszentmihalyi, M.(1990), *Flow: The Psychology of Optimal Experience*, New York: Harper &

지금의 수준보다 한 단계 위의 것인 '차상품(次上品)'을 과녁으로 삼아야 한다는 장상호의 견해[54]는 모두 눈높이 교육이 중요하다는 것을 이르고 있다.

처음에는 소설에서 서술자가 누구인지 공부하다가, 이어서 서술자가 작품 안에 나오는지, 아니면 작품 바깥에 있는지 다룰 수 있다. 그러다가 서술자는 작품에서 중요한 인물인지, 아니면 그다지 중요한 인물이 아닌지, 탐구해 볼 수 있다. 그러면서 차츰 복잡한 갖가지 시점-서술의 유형을 공부하는 데까지 나아갈 수 있다. 그런 면에서 시점의 유형을 1인칭 시점, 3인칭 제한적 시점, 3인칭 전지적 시점으로 정하는 것이 바람직하다는 김동환의 견해[55]는 시점-서술 교육의 첫 단계에서 할 수 있는 하나의 방안이 될 수 있다. 이렇게 시점-서술 이론을 배우는 첫 단계에서는 단순하게 만들어 가르치고 배우면서 문학 지식에 대한 짐을 줄이는 것이 좋다. 그런 다음 시점-서술 이론에 대한 문학 지식을 더 깊이 공부해 나간다.

고등학생 정도 되는 이들한테는 여러 이론을 다 보여줄 수 있지만, 그 아래 학년의 아이들에게는 너무 벅찰 수 있다. 문학 교실에서 시점-서술 이론은 중학교 2~3학년 정도 되면 배운다. 중학교 2~3학년 학생들에게 어려운 시점-서술 이론을 그대로 다 보여주는 것은 무리이다. 시점-서술에 대해 쉽고 간단하게 설명한 다음, 시점-서술 이론에는 이 밖에도 여러 가지 이론이 있고, 꾸준히 새로운 이론들이 나오고 있음을 알려 준다. 이렇게 한다면 한 가지 지식이나 이론만을 절대 진리나 정답으로 여기지 않게 된다.

브룩스와 워렌의 4가지 시점 유형은 한편으로는 이해하기 쉽고, 잘

Row, p. 75.

54 장상호(2000), 앞의 책, 364쪽.

55 김동환(2013), 앞의 글, 197-199쪽.

정리된 이론이라 널리 알려져 있고, 또 시점 교육의 마당에서 많이 받아들여 다루고 있다. 어렵고 복잡한 시점-서술 이론보다 브룩스와 워렌의 4가지 시점 유형이 소설의 시점-서술을 이해하는 데 도움이 될 수도 있다. 시점-서술을 배우는 이들 가운데 수준이 낮거나 이제 막 시점-서술에 대해 알아가는 이들한테는 브룩스와 워렌의 4가지 시점 유형이 배우기에는 쉬울 수 있다. 처음에는 이 이론을 바탕으로 소설의 시점-서술에 대해 알아가게 한 다음, 학년이 올라가거나 수준이 높아지면 차츰 더 깊이 공부해 나가는 것이 좋다.

그런데 여기서 중요한 것은 배우는 이의 수준에 맞게 시점-서술 이론을 다듬어서 가르치거나 쉬운 이론으로 시작할 때, 지금 우리가 배우고 있는 시점-서술 이론이 완벽한 이론이나 진리가 아님을 반드시 일러주어야 한다. 곧 지금 배우고 있는 지식은 하나의 방편(方便)으로 여겨야 한다. 가장 간단하고 깔끔하다고 하는 브룩스와 워렌의 이론도 여러모로 빈틈이 있음이 밝혀졌기 때문에, 이 이론을 완벽한 이론으로 다루기보다는 소설의 시점-서술을 이해하는 하나의 방편으로 써야 한다.

방편을 뗏목에 빗대곤 한다. 강을 건너려면 뗏목을 이용해야 하지만, 강을 건넌 다음에는 그 뗏목을 과감히 버려야지, 뗏목까지 짊어지고 갈 수는 없다. 방편이 되는 문학 지식은 다음 단계의 지식을 배우기 위한 수단일 뿐이며, 더 높은 수준의 지식을 배우고 난 다음에는 과감히 버려야 한다.

방편은 발판, 도움판, 구름판, 길잡이, 보조 수단 같은 뜻이 있다. 참된 지식이나 진리로 나아가기 위한 징검다리, 디딤돌 같은 구실을 한다. 쉬운 시점-서술 이론을 먼저 공부하고 나서 이것을 발판 삼아 더 나은, 더 훌륭한 지식을 탐구해 나가도록 한다. 처음부터, 시작 단계부터 너무 어려운 문학 지식을 완전히 배우고 익히기를 바라는 것은 체력에 맞지 않는 운동을 시키는 격이고, 몸에 맞지 않은 옷을 입히는 격이다. 배우는 이의 수준이나 늘품에 맞게 다듬은 이론을 방편으로 삼아 다른 복잡하고 높은 수준의 이론도 배우게 이끌어 주어야 한다. 이렇게 지금 내가 배우고 있는 지식이 가장 마지막의 완벽한 진리가 아닌 방편임을 깨달을 때, 지금의 배움에 안주하거나 만족하여 머무르지 않고 꾸준히 더 나은 진리를 위해 나아가게 된다.

소설이나 서사를 연구한 이들이 내놓은 시점-서술 이론은 그것을 연구한 이들의 학문 수준에 이르지 못하는 이들한테는 이해하기 어려운 이론이다. 시점-서술에 관한 어려운 이론을 이해하려면 그만한 수준의 경험이나 탐구 과정을 거쳐야 한다. 그렇지 않은 이들에게 그 이론들을 그대로 보여주고 이해하라고 할 수는 없다. 먼저 배우는 이들이 이해할 수 있는 수준으로 손질하고 다듬어서 보여야 한다. 이런 방편을 써야 배우는 이들은 시점과 서술에 관한 이론을 조금씩 이해하기 시작하게 되고 나중에는 어려운 이론도 이해할 수 있게 된다.

그동안 많은 문제점이 있었는데도 굳이 브룩스와 워렌의 4가지 시점 유형을 문학 교실에서 다루어 왔던 것은 어렵고 복잡한 시점-서술의 이론보다, 이 이론이 학생들이 이해하는데 그래도 가장 무난했기 때문일 것이다. 그러나 이것을 꼭 잘못되었다고만 할 수 없다. 브룩스와 워렌의 이론을 방편이나 오류로 활용한다고 생각하고, 그 관점을 바꾸면 된다. 1인칭 주인공 시점, 1인칭 관찰자 시점, 작가 관찰자 시점, 전지적 작가 시점, 이 4가지 갈래로만 모든 소설 작품의 시점과 서술을 설명할 수는 없지만, 시점-서술에 대한 복잡하고 수준 높은 유형을 지금 우리가 배우기에는 너무 어려우니, 일단 이런 틀을 바탕으로 공부하고 나중에 더 깊이 탐구해 볼 수 있다고 안내해 주면 된다.

(2) 시점-서술의 이론이 어떻게 달라져 왔는가 살피기

배우는 이들이 시점-서술 이론에 대해 어느 정도 밑바탕이 되는 지식수준을 갖추게 되면, 여러 이론을 살피게 하는 방법이 있다. 앞에서도 말했듯이 시점-서술 유형은 이렇게 되어 있다고 정해 놓고, 배우는 이들이 그 이론을 따르거나 받아들이도록 하는 것은 사실이나 정보를 알려주는 일이지 교육과는 거리가 멀다. 여러 이론 가운데 가장 믿음이 가거나 권위가 있는 이론을 하나 정해서 그것을 교과서에 싣고 아이들이 배우게 하는 것이 바람직하다고 생각하는 이가 있을 수 있다. 그러나 시점-서술에 대한 완벽한 이론이란 있을 수 없다. 그리고 **세상에 있는 지식은 늘 달라지고 고쳐진다.** 한때 진리처럼 여겨 왔던 지식도 나중에는 오류가 드러나 다른 지식으로 바뀔 때가 많다. 브룩스와 워렌의 4가지 시점 유형의 문제점이 드러났고, 거기에 대한 대안으로 나온 시점-서술 이론들도 오류가 없는지 검증받아야 한다.

여러 시점-서술 이론을 소개하면, 배우는 이는 여러 이론을 견주어 보게 된다. 그러면서 시점-서술 이론이 어떻게 달라져 왔고 시점-서술의 유형에 대해 연구자마다 생각이 다르다는 것을 알게 된다. 더 나아가 지식이란 고정불변의 절대적인 것이 아니라, 때로는 불완전하기도 하고, 오류가 있을 수도 있음을 알게 된다. 여기서 배우는 이의 인식론의 신념이 성숙한 수준으로 발달할 수 있다.

시점-서술 이론을 교육할 때도, 시점-서술 이론이 어떻게 변해 왔고, 오늘날 어떤 이론들이 겨루고 있는지를 소개하면, 배우는 이는 인식론의 신념 수준이 성장하게 되어 바람직한 지식관을 갖출 수 있게 된다. 브룩스와 워렌이 정리한 4가지 시점 유형이 가진 문제점을 지적하면서 새로운 이론들이 나타났다. 이것이 시점 이론의 거듭남의 역사이다. 그리고 반대 가설이나 이론, 쟁점들이 오늘날에도 꾸준히 이어지고 있다.

이런 것들을 생생하게 보여줄 때, 배우는 이는 지식의 변천과 발전 과정을 들여다볼 수 있게 된다.

따라서 그동안 시점-서술의 유형을 한 가지로만 정해서 가르치고 배워왔던 문학 교실의 관행은 다시 되돌아볼 필요가 있다. 이론가들은 시점-서술 이론을 끊임없이 고쳤고 새롭게 다듬어 왔다. 이렇게 고치고 다듬는 일을 지금도 하고 있다. 더 나은 대안이 나올 수도 있다. 여러 이론을 살펴보게 해야 나중에 어느 이론이 더 나은지 학생들이 비판, 평가하면서 지식을 구성하는 데까지 참여한다.

여러 이론을 살피면 이론들의 장단점이 보이게 된다. 예컨대, 최병우가 해 본 시점-서술 분류는 아주 자세하여 많은 작품을 이런 분류 틀로 분석할 수 있다는 장점을 지닌다. 하지만 작품외적 서술자에도, 작품내적 서술자에도 '내적 초점화'와 '외적 초점화'라는 같은 말을 썼고, 작품외적 서술자의 외적 초점화 아래의 관찰자적 서술자와 작품내적 서술자의 외적 초점화 아래의 관찰적 서술자란 말은 비슷하여 헷갈릴 수도 있겠다는 생각이 든다. 그리고 서술자의 유형이 많아지다 보니 너무 복잡하다는 생각도 든다.

또 박기범의 이론은 브룩스와 워렌의 4가지 시점 유형이 흠이 있기 때문에, 인칭, 시점, 서술의 세 축에 따라 서술 상황을 분류했다는 점에서 눈길이 간다. 하지만 '목격자 시점-서술'이란 말이 삼인칭 서술 상황의 화자 시점-서술에도 나오고 일인칭의 서술 상황에 나와 헷갈릴 수 있어, 이름을 달리 하는 것이 좋을 듯싶다. 그리고 요즘 소설에서 새롭게 시도하고 있는 이인칭 서술 상황이나 다인칭 교차 서술 상황 같은 것은 다루고 있지 않은 흠도 있다.

그리고 김성렬의 새로운 유형 분류는 오늘날 소설이 여러 가지 서술 방식의 모습을 띠고 있으며 작가들이 새로운 소설 짓기 방식을 늘 도전하고 있음을 시점 이론이 담아내야 함을 일깨워 준다. 하지만 김성렬의 이론은 아직 낯설기 때문에 검증을 거쳐야 하는 이론이다. 그리고 이인칭 서사나 다인칭 교차 서사는 그에 해당하는 작품들을 읽고 감상해보지 않고는 이해하기 힘든 서사 방식이다. 또한 이런 소설 작품이 많은 것도 아니고 더욱이 문학 교실에서 학생들이 이런 작품들을 만나는 경우는 드물다.

이처럼 여러 이론을 살피다 보면 이론마다 어떤 장단점이 있는지 드러나게 된다. 이러면서 교과의 문학 지식도 또는 권위 있는 학자나 전문가가 마련한 문학 지식도 따져보지 않고 받아들여 정답처럼 확실한 진리로 여길 것이 아니라, 다시 살피고 따져볼 필요가 있다는 것을 경험하게 된다. 이런 과정에서 인식론의 신념은 성숙한다.

(3) 스스로 탐구하면서 깊이 있게 이해하기

시점-서술의 갈래는 이런 것들이 있고, 이렇게 분류할 수 있다고 어떤 명제처럼, 법칙처럼 일러주면, 말로 드러낸 지식이나 이론을 단순히 모방하는 것에 그칠 수 있다. 내가 스스로 따져보고 곱씹어보고 파고들지 않고 남이 정리해 놓은 이론을 받아들이기만 한다면, 그것은 지식을 온전히 내 것으로 만드는 것이라 할 수 없다.

'시점-서술의 유형은 이런 것이다'고 학생들이 그것을 무조건 내면화하라고 요구하는 것은 참다운 탐구나 반성적 사고의 기회를 가로막는다. '시점-서술의 유형이나 분류 틀은 이렇다'고 정해서 알려주고 이대로 외우라고 한다면, 여기에는 배우는 이가 제대로 깊이 이해하는 증득의 체험이 들어설 틈이 없다.

키에르케고르(S. Kierkegaard)는 주관적으로 생각하는 이는 그의 생각이 주체 자신에게 속하게 하는, 안에 있음(inwardness)과 소유(possession)에 대한 반성을 불러일으킨다고 하였는데,[56] 이는 주체의 바깥에 있는 지식은 주체와는 상관없는 것이고, 자신의 것이 되어 주체와 한 몸과 같이 되는 것이 참 지식이 된다는 말이다. 또한 그는 객관적으로 불확실한 것이라도 이를 점유(占有, appropriation)하는 과정에서 내면의 최고의 열정을 간직한 채 임한다면 곧 진리가 된다고 하였다.[57] 진리에 대한 열정 속에서 주체가 되어 점유하려고 힘을 써야 주체적 지식이 된다고 본 것이다. 지식이 담고 있는 내용보다 주체가 그것을 어떻게 받아들이는가를 더 중요하게 여겼다. 이렇듯 **남이 정해 놓은 지식이라도 그것을 내 것으로 만들지 않으면, 내 지식이 아니라 남의 지식이다.** 폴라니(M. Polanyi)는 지적 만족이라는 본성을 받아들일 때 그것이 나에게 객관적 지식이 된다고 하였고,[58] 이론도 그것을 적용해 보고 연습해 봄으로써 배울 수 있다고 하였다.[59] 내가 참여하고, 검증하고, 평가하고, 구성하고, 책임지는 과정을 거쳐야 한다. 이런 앎의 기예(art of knowing)를 갖추는 일이 중요하다.[60]

키에르케고르가 말한 '주체가 점유한 지식'이나 폴라니가 말한 '인격적 지식'은 모두 지식의 증득이 중요함을 일러준다. 내가 주체가 되어 스스로 판단해 보고 그것이 믿을 만한지 열정을 가지고 탐구해 보는 과정에서 참된 지식을 얻게 된다. 이런 과정 없이 말이나 글로 정리해 놓은 내용을 올바른 지식으로 받아들이기만 해서는 나에게 의미 있는 지식이 되지 못한다. 스스로 따져보지 않은 지식은 나중에는 잊히고 만다. 훌륭한 학자들이 일구어 온 지식이니까 묻지도 다시 살피지도 말고 정

---

56 Kierkegaard, S. A.(1941), *Concluding Unscientific Postscript to the Philosophical Fragments*, D. Swenson & W. Lowrie(Trans.), Princeton: Princeton University Press, pp. 67-68.

57 Kierkegaard, S. A.(1941), *Concluding Unscientific Postscript to the Philosophical Fragments*, ibid., p. 182.

58 Polanyi, M.(1958), *Personal Knowledge*, op. cit., p. 4.

59 Polanyi, M.(1966), *The Tacit Dimension*, Chicago: The University of Chicago Press, p. 17.

60 Polanyi, M.(1958), *Personal Knowledge*, op. cit., pp. 49-65.

답으로 여기라고 하는 것은 값지고 뜻깊은 진리 탐구의 체험을 억누르고 빼앗는 일이다. **문학 지식 교육의 방향은 해답 되살리기가 아니라 그 해답을 얻고자 했던 이들이 거쳤던 탐구 과정을 되살리는 쪽으로 가야 한다.**

학자들이 아주 오랫동안 연구하여 겨우 알아낸 지식이나 이론을 아이들이 짧은 시간에 이해하는 일은 쉽지 않다. 학자들이 알아낸 것들을 아이들이 따져보고 깊이 공부해 보고 풀이해 보지 않고, 그저 받아들이기만 하는 것은 올바른 배움이라 할 수 없다.[61] 흔히 교과서에 보이는 문학 지식은 가장 올바르고 가장 훌륭하고 가장 요즘의 것이라고 생각하는 것이다. 그렇기에 가르치는 이나 배우는 이는 교과서에 나온 문학 지식을 "정답"으로 여기게 된다. 이럴 때 교과서 안의 지식을 달달 외우는 앵무새 놀음이나 하고 만다.[62] 학자들은 많이 공부하고 깊이 파고들어 하나의 지식이나 이론을 만들고 세운다. 그런데 아이들은 학자들이 걸었던 길을 가지 않고, 학자들이 마련해 놓은 지식을 받아들이기에 바쁘다. 어떻게 보면, 올바른 학문의 길과는 아주 딴 길을 가는 셈이다. 학자들은 자신들이 만들어 놓은 지식을 아이들이 잘 받아들이는 것을 기뻐할 게 아니라, 아이들도 자신들이 걸었던 참다운 배움의 길을 가는 것을 기뻐해야 할 것이다. '이것이 맞는가?, 틀린다면 왜 그런가?, 이렇게 정리하면 무엇이 흠인가?, 조금 더 더하고 보탤 것은 없는가?', 이렇게 깊이 탐구해 보는 길을 가게 해야 한다. 그것은 교육뿐만 아니라 학문의 발전을 위해서도 좋은 일이다.

---

61 장상호(2020), 앞의 책, 709쪽.

62 엄태동은 이런 배움을 '혀 설(舌)'자를 써서 '학설(學舌)'이라 일렀다. 학설은 앵무새가 사람의 말을 따라 하는 것처럼, 그것이 무슨 뜻인지도 모르면서 사람들이 손뼉을 쳐주니까 흉내 내고 읊조리는 것이다. 엄태동(2016), 『하이데거와 교육 – 인간다움과 교육적 삶 – 』, 교육과학사, 91쪽; 엄태동(2018), 『거장들의 만남과 헤어짐; 학문과 예술의 교육적 진보』, 한국문화사, 33쪽; 엄태동(2019), 「논어 '학이시습지' 장(章)에 대한 교육학적 오독(誤讀)」, 『교육원리연구』 24(2), 한국교육원리학회, 87쪽.

시점-서술 이론에 대해 이해하고, 여러 이론을 살펴본 다음에는 이제 그 이론들의 장단점을 탐구해 본 다음, 평가하게 하여 어떤 이론이 가장 옳은 이론인지 가려보게 할 수 있다. 예컨대 어떤 이는 최병우의 이론이 다소 복잡하고 또 '내적 초점화'와 '외적 초점화'라는 말을 여러 군데서 쓰기는 했지만, 쓸모 있는 이론으로 판정할 수도 있다. 작품 외적 서술자일지라도 내적 초점화(인물초점)로 쓸 수 있고 외적 초점화(관찰초점)로 쓸 수도 있다고 생각할 수 있다. 서술 목소리와 시점서술은 다른 범주로 보아야 한다는 것이 학계가 일반적으로 받아들이고 있고, 오늘날 중등 교과서에도 받아들이고 있다. 또한 시점-서술은 하나의 작품 안에서 달라지지 않는 것이 아니라, 여러 가지 시점-서술이 나타날 수 있다. 최병우의 오른쪽 항목들은 큰 범주 아래 활용되는 갖가지 시점-서술의 성격을 늘어놓은 것으로 보면, 최병우의 이론이 쓸모 있는 이론이 될 수 있다고 판단할 수 있다.

그러나 어떤 이는 최병우가 제안한 시점-서술 유형을 비판하고 받아들이지 않을 수 있다. 작품내적 서술자-내적 초점화-회상적 서술자-성인 서술자/유년 서술자 항목에서, 회상적 서술자는 대체로 성인 서술자가 어린 시절 경험을 추억하며 서술한다. 그러므로 유년 서술자란 말을 쓰는 것은 옳지 않을 수 있다. 여기서 최병우가 유년 서술자를 마련한 것은 아마 서술 이론에서 일반으로 말하는 경험자아(초점화자)일 수 있다. 곧 서술자와 초점자가 같지 않은 손꼽히는 서술 유형이다. 그런데 경험자아(어린 시절의 '나', 초점화자)를 성인 서술자와 같은 서술 자리에 있는 유년 서술자로 분리하는 것은 의미 혼란의 여지가 있다. 성인 서술자는 자신의 유년 자아의 목소리로 말하도록 해 주는 서술권위자이기 때문이다. 따라서 이런 분류는 논란거리가 될 수 있다.

이렇게 학생들이 새로운 시점-서술의 분류에 대해 논점을 점검, 검증, 비판하도록 해야 한다. 이것이 지식에 대한 증득, 점유, 체득이라 할 수 있으며 이런 과정에서 주체적 지식을 구성한다. 이 주체적 지식이 내 인격으로 스며들어 폴라니가 말한 인격적 지식이 된다.

시점-서술 이론에 대해 배우는 주체가 먼저 확실하게 증득해야, 협력 탐구하면서 어떤 이론이 더 나은지 판가름할 수 있다. 마땅한 근거를 바탕으로 토론해야 내 지식을 남에게 설득할 수 있다.

(4) 함께 탐구하면서 가장 옳은 시점-서술 이론 가려보기

마지막 단계는 자신이 가장 옳다고 생각하는 시점-서술 이론을 다른 사람과 토론하면서 가장 나은 이론을 가려보는 과정이다. 이 과정에 교육적 인식론의 원리를 적용한다. 시점-서술 이론에 대해 서로 따져보면서 가르침(설득)과 배움이라는 교육의 과정을 거치면서 좀 더 나은 이론을 찾아가는 것이다. 두 사람이 함께 따져보다가 몇몇 사람이 모둠을 이루어 같이 따져볼 수 있고 더 나아가 여러 사람이 같이 따져보면서 가장 나은 이론을 찾아볼 수 있다.

보기를 들어, 갑이라는 이는 여태까지 나온 여러 가지 시점-서술 이론 가운데, 그래도 '가'라는 이론이 가장 낫다고 을에게 설득했는데, 이를 을이 받아들였다고 하자. 또 을은 '나'라는 이론이 가장 옳게 보인다고 갑에게 설득했지만, 갑은 받아들이지 않았다고 해 보자. 이 경우에 갑과 을한테는 '가'라는 시점-서술의 유형이 가장 옳은 이론으로 자리 잡는다.

그런데 교육적 인식론의 원리로 가장 옳다고 판정된 시점-서술 이론도 잠정적인 진리로 여겨야 한다. 시점-서술에 대해 가장 나은 이론을 찾았다고 하더라도 그것은 어디까지나 한때 가장 나은 지식이다. 시점-서술이라는 주제에 대해 더 잘 밝힐 수 있는 이론이 또 나타날 수 있다는 자세를 가져야 한다. 함께 탐구하고 토론하면서 가장 나은 이론을 가렸어도 그 이론은 완벽한 절대 진리가 아니라는 것을 깨달을 때, 지식 탐구나 배움의 열정을 멈추지 않는다.

한편 반드시 어떤 시점-서술 이론을 가장 타당한 이론으로 정하지 않아도 된다. 보기를 들어 "'가' 이론은 이런 점이 장점이 있고, '나' 이론은 이런 점에서 뜻이 있고, '다' 이론은 이런 점에서 다른 이론들의 부족함을 메꾸어 줄 수 있다."는 식으로 서로 가르치고 배우는 교육의 과정을 거치면서 이론의 장단점을 찾아갈 수 있다. 그래서 여러 이론을 함께 살펴보면서 한 이론이 갖는 단점을 다른 이론의 장점을 가져와 채우는 식으로 새로운 시점-서술 이론을 함께 세울 수도 있다. 여기서 더 나아가 배우는 이들이 아주 새로운 시점-서술 이론을 만들어 낼 수도 있다.[63] 한용환처럼, 소설은 듣는 것이 아니고 읽는 것이기 때문에, 시점-서술 이론 자체가 그다지 큰 의미를 지니지 못한다는 결론에 이를 수도 있다.[64] 또한 이승준처럼 시점이나 서술 이론을 하나의 틀로 고정하지 않고 유연하게 좌표적 개념으로 다룰 수도 있다.[65] 탐구의 결과는 늘 열려 있다.

4. 마무리

소설의 시점-서술 이론이 문학 교실에서 다룰 수 있는지를 살펴보고, 어떻게 교육하면 좋을지 그 방향을 생각해 보았다. 시점-서술에 대

63 너무 앞서나간 생각이라 볼지 모르나, 그동안 문학 연구 쪽에서 마련한 이론을 문학 교실에서 받아들여 다루어 왔는데, 반대로 문학 교실에서 탐구한 이론이 문학 연구 쪽에 도움을 줄 수 있다. 김미혜는 지금까지 문학교육에서 지식 교육은 이미 배운 것을 되풀이하고 되살리는 것에 머물러 왔었다면, 앞으로는 이미 배운 것에서 새로운 것의 생산으로 나아가는 지식 생산의 교육이 되어야 한다고 하였다. 김미혜(2007), 「지식 구성적 놀이로서의 시 읽기 교육 연구」, 서울대학교 박사학위논문, 61쪽.

64 한용환(2000), 앞의 글, 463-464쪽.

65 이승준(2008), 앞의 글, 356쪽.

한 여러 가지 이론이 있고, 때로는 연구자마다 의견이 갈리기도 한다. 그런데 이처럼 여러 가지 지식이나 이론이 힘을 겨루고 있는 상황이 교육의 마당에서는 반가울 수 있다. 한 가지 이론을 최선의 정답으로 여기고 가르치는 방식은 오히려 오늘날의 지식관에도 맞지 않고, 교육의 본질을 살리기도 힘들다.

답이 정해진 것보다 답을 찾아가게 하는 것이 가르치고 배울 거리로 더 매력이 있다. 해답이라 정해진 문학 지식보다는 배움의 열정과 탐구의 열정을 불러일으키는 문학 지식이 교육의 마당에서는 더 좋은 밑감이 된다. 시점-서술 이론을 교과서에 공식이나 법칙처럼 보이는 것은 한낱 정보로 그칠 수가 있다. 교육의 주체가 여러 정보 가운데서 다시 살펴보고 따져보고 받아들일 만한 것인지 스스로 경험해 보게 해야 한다. 시점-서술에 대한 가장 좋은 이론을 한 가지로 정해 놓고 받아들이라고 강요하는 것은 배움의 열정을 북돋우기 힘들다. 배우는 이가 시점-서술에 대한 해석이나 설명의 틀을 갖추게 해야 한다. 그렇다고 할 때 여러 이론을 견주고 따져볼 수 있다는 점에서 시점-서술 이론은 문학 교실에서 살려 쓸 만한 문학 지식이다.

시점-서술 이론을 어떻게 교육하는 것이 좋을지 몇 가지를 보였다. 먼저 쉬운 이론으로 시작해서 차츰 수준을 높여가야 한다. 아무리 좋고 훌륭한 지식이라 해도 배우는 이의 눈높이에 맞지 않으면 교육의 가치를 살리기 힘들다. 그리고 배우는 이의 수준에 맞게 다듬은 이론은 더 높고 더 나은 지식을 배우기 위한 방편임을 안내해 주어야 한다. 내가 배우고 있는 지식을 방편으로 여길 때, 더 나은 진리를 찾기 위해 꾸준히 힘을 쓰게 된다. 다음으로 한 가지 이론을 최선의 지식으로 보여줄 것이 아니라 시점-서술 이론이 어떻게 변천, 발전해 왔는지를 보여주어야 한다. 여러 이론을 살펴보면서 지식이란 늘 달라지고 고쳐질 수 있음을 알게 하여 지식에 대한 바람직한 생각을 갖추게 해야 한다. 그래서 시점-서술 이론을 배우는 이 스스로 주체가 되어 따져보게 해야 한다. 곧 지식을 지득하는 것이 아니라 증득하는 체험을 하게 해야 한다. 남이 옳다고 한 것도 내가 그렇게 받아들이지 않으면 내 지식이 되지 않는다. 시점-서술 이론은 그동안 많이 받아들여 왔던 이론을 비판하면서 발전되어 왔다. 그러니 여러 이론이 어떤 점에서 낫고 모자란 지 스스로 따져보면서 지식을 스스로 구성해 보는 길을 가게 해야 한다. 마지막으로 다른 이들과 함께 따져보면서 더 나은 시점-서술 이론이 무엇일지 찾아보게 해야 한다. 지식은 늘 달라질 수밖에 없으나, 그 가운데서도 그나마 가장 낫다고 생각하는 지식을 찾아가야 한다. 여기에는 서로 가르쳐주고 배우면서 지식의 높낮이를 가려보는 활동을 해 볼 수 있다. 곧 교육적 인식론을 적용하여 좀 더 나은 지식을 찾아가는 것이다. 시점-서술에 대한 여러 이론을 협력 탐구로 서로 따져보면서 가장 나은 이론이라고 생각한 사람의 설득을 받아들인다면 그 이론이 잠정적으로 가장 나은 이론으로 자리 잡는다. 이때 중요한 것은 가장 낫다고 생각한 이론도 언제든지 더 나은 이론이 나타나면 바뀔 수 있다는 것이다. 다음 말을 들어 보자.

> 모든 이론은 부분적이고 잠정적이며 가설적인 구성으로, 최신 이론의 운명도 백 년 혹은 천년 후에는 현재의 천동설과 크게 다르지 않을지 모른다. 그렇지만 현재로서는 최상의 구성으로, 인간의 여러 필요를 충족시킬 수 있는 최상의 도구다.[66]

우리가 배우는 지식은 언제든지 나중에 잘못된 지식으로 판가름 날 수 있다. 우리는 지금으로서는 가장 낫다고 생각하는 지식을 찾아 나선

66 조용기(2017), 「비구성과 잘못된 구성」, 한국교육철학회 편, 『교육과 지식』, 학지사, 309쪽.

다. 시점-서술에 대해 가장 나은 이론을 찾았다고 하더라도 그것은 어디까지나 한때 가장 나은 지식이다. 시점-서술이라는 주제에 대해 더 잘 밝힐 수 있는 이론이 또 나타날 수 있다. 내가 점유한 지식이 완벽한 절대 진리가 아니라는 것을 깨달을 때, 지식 탐구나 배움의 열정을 멈추지 않는다. 이렇게 끊임없이 더 나은 지식을 찾아가고 구성해 가는 것이 지식 교육의 본질이다. 소설의 시점-서술 교육뿐만 아니라, 다른 문학 지식 교육도 이런 방향으로 나아가야 한다.

10

우리 옛 소설의 첫 작품*

---

* 이 글은 글쓴이의 박사학위논문 「문학 지식 교육에서 교육적 인식론에 기반한 협력 탐구의 적용」의 3장 1절 '고소설의 기원 교육'을 손질한 글이다.

우리 옛 소설의 첫 작품이 김시습이 지은 『금오신화』 속에 나오는 다섯 편의 이야기인지, 아니면 그 앞선 때 신라 말부터 고려 초에 이름 모를 이가 지은 여러 전기문학 작품인지, 논란이 많다. 여러 전기문학 작품 가운데서도 어떤 작품은 소설로 보기도 하고 어떤 작품은 전설에서 소설로 가는 단계, 또는 소설까지는 나아가지 못하고 전설에 머문 단계로 보기도 한다. 같은 작품을 두고도 어떤 이는 소설이 갖추어야 할 조건을 갖추었다고 보고 있고 어떤 이는 소설까지는 나아가지 못했다고 보고 있다.

이렇게 논란이 많은 '우리 옛 소설의 첫 작품은 어떤 작품인가?'라는 문학사 쪽의 주제를 문학 교실에서 다룬다면 어떻게 가르치고 배우면 좋을지 생각해 보았다. 권위 있는 전문가나 학자의 의견을 가장 옳은 의견 인양 보여주고 가르치는 것은 바람직한 문학사 교육이나 문학 지식 교육이 될 수 없다. 여러 견해가 있고 아직도 논란 중이며 꾸준히 탐구해 나가야 할 주제임을 알려 주어야 한다. 그리고 학생들의 수준이나 실력에 맞게 다듬고 손질하여 문학 교실에서 함께 탐구해 볼 수 있다. 때로는 조사하고 탐구할 수 있는 충분한 시간을 주어 깊이 공부하게 한 다음 서로의 의견과 생각을 나누면서 가장 좋은, 가장 나은 견해나 이론을 고르고 가려보게 할 수 있다. 한편 가장 나은 주장이나 견해를 정하지 않고 여러 탐구 결론을 열어 둘 수도 있다.

1. 들머리

옛 소설의 첫 작품은 어떤 작품인가에 대한 논쟁은 끊임없이 있어 왔고 아직도 속 시원한 해답을 얻지 못하고 있어 갈등 가운데 있는 문학 지식이다. 오늘날 중등 문학 교실에서는 조동일이 수상한 『금오신화(金

鰲新話)』가 최초의 소설이라는 이론을 많이 따르고 있지만,[1] 이미 학계에서는 이런 조동일의 주장에 물음을 던진 연구들이 많이 쏟아져 나왔다. 오히려 『금오신화』가 아닌, 신라 말, 고려 초에 지은 전기(傳奇) 문학들이 소설의 성격과 모습을 지니고 있어 고소설의 기원에 대한 이론을 다시 세워야 한다는 의견들이 많이 나왔다. 이렇게 고소설의 기원에 대한 이해와 탐구가 거듭되면서 이 문제를 해결하기 위해 소설이라는 문학 갈래가 갖는 성격이 무엇인지, 설화와 소설 또는 전기와 소설은 어떻게 다른지, 어떤 작품부터 소설로 봐야 하는지, 끊임없는 이론 논쟁이 이어지고 있다. 그래서 서사 문학 아래의 여러 갈래들이 어떤 관계에 있고 어떤 발달 과정을 거쳤는지 연구해서 바른 이론 틀을 세워야 한다는 주장이 일고 있다.

이렇게 옛 소설의 첫 작품에 대한 논쟁은 여러 주장이 겨루고 있는 문학 지식이기 때문에, 문학 교실에서 배우는 이들이 여러 이론을 탐구해 보고 검증하고 평가하는 활동을 해 볼 수 있는 문학 지식 교육의 좋은 밑감이 될 수 있다. 정답이 정해져 있는 것보다 갈등과 논쟁 중인 문학 지식은 함께 탐구해 보기에 알맞은 문학 지식이 된다.[2] 먼저 옛 소설의 첫 작품에 대한 여러 이론을 살펴보고 이런 이론들을 바탕으로 고소설 기원 교육은 어떤 방향으로 나아가는 것이 좋을지 살펴보고자

---

1 주재우(2022),「문학사 교육에서 '지식의 구조'와 그 교육 방안 – 초기 소설사 논쟁을 중심으로 – 」,『문학교육학』 75, 한국문학교육학회, 123쪽.

2 폴라니(M. Polanyi)는 잠정적 견해는 과학자를 개인적으로 몰입하게 한다고 하였다. 우리에게 의심을 일으키지 않는 문제는 전혀 아무런 문젯거리가 될 수 없으며, 거기에 물음을 던지게 하는 어떠한 요인도 없다면 탐구 문제는 없을 것이다. 우리에게 이처럼 박차를 가하고 우리를 몰입으로 이끌어가는 것을 탐구 문제로 삼아야 한다. Polanyi, M.(1966), *The Tacit Dimension*, Chicago: The University of Chicago Press, pp. 75-76. (탐구의) 내용은 (미리) 규정되거나 결정될 수 없는 것으로 당사자의 것이다. 비유를 들어 말하면, 항해도가 작성되어 있지 않아서 어디로 가게 될지를 미리 확정하기 어려운 사고의 큰 바다를 건너가는 일이다. Polanyi, M. & Prosch, H.(1975), *Meaning*, Chicago: The University of Chicago Press, p. 193.

한다. 옛 소설의 기원에 관한 글이나 책이 많으나 이런 논의들을 일일이 다 초들 수는 없고 대표되는 연구만 추려 살펴보겠다.

2. 우리 옛 소설의 첫 작품은?

(1) 『금오신화(金鰲新話)』를 첫 작품으로 보는 생각

김시습(金時習, 1435~1493)이 지은 『금오신화(金鰲新話)』는 명나라 때 구우(瞿佑, 1347~1433)가 지은 『전등신화(剪燈新話)』의 영향을 많이 받은 것으로 알려져 있다. 『전등신화』는 당나라 때 전기의 전통을 이은 작품이기 때문에 『금오신화』도 전기문학의 성격을 띨 수밖에 없다. 그래서 『금오신화』 같은 소설을 '전기소설'이라 이르기도 하는데, 당나라 때의 '전기'의 성격을 띠고 '전기적 요소'가 두드러지는 한문소설이기 때문이다.

조동일은 김시습의 『금오신화』가 최초의 소설임을 논증하기 위해 먼저 김시습의 사상을 소설의 성립 배경과 관련하여 고찰하였다. 조동일에 따르면 소설은 자아와 세계의 상호 우위에 입각한 대결이다. 자아로서는 세계의 질서를 거부하고 세계로서는 자아의 요구를 거부할 때 소설이 나타난다. 조선을 세운 권력층에 맞선 이단적 불평지식인들은 권력층의 지배이념을 거부하고 자아와 세계는 서로 용납할 수 없는 관계에 있다는 의식을 가지고 있었다. 김시습은 이런 시대의 기인(奇人)이었다. 그는 타협을 거부하고 독선적이어서 자아를 굽혀 세계가 요구하는 대로 따르려 하지 않았다. 그래서 자아와 세계가 서로 용납할 수 없는 관계인 신세모순(身世矛盾)의 처지를 자처했다. 김시습은 중세 질서에 부딪쳐 이를 거부하고 자아의식을 최초로 심각하게 느낀 선구자였다. 이렇게 사회적 모순을 드러낸 것 이상으로 이념에 대한 적극적인 비판을 했으므로 자아와 세계의 서로 용납할 수 없는 관계는 심각하게 되었고, 시조(時調)나 가사(歌辭)를 지어 세상의 어지러움을 개탄하고 자기의 결백을 다짐하는 방향으로 나아가지 않고, 소설이라는 새로운 갈래(장르)를 선택했다.[3]

김시습의 일원론적(一元論的) 주기론(主氣論)은 소설을 성립하게 만든 사상이다. 김시습은 이(理)는 기(氣)에 앞서 있는 것이 아니고 기(氣)의 대립적 운동 자체의 원리일 뿐이라고 하였다. 곧 그는 당시 주리론(主理論)이라는 중세 이념의 근거를 비판하였다. 경험적으로 인식하고 지배할 수 있는 기(氣)가 일차적인 것이며, 이(理)는 기(氣)를 떠나서 따로 설정될 수 있는 것이 아니라 기(氣)의 이치일 뿐이라고 함으로써, 천리(天理)에서 인륜(人倫)에 이르기까지 일관된 질서를 가지고 도전을 불허하고 있는 중세적인 이(理)의 세계에 근본적인 타격을 가했다. 천지만물의 예정된 조화를 전제로 하는 목적론적인 세계관을 부정하고 자아와 세계의 대결을 해소할 수 있는 당위를 거부했다. 김시습의 일원론적 주기론은 그가 세상에서 제외되어 신세모순 속에서 일생을 보내면서 자기를 광승(狂僧)으로 만든 기존질서의 권위를 거부하며 자기의 정당함을 입증하기 위한 철학적 노력에서 이루어진 것이다. 이로써 자아가 세계와 대결할 수 있는 논리를 마련하였다.[4]

김시습의 소설은 그가 전개한 철학적 투쟁의 문학적 표현이라 할 수 있다. 세계에서 따돌려진 고독한 예외자가 세계의 질서를 받아들이지 않고 자기대로의 의지를 관철하려고 세계와 대결하는 것이 바로 『금오신화』에 실린 소설의 성격이다. 자아가 관철하려는 것은 「만복사저포기

---

3 조동일(1977), 『한국소설의 이론』, 지식산업사, 198-208쪽.

4 조동일(1977), 위의 책, 208-215쪽.

(萬福寺樗蒲記)」나 「이생규장전(李生窺墻傳)」에서처럼 애정일 수도 있고, 「남염부주지(南炎浮洲志)」나 「용궁부연록(龍宮赴宴錄)」에서처럼 지적인 능력과 포부일 수도 있는데, 어느 경우에나 자아는 뜻하는 바를 쉽사리 관철하지 못하고 악전고투를 겪는다. 결국 자아는 세계의 장벽을 무너뜨리지 못하고 패배하나, 그렇다고 해서 자아의 의지가 부정되기보다 패배를 통해 긍정되는 역설을 보여준다. 이야기 끝에서 주인공이 자취를 감추었다는 것은 세계와 타협을 거부하는 의지를 재확인하는 비장한 결말이다.[5]

조동일은 『금오신화』의 「만복사저포기」, 「이생규장전」, 「취유부벽정기(醉遊浮碧亭記)」는 산 남자가 죽은 여자와 정을 나눈 이야기이기 때문에 '명혼소설(冥婚小說)'로 일렀다. 명혼소설이 전설이 아니고 소설인 까닭을 밝히기 위해 '명혼전설(冥婚傳說)'과 명혼소설이 다른 점을 밝혔다. 조동일에 따르면, 명혼전설은 작품외적 세계를 증거물로 이용하고 자아에 대한 세계의 우위에 입각하여 전개되지만, 명혼소설은 작품외적 세계의 개입에 의거하지 않고 세계의 일방적 우위를 거부하면서 전개된다. 「만복사저포기」에서 양생(梁生)을 고독하게 만든 형편이나, 「이생규장전」에서도 적에게 잡혀 죽은 최랑(崔娘)의 처지, 「취유부벽정기」에서 나라를 부당하게 빼앗긴 사정들은, 작품외적 세계의 개입으로 설정되거나, 작품외적 세계가 제공하는 증거물로 설득력을 가질 수 있는 것은 아니다. 작품 내에서 설정되어 자아와 대결로 문제화되는 세계의 모순이며, 세계와 대결로 문제화되는 자아의 모순이다. 「이생규장전」에는 홍건적의 난이 나오고, 「취유부벽정기」에는 기자(箕子)가 세운 나라의 흥망이 나온다. 그러나 「이생규장전」이나 「취유부벽정기」의 진실성은 자아와 세계의 절실한 대결이 갖는 의미에서 보장되고, 홍건적의 난이

5 조동일(1977), 위의 책, 215쪽.

나 기자가 세운 나라 대신에 몽고란이나 단군이 세운 나라라 해도 차이는 없다. 명혼소설에서는 자아와 세계의 대결은 세계를 자기대로 개조해 세계와 화합을 이루려는 자아의 간절한 소망에서 생기고, 세계가 이 터무니없는 소망을 용납하지 않아 심각한 양상을 띤다. 여자와 맺는 관계가 양생이나 이생으로서는 우연이 아니고 자기의 고독에서 벗어나기 위해서 반드시 요청되는 것이다. 여자와 관계는 명혼전설의 경우처럼 누구에게나 똑같이 인식될 수 있는 결과를 남겨 그 기이함이 더욱 강조되는 것이 아니고, 오히려 남에게는 공개될 수 없는 것으로 되어 자아가 자기대로 고독하게 지닌 소망이야말로 남이 알아줄 수 없는 진실성임을 강조한다.[6]

명혼전설에서는 죽은 여자가 산 사람처럼 행동해 도저히 합리적으로 인식할 수 없는 세계의 경이를 보여주어 자아의 좌절을 강요한다. 그러나 명혼소설에서는 죽은 여자와 나누는 사랑이 세계의 경이를 나타내지 않고 자아와 세계의 상호우위에 의한 대결을 나타낸다. 죽은 여자와 나누는 사랑은 자아의 간절한 내적 요구로 이루어진 것이므로, 소설에서 자아는 죽은 여자가 나타난다 해도 당황하지 않고 의심보다 반가움이 앞서 죽은 여자이든 산 여자이든 가리지 않고 진실하고 뜨거운 사랑을 한다. 나타난 여자는 자아가 고독에서 벗어나 세계와 자기대로 화합할 수 있는 가능성을 말하고, 나타난 여자와 사랑은 그 가능성이 실현된 것을 말한다. 김시습이 부딪친 자아와 세계의 대결은 뜻하지 않은 여귀(女鬼)의 출현을 필요로 한 것이 아니고 죽은 여자와 뜨거운 사랑이라는 역설이 필요했던 것이다. 열렬한 사랑은, 자아는 세계와 벌이는 대결을 자기대로 해결하고자 하는 강렬한 의지가 있다는 것을 표현하면서 사랑의 대상이 죽은 여자라는 사실은, 세계는 이 의지를 용납하지 않을

6 조동일(1977), 위의 책, 224-227쪽.

만큼 완강하다는 것을 표현한다. 산 여자를 사랑하지 않고 죽은 여자를 사랑하는 것은 세계와 화합하고자 하는 의지가 그만큼 처절한 지경에 이르렀음을 나타내며, 결국 화합될 수 없다는 사실이 반드시 이별해야 한다는 것으로 나타나 자아는 견딜 수 없는 충격을 받는다. 그러나 자아는 자기대로 세계를 거부하는 행동을 취함으로써 다시 세계와 맞선다. 자아는 패배를 겪으나, 이 패배는 단순한 좌절을 의미하지 않고 세계와 처절한 투쟁을 겪으면서 이루어지는 비장한 패배이다. 명혼소설 결말의 비장은 자아가 세계를 전체적으로 거부함으로써 좌절에 머물지 않으려는 각오를 나타낸다.[7]

한편 조동일은 「남염부주지」나 「용궁부연록」은 작품의 대부분이 꿈속의 일로 되어 있어 '몽유소설(夢遊小說)'이라 이를 수 있다고 보았다. 그러면서 몽유소설이 '몽유전설(夢遊傳說)'과 어떻게 다른지 밝히면서 「남염부주지」, 「용궁부연록」이 왜 전설이 아니고 소설인지를 밝혔다. 조동일에 따르면, 몽유전설에서는 경이로운 작품외적 세계가 증거물로 작품에 개입하지만 몽유소설에서는 이미 이루어져 있는 작품외적 세계에 의거하지 않고 꿈이 이루어지며, 꿈의 증거가 남는다 해도 그것은 혼자만의 증거이다. 그 예로 「용궁부연록」의 한생(韓生)은 용궁에서 받은 야광주(夜光珠)와 빙초(氷綃)를 남에게 보이지 않고 혼자만 간직한다. 소설에서 몽유는 기이한 경험의 합리성을 묻는 것이 아니고, 고독한 자아가 자기대로 세계를 개조하려는 투쟁이다. 「남염부주지」의 박생(朴生)은 남염부주(南炎浮州), 곧 저승에 갔으면서도 저승이라는 별세계의 기이한 광경을 관심의 대상으로 삼아 위압되지 않으며, 저승을 다스리는 염왕(閻王)과 맞서 자기의 주장을 펴고 염왕과 사상의 일치를 본다. 「용궁부연록」의 한생은 용궁의 화려한 모습에 놀라 위축되는 대신에, 자기

7 조동일(1977), 위의 책, 228-231쪽.

의 재능을 마음껏 발휘해 용궁에 있는 무리들을 놀라게 한다. 박생과 한생은 깨어있을 때 이루지 못하던 자아와 세계의 화합을 꿈속의 저승이나 용궁에서 이룬다. 박생과 한생은 뜻하지 않게 별세계에 갔으면서도 별세계를 자기를 위한 것으로 만들었다. 자아의 주체성과 능력이 세계의 일방적인 우위를 거부하고 자아와 세계의 상호우위에 입각한 대결을 가능하게 했으며, 그 결과 이루어진 화합은 김시습이 전 생애를 통해서 세계의 횡포에 맞서 추구하던 진실성이다.[8]

이렇듯 조동일은 김시습이 살았던 시대가 사회와 이념의 모순이 드러나면서 자아와 세계가 대결하는 양상을 그린 소설이 나타날 수 있는 시대라고 보았다. 그리고 김시습은 그때의 지배이념인 주리론을 거부하고 일원론적 주기론을 따라 소설 작품을 지을 수 있는 사상을 갖추었다고 하였다. 『금오신화』의 5편 가운데 처음 2편인 「만복사저포기」, 「이생규장전」을 명혼소설로, 마지막 2편인 「남염부주지」와 「용궁부연록」을 몽유소설로 그리고 중간의 것인 「취유부벽정기」는 명혼소설과 몽유소설의 2가지 성격을 모두 지닌다고 보았다. 그러면서 명혼소설은 명혼전설을 개조한 것으로 명혼전설에서는 죽은 여자와 나누는 사랑이 세계의 경이로 드러나지만, 명혼소설에서는 죽은 여자와 나누는 사랑이 자아는 세계와 화합하고자 하나 세계는 자아의 바람을 받아들이지 않는다는, 비극의 대결을 나타내는 역설이 나타난다고 하였다. 몽유소설은 몽유전설을 바탕으로 소설로 나아간 것인데, 꿈속에서 뜻을 이룬다는 몽유소설 또한 명혼소설처럼 세계와 화합을 원하지만 세계는 그런 자아의 요구를 들어주지 않아 대결을 보인다고 분석하였다. 이런 논의를 바탕으로 조동일은 『금오신화』가 고소설의 첫 작품이라고 하였다.

조동일은 다른 글에서도 한결같은 주장을 하였다. 조동일에 따르면,

8 조동일(1977), 위의 책, 234-237쪽.

‘작품으로 다듬어 수식하고 기록한 서사문학’을 소설로 보면서 문학사의 발전이 이루어졌다고 본다면, 여기에 드는 특정 작품의 가치를 높이는 데 유리할 것 같으나 그렇지는 않다. 소설을 ‘작품으로 다듬어 수식하고 기록한 서사문학’으로 보면, ‘자아와 세계가 상호우위에 입각해 대결하게 창작한 서사문학 작품’의 출현을 분별해서 말하기 어렵고, ‘그 가운데 현실 인식을 생동하게 나타낸 작품’을 서양에서 가져오는 것이 불가피했다고 하게 된다. 작품이 어느 갈래에 속해야 가치가 더 있다는 논법은 성립되지 않는다. 그러므로 ‘작품으로 다듬어 수식하고 기록한 서사문학’은 소설 이전의 문학이고, ‘자아와 세계가 상호우위에 입각해 대결하게 창작한 서사문학 작품’이 소설이라고 하면 지장이 생기지 않고 이득만 크다. 자아와 세계가 상호우위에 입각해 대결하는 소설이 중세에서 근대로의 이행기 문학으로 자라나 널리 읽혔다는 것은 중국·한국·일본 문학이 스스로 근대화되는 과정을 겪었다는 말이다. 그러므로 소설이 ‘그 가운데 현실 인식을 생동하게 나타낸 작품’이어야 할 역사적인 이유나 논리적인 필연성이 인정되지 않는다. ‘자아와 세계가 상호우위에 입각해 대결하게 창작한 서사문학 작품’으로 규정되는 소설은 중국에서 남송 시절인 12세기에, 한국에서는 조선 초기인 15세기에, 일본에서는 강호(江戶) 시대인 17세기에 생겨나 19세기에 이르기까지 꾸준한 발전을 보였다. 19세기 말 또는 20세기 초부터 서양소설의 영향을 받았으나 갈래 개념이 달라진 것은 아니다.[9] 이 말은 전기를 소설로 여기게 되면 ‘작품으로 다듬어 수식하고 기록한 서사문학’은 소설로 여긴다는 말이다. 그러면 한편으로는 소설이 무엇인지 깊이 있게 따지고 들어가지 않아도 되는 장점이 있지만, 전기소설과 그다음에 나오는 전기

9 조동일(1989), 「한국·중국·일본 “소설”의 개념」, 『성곡논총』 20, 성곡언론문화재단, 647-648쪽.

소설의 성격을 벗어난 소설을 어떻게 달리 볼 것인지를 다시 연구해야 하는 짐이 생기고, 더 나아가 옛 소설과 아주 다른 근대소설(흔히 'novel'이라 이르는)은 서양에서 받아들였다고 인정해야만 한다. 따라서 '자아와 세계가 상호우위에 입각해 대결하게 창작한 서사문학 작품'을 소설로 규정해야 다른 나라의 소설에까지 적용할 수 있는 타당한 이론이 된다는 것이다.

조동일은 『한국문학통사』에서 「최치원」 같은 작품을 전기로 보았는데, 전기는 소설이 아니고, 설화를 기록하면서 문학적 수식을 보탠 작품이라고 규정하고 김시습이 처음 내놓은 소설과는 커다란 차이가 있다고 평가하였다.[10] 전기가 자아와 세계의 대결을 상호우위에 입각해서 진행되는 긴박한 전개와 심각한 주제는 갖추지 않았다고 보았다. 그러기에 전기를 전기라고 하면 그만이고 전기소설이라는 말은 필요하지 않다고 하였다.[11]

조동일처럼 『금오신화』를 옛 소설의 첫 작품으로 보는 이로는 장효현이 있다. 장효현은 나말여초(신라말에서 고려 초) 시기의 전기에서 소설의 기원을 찾는 견해에 대해 몇 가지 물음을 던졌다. 첫째, 설화와 전기가 다르다고 전기가 곧 소설이 되는 것은 아니다. 기록서사문학에는 소설 말고도 여러 갈래의 위계가 있다. '설화-(설화적 소재에 문인의 문식이 가미된) 전기-소설'의 단계를 인정하는 조동일의 견해를 받아들이면, 소설 성립 이전에 있던 기록문학의 장르종으로서 '전기'와 더불어 '우언(寓言)', '전(傳)', '잡록(雜錄)'을 함께 인정하여, 이들 장르종이 특정한 시대에서 그 시대 문인들의 서사문학의 욕구를 충족시켜 주었던 것으로 파악해야 한다. 둘째, 우리 기록서사문학의 흐름을 전기소설 일변

10 조동일(2005), 『한국문학통사1』(제4판), 지식산업사, 371쪽.

11 조동일(2005), 『한국문학통사2』(제4판), 지식산업사, 488쪽.

도로 파악하는 것은 옳지 않다. 여러 기록서사문학의 장르종이 저마다 그 시대 문인들의 서사문학에 대한 욕구를 반영하여 산출되고 복합되면서 흘러왔다. 셋째, 「최치원」과 『금오신화』는 서사구조가 다르다. 「최치원」은 문인 지식인의 호기(好奇) 취미의 문예취향적인 측면이 강하고, 설화에서 소설이 되는 과정에서 아직 설화의 요소가 두드러진 점, 그리하여 구성이 단순하고 매개인물의 구실이 미미한 점들이 '고전소설'로 다루기에 주저되는 면이 많다. 넷째 지금 전기문학의 자료로 거론되는 작품에 대한 엄정한 문헌비판을 해야 한다. 나말여초에 전기가 생산되어 발전했을 가능성은 충분히 인정하나, 전기작품으로서 현재 완문이 남아 전하는 것은 「최치원」이 유일하다. 『삼국유사』에 실린 「조신」이나 「김현감호」가 전기의 성격이 부각되기는 하였어도 그 내용만을 볼 때 이것이 설화의 재록(載錄)인가 창작 전기의 재록인가 하는 데에는 단정을 내리기 어렵다. 같은 작품을 두고도 연구자에 따라 설화로 보기도 하고 전기로 보기도 한다. 사실담 자체가 서사적 완성도가 높은 경우도 있고, 설화로서 서사적 완성도가 높은 경우가 있는 만큼, 이러한 작업에는 상당한 유보와 문헌비판이 전제되어야 한다.[12]

문학사에서 하나의 역사적 장르(historical genre)는 기존 장르의 여러 특성이 복합하거나 특수하게 발전하면서 형성되는데, 이 역사적 장르에서 추상될 수 있는 양식(mode)은, 한 시대의 역사적 장르가 소멸되더라도 잔존하여, 장르 복합을 통해 후대에 새로운 장르 형성에 기여하거나 또는 후대의 여러 작품에 그 흔적을 남기게 된다. 나말여초의 전기와 15, 16세기 이후의 소설은 그것이 생산된 사회적·사상적 배경, 향유층과 그들의 세계관의 질적 차이가 작품 속의 인물의 성격과 갈등 구조에

12 장효현(1995) 「전기소설 연구의 성과와 과제 – 장르 개념과 장르사의 문제 –」, 『민족문화연구』 28, 고려대학교 민족문화연구소, 17-20쪽.

반영됨으로써, 각기 하나의 역사적 장르로서 그 나름의 특징과 서로 다른 층위를 지니는 것으로 파악될 것이다. 복합적 인물의 등장, 인물 성격의 구체화, 복합적 갈등구조, 갈등구조 그 자체 및 원인의 현실성 면에서 15, 16세기의 소설은 나말여초의 전기와 두드러지게 차이가 난다.[13]

이렇게 장효현은 조동일의 견해를 받아들여 「최치원」, 「조신」, 「김현감호」 같은 전기문학은 설화에서 소설로 나아가는 중간 단계의 역사적 장르로 보았다. 나말여초의 전기문학을 고전소설이 발생하고 발전하는 데 기여한 기록서사문학의 하나로 본 것이다. 나말여초의 전기문학이 역사적 장르로 그 구실을 다 했으나 양식으로 조금 남아 있다 나중에 전기소설을 형성하는 데 이바지했다고 보았다. 이렇게 장효현은 나말여초의 전기문학을 소설로 보지 않고, 『금오신화』에 와서야 소설다운 소설이 성립되었다고 보았다.

(2) 이름만 전해지는 『수이전』과 『삼국유사』에 실린 작품들에 대한 여러 생각

김시습의 『금오신화』가 최초의 소설이 아니라 그 이전에 이미 소설이라는 양식이 나타났다고 보는 견해들은 전기문학 가운데 몇 작품들을 소설로 인정하는 견해들이다. '기이(奇異)를 전술(傳述)한다'는 뜻의 '전기(傳奇)'라는 이름은 중국 육조(六朝) 시대의 '지괴(志怪)'[14]와 구분하기 위한 당나라 때의 문언소설(文言小說)을 모두 아우르는 이름으로 써왔던

13 장효현(1995), 위의 글, 28쪽.

14 지괴(志怪)는 신(神)·선(仙)·귀(鬼)·괴(怪)·요(妖)·이(異)의 내용을 망라하는 기이한 이야기로서 민간에 떠돌아다니는 신화·고사·전설을 문인지식층이 수집·가공하여 완전한 형태로 정착시킨 단형 서사체이다. 많은 작품이 기이한 요소를 띠고 있지만, 당대의 사회상을 담아내기도 했으니, 인민의 애증과 욕망을 표출하는가 하면 아름다운 환상과 낭만적인 색채로 가득 찬 세계를 정채 있게 그려내기도 했다. 정출헌(1999), 「나말여초 서사문학의 구도와 『수이전』」, 『고전소설사의 구도와 시각』, 소명출판, 33쪽에서 다시 가져옴.

것이다. 소재에서는 육조 시대의 지괴를 이어받으면서, 작가들이 창작 의식을 가지고 당시(唐詩)와 고문(古文)의 문학적 성취를 겸하여 이루어 낸 여러 산문을 '전기'로 아우른 것이다. 당시 신라 문인들이 당나라와 자주 교류하면서 전기 작품들을 받아들이고 창작하였을 것으로 보인다.[15] 전기는 초현실의 세계 이해가 압도적이었던 지괴의 세계관을 벗어나 초현실과 현실을 합리적으로 소통하고자 하는 세계관 조정의 산물로 현실의 인간적 관점을 두드러지게 한 문학이다.[16] 한국의 전기는 기본적으로 시사(詩詞)와 서사산문이 결합된 단편문언소설이라 규정할 수 있다. 그 미의식의 특질은 '강한 주정성을 정서적 배경으로 하고 기이한 경험을 소재로 한 삶에 대한 개체 중심적 성찰'로 넓게 규정할 수 있다. 그러나 전기 개념 자체가 포괄성과 탄력성을 지니기 때문에 '단편문언소설'이라는 개념 외에 전기의 다양한 속성을 단일한 내포로 고정시키기 어렵다.[17]

정출헌은 나말여초(羅末麗初)의 문인들이 당(唐)에 유학하고 당의 문학을 누릴 정도로 문화수준이 상당히 높았으며, 신라 말 경주가 이미 국제도시의 면모를 지니고 있었기 때문에, 시정적 체취와 문인적 취향을 지닌 전기소설이 산출될 수 있는 문화적 토양이 마련되어 있었다고 보았다. 당나라 장작(張鷟)이 지은 전기소설「유선굴(遊仙窟)」이 신라에 팔렸고, 고려 초에는 송나라에서 들여온『태평광기(太平廣記)』를 많은 문인이 읽었다는 점을 들어, 나말여초를 충분히 전기소설을 지을 만한 시대로 보았다.[18]

이렇듯 우리 문학의 첫 소설을 나말여초(羅末麗初)의 전기에서 찾는

15 장효현(1995), 앞의 글, 4쪽.

16 조태영(2001),「전기의 세계관과 양식 특질」,『국문학연구』5, 국문학회, 145쪽.

17 윤채근(1999),『소설적 주체, 그 탄생과 전변』, 월인, 17-19쪽.

18 정출헌(1999), 앞의 책, 24-26쪽.

이들은 당과 나말여초의 전기가 같은 성격을 지니고 있다고 보고 이들 작품을 소설로 본다. 전기소설은 첫째, 사대부들의 의도적인 개인 창작으로 전아·미려한 문언문으로 기술된 단편적 형식의 서사체이며, 둘째, 봉건사회 속의 사대부 또는 귀족계층의 인물을 주인공으로 하며 그를 둘러싸고 있는 사회현실을 반영하고 있되 셋째, 사건 전개에서 신이(神異) 곧 비현실적 환상적 요소나 낭만적 성격을 벗어나지 못한다는 성격을 지닌다.[19]

『수이전(殊異傳)』에 나오는 전기문학 작품들을 충분히 소설로 볼 수 있다는 주장이 이어졌는데, 『수이전』은 신라 말기에서 고려 초기에 엮은 것으로 추정되는 이야기 모음집이다. 수이(殊異)라는 제목에서 '몹시 기이하고 이상한' 이야기들로, 거의 모든 작품이 신비로운 내용으로 되어 있고 현실적인 의미가 드문드문 자리 잡고 있는 것으로 평가받고 있다. 『수이전』이라는 책 자체는 오늘날까지 전해지지 않고, 고려의 『해동고승전(海東高僧傳)』과 『삼국유사(三國遺事)』, 『제왕운기(帝王韻紀)』, 조선의 『필원잡기(筆苑雜記)』, 『삼국사절요(三國史節要)』, 『태평통재(太平通載)』, 『신증동국여지승람(新增東國輿地勝覽)』, 『대동운부군옥(大東韻府群玉)』, 『해동잡록(海東雜錄)』, 『사가집(四佳集)』 같은 여러 문헌에서 인용되어 쓰였다. 그래서 책은 전하지 않고 잃어버렸지만 그 작품들이 다른 책들에 인용되어 쓰이므로 '『수이전』 일문(逸文)'의 작품들이라 이른다. 『수이전』을 누가 지었는지는 아직 밝히지 못했고, 신라 말의 최치원(崔致遠, 857~?)이 지었던 것을 고려 때 박인량(朴寅亮, ?~1096)은 깁고 더했으며, 나중에 김척명(金陟明, ?~?)이 좀 더 다듬고 손질한 것으로 보기도 한다.[20]

---

19 정학성(1982), 「전기소설의 문제」, 황패강·김용준·조동일·이동환 편, 『한국문학연구입문』, 지식산업사, 253-254쪽.

20 박일용은 『수이전』은 신라시대를 배경하여 발생한 기이한 사건중심의 이야기를 모은 것들로, 뒷날에 엮은이나 다른 책의 지은이들이 다듬고 고쳐서 전승되었다고 보았다. 예컨대 성임(成任, 1421~1484)의 『태평통재』에 실린 「최치원」은 성임이나 조선전기의 작가

『수이전』에 나오는 「최치원(崔致遠)」, 「김현감호(金現感虎)」 같은 작품을 소설로 보는 이들이 있어 최초의 소설 작품에 대한 논쟁을 불러일으켰다.

『수이전』 일문들에 나오는 허구적 서사세계에 나오는 이들은 자신이 발 딛고 있는 현실세계와 그와 가까이 있으면서도 구별되는 또 다른 유명(幽冥)세계에 대한 진지한 세계관을 보여준다. 그리고 이를 독특한 예술적 형상화로 설명, 전달하고자 했던 서사체이기 때문에, 전기소설의 전 단계나 단순한 민간설화로 보아서는 안 되고 보다 넓은 시각으로 다루어야 한다는 주장이 일고 있다.[21]

『수이전』 말고도 일연(一然, 1206~1289)의 『삼국유사』에 실린 「조신(調信)」이나 「백월산양성성도기(白月山兩聖成道記)」를 소설로 보는 이들이 있다. 그런데 같은 작품을 두고도 연구자에 따라 소설로 보기도 하고 전설 같은 설화로 보기도 한다. 이제 이들 작품을 소설로 보는 견해와 소설로 보지 않는 견해들을 살펴보겠다.

1) 「최치원(崔致遠)」

고려 초에 어느 문인이 지은 것으로 보이는 「최치원」은 조선 초기 성임(成任, 1421~1484)이 우리나라와 중국의 이야기를 엮은 『태평통재(太平通載)』에 '신라수이전'에 나온 것으로 밝힌 작품인데, 오늘날까지 남아 있는 전기 작품으로는 오직 이 작품만이 온전히 전체가 남아 있다. 글감이나 글꾸밈새[문식(文飾)], 지은이의 생각이 여러 면에서 당나라 전기와 맞먹으며, 당 전기에서 바로 영향을 받았음을 작품 겉에서 알아챌

가 『수이전』의 「최치원」을 소설형태로 재창작한 것으로 보았다. 박일용(1993), 「소설의 발생과 『수이전』 일문의 성격」, 『조선시대의 애정소설 – 사실과 낭만의 소설사적 전개양상 – 』, 집문당, 62-63쪽.

21 정출헌(1999), 앞의 책, 38쪽.

수 있다.[22] 여귀신과 최치원의 기이한 인연을 다룬 작품으로 본디 제목은 '쌍녀분기'였으나 성임이 『태평통재』에서 지은이의 이름을 따 '최치원'으로 제목을 바꾸었다.

작품의 줄거리는 다음과 같다. 최치원이 당으로 유학을 가서 과거에 급제하여 율수(溧水)의 현위(縣尉)가 되어[23] 일을 하던 중 쌍녀분(雙女墳)을 찾게 된다. 최치원은 무덤의 석문에다 꿈에서라도 두 여인을 보고 싶다는 시를 남기는데, 나중에 두 여인을 만나게 된다. 두 여인은 자매로 율수현 초성향(楚城鄉) 장씨의 두 딸이었다. 그들은 부모가 언니는 소금장사에게 동생은 차장사에게 시집을 보내려 하자 울화병이 들어 죽은 귀신이었다. 세 사람은 한 이불 아래에서 사랑을 나누고, 두 여인은 떠나면서 쌍녀분에 오게 되면 무덤이나 잘 보살펴 달라고 청한다. 최치원은 다음 날 아침 무덤가로 가서 시를 짓고 탄식하며 자신을 위로한다.

「최치원」을 전설로 보는 이들은 최치원과 두 여자의 사랑과 좌절에 주목하고 있으며, 「최치원」을 소설로 보는 이들은 최치원과 두 여자의 소외된 연애에 의미를 둔다. 또 두 여자와 만남을 기회로 최치원의 인식 전환, 최치원과 두 여자의 만남이 지닌 사회적 의미에 주목한다.[24]

조수학은 「최치원」을 분석해 보면, 완전히 당나라 때의 전기소설의 조건을 충족시키고 있다고 보았다. 「최치원」은 설화에서 벗어난 표현이

---

22 장효현(1995), 앞의 글, 5-6쪽.

23 최치원은 실제로 당에 가서 급제하여 율수현위에 임명되었다는 기록이 있다. 율수현(溧水縣)은 오늘날 중국 강소성(江蘇省) 율양현(溧陽縣)이고, 위(尉)는 도적을 잡고 죄수를 다루는 벼슬이다. 김부식(金富軾)의 『삼국사기(三國史記)』 권제46, 「열전(列傳), 최치원(崔致遠)」에 "건부(乾符: 당 희종僖宗의 연호) 원년 갑오(경문왕 14년, 874)에 예부시랑 배찬(裴瓚) 아래에서 한 번에 과거에 합격하였다. [당 황제가] 선주(宣州) 율수현위에 임명하였고, 근무 성적을 평가하여 승무랑(承務郞) 시어사내공봉(侍御史內供奉)으로 삼았으며, 자금어대(紫金魚袋)를 하사하였다(乾符元年甲午 禮部侍郞裴瓚下 一擧及第 調授宣州溧水縣尉 考績爲承務校勘 郞·侍御史內供奉 賜紫金魚袋)."

24 김현양(1997), 「「최치원」의 장르 성격 논의에 대한 비판적 검토」, 『문학사연구』 10, 민족문학사학회, 424쪽.

많고 인간생활의 미세한 감정표출에서 단순한 대화의 형식이 아닌 시적 표현이 훨씬 풍부하고 우수하다. 그리고 시가 있다는 것은 작자의 의도적인 창작성을 가장 두드러지게 알 수 있는 예이고 작자의 문예의식이 강력히 작용하고 있다. 또한 「최치원」은 「만복사저포기(萬福寺樗蒲記)」의 전반부와 거의 같은 구성으로 되어 있는데, 「만복사저포기」만 소설이라 하고 「최치원」을 소설이 아니라고 하는 것은 잘못이다. 「최치원」의 경우도 오늘날 단편소설의 길이에 부족함이 없는 분량을 가지고 있으며 인간생활의 모습을 오히려 자세하게 그리고 있으므로 「만복사저포기」가 오히려 사건내용에 비하여 길이가 짧은 것이다. 「만복사저포기」의 후반부는 거의 파노라마식 개략적 서술로 그치고 있기 때문이다. 「최치원」과 「만복사저포기」는 거의 같은 유형의 염정을 다룬 전기소설로서 그 중요 부분의 구성이 비슷하게 짜여 있고 소설의 양으로 보면 「만복사저포기」가 「최치원」보다 더 길다 하겠으나 표현수법에서는 「최치원」이 「만복사저포기」보다 더 낫다.[25]

조수학은 오늘날 중고등학교 학생에게 『금오신화』를 우리 소설의 효시(嚆矢)라고 정당화되고 있는 사실은 종래의 학계에 반성을 촉구할 문제라고 보고 「최치원」을 지금까지 전하는 우리 소설의 가장 오래된 작품으로 인정해야 한다고 하였다. 「최치원」은 당나라 때 염정류 전기소설인 「유선굴(遊仙窟)」의 영향으로 지어진 것으로 소설로 인정해야 한다고 보았다.[26]

이처럼 조수학은 「최치원」은 설화와는 다른 표현수법, 인간생활 모습을 섬세하고 그리고 있는 점, 단편소설의 분량에 버금가는 점, 당나라 전기소설 「유선굴」의 영향을 받은 점, 「만복사저포기」와 전반부 구성이

25 조수학(1975), 「최치원전의 소설성」, 『영남어문학』 2, 영남어문학회, 99-104쪽.

26 조수학(1975), 위의 글, 105-107쪽.

거의 같다는 점들을 들어, 최초의 소설로 보아야 한다고 주장하였다.[27]

이헌홍도 「최치원」이 전기소설의 특성을 지니고 있다고 보았다. 이헌홍에 따르면, 「최치원」은 사전적(史傳的) 요소와 전기적(傳奇的) 요소의 자연스러운 결합으로, 작가의 현실적 작의성과 허구적 충동에 의해 작품내적 필연성에 따라 전기소설의 구조를 갖추고 있다. 쌍녀분기(雙女墳記)라는 괴기담(怪奇譚)을 환상적 내부 이야기로 하고 역사적 인물인 최치원을 이 내부 이야기의 앞뒤에 배치하여, 서두와 결말의 도입액자와 종결액자로 처리하여 그 인과의 필연성은 물론 읽는 이들이 그럴듯함(plausibility)의 환상에 젖어 들게 하고 있다. 그리고 「최치원」은 개인 창작품이라는 점, 액자소설의 요소를 지닌다는 점, 현실적 지리적 자연적 배경이 확대되어 있다는 점, 시가(詩歌)가 많이 개입되며 또 그것이 분위기를 위한 단순한 서정적 장식물 역할에 그치는 것이 아니라 서사 진행에 직접 관여한다는 점, 사건이나 행동이 삶의 일면을 다루고 있다는 점, 사실을 보고하는 이야기가 아닌 장면 이야기라는 점, 성격 묘사가 중시된다는 점, 이런 점들이 전기소설임을 보여주고 있다. 또 「최치원」의 공간구조를 분석해 보면, 사전적(史傳的) 요소와 전기적(傳奇的) 요소가 시공(時空)의 이동에 따라 상관관계를 맺고 전개되며, 작품의 시공 구조와 액자소설 구조가 일치하고, 시공의 추동과 최치원의 의식의 변모가 인과관계로 맺어지고 있으며, 시공의 이동에 따른 이러한 변모를 통해 작품의 주제를 파악할 수 있다.[28]

이렇듯 이헌홍은 「최치원」이 전기소설의 특징과 구조를 지니고 있다고 보고 우리 소설사에서 『금오신화』를 그 출발로 삼고 있는 견해는

---

27 한편 조수학은 「김현감호」를 비롯한 『수이전』에 나오는 다른 작품들은 아직 전설의 단계를 벗어나지 못했다고 판단하였다. 위의 글, 106쪽.

28 이헌홍(1982), 「최치원전의 전기소설적 구조」, 『수련어문논집』 9, 부산여대 국어교육학과 수련어문학회, 169-182쪽.

다시 짚어보아야 한다고 주장하였다.

임형택은 「최치원」에서 주인공이 사내대장부로서 귀환(鬼幻)과 감상에 사로잡혀서 되겠느냐고 자책하는데, 이러한 작가의식은 확실히 신화나 전설의 세계에서와는 다른 관념이라고 보았다.[29] 임형택에 따르면, 어떤 이는 소설양식이 과연 신라말과 고려 초에 자리 잡을 수 있었겠는가 의문을 가질 것이나, 여러 가지 사회 분위기로 보아 이 시기에 소설양식이 싹틀 수 있었을 것이다. 먼저 도시 번영 속에서 신라의 문화 예술이 꽃필 수 있는 공기가 있었다. 또한 신라는 이 시기에 한자문화로 문명하여 한문학이 높은 수준에 이르렀다. 전기소설 「최치원」에 나오는 인물들이 서로 한시를 주고받으며, 또 한시를 구성의 일부로 분위기를 살리는 수법을 쓴 것도 당시 문인들 사이에 보급된 한시의 취미생활을 반영한 것이다. 중국의 전기양식을 본보기로 삼아 신라의 전기문학을 발전시켰다고 할 수 있다. 이런 것을 제대로 살피지 못해 그동안 학계는 전기를 보다 발전적인 형태로 파악하지 못하고 설화로 다루고 말았다. 이것은 우리 역사나 문학을 지나치게 후진적으로 인식한 이유도 있었다. 소설사를 최초로 구도한 초창기 학자들은 고려시대의 문학은 당나라 때 전기의 영향으로 '패관(稗官) 설화식의 문예'를 생산하는 데 그쳤으며 『금오신화』를 비로소 전기로 인정하여 거기서부터 소설의 출발점을 잡았는데, 이는 오늘날까지 별 저항을 받지 않고 통설로 굳어졌다. 중국 7~8세기의 역사현상을 우리는 15세기로 내려서 잡은 것이다.[30]

이와 같이 임형택은 신라 말과 고려 초 사이에 나타난 전기문학이 작가의식이나 당시 소설이 나타날 수 있었던 분위기로 보아, 충분히 소설로서 자리매김한 작품들이었다고 보았다. 나말여초의 전기문학을 소

29 임형택(1984), 「나말여초의 전기문학」, 『한국문학사의 시각』, 창작과비평사, 23쪽. 이 글은 본디 1981년에 『한국한문학연구』 5집에 발표한 글이다.

30 임형택(1984), 위의 책, 23-25쪽.

설로 보지 못하고 『금오신화』부터 소설로 보는 굳어진 인식에서 벗어나야 한다고 주장했다.

박일용은 「최치원」에서는 등장인물이 자신이 처한 상황과 그것의 변화 속에서 갖게 되는 심리 그리고 등장인물이 처한 장면, 상황이 더욱 구체적으로 그려지면서 살아 숨 쉬는 인물이 창출되고 있다고 보았다. 최치원과 두 여인의 만남이 이루어져야 할 절실한 내면적 욕구가 서정시로 구체화되고 있다. 만리타국의 외로운 나그네인 최치원과 부모의 뜻 때문에 현실세계에서 자신들의 욕망을 펼치지 못한 두 여인의 처지와 그런 처지에서 우러나오는 절실한 내면의 욕구를 구체적으로 그려 살아 숨 쉬는 인물의 모습이 그려지고 있다. 만남을 가로막는 현실세계의 질서를 문제로 삼고, 그것을 이겨내고자 하는 새로운 세계관을 바탕으로 서술해 나가고 있다. 서술자는 주인공들의 만남을 경이로운 것으로 바라보는 것이 아니라, 반드시 이루어져야 할 것으로 본다. 신분을 달리하는 남녀의 사랑이 담고 있는 사회적인 의미를 파악하고 있는 소설 향유층의 낭만적인 꿈이 반영된 것이다. 「최치원」은 '사건에 대한 전설적 경이로움의 표현' 차원을 넘어서, '갈등의 현실적 문맥의 구체화'로 진정한 의미에서 '자아와 세계의 팽팽한 대결구조'를 드러내고 있다. 다만 「만복사저포기」처럼, 인물의 욕망을 내면화된 형태로 표현하고, 객관세계의 질서와 그것의 극복전망을 사실적으로 형상화하지는 못해, 낭만적인 전기소설을 벗어나지 못하는 한계는 있다.[31]

한편 박일용은 「최치원」을 조선 전기의 작품으로 보고 있다. 박일용에 따르면, 「최치원」은 소설 발생의 토대가 마련된 조선 전기 어느 한 작가가 「쌍녀분」 형태의 『수이전』일문이 소설적 형상을 얻게 된 것이다. 『수이전』일문과 『삼국유사』에 나오는 설화가 나오던 때는 신분제

31 박일용(1993), 앞의 책, 81-83쪽.

모순의 현실적 의미나 해결전망을 구체적인 서사의 형태로 향유할 수 있는 계층이 형성되지 못한 때이다. 그렇기 때문에 아직 중세체제가 드러내는 핵심적인 모순을 서사의 형태로 구체화할 수 있는 인식과 전망을 갖추기 힘들었다. 조선 전기에 이르러 중세 권력의 핵을 장악한 사대부 계층의 분화로 현실세계의 질곡을 바라볼 수 있는 비판적 지식인이 나타나 서사로 그릴 수 있는 토대가 마련되었다. 비판적 지식인층의 형성과 아울러, 사대부 내부에 나타나는 갈등 현실은, 현실세계의 갈등을 구체적으로 드러내어 그려내는 소설양식을 형성하게 하였다.[32]

이렇게 박일용은 「최치원」이 소설의 조건을 갖추고는 있지만, 신라 말이나 고려시대는 현실의 문제와 질곡을 소설의 양식으로 그려낼 만한 인식과 전망이 없었기 때문에, 우리가 대하고 있는 「최치원」은 조선 전기에 어느 한 작가가 소설처럼 새롭게 손질한 것이라고 본 것이다. 그러나 『수이전』 일문에 드는 「최치원」을 조선 전기에 비판적 지식인에 드는 한 작가가 소설로 발전시킨 것이라는 뚜렷한 증거를 찾거나 밝히지 못한다면, 「최치원」이 지어진 때를 조선 전기로 보는 것은 논란이 될 것이다. 장효현은 「최치원」이 실린 『태평통재』에서 그 출전을 '신라수이전'이라고 밝히고 있어, 조선 초기에 「최치원」을 어느 문인이 지었다고 하는 주장은 받아들이기 어렵다고 하였다.[33]

박희병은 나말여초의 전기문학이 소설인지 아닌지를 가늠하기 위해서는 소설과 설화가 어떻게 다른지를 먼저 따져보아야 하고, 소설 가운데서 전기소설은 어떤 특성이 있는지를 검토해야 한다고 하였다. 박희병에 따르면, 첫째, 전기소설에서는 인물과 환경이 '구체적'으로 묘사되고 서술된다. 그렇기에 전기소설은 사회현실을 더욱더 풍부하게 반영한

32 박일용(1993), 위의 책, 84-85쪽.

33 장효현(1995), 앞의 글, 14쪽.

다. 둘째, 설화의 시간은 지속으로 표상되는 데 그치지만, 전기소설에서 시간의 본질은 성장, 변화, 형성으로 표상된다. 그래서 내면관찰에 따른 인물의 정신적 변화가 참되고 깊이 있게 드러난다. 셋째, 전기소설은 섬세하고 내면적이고 고독한 인간상이 그 중요한 미적 특질을 이룬다. 이와 달리 설화 속 인간은 내면적이지도 고독하지도 않고 외면 행위만 표상된다. 넷째, 창작의 목적의식에서 설화는 기본적으로 자연발생적 성격을 띠지만, 전기소설은 뚜렷한 목적의식을 갖고 창작된다. 뚜렷한 주제 구현, 치밀하게 짜인 플롯, 인물의 개성적 부조(浮彫), 매개적 인물의 다양한 활용, 곡진하고 섬려(纖麗)한 문체로 그 목적의식이 드러난다. 다섯째, 전기소설은 분위기를 중시하는 감각적이며 화려한 문어체의 문체로 되어 있다. 시적 응결과 압축미, 대구(對句)나 고사(古事)를 곧잘 구사한다.[34]

박희병은 이러한 전기소설의 특징에 비추어 볼 때, 「최치원」은 설화가 아니라 소설이라고 보았다. 「최치원」은 인물의 외면만 그리고 있는 것이 아니라, 그 내면세계까지 그려 인물의 성격 특질을 자세하게 드러내고 있다. 또 주인공들이 주고받는 여러 편의 시를 통해 그들의 심리 상태와 마음의 결을 섬세하게 드러내고 있다. 시간개념에서도 최초의 시간과 최종 시간 사이에는 커다란 질적 변화가 감지된다. 두 여인과 만나 나누는 사랑으로 주인공 최치원의 삶에 대한 인식은 크게 바뀌고, 그 삶에 새로운 전환이 이루어진다. 미적 특질에서도 작품의 시 가운데 "나그네[旅人]", "외로운 집[孤館]" 같은 말은 주인공 최치원의 세계내적 상황이 고독하다는 것을 드러내고 있다. 두 여인과 관련하여 작품이 드러내고 있는 정조 또한 비한과 적막감이다. 그리고 이 작품은 주제의식,

34 박희병(1997), 「한국고전소설의 발생 및 발전단계를 둘러싼 몇몇 문제에 대하여」, 『한국전기소설의 미학』, 돌베개, 58-61쪽.

일대기적 구성, 인물의 개성 부각, 시의 삽입에서 뚜렷한 목적의식을 보여준다. 게다가 이 작품의 화려하고 수식적이며 서정적인 문체는 이 작품이 문체 면에서도 전기소설임을 보여준다.[35]

그러면서 박희병은 전기소설이 소설이 아니라는 주장과 전기소설은 설화와 소설의 중간 형태라는 주장을 반박하였다. 박희병에 따르면, 전기소설은 우리나라뿐 아니라 중국·베트남·일본에서 모두 창작된 한자 문화권의 보편적 소설양식이다. 설화와 전기소설은 관련되어 있기 때문에 '동태적'으로 파악하는 것이 소설사의 이해에 대단히 긴요하다. 따라서 전기소설은 기본적 장르는 소설이지만 작품에 따라 설화에 좀 더 기울어 있을 수도 있고 덜 기울어 있을 수도 있다. 그런데 전기를 설화와 소설의 중간 형태로 보는 것은 전기소설을 그 전체로서 중간적 성격의 장르로 규정하는 것이다. 이것은 설화와 전기소설의 관련을 동태적으로 인식하기보다는 설화로 보는 쪽에 기울어 있다. 이제 『금오신화』를 한국소설의 발생으로 보는 통설은 재검토가 필요하고 「최치원」을 한국소설의 발생으로 보는 것이 타당하다. 「최치원」이 설화적 요소를 완전히 벗어나지 못했고 또 소설로서 썩 발전된 것은 아니라 할지라도, 전체적으로 이미 설화와 질적으로 구별되는 장르 면모를 보여주고 있다. 최초의 소설에서 소설의 본질이 충분히 발현된 후대 시기 소설의 면모를 찾는 것은 역사적이지 못한 태도이다.[36]

이와 같이 박희병은 설화와 전기소설의 다른 점을 밝히고 이를 바탕으로 「최치원」이 설화가 아니고 소설임을 주장하였다. 그러면서 전기소설은 설화와 소설의 중간 형태로 볼 것이 아니라 바로 소설의 아래 갈래로 보아야 한다고 하면서 우리 소설의 첫 작품은 『금오신화』가 아니라

35 박희병(1997), 앞의 책, 62-63쪽.

36 박희병(1997), 위의 책, 64-65쪽, 68쪽.

「최치원」이라고 주장하였다.

정출헌은 「최치원」의 서사 구조와 작품에 나오는 시들을 꼼꼼하게 분석하면서 「최치원」은 소설의 성취를 이룬 작품이라 평가하였다. 최치원은 초현관(招賢館)에 나가 노닐다가 두 여인의 무덤[쌍녀분(雙女墳)]을 보고 위로의 시를 짓는데, 이 시에는 육두품으로 신라에서 자신의 능력을 펼치기 어려웠던 처지와, 당나라에서 겪은 모진 소외감이 배어 있다. 최치원이 울울한 심사를 달래려 거닐다가 쓸쓸한 무덤 속의 두 여인에게 동병상련의 감정을 품는다. 최치원이 두 여인을 만나는 것도 깊은 의미가 담겨 있다. 두 여인은 재물만을 탐해 자기들을 부유한 장사치에게 시집보내려는 부모에 맞서다 한을 품고 죽은 이들이다. 두 여인이 최치원 앞에 나타나 하룻밤을 함께 보내기로 청한 까닭은 생전에 그토록 바라던 이상적인 지아비의 기품을 최치원에게 발견했기 때문이다. 최치원은 자기의 능력을 중국에서 아무도 알아주지 않았는데 오직 귀신만이 알아주었다는 점에서, 그리고 두 여인은 그토록 원하던 이상적인 남성을 죽어서야 비로소 만날 수 있었다는 점에서, 그들의 만남은 뜻깊다. 그러나 이들은 이별할 수밖에 없었고 이때 외로움을 달래려 지은 시가 인연이 된 하룻밤의 만남, 그것이 애틋한 연정으로 승화되어 결국 최치원의 삶을 뒤바꿔 놓는 깊은 각인(刻印)이 되었다. 부귀영화를 갈망하던 인물이 그 덧없음을 깨닫고 흰 구름에 몸을 맡기겠다는 다짐은 원혼녀(冤魂女)와 만나고 나서 얻은, 최치원의 삶에 대한 인식의 질적 전환을 보여준다.[37]

이와 같이 정출헌은 「최치원」은 지은이가 마련한 이야기 세계에서 인식의 질적인 변화와 상승, 새로운 전환을 보여주고 있고, 이것이 삼단의 논리적인 얼개를 이루고 있어 전기소설의 완성도를 보인다고 평가하

37 정출헌(1999), 앞의 책, 42-46쪽.

였다.

그러나 조동일은 '최치원전설'은 사람과 여귀의 뜻하지 않던 관계를 다루어 운명의 경이를 보여준다고 하였다. 최치원은 쌍녀분 속 두 여자의 사랑을 흔쾌히 받아들이고 제한된 범위 안에서나마 능동으로 행동한다. 또한 이별을 강요하는 세계의 횡포를 받아들이지 않으려는 자세마저 보인다. 이런 전설은 소설에 다가가고 있는데 최치원전설은 『금오신화』의 「만복사저포기」와 연결된다.[38] 「최치원」에서는 문학적인 수식이 보이며 시가 여러 수 실려 있으나, 이러한 변화가 갈래(장르)의 성격을 바꾸어 놓은 것은 아니다. 문자로 쓰이고 문학적으로 수식된 전설도 전설이다. 최치원전설에서는 최치원이 역사 인물이고, 역사 속 인물인 최치원이 지니는 증거력에 따라 이야기가 이해되도록 최치원에 관한 역사 사실이 서두와 결말에 덧붙어 있다. 그리고 쌍녀분에 가서 호기심으로 시를 써 놓았기 때문에 뜻하지 않던 사건이 벌어진 것이다. 이러한 증거물에서 명백히 드러나는 것이 세계의 경이이다.[39]

위와 같이 조동일은 「최치원」이 소설에 다가가고 있음을 인정하기는 했지만, 여기에는 세계의 경이,[40] 증거물[41] 같은 전설의 특징을 보이기 때문에 불교전설이라고 보았다. 문학적 수식을 덧붙인 것뿐이지 서사적 대결이 뚜렷하게 나타나지 않는다고 보았다.

김현양은 「최치원」의 서사세계 안에서 역사 속 개인인 최치원의 소외된 삶이 서사 정보로 충분히 전달되지 않는다고 보았다. 「최치원」에

38 조동일(1977), 앞의 책, 169쪽.

39 조동일(1977), 위의 책, 226쪽.

40 자아가 세계의 경이 앞에서 좌절을 경험하는 것이 전설에 구현된 자아와 세계의 관계이다. 조동일(1977), 위의 책, 118쪽.

41 전설은 증거물을 가진 이야기인데, 전설에서 증거물은 실제로 존재하는 배경 때문에 불합리함에도 듣는 이를 이해시키는 구실을 하는 작품외적 세계이다. 조동일(1977), 위의 책, 116쪽.

서 최치원은 그 인식과 행동의 의지가 구체적으로 형상화되어 있지 못하며, 최치원과 대립·갈등하는 세계 또한 모호하다. 또 최치원이 사내대장부로 귀환과 감상에 사로잡혀야 되겠느냐며 자책하는 것은 작품의 후반부에 매우 이질적으로 당혹스럽게 표출되고 있어, 이러한 귀환과 감상의 부정이 작품의 전편을 틀어쥐고 있는 작가 의식이라 하기도 어렵다. 그리고 최치원은 우연히 두 여자의 무덤에 시를 지었을 뿐이며, 그 이상 두 여자와 만나는 것을 자신의 소외된 처지와 적극적으로 관련시키고 있는 어떤 발화도 찾아볼 수 없다. 그러기에 최치원을 좌절된 욕구를 실현하고자 하는 적극적 의지를 지닌 전형적 형상으로 보는 것은 옳지 않다.[42]

그리고 「최치원」에서 보여주는 묘사의 정도나 목적 의식성은 사회적 존재로서 인간의 삶을 개연성 있게 그리는 데까지는 나아가지 못하고 있는데, 이는 작가의 의식이 사회적 존재로서 인간의 삶을 해명하는 데 집중되고 있지 못하기 때문이다. 한편 박희병은 전기소설을 설화와 소설의 중간 형태로 파악하는 견해를 비판하였지만, 이것 또한 문제가 있다. 「최치원」에서 볼 수 있는 설화와는 다른 특성을 곧장 소설의 특성이라고 단언하는 것 또한 동태적 인식이라 할 수 없다. 설화의 특성이 아니면 소설의 특성이라는 양자택일의 태도는 서사문학사를 동태적으로 인식하는 데 장애가 된다. '설화가 아니다'는 판단은 '소설이다'라는 판단의 필요조건일 뿐이지 충분조건은 아니다.[43]

서사세계 안에서 최치원의 외로움은 그 맥락이 드러나지 않는 현재 처지일 뿐이며, 이 또한 심중하게 드러나지 않고 있다. 최치원의 인식의 전환이라는 것 역시 중심내용이라 할 수 있는 두 여자와 만나는 것과

---

42 김현양(1997), 앞의 글, 414-418쪽.

43 김현양(1997), 위의 글, 421쪽.

어떠한 관련을 맺고 있는 것인지 모호할 뿐이다. 곧 최치원은 인식과 행동이 구체적으로 해명되지 않은 인물이다. 이와 달리 두 여자는 죽음 이후까지 자신이 추구하고자 했던 사랑을 이루고자 하는 인식과 행동을 보여준다. 그렇다고 한다면 「최치원」은 '최치원이 죽은 두 여인의 사연을 들은 이야기'라 할 수 있다. 최치원은 거의 관찰자의 자리에 머물러 있다. 그러므로 「최치원」은 비록 두 여자의 사연을 통해 사랑의 좌절을 사회적 관계의 맥락에서 제시하고 있지만 이를 구체적으로 서사화하지는 못하고 있다. 인물과 환경의 구체화를 통해, 그 의미의 생성을, 서사화의 과정 속에서, 이러한 의미를 부정하는 세계의 존재론적 무게(존재의 현실성)를 인정하면서 획득하지는 못하고 있다. 「최치원」은 '구체성'과 '현실성'이 부족하여 엄밀히 말해 소설이라 하기 곤란하다. 그렇다고 설화로 규정할 수도 없다. 이를 보더라도 설화에서 소설로 이행한다는 단선적인 시각에서 벗어나 설화에서 소설로 이행을 매개하는 다양한 서사 갈래(장르)종의 발생과 교섭에 대해 복합적으로 사고해야 한다.[44]

위와 같이 김현양은 임형택, 박일용, 김종철, 박희병이 「최치원」을 소설로 본 것을 비판하고, 인물과 환경의 구체성이나 현실성을 제대로 보여주지 못하고 있어 소설로 볼 수 없다고 주장하였다. 그렇다고 설화로도 보기 어려우니, 소설의 단초를 담고 있는, 설화에서 소설로 옮겨가는 매개 갈래 정도로 보았다. 하지만 설화도 아니고 소설도 아닌 하나의 매개 갈래로 보는 것은 일종의 적당한 타협안으로 새로운 문제를 낳을 수 있어, 대안이 될 수 있을지는 더 많은 연구가 필요하다.

조태영은 서사적 자아가 단순히 자아와 세계의 기이한 소통, 비현실적인 열림이라는 교호적 상황에 머물러 있지 않고, 그것을 문제적 상황으로 인식하고 대립적 주체로서 문제 상황을 극복하려는 행위를 할 때,

44 김현양(1997), 위의 글, 425-429쪽

서사주체가 그것을 의식적으로 형상화하여 서사하는 데서 비로소 전기 이상의 소설이 성립한다고 보았다.[45] 조태영에 따르면, 「최치원」은 문식이 정교하고 풍부하여 남녀 인물의 정감 형상이 뛰어나게 표현되었고, 서사의 시공간이 밀도 있게 전개되어 매우 우미한 전기의 경지를 실현하였다. 그러나 최치원과 두 명혼가인(冥魂佳人) 사이에 엮어지는 애정은 당대 명혼전기들이나 『금오신화』의 명혼 애정전기, 『기재기이(企齋記異)』의 「하생기우전(何生奇遇傳)」에 비해 애정 계기, 애정 실현의 과정, 파국에 이르는 결구가 극히 단순하고 우연적이어서 삽입시들에 의한 정감적 분위기의 고조가 가경임에도 전체적으로 기이성이 강하다. 초월적 세계의 위력 앞에 자아는 왜소하고 순응적이어서 자아와 세계의 갈등이 미약하다. 애정류 명혼전기에서 주인공의 죽음이나 둔세(遁世)가 작품의 구성 속에 틈새 없이 긴밀하게 결속되어 있어서 서사의 균질적인 구성적 요소가 되고 있지만, 「최치원」에서 '은일종노(隱逸終老)'는 서사의 긴밀한 구성 요소가 아니고, 첨가 요소에 지나지 않는다. 이로 보건대 「최치원」은 전기소설이라 하기는 어렵고, 전기소설의 기미를 보이는 전기라고 하는 것이 맞다.[46]

이처럼 조태영은 「최치원」의 구성이 단순하고 자아와 세계의 갈등이 뚜렷이 드러나지 않는다는 점에서 소설로까지 나아가지는 못했다고 보았다.

45 조태영(2001), 앞의 글, 150쪽.

46 조태영(2001), 위의 글, 157-158쪽.

2) 「조신(調信)」

「조신」[47]은 『삼국유사』, 「탑상(塔像)」에 실린 작품이다. 조신은 세달사(世達寺)의 농장을 관리하는 승려였는데, 태수 김흔(金昕)의 딸을 사모하였다. 그러나 그 여인이 출가하자 관음보살을 원망하다 잠이 들어 꿈을 꾼다. 꿈속에서 자기를 찾아온 김흔의 딸과 혼인하여 40여 년을 살면서 아이 다섯을 두었다. 그러나 너무 가난하여 맏이는 굶어서 죽고 딸아이는 밥을 빌다 개에게 물리는 비참한 삶을 산다. 아이를 둘씩 데리고 부부가 헤어져 살자는 아내의 제안을 받아들인다. 그리고 꿈에서 깨어, 죽은 아들을 묻었던 곳을 파 보니 돌미륵이 나와서 그곳에 정토사(淨土寺)를 지었다는 이야기이다.[48]

지준모는 먼저 중국의 전기소설 발생 시기를 보나, 일본에서 10세기쯤에 소설류가 생긴 것을 보나, 우리도 전기소설이 8, 9세기쯤이 되면 신라에서도 생겨났어야 하는데, 6~7백 년이 지난 15세기 조선 세조 때에 와서야 김시습의 『금오신화』가 첫 소설이라고 하는 것이 과연 옳은 것인가? 하고 물음을 던졌다.[49] 그러면서 「조신」은 세속의 애욕생활의 허무함을 보이고, 더욱 그 구성은 파계한 승려를 주인공으로 하여, 애욕의 충족으로 보상하여야 하는 무한한 심신의 고통을 그려내는 작품으로 보았다.[50]

지준모는 「조신」이 소설의 궤도에 진입한 작품이라는 것을 먼저 구

---

47 이 작품은 「조신」 또는 「조신전」으로 '전(傳)'자를 덧붙여 이르기도 한다. 윤재민은 일연이 『삼국유사』에서 "논의하여 말한다. 이 [조신의] 전기를 읽고 나서 책을 덮고 곰곰이 궁리해보니, 어찌 반드시 조신 스님의 꿈만 그렇겠는가?(議曰 讀此傳掩卷而追繹之 何必信師之夢爲然)"라 하여 '전(傳)'이라 이른 것을 따라 「조신전」이라 이를 수 있다고 보았다. 윤재민(1995), 「전기소설의 인물 성격」, 『민족문화연구』 28, 고려대학교 민족문화연구소, 56쪽.

48 『삼국유사(三國遺事)』 권제3, 「탑상(塔像), 낙산이대성 관음 정취 조신(洛山二大聖 觀音 正趣 調信)」.

49 지준모(1975), 「전기소설의 효시는 신라에 있다」, 『어문학』 32, 한국어문학회, 122쪽.

50 지준모(1975), 위의 글, 125쪽.

성면에서 살펴보았다. 「조신」의 구성을 볼 때, 발단-전개-위기-절정-단원-(결말)의 5단 구성에서 결말을 덧붙인 6단락의 형식을 지니고 있다. 꿈 뒤의 부분에 장남을 묻을 곳을 파 보니 미륵석불이 있었다는 것은 다소 괴기(怪奇)의 요소가 있으나 이는 전기소설로서 탓할 바가 못 된다고 보았다. 현대소설도 괴기한 것을 수법으로 쓰는 사람은 있으며, 이도 하나의 미의식의 산출이라 하면서, 「조신」은 충분히 소설의 구조를 갖추고 있다고 보았다. 다음으로 「조신」의 내부양식을 살펴보고 서민애정을 다루고 있다고 보았다. 이 작품이 주는 비애미는 관념적인 것이 아니고 구체적인 것으로 묘사되어 있어, 당나라의 전기소설인 「침중기(枕中記)」나 「남가기(南柯記)」와 견주어도 훨씬 뛰어나다고 보았다.[51]

이어서 지준모는 「조신」을 당의 전기소설과 서구의 근대소설과 비교해 보았다. 지준모에 따르면, 「조신」은 문학적 기교가 높은 수준으로 발달한 작품이다. 꿈속에서는 완전히 현실사회가 전개되고 자유연애사상도 담겨 있어 대담한 구성을 보인다. 여주인공의 가출은 가문에 대한 불명예보다는 개인의 행복과 욕망을 더 중시하는 결단성으로 개인주의 사고를 반영하고 있다. 사건 속에 인물의 활동과 성격은 개성적인 면이 뚜렷하다. 작자는 절실한 정신적 체험을 작품을 통하여 구상화시켜 놓고 있고 작자의 창작의도가 명백하다. 이런 것을 볼 때 「조신전」은 진(晉)·육조(六朝)의 지이록괴적(志異錄怪的)인 설화의 범위에서 벗어나 당의 전기소설의 본격적인 작품과 조금도 다름이 없다. 서구의 근대사실주의 문학 작품과 견주어 보면 「조신」의 주인공들은 다 자기의 운명을 스스로 만들고 있다. 그리고 남녀의 애정이 기둥 줄거리로 되어 있다. 작자는 알 수 없지만, 개성, 주관, 교양들이 작품 안에 담겨 있고, 「조신」의 비극적 결말은 현실미가 넘친다.[52]

---

51 지준모(1975), 위의 글, 128-131쪽.

이와 같이 지준모는 신라와 당의 문화교류가 활발했음을 볼 때, 신라 끝 무렵에는 전기소설이 나타나야 한다고 보았다. 그리고 「조신」은 소설의 일반적인 구성인 5단 구성을 갖추고 있으며, 현실 속에서 벌어지는 서민의 애정 문제나 구체적이고 사실적인 묘사, 당의 전기소설과 서구 근대소설의 특징과 통하는 점들을 들어 우리나라 전기소설의 첫 작품은 신라에 있고 그 가운데 「조신」이 가장 뛰어난 작품이라 평가하였다.

김종철도 「조신」을 소설로 보았다. 김종철에 따르면, 「조신」은 불교적 교훈담이 아니다. 이 작품을 불교 설화라 한다면 구체적으로 불교적 전설일 터인데, 아이를 묻었던 곳에서 나온 돌미륵이나 꿈에서 깬 조신이 참회를 하고 세웠다는 정토사가 전설에서 증거물의 구실을 하지 않는 것은 「최치원」에서 최치원이 노닐었던 곳들이 증거물의 구실을 하지 않는 것과 같다. 그리고 중세의 질곡에 대한 서술자의 시각이 관념적이냐 아니냐도 논란거리이지만 설사 관념적이라 할지라도 그 때문에 이 작품은 소설이 아니라는 판단이 자동으로 나온다는 보장이 없다. 현실세계에서 바라던 바가 꿈속에서 이루어지느냐 않느냐에 따라 서술자의 시각이 관념적이거나 아니면 낭만적이다는 판단을 내리고 있는데, 이러한 판단은 대단히 자의적이다. 개연성의 차원에서 따진다면 「조신」의 내용이 훨씬 그럴 법한 것이고, 동시에 두 남녀의 애정이 현실의 질곡으로 좌절되는 것을 드러냄으로써 훨씬 더 현실의 모순을 효과적으로 드러내고 있다. 환몽구조라는 이야기 방식을 쓴 것은 극적 반전으로 통렬한 체험이나 인식을 겨냥한 것이다. 그 점에서 이 작품은 성공하고 있다고 보아야 한다. 날이 새자 조신의 수염과 머리털이 모두 희게 변했고, 한평생 신고를 겪은 것이나 진배없어 세상에 대한 욕망도 없어졌다고

---

52 지준모(1975), 위의 글, 132-134쪽.

했으니 환몽구조를 통한 체험은 강렬했던 것이다. 「조신」에서 조신과 부인은 어떤 초월적 존재의 개입 없이 그들 스스로 절실한 삶의 체험 끝에 사람살이에 대한 어떤 결론에 이르고 있다. 조신의 몽중세계에서는 불교적 요소의 개입이 전혀 없음을 눈여겨보아야 한다.[53]

그러나 조동일은 「조신」을 불교전설로 보았다. 조신은 사랑하는 여자를 아내로 맞이하여 살기 위해 온갖 노력을 했으나 모든 것이 뜻대로 되지 않아 아들은 굶어 죽고 부부는 헤어져야만 했다. 자아의 의지는 세계의 도전 앞에서 완전히 꺾였으며 세계를 자기 것으로 하려는 생각 자체가 헛된 집착임이 밝혀진다. 깨닫고 보니 이 모든 고난은 꿈이었고, 낙산사 대비(大悲)가 조신이 속세에 대한 집착을 끊게 하려고 그런 꿈을 꾸게 한 것이다. 깨닫지 못한 자만 헛된 즐거움을 구하기 위해 애쓴다는 것이다.[54] 깨닫는다는 것은 종교적 질서의 발견이다. 불교전설에서는 종교적 질서가 자아를 초월해 있고 자아가 스스로 실천적 능력을 버릴 때에만 이에 이를 수 있다.[55] 또한 조신이 꿈을 깬 뒤 해변에 묻은 아이를 파보니 돌로 된 미륵이 나왔다는 것은 경이로운 작품외적 세계가 증거물로 작품에 개입하고 있는 것인데, 이는 이 작품이 몽유전설(夢遊傳說)의 단계에 머무르고 있으며 몽유소설로까지는 나아가지 못했음을 보여준다.[56]

이렇게 조동일은 「조신」을 불교의 깨달음을 이야기하기 위한 불교전설로 이해하였다. 「조신」에 나오는 가난한 현실의 삶은 불교의 깨달

53 김종철(1995), 「고려 전기소설의 발생과 행방에 대한 재론」, 『어문연구』 26, 어문연구회, 543-547쪽.

54 『삼국유사(三國遺事)』 권제3, 「탑상(塔像), 낙산이대성 관음 정취 조신(洛山二大聖 觀音 正趣 調信)」에 "현재도 모든 사람이 인간세상이 즐거운 줄만 알고 기뻐 날뛰며 애쓰고 있으니, [이는] 오로지 깨닫지 못한 까닭이다(今皆知其人世之爲樂欣欣然役役然 特未覺尓)."

55 조동일(1977), 앞의 책, 168쪽.

56 조동일(1977), 위의 책, 234쪽.

음을 전하기 위해 꿈속 상황으로 처리되고 있으며, 경이로운 작품외적 세계가 증거물로 작품에 개입하고 있기 때문에, 소설로까지 나아가지 못했다고 보았다.

박일용도 조동일과 같이 「조신」을 불교 설화로 보았다. 이 작품의 서술자는 중세사회의 현실을 전형적으로 드러낼 수 있는 비극적인 이야기를 환몽구조를 통해 제시함으로써 꿈 안팎을 통해 전개되는 비극적 현실을 불교적 깨달음의 계기로 제공하려는 의도를 가지고 있다. 이런 꿈의 형식을 빌린 것은 서술자가 두 사람의 결합을 가로막는 중세 질서 그 자체를 문제 삼지 않고, 그러한 질서를 체념하며 받아들이는 불교 이념을 관념적으로 보여주고 있다. 부부의 애정을 가로막는 현실세계의 질서를 당연한 것으로 여기면서, 그들의 욕구를 덧없는 것으로 돌리려는 관념적인 서술시각을 드러내고 있다. 그러므로 이 이야기에서는 주인공들의 삶을 비극적인 것으로 결정하는 중세사회의 질곡이 문제가 되지 않으며, 사실적으로 부각될 여지가 없다. 그래서 조신이라는 한 개인의 신앙 체험기 형태의 불교 설화의 단계를 넘어서지 못하고 있다. 사실적인 묘사 문체가 보이기는 하나, 이런 것들은 현실세계의 질서가 담고 있는 질곡을 객관적으로 이해하지 못하는 서술자의 관념적 시각 때문에, 불교 관념을 드러내는 장식의 구실만 할 뿐이다.[57]

이렇게 박일용은 「조신」은 비참한 삶을 살아가는 현실의 문제가 나타나고 곡진한 서술들이 드러나기는 하지만, 서술자가 당시 사회의 질서를 문제 삼지 않고 불교 교훈담의 수준을 벗어나지 못하고 있다고 보았다. 개인의 신앙 체험이나 불교의 관념을 드러내는 것에 머물러 소설로 나아가지 못해 설화로 볼 수밖에 없다고 본 것이다.

조태영은 「조신」에서 기이는 초현실 시공에서 전개된 것이지만 현

57 박일용(1993), 앞의 책, 75-76쪽.

실세계에서 벌어진 것과 다름이 없고, 꿈속의 인물은 환상이라는 점에서 신귀와 다를 바 없지만, 그들과 소통하는 것은 완전히 인간적임을 인정하였다. 그렇지만 또한 몽중 기이의 서사는 자아의 욕망과 현실세계의 억압성 사이의 갈등을 보여주지 않고, 세계의 핍박에 밀려 예정된 경로로 치닫는 일방적 과정을 보여줄 뿐이라고 보았다. 그래서 조태영은 「조신」은 소설이 되지 못하였고, 소설 이전의 전기의 영역에 든다고 하였다.[58]

3) 「김현감호(金現感虎)」

「김현감호(金現感虎)」는 김현이 범을 감동시킨다는 뜻을 지닌 이야기인데, 『삼국유사』에 실려 있다. 줄거리는 다음과 같다. 신라 원성왕(元聖王) 때에 낭군(郎君) 김현(金現)이 흥륜사(興輪寺)에서 탑돌이를 하다 처녀로 변신한 호랑이를 만나 사랑을 나누고 처녀의 집으로 간다. 그런데 처녀의 호랑이 오라비들이 김현을 해칠까 봐 처녀는 자기가 대신 하늘의 벌을 받겠다고 마음먹는다. 그래서 자신이 호랑이가 되어 시장에서 여러 사람을 해치면 나라에서 범을 잡으라고 할 것이니 그때 자기를 잡아 임금께 바치고 높은 벼슬을 얻으라고 한다. 김현은 거절하지만 결국 호랑이 처녀의 제안을 받아들이고 범을 잡아 바치고 벼슬길에 오르고 범을 기리기 위해 호원사(虎願寺)라는 절을 세운다.[59]

이 작품은 사람이 아닌 호랑이 처녀가 사람의 생각이나 논리에 따라 자신의 뜻을 곡진하게 펼쳐서 김현을 설득하는 모습이 실감 나게 그려지고 있어 주제의식이 뚜렷하게 드러난다. 여기서 호랑이 처녀는 내 죽음은 하늘의 명으로 스스로 바라는 것이고, 지아비의 경사이며 호랑이족의 복이며 나라 사람들의 즐거움으로 한번 죽어서 다섯 가지의 이로

---

58 조태영(2001), 앞의 글, 157쪽.

59 『삼국유사(三國遺事)』 권제5, 「감통제7(感通第七), 김현감호(金現感虎)」.

움을 얻는 것이기 때문에[60] 포기할 수 없는 것이라고 김현을 설득하고 범으로 변하여 사람을 해친 뒤 김현의 칼로 자살하여 김현을 입신시킨다. 이렇게 「김현감호」는 뒷부분에서 서술자가 호녀의 희생을 부각시켜 주제의식을 뚜렷이 내세우기 때문에 많은 연구자가 이 작품을 '전기' 또는 '전기소설'로 다루어 왔다.[61]

임형택은 『금오신화』와 나말여초의 전기문학(傳奇文學)의 양식은 질적으로 다르지 않다고 보았다. 전기문학은 작가가 창작하였으며 문식(文飾)이 가미 되었고 사회현실을 보다 풍부하게 반영하였기 때문에 설화와 구분될 수밖에 없다고 하였다. 다만 전기의 작품세계는 불합리와 전설적인 신이(神異)를 많이 담고 있다. 그러나 작가의식은 그 기본이 합리성이 바탕이 된다. 「김현감호」에서 범을 등장시켰지만 사람과 범의 사귐은 상도(常道)가 아니라고 주인공의 입을 빌려 분명히 말하였다고 보아 「김현감호」를 소설로 보았다.[62]

윤채근은 소설적 주체는 작품 속에 반영된 여러 관점과 가치를 받아들이지만, 그 개개의 고유함을 존중하면서 그것들과 빚는 긴장을 잃지 않으려는 태도를 지닌다고 하면서 「김현감호」, 「조신」, 「최치원」을 나말여초 전기소설의 완전분화형이라 하였다.[63] 「김현감호」는 전기소설의 가장 완성된 형식을 보여주고 있다고 하면서, 자기헌신의 사회적 가치

60 『삼국유사(三國遺事)』 권제5, 「감통제7(感通第七), 김현감호(金現感虎)」에 "今妾之壽夭盖天命也 亦吾願也 郎君之慶也 予族之福也 國人之喜也 一死而五利備其可違乎."

61 박일용(2007), 「소설사의 기점과 장르적 성격 논의의 성과와 과제」, 『고소설 연구』 24, 한국고소설학회, 22쪽.

62 임형택(1984), 앞의 책, 23쪽.

63 윤채근은 전기문학에서 설화적 주체에서 소설적 주체로 분화되는 유형을 미분화형/개변형/완전분화형, 세 가지로 나누었다. 설화적 주체에서 소설적 주체로 나아가지 못한 미분화형에는 「원광서학」 같은 작품을 들었고, 설화와 소설의 사이에 과도적 성격의 개변형에는 「온달」, 「설씨녀」, 「도미」, 「백운제후」 같은 작품을 들었고, 소설로 완전히 나아간 완전분화형에는 「김현감호」, 「조신」, 「최치원」 같은 작품을 들었다. 윤채근(1999), 앞의 책, 53쪽.

와 대의를 위해 포기하는 이류(異類) 사이의 초월적 사랑이란 주제를 결합한 손색없는 완전분화형 전기소설이라고 하였다. 김현과 호녀의 포기와 희생은 사랑이 무언가 다른 것을 얻기 위해 잃어버린 것 또는 희생된 것일 수도 있다는 소설적 여운을 남긴다고 보았다.[64]

그러나 박일용은 「김현감호」는 서술자가 서사세계의 사건을 '기이(奇異)'의 차원에서 바라보아 서사세계에 전개되는 내적 필연성을 이해하지 못하고 있다고 보았다. 등장인물이 호랑이로 나오고 그들을 둘러싼 상황이 신비한 것으로 그려지고 있어 화랑과 하층 여성 사이의 현실적인 관계를 서술자가 제대로 이해하지 못하고 있다고 평가하였다. 당시의 지배적인 통념을 벗어나지 못하고 관념적으로 서술하고 있다는 것이다. 서술자는 김현의 처지에서만 서사세계의 사건을 바라보아 여인의 죽음을 인(仁)으로 해석하고 있다. '하늘의 외침'이 무엇을 뜻하는지, 여인의 오빠들인 호족이 어떠한 사회적 성격을 갖는 것인지, 여인과 김현의 관계와 여인의 죽음이 갖는 의미가 객관적으로 어떤 것인지를 구체적으로 그리지 못하고 있다. 이렇게 「김현감호」의 사건은 중세시대, 지배질서에 대항하는 집단의 존재와 호환(虎患) 사건이 합쳐진 것이다. 중세시대에 나타날 수 있는 계층이 다른 두 남녀의 비극적인 사랑 이야기를 당대 지배질서의 틀을 벗어나지 못한 좁은 시각에서 파악하고, 그것을 다시 관념적인 불교적 인과관계로 그리고 있다. 그러니 「김현감호」는 경이로운 사건의 차원에서 서술되고 있는 전설의 특징을 드러내는 작품이다.[65]

박일용은 다른 글에서도 「김현감호」가 소설이 아님을 주장하였다. 박일용에 따르면, 김현은 나중에 결국 호녀의 희생을 받아들였고 호녀

---

64 윤채근(1999), 위의 책, 91-94쪽.

65 박일용(1993), 앞의 책, 71-74쪽.

는 목숨을 바칠 만큼 김현과 맺은 관계를 소중한 것으로 생각한 것으로 볼 때, 김현과 호녀 사이에 감정의 거리가 있다. 이렇기 때문에 호녀가 김현을 위해 희생하는 것은 호녀의 간곡한 설득 논리가 있음에도 기이한 일일 수밖에 없다. 서술자를 대변하는 체험 당사자인 김현이 호녀에 대해 겪은 자신의 체험을 기이하게 여기고 있다. 「김현감호」에 설정된 호녀의 희생과 김현과 호녀의 결연은 이념적으로 대립된다. 그러므로 호녀의 자발적 희생이 부각될수록 김현과 호녀의 결연 사건은 지괴의 형태로 축소될 수밖에 없다. 「김현감호」에서는 욕망의 해소를 구체화하지 않고 호녀의 희생을 매개로 한 만남의 결렬을 정당화하는 데 초점을 맞추고 있다. 「김현감호」는 현실의 지배질서를 지향하는 김현의 세계관을 바탕으로 부처의 영험을 부각시킨 '불교적 영이전(靈異傳)'이라 할 수 있다. '전기'와는 구분이 되면서 '불교적 설화'로 이르기에는 창작 기록문학의 성격이 강하게 드러나기 때문에 '영험전' 또는 '영이전'으로 일러 독자적인 갈래로 인정하는 것이 필요하다.[66]

이처럼 박일용은 「김현감호」가 현실세계를 구체적으로 그리지 못하고 전설의 차원을 벗어나지 못하고 있어 소설로 보기 어렵다고 판단했다. 그리고 불교 설화로 이르기에는 창작 기록문학의 성격이 강하므로, '불교적 영이전'으로 이를 것을 제안하였다.

조태영은 김현이나 호녀 모두 자아의 주체적인 의지나 욕망을 가지고 억압적인 세계현실에 맞서 대결하는 소설적 성격을 갖추고 있지는 못하다고 보았다. 호녀가 세계에 대하여 자신의 의지를 관철시키고 높은 차원의 욕망을 성취하기는 하였으나 이 성취는 온전한 의미에서 소설적 대결을 통한 성취는 아니다. 이 이야기의 줄기는 종교적 승화이지 자아와 세계의 갈등이 아니기 때문이다. 그래서 이 이야기는 서사구조

66 박일용(2007), 앞의 글, 24-28쪽.

의 면에서 불교적 신화라 할 수 있다. 표면만을 놓고 보면 전형적인 사찰연기전설이고, 보은전설이다. 이 작품은 전기적 취향이 강하게 결합되어 전기로 가공된 불교 설화라 할 수 있다.[67]

4) 「백월산양성성도기(白月山兩聖成道記)」

『삼국유사』에 실린 '노힐부득 달달박박(努肹夫得 怛怛朴朴)'은 소설의 발생과 관련하여 다른 작품에 비해 많은 이들이 주목하지 않았으나, 이 작품에서 소설의 면모를 보는 이도 있다. 『삼국유사』에서 본디 제목은 '남백월이성 노힐부득 달달박박(南白月二聖 努肹夫得 怛怛朴朴)'이라 되어 있고 본문에서 "「백월산양성성도기(白月山兩聖成道記)」에는……"이라 되어 있다.[68] 속세를 떠나 수련을 하고 있던 노힐부득과 달달박박에게 어느 날 한 여인이 찾아온다. 달달박박은 이곳에 여인을 들일 수 없다며 돌려보낸다. 하지만 노힐부득은 여인을 불쌍히 여겨 안으로 들이고, 해산을 돕고 목욕까지 시킨다. 다음날 달달박박은 노힐부득이 규율을 어겼을 것이라며 찾아갔는데, 그곳에는 부처가 된 노힐부득이 있었다. 부득은 박박에게도 도움을 주어 함께 성불한다. 불교의 진정한 정신은 계율을 지키는 것이 아니라 대중에게 자비심을 베푸는 것임을 일러주는 이야기이다.[69]

박희병에 따르면, 이 작품은 얼핏 보면 사원조성기(寺院造成記)나 사원연기설화(寺院緣起說話) 같지만, 한시가 들어가 있고 인물의 심리 갈등을 그려 설화에서 이미 벗어나 있다. 「백월산양성성도기」는 「최치원」에서 마련된 전기소설의 전통을 계승하되 그것을 불교적인 방향으로 가져

---

67 조태영(2001), 앞의 글, 155-156쪽.

68 일연이 원작(原作) 「백월산양성성도기」를 손질하고 다듬은 것인데, 이는 나말여초의 작품을 13세기 후반에 일연이 수용하고 개작했음을 보여준다.

69 『삼국유사(三國遺事)』, 권제3, 「제4 탑상(塔像第四), 남백월이성 노힐부득 달달박박(南白月二聖 努肹夫得 怛怛朴朴)」.

간 것이다. 노힐부득과 달달박박에 대한 성격 묘사, 노힐부득과 여인과 사이에 벌어지는 사건의 묘사와 그 과정에서 드러나는 노힐부득의 내면 갈등의 서술, 그리고 작품의 짜임새에서 「최치원」보다 진전된 면모도 찾을 수 있다.[70]

그러나 김종철은 「백월산양성성도기」를 전설로 보았다. 「백월산양성성도기」에서 두 사람이 성도한 뒤의 후일담은 실제로 확인할 수 있는 시공간의 증거물 제시로 이루어져 있다. 그리고 일연 역시 그 증거물을 꼼꼼히 확인하고 있으며, 이 작품에 대한 의론(議論)에서는 관음보살의 교화에 주목하고 있을 뿐이다.[71] 김종철은 「백월산양성성도기」가 불교나 관음보살의 정신을 전하는 데 치중하고 현실의 절실한 삶을 그리지 못해, 소설로 나아가지 못했다고 본 것이다.

『금오신화』 이전의 전기문학을 소설로 보는 이들이 어떤 작품들을 소설로 보고 어떤 작품들은 전설로 보는지, 한눈에 알아보기 쉽게 표로 간추리면 다음과 같다.

[표 10-1] 전기문학 작품의 갈래에 대한 연구자들의 견해

	최치원	조신	김현감호	백월산양성성도기
지준모(1975)		소설		
조수학(1975)	소설			
조동일(1977)	전설	전설		
이헌홍(1982)	소설			
임형택(1984)	소설	소설	소설	
박일용(1993)	소설	전설	전설	
김종철(1995)	소설	소설	전설	전설

70 박희병(1997), 앞의 책, 69-70쪽.

71 김종철(1995), 앞의 글, 545쪽.

장효현(1995)	전설	전설	전설	
박희병(1997)	소설	소설	소설	소설
김현양(1997)	전설			
정출헌(1999)	소설			
윤채근(1999)	소설	소설	소설	
조태영(2001)	전설	전설	전설	

위를 보면 알 수 있듯이, 같은 작품을 두고도 연구자에 따라 소설로 보기도 하고 전설로 보기도 한다. 위의 연구들은 자신들의 주장이 타당함을 증명하기 위해 다른 이의 주장이 어떻게 틀렸는지 비판하였다. 다른 이의 이론을 비판하고 자신의 이론이 대안 이론이 될 수 있음을 펼쳤다. 이렇게 의견이 다른 것은 연구자들이 소설이 되는 기준을 다르게 잡았고, 작품을 보는 관점이 다르기 때문이다. 이론가마다 소설을 판단하는 기준이 다르고, 작품을 보는 관점이 다르다는 사실이 어쩌면 흥미로운 탐구 거리로 다가올 수 있다. '우리 옛 소설의 첫 작품'이라는 문학 지식에 관심을 가진 학생이라면 한 번쯤 탐구해 보고 싶은 공부 거리일 것이다.

이렇게 다루는 주제가 갈등하는 지식일 때, 탐구 수업이 이루어질 수 있는 바탕이 마련된다. 논쟁의 여지가 있어 갈등의 미봉합 상태인 문학 지식은 확정된 지식을 전달하는 수업을 넘어서서 기존의 지식을 의심하고 비판해 보는 활동을 이끌 수 있다.[72]

72 주재우(2022), 앞의 글, 133-134쪽.

3. 문학 교실에서 옛 소설의 첫 작품에 대해 다룬다면?

우리 옛 소설의 첫 작품은 어떤 작품인가? 옛 소설의 첫 작품은 참으로 소설의 성격을 지니고 있는가? 어떤 작품은 소설로 나아갔고, 어떤 작품들은 전설에 머물러 있는가? 이런 것들이 '옛 소설 첫 작품'에 관한 문학 지식이라 할 수 있다. 『금오신화』에 실린 다섯 작품이 최초의 소설이라는 주장과 달리 이미 신라 말, 고려 초의 전기문학 작품에서 소설의 면모를 볼 수 있다는 주장들이 나타나면서 고소설의 기원에 대한 논쟁이 오늘날까지도 꾸준히 이어지고 있다. 고소설 기원 논쟁이라는 주제를 문학 교실에서 하나의 문학 지식으로 다루어 협력 탐구를 해 본다면, 어떤 방향으로 하는 것이 바람직하고, 이럴 때 어떤 의의와 효과가 있을지 살펴보고자 한다.

(1) 소설의 성격과 옛 소설의 첫 작품에 대해 쉽게 이해하도록 방편 마련하기

우리 옛 소설의 첫 작품은 어떤 작품이며, 우리 소설의 기원을 어느 때로 잡아야 할 것인지를 문학 교실에서 다룬다면, 어떻게 다룰 수 있을지 생각해 보고자 한다. 먼저 전설과 소설에 대한 이해가 이루어져야 한다. 같은 이야기 문학, 서사 문학이지만 전설은 어떤 특징이 있고 소설은 어떤 특징이 있는지 탐구해야 한다. 누구나 전설로 확정한 작품들을 살펴보고 전설에 머물고 있는 작품은 어떤 성격인지 생각해 보게 한다. 또 누구나 소설로 인정하고 있는 작품들을 살펴보고 전설과는 어떻게 다르고 전설보다 어떤 면에서 발전된 모습을 보이는지 탐구하게 한다. 이런 활동을 하면서 학생들은 전설 작품은 대개 이런 성격과 특징을 보이고 있으며 소설 작품은 전설보다는 어떤 면에서 더 달라졌는지를 어느 정도 이해하게 될 것이다.

그리고 문학 연구자들이 마련한 전설이나 소설을 구분하는 방법에 대해 탐구해야 할 것이다. 어떤 작품이 전설에 머물지 않고 소설의 성격을 띠려면 무엇을 갖추어야 하는지를 공부해야 할 것이다. 여기에는 조동일이 마련한 자아와 세계의 관계에서 누가 우위를 차지하는지를 바탕으로 전설과 소설을 구분할 수도 있고,[73] 윤채근처럼 작품의 작가나 주인공이 설화적 주체의 성격을 띠는지 소설적 주체의 성격을 띠는지를 살펴보고 전설과 소설을 구분할 수도 있을 것이다.[74] 아니면, 작품의 구성이나 표현수법을 바탕으로 전설과 소설을 구분하거나 또는 박희병처럼 등장인물의 심리나 상황의 묘사, 문체를 살펴보고 가늠할 수도 있을 것이다.[75]

이와 같은 전설과 소설의 구분 기준들이 학생들의 눈높이에 맞는지를 생각해 보아야 한다. 만약 어떤 학자의 기준은 학생들의 수준에 너무 어렵다면 더 쉬운 기준으로 학생들이 전설과 소설을 구분해 보는 탐구를 해 보게 해야 할 것이다. 이를테면 조동일의 이론이 고등학생에게는 이해할 만한 수준의 이론이라면 학생들은 자아와 세계의 대결 양상을 바탕으로 작품의 소설다움을 판단할 수 있을 것이다. 전설은 자아보다는 세계가 우위에 있기 때문에 주인공은 대개 세계의 경이에 맞서 주체다움을 발휘하지 못할 때가 많다. 이렇게 자아가 세계의 경이나 횡포에 맞서지 못하고 좌절하거나, 능동적이고 주체적으로 생각하고 행동하지 못한다면 이 작품을 전설로 가늠할 것이다. 학생들이 자아가 세계에 맞서 적극적으로 대결하고 있는지 따져보면서 작품의 성격을 어느 정도 파악할 수 있다면 자아와 세계의 관계를 전설과 소설 구분의 기준으로 삼을 수 있다.

---

73 조동일(1977), 앞의 책, 104-136쪽.

74 윤채근(1999), 앞의 책, 32-51쪽.

75 박희병(1997), 앞의 책, 58-61쪽.

한편 자아보다 세계가 우위에 있는지, 아니면 서로 우위를 차지하기 위한 대결 속에 작품의 이야기가 전개되고 있는지를 학생들이 가늠하기 어렵다면, 자아와 세계의 관계로 전설과 소설을 구분하는 방법보다 다른 방법을 활용해야 한다. 박희병이 마련한 기준에 따른다면, 설화와 달리 소설은 인물과 환경이 구체적으로 묘사되고 서술되는지, 또 작품에서 시간의 흐름이 성장, 변화, 형성의 성격을 띠어 인물의 정신적 변화가 참되고 깊이 있게 드러나는지, 섬세하고 내면적이고 고독한 인간상이 드러나는지, 작품이 뚜렷한 목적의식을 바탕으로 창작되었는지, 감각적이고·화려한 문어체의 문체로 되어 있는지, 이런 것들을 학생들이 작품을 읽어보면서 꼼꼼하게 살피게 할 수 있다. 이런 활동을 하면서 학생들은 읽고 있는 작품이 전설인지, 소설인지 가늠해 볼 수 있다.

위와 같은 기준들이 학생들에게 어렵다면 학생들이 탐구할 수 있는 수준, 곧 학생들의 눈높이에 맞는 다른 기준을 선택해야 한다. 어떤 작품이 전설에 해당하는 작품과는 그 표현수법이 다른지를 살펴보게 할 수 있다. 또 인물들이 드러내는 삶의 모습이 전설과 같이 단순하지 않고 구체적이며 현실적인지를 살펴보고 전설보다는 소설로 더 나아갔는지 짚어보게 할 수도 있다. 현실의 문제와 갈등, 질곡들이 개연성을 가지고 작품에 드러나는지, 작품의 구성이나 분위기가 소설에 가까운지, 작자의 창작의식이나 목적이 드러났는지, 시나 노래가 작품에 들어가서 이야기 진행에 중요한 구실을 하는지, 여러 가지 소설적 장치들을 찾아보게 할 수도 있다. 이렇게 학생들의 수준에 맞게 전설과 소설을 가르는 기준을 소개하고 이 기준에 따라 학생들이 작품을 꼼꼼히 들여다보고 전설인지 소설인지 탐구하게 한다.

예컨대 몇몇 연구자들이 전기소설로 나아갔다고 평가하는 「최치원」이 전설의 단계에 있는 작품인지 소설의 단계에 있는 작품인지 학생들이 공부해 보게 할 수 있다. 학생들이 가장 잘 이해할 수 있는 이론으로 전설과 소설을 구분하는 기준을 마련하고 이 기준에 따라 「최치원」이 전설에 가까운지 아니면 소설의 성격까지 나아갔는지 탐구하게 한다. 표현수법, 인물의 성격 묘사, 시대상 반영, 소설다운 짜임새, 작가의 주제나 창작의식, 이런 것들을 살펴보면서 분석해 보게 한다. 이런 활동을 하면서 전설이나 소설은 어떤 성격인지 배우게 되고, 한 작품에 대한 갈래짓기를 경험할 수 있게 된다.

그런데 여기서 전설과 소설을 구분하는 기준들이 학자마다 다르다는 것을 반드시 안내해 주는 것이 좋다. 그리고 전설과 소설을 구분하는 기준은 아직도 논쟁 중에 있고, 언제든지 이런 기준들이 오류로 밝혀질 수 있기에, 이런 기준들은 전설과 소설을 구분하기 위해 활용하는 방편임을 알게 해 주어야 한다. 예를 들어 박희병이 내세운 설화와 소설을 가름하는 기준을 두고, 정출헌은 전기소설의 서사문법을 규정하고 그런 특성을 개별 작품에서 확인하는 방식은 신원 확인의 작업을 거듭하는 한 환원론(還元論)의 오류에서 자유롭지 못하고, 정작 문제가 되는 「최치원전」에 대한 깊은 이해를 증진하기에도 무력할 수밖에 없다고 비판하였다. 작품에 대한 구체적인 점검이 부족하고 초기 소설사에서 이룬 예술적 성취를 충분하게 논의하지 못했다고 지적하였다.[76] 또한 임형택이 『수이전』에 나오는 작품들을 전기소설로 보고 그 기준으로 ① 작가의 창작성과 문식(文飾)의 가미, ② 사회현실의 보다 풍부한 반영을 제시했는데, 박일용은 이 기준들은 문헌설화와 소설에 모두 나타날 수 있는 것으로 타당한 기준이 될 수 없다고 비판하였다.[77] 전설과 소설을 가르는 기준에 대해서 기존의 주장을 반박하고 그 오류를 지적한 연구가 이어지고 있다. 그러므로 누구의 주장도 오류로 밝혀질 수 있음을 학생들

---

76 정출헌(1999), 앞의 책, 14-15쪽.

77 박일용(1993), 앞의 책, 54쪽.

이 인식하게 해야 한다.

학생들은 학자들이 마련한 전설과 소설의 구분 기준을 완전히 이해하지 못할 수도 있다. 그렇다면 방편을 써야 한다. 어떤 작품이 전설인지 소설인지 판가름하는 기준은 여러 학자가 마련하여 매우 수준 높은 이론으로 정리되었으나, 그 이론들을 지금 우리가 완벽하게 이해하기는 힘들기 때문에, 조금 쉽게 손질한 이론을 먼저 공부한다는 것을 학생들은 알아야 한다. 아울러 이것은 높은 수준의 문학 지식을 배우기 위한 하나의 방편임을 알게 해야 한다. 그래서 이것을 발판 삼아 나중에 전설과 소설의 구분 기준에 대한 더 어려운 이론을 공부할 수 있다. 이렇게 전설과 소설을 구분하는 문학 이론을 한 단계씩 공부해가면서 깊이 있는 지식을 점유해 나가게 된다. 학생들은 수준 높은 문학 지식을 얻기 위해서는 단계가 필요하고 방편이 필요함을 이런 과정을 거치면서 경험하게 된다.

'수단'은 어떤 목적을 달성하는 데 효과적이기 때문에 쓰는 것이지만, '방편'은 쓰지 않으면 목적을 달성하기 어렵기 때문에 어쩔 수 없이 쓰는 것이다.[78] 그러기에 방편은 잘 활용하고 나면 나중에는 버려야 할 것이 된다. 전설과 소설을 이해하기 위해 전설과 소설을 가르는 기준을 배우는 이의 눈높이에 맞게 쉬운 문학 지식으로 가공하여야 한다. 이런 방편은 전설과 소설을 이해하고 탐구하기 위한 어쩔 수 없이 쓰는 방편이다. 이와 같은 방편을 거치지 않고는 배우는 이들이 전설과 소설을 올바로 이해하고 탐구할 수 없다. 그리고 배우는 이들이 어느 정도 전설과 소설에 대한 문학 지식을 점유하거나 증득했다면, 이제 이 방편은 더 어려운 문학 지식으로 나아가는 데 걸림돌이 되기 때문에 과감히 버려야 한다.

---

78 이미종(2010), 『불교수행과 교과교육』, 교육과학사, 124-130쪽.

교과서에는 최종이라 생각하는 문학 지식을 소개하고 이를 학생들이 내면화할 것을 요구한다. 고소설의 기원이 되는 작품이 어떤 작품이고, 어떤 작품부터 고소설로 보는지 설명해 주는 방식으로 교과서를 구성한다. 교과서에 제시되는 방식대로 문학 지식을 공부해서는 옛 소설의 첫 작품이라는 문학 지식을 제대로 탐구하기 어렵다. 배우는 이들은 그 설명을 제대로 이해할 수 있는 배움이나 경험을 충분히 겪지 않았기 때문이다. 지식은 단계를 거쳐 점유되는 것이다. 고소설의 기원에 대한 문학 지식도 학생들이 시간이 걸리더라도 단계를 밟아가면서 차근차근 알아가도록 해야 한다. **많은 양의 문학 지식을 보이는 것보다 한 가지 문학 지식이라도 단계에 따라 지식의 수준을 높여가도록 하는 것이 바람직하다.** 배우는 이의 눈높이에 맞게 단계들을 마련하고 그런 단계들을 밟아가면서 고소설 기원에 대한 문학 지식의 수준을 차츰 높여가야 한다.

간추리면, 우리 옛 소설의 첫 작품에 대한 문학 지식을 탐구하기 위해서는 전설과 소설의 특징과 성격에 대해 이해해야 한다. 전설과 소설을 판가름하는 기준은 여러 가지이며 우리가 이해하지 못하는 수준의 어려운 이론도 있는데, 이런 어려운 이론은 지금 우리가 이해하기 어렵기 때문에 쉬운 이론을 방편 삼아 나중에 더 어려운 이론을 공부해 나갈 수 있다는 것을 학생들은 깨닫게 된다. 그리고 전설과 소설을 구분하는 여러 기준도 언제든지 오류로 판명될 수 있기 때문에, 이런 오류를 활용하여 우리는 더 나은 지식을 찾아 나서야 한다는 것도 학생들은 배우게 된다.

(2) 옛 소설의 첫 작품에 대한 여러 생각 견주어 보기

옛 소설의 첫 작품에 대한 견해는 크게 두 가지로 나뉜다. 『금오신화』부터를 소설로 보자는 견해와 그 이전에 창작된 전기문학들 가운데 소설의 완성도를 갖추고 있는 작품들을 고소설의 첫 작품으로 보자는 견해이다. 여기서 더 자세하게 나누면 전기문학 가운데 어떤 작품들이 소설의 조건을 갖추었고 어떤 작품들은 소설까지 나아가지 못했는지 연구자들의 서로 다른 견해들이 있다.

그런데 문학 교실에서는 이렇게 여러 견해가 갈등하고 있는 문학 지식을 다루지 않거나, 다루더라도 가장 권위 있거나 타당하다고 인정받고 있는 견해만 다루는 경향이 있다. 또 교과서 집필진은 논란의 소지를 막기 위해 여러 견해를 모두 받아들이는 위험을 피하기도 한다. 아니면 집필진의 관점이나 시각에 맞는 이론만을 교과서에 소개하기도 한다. 이런 태도나 관점이 학생들이 문학 지식을 배우고 익히는데 그나마 가장 무난하다고 생각할지 모르나 학생들의 인식론의 신념(지식관) 신장을 위해서는 딱히 좋은 것만은 아니다. 경쟁하거나 갈등하는 여러 견해를 보여주는 것이 인식론에 대한 관점과 태도를 바르게 신장시키는 데 도움을 준다.

따라서 고소설의 기원에 대한 문학 이론을 문학 교실에서 다룬다면 여러 견해를 소개해 주고 학생들이 문학 지식에는 이렇게 경쟁하고 논쟁 중인 문학 지식도 있다는 것을 경험하게 해 주어야 한다. 조동일은 김시습의 『금오신화』가 왜 첫 소설 작품이 되는지, 먼저 김시습의 사상과 세계관, 그리고 당시의 시대상과 관련지어 논증하였고, 이어서 소설 여부를 판가름하기 위해서 '자아와 세계가 상호우위에 입각해 대결'하고 있는지를 살펴야 하는 까닭을 논증하였다. 조동일은 자신만의 탄탄한 논리를 세웠고 이를 바탕으로 『금오신화』에 나오는 다섯 작품이 전설이 아니고 소설인지를 치밀하게 논구하였다. 이러한 조동일의 연구가 학계에서 오랫동안 훌륭한 이론으로 인정되었고, 문학 연구 쪽의 성과를 바탕으로 문학 지식을 마련하는 문학 교실에서도 조동일의 이론을 우선순위로 선택하지 않을 수 없었다. 그러나 이후에 「최치원」, 「조신」,

「김현감호」 같은 나말여초의 전기문학이 충분히 소설이 될 수 있음을 논증하는 연구들이 나오기 시작했다. 나말여초라는 시대가 작가의식이나 당대 문학 창작 분위기로 보아 우리나라에서도 소설이 나올 수 있는 때였고, 이런 작품들을 자세히 보면 현실세계의 갈등이나 고독한 인간상, 소설적 완성도를 보이는 구성들이 드러난다는 것이다. 한편 같은 전기문학이라 하더라도 연구자에 따라 어떤 작품은 전설에 머물러 있고 어떤 작품은 소설의 양식을 갖추었다고 보기도 한다. 이렇게 고소설의 기원에 대한 여러 주장이 대립하고 있고 경쟁하고 있는데, 이런 여러 견해를 배우는 이들이 만나게 될 때, 고소설의 기원이라는 문학 지식도 기존 이론에 대한 반박과 새로운 주장, 거기에 따른 재반박들이 이어지면서 변천하고 발전해 왔다는 것을 깨닫게 된다.

『금오신화』가 최초의 고소설이라 생각해 왔던 이도 고소설의 기원에 대한 다른 연구자들의 주장을 만나게 되면 문학 지식에 대한 생각이나 관점이 바뀔 수밖에 없다. 그동안 정설이라고 여겨왔던 문학 지식도 온전히 믿을 만한 것이 못 된다는 것을 알게 되고 문학 지식을 공부할 때 열린 태도를 지니게 된다. 옛 소설의 첫 작품에 대해서 이렇게 연구자마다 의견과 생각이 갈린다는 것을 알게 되고 문학 지식을 배우거나 탐구할 때는 비판적인 자세가 필요하다는 것을 느끼게 된다. 고소설의 기원에 대해서 오랫동안 많은 연구자가 치열하게 논쟁해 왔으며, 이러면서 문학 지식이나 이론이 발전해 왔다는 것도 생각하게 된다. 지식이란 이렇듯 수정되고 갱신되면서 발전하고 개선된다는 생각을 가지게 되어 인식론의 신념이 성장하게 된다.

인식론의 신념은 배우는 이의 탐구 자세에도 영향을 미친다. 절대주의자처럼 지식은 확실하고 정답은 정해져 있으며 어떤 권위에서 지식이 나온다고 생각하는 이는 절대 보편의 진리가 있다고 가정한다. 그리고 정답 아니면 오답이라는 식으로 이원론자의 시각으로 지식을 바라본다.[79] 이렇게 되면 고소설의 기원에 대해 가장 권위 있는 이론이라 평가받은 이론을 정답으로 여기고 나머지 이론들은 오답으로 생각하기 십상이다. 그렇게 되면 내려준 지식을 수동적으로 수용하기만 하고 그 지식을 다시 평가하거나 검증하거나 재구성하려는 노력을 하지 않는다. 이런 태도는 배움의 경험을 성장시키기 힘들다.[80] 인식론의 신념 수준이 높은 이는 지식이란 것도 상황이나 맥락에 따라 달라지며 정해진 지식도 새롭게 평가하고 검증하여 주체가 스스로 구성해 갈 수 있다고 믿는다.[81] 그렇기에 고소설의 기원에 대해 여러 의견을 살펴보고 가장 타당한 주장을 찾아보려고 힘쓰게 된다. 고소설의 기원에 대한 여러 이론을 소개하고 살펴보게 하는 것은 이렇듯 인식론의 신념을 성장시키고 더 나아가 바람직한 지식 탐구 경험을 이끌게 된다.

인식론의 신념과 관련하여 고소설의 기원과 같은 논쟁 가운데 있는 문학 지식은 왜 여러 가지 견해들을 제시해 주어야 하는지 다시 한번 살펴보겠다. 앞서 말했듯이, 조동일의 소설 이론을 문학 교실에서 많이 받아들여 쓰고 있지만, 조동일의 이론에 대한 비판도 끊임없이 이어지고 있다. 조동일은 소설은 자아와 세계의 대결이 심각하게 되었을 때 나타난다고 보았다. 자아와 세계가 신화처럼 동질적이지 않고, 전설이나 민담에서처럼 어느 한쪽으로 치우치지 않고, 상호우위를 가지고 대결하는 것을 소설로 보아야, 세계 전역의 소설에서 널리 타당성을 갖는 일반론이 된다고 하였다.[82] 그러나 박희병은 자아와 세계의 관계로 소설

---

79 Kuhn, D.(1991), *The Skills of Argument*, Cambridge: Cambridge University Press, pp. 173-178.

80 파머(P. Palmer)는 객관주의 지식관은 교실에서 학생들 사이에, 그리고 교사와 학생 사이에 서로가 책임을 지는 참여자와 공동 창조자가 되는 것을 가로막고, 서로를 조작하고 세상을 조작하게 만든다고 비판하였다. Palmer, P. J.(1993), *To Know as We are Known: Education as a Spiritual Journey*, San Francisco: HarperOne, pp. 37-38.

81 Hofer, B. K. & Pintrich, P. R.(1997), The development of epistemological theories: Beliefs about knowledge and knowing and their relation to learning, *Review of Educational Research*, 67(1), pp. 119-121.

과 다른 서사 장르를 구분하는 이론은 높은 추상수준에서는 타당하다고 할지라도, 실제 구체적 작품을 갖고 논의하는 수준에서는 서로 다른 해석과 적용이 얼마든지 가능하고, 심지어 자의적이거나 도식적인 적용도 가능하다는 난점을 안고 있다고 비판하였다.[83]

박일용은 조동일이 명혼 소설의 성격을 탁월하게 밝혔지만, 이것이 설화와 소설을 구분하는 잣대가 될 때, 문제가 된다고 보았다. 조동일은 명혼소설에서는 세계를 자기대로 개조해서 세계와 화합을 이루려는 자아의 간절한 소망으로 자아와 세계의 대결이 생긴다고 했는데,[84] 「수삽석남(首插石枏)」에서 최항과 여인의 죽음을 초월한 만남은 세계를 개조해서 세계와 화합을 이루려는 간절한 소망 때문에 생긴 것이다. 이렇다고 한다면, 「수삽석남」은 설화가 아니라 소설이 되어야 한다. 그런데도 조동일은 「수삽석남」을 명혼설화로 규정하였다. 또한 조동일은 자아와 세계가 상호 우위에 입각한 대결구조를 지니면 소설이 된다고 하면서도, 「수삽석남」과 「최치원」을 모두 설화로 규정하였다. 이 작품들에 나오는 인물이 역사적 실재인물이고 작품외적 세계에 해당하는 증거물이 나오기 때문이다. 그런데 형식적으로 이들 작품에 역사적 실재인물을 내세우지만 그들은 허구 인물이나 다름이 없으며, 증거물 또한 이들을 전설로 규정하는 데 결정적인 규정요소가 되기에는 증거물로서 지니는 의미가 작다.[85]

김현양은 조동일의 「최치원」 분석이 문제가 있다고 꼬집었다. 조동일은 최치원이 이별을 강요하는 세계의 횡포를 수긍하지 않으려는 자세마저 보인다고 했는데,[86] 최치원이나 두 여자나 산 자와 죽은 자라고 하

82 조동일(2005), 『한국문학통사2』, 앞의 책, 487-488쪽.
83 박희병(1997), 앞의 책, 62쪽.
84 조동일(1977), 앞의 책, 227쪽.
85 박일용(1993), 앞의 책, 79쪽.
86 조동일(1977), 앞의 책, 169쪽.

는 존재적 차이를 인정하고 있으며, 따라서 두 주체는 이별을 슬퍼할망정 당연한 것으로 받아들인다. 그렇다고 한다면 '자아의 경이', '자아의 패배(세계의 우위)'를 기초로 한 조동일의 갈래(장르) 분석은 타당하게 받아들이기 힘들다.[87] 또 최치원이라는 인물이 전설이라는 갈래를 표징하는 증거물이라고 본 것[88]도 문제가 있다. 전설에서 증거물은 작품외적 세계로서, 이러한 작품외적 세계의 개입은 서사세계의 비현실성을 보완하면서 전설의 중심 의미를 뒷받침하는 구실을 한다. 하지만 「최치원」에서 역사적 인물로서 최치원이 개입되어야 할 아무런 이유도 없으며 또한 작품의 의미가 역사적 인물인 최치원이 아니더라도 문사(文士)의 자질을 지닌 수재(秀才)형의 인물이라면 누구나 대입될 수 있다. 따라서 최치원이라는 역사적 인물을 증거물로 보아 「최치원」을 전설로 보는 것은 잘못이다. 그리고 조동일은 「최치원」을 '문학적으로 수식된 전설'로 보았는데,[89] 문학적 수식을 단순한 의장이라고만 판단하는 것도 온당한 태도라 하기 어렵다.[90]

이렇게 가장 권위 있다고 인정받은 이론이라도 결점이 있을 수밖에 없고, 그렇기에 이에 대한 비판이 있을 수밖에 없다. 권위 있는 학자라고 해서, 그 분야의 전문가라고 해서, 그의 주장이나 견해가 모두 옳다고 여기고 이를 문학 지식으로 삼고 교과에 담아 정설로 다루는 것은 위험하다는 것을 다시 한번 우리는 알게 된다.[91] 따라서 고소설의 기원

---

87 김현양(1997), 앞의 글, 412-413쪽.

88 조동일(1977), 앞의 책, 226쪽.

89 위의 책, 같은 곳.

90 김현양(1997), 앞의 글, 413쪽.

91 전문가는 전문지식을 갖추고 있어 믿어도 좋다는 신화가 학교 현장에 널리 퍼져 있는데, 이런 신화가 교육을 망치고 있다는 주장도 있다. 전문가의 말은 늘 옳다는 잘못된 신념은 전문가(또는 교사)와 학생의 고식적인 간격을 더욱 넓히기만 할 뿐이다. Combs, A. W.(1979), *Myths in Education*, 이성호 옮김(1987), 『교육신화: 인간성 회복을 위한 교육의 심리학적 이해』, 정음사, 58-60쪽.

에 대한 여러 견해를 문학 교실에서 다루어 배우는 이들이 절대주의자(absolutist)가 아닌 평가주의자(evaluative)의 자세로 지식을 바라보게 해야 한다. 문학 교실에서 [표 10-1]을 학생들에게 보여주는 것도 하나의 방법이다. [표 10-1]을 보면서 나말여초의 전기문학을 모두 전설로만 보는 이도 있지만, 작품에 따라 소설로 보는 이도 많다는 것을 알게 되면, 고소설의 기원에 대해서 우리는 다시 한번 깊이 탐구해야 한다는 것을 깨닫게 된다. 문학 지식 가운데는 이렇게 서로 다른 주장이 대립하고 있다는 것을 알게 될 때, 절대주의나 객관주의의 지식관에서 벗어나 지식은 주체가 구성한다는 바람직한 지식관을 갖게 된다.[92]

예컨대 「조신」이라는 한 작품만을 대상으로 이 작품에 대한 여러 연구자의 견해들을 살펴보게 한다고 해 보자. 앞서 살폈듯이 「조신」을 소설로 보는 지준모, 임형택, 김종철, 박희병, 윤채근의 견해를 학생들이 공부하게 한다. 이어서 「조신」을 전설로 보는 조동일, 박일용, 장효현, 조태영의 견해를 공부하게 한다. 학생들은 왜 같은 작품을 두고도 이렇게 의견과 주장이 다른지 탐구하게 된다. 그러면서 학생들은 「조신」에 대한 갈래 규정에서 연구자들이 자신의 주장을 드러내기 위해 다른 이를 어떻게 비판하고 반박하였는지도 살펴보게 된다. 아울러 어떤 이의 주장은 어떤 결함이 있는지도 배우게 된다. 여러 견해 가운데 어떤 주장은 어떤 면에서는 더 타당한지도 나름대로 판단하고 평가해 볼 수 있다. 학생들 스스로 평가하기 어렵다면 동료 학생이나 교사의 도움을 받을 수 있다. 이때는 어느 정도 긴 시간이 필요하기 때문에 탐구 기간을 넉넉히 주는 것이 좋을 것이다. 이렇게 충분한 시간을 두고 공부해 나가면서 학생들은 전기문학의 소설성 판단에 대해 연구자마다 견해가 다르다

92 여기서 덧붙여 말해 둘 것은 이제 문학교육에서 평가도 달라져야 한다는 것이다. 정해진 답을 찾는 것은 정초주의(절대주의, 객관주의) 지식관에서 완전히 벗어나지 못한 평가관이다.

는 것을 배우게 되고, 이러면서 어떤 문학 지식이나 이론도 어느 한 사람만의 이론보다는 여러 사람의 이론을 들여다보면서 다시 평가하고 검증해 보아야 한다는 것을 경험할 수 있다. 이렇게 인식론의 신념 수준이 성장할 때 학생들은 문학 지식을 재구성하고 창조하는 단계까지 나아갈 수 있다.

그리고 여러 견해를 보여주는 것이 학생들이 고소설의 기원이라는 문학 지식을 제대로 이해하게 하는 좋은 방안이기도 하다. 『금오신화』가 옛 소설의 첫 작품이라고 소개하고 다른 견해들은 다루지 않는다면, 전기문학 작품 가운데에는 어느 정도 소설의 완성도를 갖춘 작품이 있다는 것을 학생들은 배우지 못하게 된다. 『수이전』 일문이나 『삼국유사』에 나오는 서사 문학 가운데에는 연구자에 따라 소설로 인정받는 작품이 있다는 것을 알게 될 때, 학생들은 소설의 성격이나 조건을 더 폭넓게 공부하게 된다. 어떤 작품이 설화에서 소설로까지 발전하려면 이런 특성들을 갖추어야 한다는 것도 이해하게 된다. 여러 견해를 소개하는 것이 복잡하고 번거롭다고 할지 모르나 오히려 문학 지식을 올바로 제대로 이해하게 하는 길이다. 여러 견해를 학생들이 살펴볼 때, 「최치원」, 「조신」, 「김현감호」, 「백월산양성성도기」 같은 작품은 단순히 어느 전설 작품과는 다르다는 것을 알게 된다. 이것은 다음에 나올 옛 소설의 첫 작품이라는 문학 지식의 증득과 연결된다.

(3) 옛 소설의 첫 작품에 대해 스스로 깊이 공부해 보기

옛 소설의 첫 작품이라는 어려운 문학 지식을 배우는 이의 눈높이에 맞게 손질한 다음, 배우는 이들이 어느 정도 고소설의 기원이나 전설과 소설의 성격에 대해 이해했다면, 고소설의 기원에 대한 여러 견해를 견주어 보게 해서 문학 지식은 늘 변천하고 수정되고 갱신된다는 것을 경험하게 하여, 배우는 이들의 인식론의 신념을 신장시켜야 한다는 것을 살펴보았다. 이런 단계를 밟고 나면 이제 배우는 이들이 고소설의 기원에 대한 여러 이론이나 주장 가운데 가장 타당하다고 생각하는 견해를 스스로 정해 보게 한다.

서로 다른 주장들을 살펴보면서 배우는 이들 스스로 주체가 되어 어떤 작품을 고소설의 첫 작품으로 볼 수 있을지 나름대로 기준이나 근거를 가지고 결정해 본다면 고소설의 기원이라는 문학 지식을 증득하는 체험을 할 수 있다. 남의 이론만 들여다보고 이해하는 데서 더 나아가 자신이 주체가 되어 어떤 작품이 고소설의 첫 작품이 되며, 그동안 고소설의 첫 작품이라 여겨 왔던 『금오신화』가 과연 고소설의 첫 작품이 될 수 있는지를 탐구해 보게 해야 한다. 고소설의 기원에 대한 여러 이론과 견해들을 살펴보면 배우는 이들은 어느 정도 어떤 작품을 소설로 볼 수 있고 어떤 작품은 전설과 소설의 중간 양식이며, 어떤 양식은 아직 전설에 머물고 있는지를 나름대로 주관을 가지고 가늠해 볼 수 있다. 이러한 탐구가 진정한 문학 지식 탐구요, 진정한 문학 지식의 증득이라 할 수 있다.

먼저 전설과 소설을 구분하는 기준들에 대한 여러 학자의 이론들을 비교, 분석해 보아야 할 것이다. 그 가운데 어떤 이의 이론이 가장 타당한지 탐구해 보아야 한다. 조동일이 자아와 세계가 상호우위에 입각해 대결하게 창작한 서사문학이라는 기준을 충족시켜야 소설이 될 수 있다고 한 것은 중국이나 일본 같은 다른 나라의 소설 작품을 가릴 때도 유용하다고 보았기 때문이다. 그는 명혼소설(만복사저포기, 이생규장전)이 명혼전설과 어떻게 다르고 몽유소설(남염부주지, 용궁부연록)이 몽유전설과 어떻게 다른지를 자아와 세계의 관계를 꼼꼼하게 들여다보고 밝혔다.[93] 그리고 장효현은 전기문학 가운데 설화에서 소설로 나아가는 중간 단계의 역사적 갈래를 설정하여 나말여초의 전기문학은 이런 중간 단계의 서사 문학이지 소설로 다룰 수 없다고 보았다.[94] 이와 같이 『금오신화』를 최초의 고소설로 보는 이론에 맞서 전설(설화)과 소설을 가르는 기준을 다시 세우고 나말여초의 전기문학 가운데 몇 작품이 충분히 소설의 양식을 갖추었다고 보는 이론들이 쏟아져 나왔다. 배우는 이들은 이들의 이론들을 꼼꼼히 검토해야 한다. 누구의 기준이나 근거가 더 타당하다고 생각하는지 깊이 탐구해 들어가야 한다. 그리고 자신이 어떤 한 이론이 가장 타당하다고 정했을 때는 왜 그 이론이 가장 타당한지를 설명할 수 있어야 한다. 그럴 때 고소설의 기원이라는 문학 지식을 증득했다고 할 수 있다. 이처럼 어떤 문학 지식을 제대로 증득하는 것은 간단하고 쉬운 일이 아니다. 시간이 걸리고 깊은 탐구와 노력이 뒤따라야 한다. 그런데 만약 배우는 이가 이런 문학 지식에 흥미나 관심을 갖게 되어 몰입하게 되면 이런 시간과 노력을 아끼지 않는다. 문학 지식의 증득은 어려움과 인내와 노력이 뒤따라야 하지만, 그런 힘든 과정을 기꺼이 빠져들어 하게 될 때, 의미 있고 가치 있는 경험이 되는 것이다.[95]

어떤 학생은 자아와 세계의 관계보다는 실제 구체적인 작품을 해석하면서 그 작품의 소설다움이 가려진다고 생각할 수 있다. 그래서 작품에서 현실을 사실감 있게 묘사하거나 좌절과 비극 같은 절실한 삶의 체험이 드러나면 소설로 볼 수 있다고 정리할 수 있을 것이다. 이렇게 소

93 조동일(1977), 앞의 책, 224-237쪽.

94 장효현(1995), 앞의 글, 17-28쪽.

95 듀이(J. Dewey)는 지적 흥미가 활동 과정의 성취에 종속적이거나 보조적일 수도 있지만, 지적 흥미 그 자체가 지배적인 흥미가 될 수 있다고 보았다. 무엇을 발견해 낼 목적으로 지적인 또는 이론적인 흥미(intellectual or theoretical interest)가 일어난다. Dewey, J.(1913), *Interest and Effort in Education*, In J. A. Boydston(Ed.)(1979), *John Dewey: The Middle Works*, V.7, Carbondale: Southern Illinois University Press, p. 191. 폴라니(M. Polanyi)는 사람은 인식 활동 자체에 내재적인 흥미와 가치를 느낀다고 하였다. Polanyi, M.(1969), *Knowing and Being*, Chicago: The University of Chicago Press, p. 54. 매슬로우(A. Maslow)는 사람이 가지는 기본 인지 욕구로 누구나 알고 싶고 이해하고 싶은 욕구가 있다고 하였다. Maslow, A. H.(1970), *Motivation and Personality*, New York: Harper & Row, pp. 48-50.

설 판별의 기준을 정하게 되면 왜 이런 기준이 타당한지 충분한 설명과 설득을 할 수 있는 근거나 이유도 마련해야 한다. 이런 배움과 공부에서 고소설의 기원에 대한 자신의 문학 지식수준을 높여간다.

전설과 소설을 구분하는 기준에 대한 여러 이론의 타당함을 탐구한 다음에, 배우는 이 스스로 전설과 소설을 구분하는 가장 타당한 기준을 정했다면, 이제 전기문학의 개별 작품들을 살펴보고 소설인지 아닌지를 판가름 해 보게 해야 한다. 역시 이런 과정도 배우는 이 스스로 주체가 되어 스스로 검증하고 평가해 보는 힘겨운 과정이다. 이런 과정이나 활동이 시간이 걸리고 어렵고 힘든 과정이 될 수 있지만, 스스로 학자와 같이 깊이 탐구하는 길을 걸어 보아야 문학 지식을 제대로 증득할 수 있다.[96]

예컨대 어떤 이는「최치원」이라는 작품을 두고 소설에 가까이 다가 가기는 했지만, 구성이 단순하고 설화의 요소가 곳곳에 보이기 때문에 소설로 볼 수 없다고 결론 내릴 수 있다. 또「최치원」에는 등장인물의 삶을 개연성 있게 그려내지 못하고 전체적으로 기이한 이야기 중심으로 되어 있고 자아와 세계의 갈등이 뚜렷하게 드러나지 않기 때문에 소설로 볼 수 없다고 판단할 수 있다. 그러면서「최치원」을 설화(전설), 또는 설화와 소설의 중간 단계 정도로 그 갈래를 규정하는 이도 있을 것이다.

이와 달리 어떤 이는「최치원」이 인물이 처한 장면이나 상황을 구체적으로 묘사하고 있고 인물의 심리가 한시로 밝히 드러나 있고 인물의

---

96 번스타인(R. Bernstein)은 항상 학자는 대체된 이론에서 무엇이 옳고 무엇이 그른지를 이치에 맞게 따져 밝힐 수 있어야 하며, 자신의 이론이 어떻게 앞선 이론에서 '참'인 것과 '거짓'이거나 그릇된 것을 밝힐 수 있는지에 대해 설명할 수 있어야 한다고 하였다. Bernstein, R. J.(1983), *Beyond Objectivism and Relativism: Science, Hermeneutics, and Praxis*, Philadelphia: University of Pennsylvania Press, p. 68. 학생들이 학자는 아니지만, 문학 지식을 탐구하고 공부할 때는 학자의 태도를 지니는 것이 바람직하다. 그것이 진정한 탐구와 배움의 길이기 때문이다.

내면 심리를 잘 그려내고 있어 소설로 볼 수 있다고 정리할 수도 있다. 한편 박희병의 견해[97]를 바탕으로 「최치원」은 주제의식, 일대기적 구성, 인물의 개성 부각, 시의 삽입에서 뚜렷한 목적의식이 나타나 충분히 소설로 볼 수 있다고 결론 내릴 수도 있다. 또는 정출헌의 견해[98]를 기준 삼아 「최치원」이라는 작품에는 작가가 마련한 이야기 세계에서 인식의 질적인 변화와 상승, 새로운 전환을 보여주고 이런 것들이 논리적인 구성을 보여 소설의 양식을 갖추었다고 판단할 수도 있다.

이와 같이 어떤 작품을 두고 소설인지 아닌지를 배우는 이들이 탐구하여 판단해 보게 하는 활동을 해 본다. 그러면서 자신의 주장이나 결론을 입증하고 정당화하기 위해서는 그에 타당한 근거를 보이게 해야 한다. 자신만의 논리로 개별 작품이 소설인지 전설인지를 가늠하게 하면서 자신만의 이론과 지식을 세울 수 있게 해야 한다. 문학 지식 교육은 이렇듯 지식을 모방하고 수용하는 데만 머물지 말고, 배우는 이 스스로가 문학 지식을 능동적으로 탐구하고 재구성하고 창조할 수 있게 해야 한다. 문학 지식에 대한 증득의 과정을 거칠 때 뜻깊고 값어치 있는 배움의 경험을 하게 된다.

만약 『금오신화』나 「최치원」이 고소설의 첫 작품이 될 수 있고 왜 그러한지 간략한 설명을 덧붙인 다음에 이런 문학 이론을 학생들에게 소개하는 것으로만 그친다면, 그것은 학생들이 문학 지식을 올바로 증득할 수 있는 기회를 빼앗아 버리는 것이다. 전설의 성격이 이렇고 소설의 성격은 이러한데 이 작품은 이런 면에서 전설에 머물러 있고 저 작품은 저런 면에서 소설로 볼 수 있다고 설명하고 그밖에 다른 탐구 거리를 주지 않는다면, 배우는 이들은 고소설의 기원에 대한 문학 지식을 지득

97 박희병(1997), 앞의 책, 62-63쪽.

98 정출헌(1999), 앞의 책, 42-46쪽.

할 뿐이지 증득으로는 나아가지 못한다. 고소설의 기원이라는 문학 지식에 대해서도 남이 설명해 놓은 이론만을 모방하는 지득에서 벗어나 여러 이론을 비교, 검토해서 스스로 주체가 되어 내 것으로 점유하여 증득된 지식이 되도록 해야 한다.

고소설의 기원에 대한 문학 지식을 철저하게 증득을 해야 다음에 협력 탐구에 참여할 수 있다. 협력 탐구는 자신이 타당하다고 생각하는 문학 지식을 서로 토론한 다음에 더 타당한 지식을 가려보는 활동이다. 내가 지지하고 주장하는 지식이나 이론을 남에게 설득하려면 그 문학 지식이나 이론을 남에게 가르칠 정도로 깊이 공부하고 탐구해 놓아야 한다.[99] 증득의 과정을 거치지 않고는 교육적 공조를 통한 협력 탐구에 참여하기 힘들다.

(4) 함께 생각 나누면서 가르치고 배우기

고소설의 기원에 대한 문학 지식에 대해 깊이 있는 탐구로 지식을 주체가 점유하는 증득의 과정을 거쳤다면, 이제 협력 탐구에 참여할 수 있다. 학생들이 고소설의 기원에 대해 자기 나름대로 이론을 정립했다면 다른 이들과 토론하면서 자기 이론의 타당함을 주장하며 남을 설득할 수 있어야 한다. 내가 가진 문학 지식이 타당함을 설득할 수 있을 정도가 되어야 그 문학 지식을 제대로 증득했다고 할 수 있다. 한편 자신의 주장이 틀릴 수 있음도 받아들이는 열린 자세도 지녀야 한다. 고소설의 기원에 대해 서로 토론하고 협력 탐구를 해 보면서 내가 지지하는

99 아리스토텔레스는 지식(knowledge)과 가르침(teaching)은 뗄 수 없는 관계라고 믿었다. 아리스토텔레스는 가르침의 열정을 가장 잘 실천한 사람 가운데 한 사람인데, 그는 만약 어떤 사람이 자신의 지식을 남에게 전달할 수 없다면 그 사람은 안다고 주장할 수 없다고 생각하였다. 곧 가르침을 지식의 적합한 표현으로 생각하였다. Barnes, J.(1982), *Aristotle*, 문계석 옮김(1989), 『아리스토텔레스의 철학』, 서광사, 18쪽.

이론이 오류가 있고 결점이 있다는 것을 깨달았다면 다른 사람의 이론을 더 나은 지식으로 여기고 그 지식을 배울 수 있어야 한다.[100] 협력 탐구를 하는 것은 경쟁하고 있는 이론 가운데 그 우열을 교육이라는 원리에 근거하여 가려보는 것이다. 후진의 지식은 선진의 지식에 승복하게 되어 있다. 자신의 지식이 후진의 지식(낮은 수준의 지식)이라 여기면 선진의 지식(높은 수준의 지식)이라 생각하는 지식을 배우려고 할 것이고 자신의 지식이 남보다 더 선진의 지식이라 여기면 남을 설득하여 가르치려 할 것이다. 이렇게 가르치고 배우면서 지식의 우열(지식의 종적 상대성)을 가리는 것이 교육적 공조를 통한 협력 탐구이다. 협력 탐구 활동 중에 많은 이들이 가장 나은 이론으로 받아들인 이론은 당분간 선진의 지식이 되고 가장 타당한 지식이 된다. 그러나 그 지식은 어디까지나 잠정적인 진리일 뿐이다.

전설과 소설을 구분하는 기준을 마련한 이론 가운데 누구의 이론이 가장 타당한가? 서로 토론해 보면서 가장 타당한 이론을 찾아본다. 조동일의 이론은 우리나라뿐 아니라 다른 나라의 소설 이론에도 적용될 수 있는 장점이 있지만, 자아와 세계의 대결 관계라는 도식적 틀만으로는 작품의 구체적인 면모를 드러낼 수 없다는 흠이 있다. 분명히 전기문학 가운에는 설화로만 볼 수 없는 작품들이 있다. 조동일에 맞서 그래도 가장 치밀하게 설화와 소설을 구분하는 기준을 마련한 이는 박희병이다. 그러나 박희병의 이론도 김현양이 비판했듯이 설화가 아니면 곧 소설이 된다는 양자택일의 태도라는 비판을 받을 수 있다. 박희병은 정태

100 기존에 옳다고 믿었던 지식이나 사고방식보다 더 좋은 다른 대안이 있다고 하면, 자신의 생각을 고치거나 대안을 기꺼이 받아들이는 열린 마음을 길러야 한다. 경직, 폐쇄의 안목으로 앞날을 이끌어 가는 주체가 되기 어렵다. 이것은 지식과 선전을 구분하고 남의 생각을 냉정하게 검토할 수 있는 비판적 사고력과 관련된다. 곽병선(2004), 「홀리스틱 교과교과서의 새 지평」, 『[illegible]』, 한국홀리스틱교육학회, 15쪽.

적 인식에서 좀 더 열린 자세로 동태적 인식으로 전환하여 전기문학을 그 소설다움에 중점을 두고 다시 분석해 보자고 하였으나 이것이 오히려 정태적 인식이 될 수도 있다. 고소설의 기원에 대한 여러 학자의 이론들을 치열하게 토론해 보면서 가장 나은 이론을 찾다 보면 누구의 이론은 어떤 면에서 결함이 있는지 드러나게 되고 이런 과정에서 고소설 기원이라는 문학 지식을 더 깊이 있게 알아가게 된다.

만약 전설과 소설을 구분하는 이론에 대해 협력 탐구를 해 본 다음에 학생들이 어느 한 이론을 가장 타당한 이론, 가장 종적 위계가 높은 이론이라고 인정했다면 그 이론은 잠정적으로 가장 우위의 이론으로 자리 잡는다. 예를 들어 한 학생이 조동일의 이론은 너무 도식적이어서 설화의 성격에서 벗어나 있는 전기문학이 지니는 소설의 성격을 밝히 드러낼 수 없고, 박희병의 이론이 결함이 있기는 하지만 설화(전설)와 소설을 구별해 주는 가장 타당한 기준이 될 수 있다고 주장하며 다른 학생들을 설득하는 데 성공했고, 많은 학생이 그 학생의 주장을 받아들였다면 박희병의 이론이 가장 나은 이론으로 자리 잡을 것이다. 하지만 이 이론도 지금까지는 가장 나은 이론이고 앞으로 더 타당한 이론이 나타난다면 대체될 수 있는 이론이다.

이제 전기문학의 작품 가운데 어떤 작품이 전설이고 어떤 작품은 소설인지 서로 협력 탐구 활동을 해 보게 한다. 여기서도 교육적 인식론을 바탕으로 지식의 우열이 가려지는 과정이 드러나게 될 것이다. 「조신」이라는 한 작품만 예를 들어 보자. 몇몇 학생이 「조신」은 전기소설 못지않은 탄탄한 짜임새를 갖추고 있으며, 남녀 두 주인공의 사랑이 생활의 어려움과 가난으로 좌절되는 것을 절실하게 그려내고 있어 불교 설화의 단계를 넘어서 소설로 나아갔다고 주장하였다고 하자. 그리고 다른 학생들은 자신들의 공부나 지식이 부족함을 깨달아 「조신」이 소설이라고 가르쳐 주는 학생들의 주장을 받아들이고 배웠다고 한다면, 이 학생들에게 「조신」이라는 작품은 소설로 인정받게 된다. 이렇게 자신이 갖추고 있는 '옛 소설의 첫 작품'에 대한 문학 지식이 다른 이보다 부족하다는 것을 깨달으면 배움에 임하여 자신의 지식수준을 높여 간다. 또 자신의 문학 지식이 남보다 더 낫다고 생각한 이는 남도 자신의 수준으로 올라오기를 기대하며 설득하고 가르치게 된다. 이러한 가르침과 배움의 과정 속에서 지식의 종적 상대성(수준차)과 우열이 드러난다. 「최치원」, 「김현감호」, 「백월산양성성도기」 같은 다른 작품들에 대해서도 협력 탐구 활동을 해 보게 되면, 지식의 우열이 드러나 그 작품이 소설인지 전설인지 판가름 나게 된다. 그러나 앞에서도 말했듯이, 협력 탐구로 정해진 지식의 우열은 어디까지나 잠정적인 것이다. 협력 탐구로 어떤 이의 지식이 가장 타당한 지식이라고 결정되었더라도 그 지식도 나중에는 다른 지식으로 갈음될 운명에 처해 있다. 영원한 정답이 없음을 알 때 끊임없는 탐구가 이어진다.

학생들은 전기문학 중에서도 그동안 소설의 완성도에 이른 작품이라 평가받은 몇몇 작품을 읽고 소설과 전설을 구분하는 기준에 따라 그 작품들이 전설인지 소설인지 조사하고 공부하게 된다. 이런 과정 역시 시간이 필요하므로 충분한 조사를 하도록 장기 과제로 제시하는 것이 좋다. 이런 조사 활동을 충분히 했다면 이제 자신의 의견이나 주장을 발표하는 활동을 한다. 여기서 같은 의견을 가진 사람들끼리 모둠을 이루어서 모둠별로 발표하는 활동을 할 수도 있다. 이런 발표가 끝나면 이제 토론으로 들어간다. 다른 사람의 의견이나 주장에 대한 근거가 정확하고 타당한가 평가해 보게 한다. 다른 사람이나 모둠의 주장에 모순이나 결함이 있다면 반박하게 한다. 이런 치열한 토론의 과정에서 어떤 견해가 좀 더 타당한 견해인지 차츰 드러나게 된다. 배움 활동으로 내가 가진 고소설의 기원에 대한 문학 지식의 수준을 높이고 가르침 활동으로 남의 지식수준을 끌어올리게 된다. '아 누구의 견해를 들어보니, 그 작품은 소설이 아니라 전설이 되겠구나.', '누구의 의견이 내 의견보다 타당해 보인다. 내가 그 작품에 대해서는 더 분석해 보고 소설인지 전설인지 다시 살펴보아야 하겠구나.', '나는 누구의 의견을 받아들이기로 하였다. 그 작품은 여러 가지 면에서 소설보다는 전설에 가깝다.' 이런 사고 과정들이 일어나면서 전기문학 가운데 어떤 작품은 소설이고 전설인지 가늠하게 된다.

우리 옛 소설의 첫 작품에 관한 이론에 대해 많이 조사하고 공부해 온 학생은 일단 협력 탐구에서 가르치는 이가 될 확률이 높다. 많은 양의 정보를 가지고 있으며 이런 정보를 근거로 삼아 자신의 주장을 펼칠 수 있기 때문이다. 내가 조사해 보니 고소설로 보기 위해서는 작품은 어떤 특징과 성격을 지녀야 하며, 어떤 문제의식이 나타나야 하는지 설명하게 되면, 협력 탐구에 같이 참여하는 다른 학생들은 그 학생의 설명이나 주장을 듣고 자신이 미처 조사하고 공부하지 못한 내용을 알게 되면서 배우게 된다. 또는 그 학생의 견해 가운데 일부를 받아들이기 어렵다고 생각하면 그 점에 대해서는 더 토론해 보자고 제안하게 될 것이다. 그러면서 고소설의 기원에 대한 문학 지식이 더 풍부해지고 자신의 지식수준을 높이게 된다. 이때 교사는 적절히 끼어들어 혹시 잘못된 정보를 가져오지는 않았는지, 설명하는 이론이나 지식이 틀리지는 않았는지, 주장에 대한 근거가 명확한지, 안내와 중재를 해 주어야 한다.

한편 협력 탐구가 더 진행되면 고소설의 첫 작품을 가리는 것이 정말 중요하고 꼭 필요한 것인지를 다시 생각해 볼 수도 있다. 『수이전』의 일문과 『금오신화』 가운데 어떤 것을 최초의 소설로 볼 것인가 하는 연구는 문학사에서 최초의 것을 부각시키려는 '최초주의적' 경향을 드러내는 것[101]이라 비판하고 서사문학의 발달과정이나 흐름을 살펴보는 것

101 박일용(1993), 위의 책, 56쪽.

이 중요하다는 주장도 있다. 너무 최초(最初)의 작품, 최고(最古)의 작품만 찾는 치우친 문학사의 관점이 문제가 될 수도 있다. 그런데 최초의 소설 작품을 굳이 정하지 말고 소설의 발달과정으로 다가가는 유보적 방식이 꼭 좋은 대안이 되는 것은 아니다. 이런 태도는 적당한 절충주의을 택하는 관점으로 소설이라는 문학 갈래의 성격이나 소설 발생의 문학 풍토나 분위기를 제대로 파고들 수 없을 수도 있다. 협력 탐구 과정에서 여러 대안과 비판들을 두루 살펴보고 탐구의 결과는 열어 두는 것이 좋다.[102]

따라서 협력 탐구를 해 보고 나서 반드시 고소설의 첫 작품을 정하지 않고 다른 방향으로 탐구 결과를 내놓는 것도 허용할 수 있다. 보기를 들어 여러 전기 작품과 『금오신화』가 그 성격이 비슷하다는 것을 근거로 들어 같은 전기문학으로 다룰 수도 있다. 여러 전기문학과 『금오신화』는 몇 가지 비슷한 점이 나타난다. 귀족이나 사대부들의 문학이되 집권벌열층보다는 오히려 그들과 맞서고 있는 신진 세력 또는 비판적 사대부들이 지은 문학이다. 봉건적 질곡이나 모순에 찬 사회현실과 대결하고 여기서 생기는 심각한 갈등을 전기작품을 통해 표현하고 있다. 이들은 자신의 요구와 이상을 실현해야 하는 역사적 조건 속에서 살아야 했으며, 이러한 그들의 현실인식과 대결에는 일정한 한계가 있었다. 봉건적 인습이나 사회현실이 자신과 동시대인의 요구를 끝내 좌절시킬 때 그들은 경험적 현실의 구속을 일부 배제하는 낭만적 환상을 빌려 자

102 듀이(J. Dewey)는 고정된 탐구의 목표란 없기 때문에 공평무사하고 불편부당한 탐구를 미리 설정해서는 안 된다고 보았다. 문제나 필요를 분명히 하는 데 알맞은 모든 사실에 주의를 기울이고, 단서를 약속하는 모든 제안을 더듬어 갈 것을 권장해야 한다고 하였다. Dewey, J.(1920), *Reconstruction in Philosophy*, New York: Henry Holt and Co., p. 146. 양미경은 여러 의견과 관점들이 함께 교차하고 갈등하고 경합함으로써 예측하기 어려운 새로운 결합이 이루어지고 그 결과 비약적이고 다양한 아이디어를 창출하게 된다고 하였다. 양미경(2022), 「경쟁 기반 학교체제에 대한 교육학적 해석」, 『교육원리연구』 27(1), 한국교육원리학회, 36쪽.

신의 현실적 요구와 사회적 이상을 실현하거나, 원혼(怨魂)의 환체(幻體)를 빌려 자신과 같은 시대 사람들을 패배시킨 사회의 모순을 삶의 심각한 문제로 제기하고 있다. 전기문학은 현실적 갈등을 예술적으로 승화시키거나 또는 현실적 문제를 예술적으로 해명하기도 하였다.[103]

전기문학들은 이러한 공통된 성격을 지니고 있다. 「최치원」에서는 최치원이 당에 유학하여 벼슬까지 얻었지만 신라 사람이라는 이유로 한계가 있었고 고국에서는 육두품이라는 신분상의 한계로 자신의 꿈을 펼치지 못하고 좌절한다. 이런 마음을 한시에 담았으며 두 여인을 만나 삶의 질적 전환을 경험한다. 초현실적이고 낭만적인 허구의 세계로 자신의 갈등과 좌절을 승화시키고 있다. 이런 작가의식은 김시습의 『금오신화』로 이어진다. 소설과 전설로 구분하는 것에 중점을 두지 않고 이와 같은 작가의식에 중점을 두고 나말여초의 전기문학과 『금오신화』가 지니는 비슷한 성격과 창작의도를 탐구할 수도 있다. 탐구 결과의 방향을 여러 가지로 열어 놓을 때 더 색다른 의견과 생각이 나올 수 있다.

옛 소설의 첫 작품이라는 문학 지식은 어디까지나 문학 지식 교육의 새로운 방향을 보이기 위한 예시이다. 합의를 보지 못하고 논쟁 중에 있는 문학 지식을 소재로 협력 탐구를 해 보면, 인식론의 신념을 성장시킬 수 있다. 또한 교육의 원리를 바탕으로 지식의 상대적 우열을 판별하는 경험을 해 볼 수 있어 학생들이 지식의 수용자만이 아니라 지식을 평가하고 재구성하고 창조하는 주체가 될 수 있음을 깨달을 수 있다. 따라서 옛 소설의 첫 작품이라는 문학 지식 말고도 논쟁 중에 있는 다른 문학 지식이나 지적 탐구의 열정을 이끌 수 있는 문학 지식은 얼마든지 협력 탐구의 밑감으로 삼을 수 있다.

한편 탐구심과 지식에 관한 관점을 키운다는 구실로 굳이 이런 문학

103 정학성(1982), 앞의 책, 256쪽.

지식까지 문학 교실에서 다루어야 하는가 되물을 수 있겠다. 그런데 문학 지식을 지식 그 자체로 다루는 것이 문학 작품 감상에도 큰 도움을 줄 수 있다. 고소설의 기원에 대해 탐구하는 일은 소설 작품의 더 깊이 있는 감상으로 이어진다. 소설의 성격이나 형식이 어떻게 되어 있는지 이해해야 그것이 소설 작품의 주제, 내용과 어떻게 연관되는지 이해할 수 있다. 소설 작품을 이해하려면 그 기원이 되는 작품의 성격을 이해하지 않으면 안 된다. 따라서 논쟁 중인 문학 지식을 서로 교육적 공조를 하면서 탐구해 보는 일은 지적 성장뿐만 아니라 문학 작품 감상 능력의 신장에도 도움이 된다.

그리고 이 연구는 학생들이 절대 보편의 완벽한 문학 지식에 이르는 것보다 가장 타당한 지식에 이르기까지의 충실한 과정을 경험하게 하는 것을 더 중시한다. 중요한 것은 어렵고 수준 높은 문학 지식에 도달하려면 거기에 걸맞은 단계를 밟아 나가야 한다는 것을 깨닫는 것이다. 저마다 자신의 문학 지식수준에서 출발하여 차츰 한 단계씩 발전해 나가고 진보해 나가는 것을 돕는 것이 협력 탐구의 원리이다.

만약 학생들이 이런 문학 지식은 배우거나 탐구할 의미가 없다는 결론을 내린다면 이것도 하나의 탐구라 할 수 있다. 예컨대, 옛 소설의 첫 작품을 확정하는 것보다 작품의 표현수법이나 작가의식, 창작의도가 소설의 완성도에 어떤 기여를 하는지, 서사에서 어떤 중요한 작용을 하는지 탐구하는 것이 중요하다고 정리했다면, 그것도 하나의 훌륭한 탐구 결과라 할 수 있다. 어떤 문학 지식을 탐구해 보았더니 문학 작품을 감상하고, 문학에 관련된 여러 현상을 이해하는데, 큰 의미나 도움을 주지 못한다고 정리했다면 그것도 문학 지식 탐구의 뜻 있는 경험이 될 수 있다.

문학 지식 탐구나 공부가 가장 낫다고 보이는 답을 찾고 정하는 활동이지만, 그런 답을 확정할 수 없을 수도 있다. 사람들은 흔히 지식이라 하면 명제처럼 문장으로 정리된 형태나 결과물을 지식으로 여기기도 하다. 그러다 보니 확실한 답을 정하려는 성향이 있다.[104] 그러나 주장과 설득, 토론을 여러 차례, 오랫동안 했는데도 만족할 만한 답을 정하지 못했다면 탐구 과제로 남겨놓은 것도 하나의 방법이다. 열정 어린 탐구와 협력 과정 자체가 값진 교육적 경험이다. 지금 당장 시원한 답을 정하지 못했더라도 협력 탐구의 경험은 나중에 그 답을 찾기 위한 소중한 자산이 된다.

그리고 문학 지식 가운데 이런 것은 꼭 가르치고 배워야 한다고 정해 놓는 것보다, 가르치고 배울 문학 지식의 내용과 범위는 늘 열어 두는 것이 좋다. 어떤 문학 지식이 배움과 탐구의 열정을 일으킨다면 그 문학 지식은 일단 배울 거리로 매력이 있는 문학 지식이다. 학생들이 문학 작품을 읽다가, 또는 문학 공부를 하다가 배우고 싶고 탐구해 보고 싶은 문학 지식을 발견했다면 그것을 함께 탐구할 거리로 삼을 수 있다. 배움의 소재를 배우는 이가 주체가 되어 고를 때 더욱 알찬 교육이 일어난다.

4. 마무리

우리 옛 소설의 첫 작품은 어떤 작품인지에 대해 학자마다 생각이 갈리는데, 여러 학자의 생각을 다시 들여다보았다. 그동안 중등학교 국어나 문학 교과서에는 김시습의 『금오신화』가 우리 옛 소설의 첫 작품이라고 많이 다루어 왔다. 그러나 몇몇 학자들이 우리 옛 소설의 첫 작품은 더 앞선 시대의 작품으로 올려잡아야 한다고 주장하기 시작하여,

---

104 사람들은 참된 궁극적 실재가 있어야 한다는 이상에 집착하는 성향이 있다. Dewey, J.(1922), *Human Nature and Conduct: An Introduction to Social Psychology*, New York: The Modern Library, p. 50.

지금은 『금오신화』가 첫 작품이라는 생각에 맞서는 생각도 많다. 신라 말이나 고려 초에 지은 것으로 보이는 여러 전기문학 작품 가운데 몇 작품이 소설로 보아도 손색이 없을 정도로 평가받고 있기도 하다. 하지만 같은 전기문학이라도 연구하는 이에 따라 어떤 작품은 소설로 나아갔다고 보지만, 그렇지 않고 전설에 머물러 있다고 보기도 한다. 소설로 판가름하는 기준이 다르고 작품을 보는 눈이 다르기 때문이다.

이렇게 뚜렷하게 한 가지로 의견을 모으지 못하고 있는 문학 지식은 한편으로 보면 탐구 거리로 다가오기 때문에, 문학 교실에서 탐구 과제로 잘 살려 쓸 수 있다. 여러 학자의 이론과 견해를 공부해 보고 가장 낫다거나 가장 옳다고 생각하는 이론과 견해를 골라보게 하고 동무들과 함께 서로 생각을 나누어 볼 수 있다. 권위 있는 학자나 전문가의 이론이라도 다시 돌아보고 값매김해 보면서 모자란 점을 찾아볼 수 있다. **있는 답이나 정해 놓은 답을 따져보지 않고 덮어놓고 받아들이고 잘 배우고 익히는 것이 아니라, 다시 곱씹어보고 따져보고 파고드는 참 공부**를 할 수 있다. 이런 공부를 하면서 서로 가르치고 배우게 되면서 자신의 지식수준을 높일 수 있다. 다른 사람의 생각을 들어 보면서 내가 모자란 점을 보탤 수 있다. **남에게 내가 공부한 것을 가르쳐주면서 남도 나만큼 지식의 수준을 끌어올리도록 도움을 줄 수 있다.** 이러면서 가르침과 배움에서 오는 보람을 맛볼 수 있다. 이런 길은 학문의 길도 꽃피우고 교육의 길도 꽃피우는 길이다.

정해준 답을 내려받거나 받아들이는 것이 아니라, 내가 스스로 탐구하고 공부하면서 배움의 임자가 된다. 곧 지식의 주인이 되는 길이며 교육에 주인으로 참여하는 길이다. 이제 문학 지식 교육도 이처럼 가르치고 배우는 이가 **가르침과 배움의 임자 노릇을 할 수 있는 길로 가야** 한다. 그래야 가르침과 배움에서 오는 참맛을 제대로 맛볼 수 있으며, 교육의 신나는 춤을 마음껏 출 수 있다.

도움받은 책과 글

『맹자(孟子)』

『삼국사기(三國史記)』

『삼국유사(三國遺事)』

『순자(荀子)』

『예기(禮記)』

『육구연전집(陸九淵全集)』

김만중(金萬重). 홍인표 옮김(1987). 『서포만필(西浦漫筆)』. 일지사.

이덕무(李德懋). 『청장관전서(靑莊館全書)』

이유원(李裕元). 『임하필기(林下筆記)』

채제공(蔡濟恭). 『번암선생집(樊巖先生集)』

홍만종(洪萬鍾). 이민수 옮김(1971). 『순오지(旬五志)』. 을유문화사.

고영근·남기심 공편(2014). 『(보정판) 중세어 자료 강해』. 집문당.

고정희(2012). 「고전시가 율격의 교육 내용 연구」. 『국어교육연구』 29, 서울대학교 국어교육연구소, 415-447.

곽병선(2004). 「홀리스틱 교과교육의 새 지평」. 『한국홀리스틱융합교육학회 학술발표대회논문집』, 한국홀리스틱교육학회, 3-18.

교육과학기술부(2012). 『국어과 교육과정(교육과학기술부 고시 제2012-14호[별책5]』. 교육과학기술부.

교육부(2015). 『국어과 교육과정(교육부 고시 제2015-74호[별책 5])』. 교육부.

______(2022). 『국어과 교육과정(교육부 고시 제2022-33호[별책 5])』. 교육부.

구인환(1996). 『소설론』. 삼지원.

구인환·박인기·우한용·최병우(2017). 『문학교육론(7판)』. 삼지원.

김광조(1997). 「담화 분석을 통한 가사의 장르적 성격」. 『한국시가연구』 2, 한국

시가학회, 29-57.

김남희(2000).「법화경의 '방편'에 관한 교육학적 해석」. 서울대학교 석사학위논문.

김누리(2024).『경쟁교육은 야만이다』. 해냄.

김대행(1979).『한국시가구조연구(재판)』. 삼영사.

______(1980).『한국 시의 전통 연구』. 개문사.

______(1984).「운율론의 문제와 시각」. 김대행 엮음.『운율』. 문학과지성사.

______(1989).『우리 시의 틀』. 문학과비평사.

______(1995).『국어교과학의 지평』. 서울대학교출판부.

______(1997).「영국의 문학교육」.『국어교육연구』4, 서울대학교 국어교육연구소, 5-77.

______(2008).「가사와 태도의 시학」.『한국시가문화연구』21, 한국고시가문학회, 27-56.

김대행·우한용·정병헌·윤여탁·김종철·김중신·김동환·정재찬(2000).『문학교육원론』. 서울대학교출판부.

김동환(2002).「문화교육으로서의 국어교육」.『국어교육학연구』15, 국어교육학회, 1-22.

______(2009).「소설교육에서 시점 개념에 대한 반성적 고찰」.『문학교육학』30, 한국문학교육학회, 393-421.

______(2012).「언어와 문화와 문학교육의 상호성」.『문학교육학』38, 한국문학교육학회, 37-67.

______(2013).「소설 교육을 위한 이론 개념의 정착과정 및 재설정 방안 연구」.『한국문학교육학』40, 문학교육학회, 163-205.

김무림(2020).『국어 어원사전』. 지식과교양.

김미혜(2007).「지식 구성적 놀이로서의 시 읽기 교육 연구」. 서울대학교 박사학위논문.

김병국(1995).『한국고전문학의 비평적 이해』. 서울대학교출판부.

김선진(2018).『재미의 본질』(개정판). 경성대학교 출판부.

김성렬(2016).「시점론의 반성과 재정립」.『한국문예창작』15(1), 한국문예창작회, 107-134.

김성룡(2004).「고전문학교육과 고전문학교육학」.『국어교과교육연구』 8, 국어교과교육학회, 1-23.

______(2016).「고전문학의 재미와 고전문학교육의 의미」. 한국고전문학교육학회 편.『고전문학의 재미와 흥미』. 월인.

김수업(1978).『배달문학의 길잡이』. 금화출판사.

______(2002).『배달말꽃: 갈래와 속살』. 지식산업사.

김연수(펴낸 날 모름).『향토문예집 제3집(창본 춘향가)』. 고흥문화원.

김영헌(1998).「초기불교의 교화방법론 연구」.『불교대학원논총』 5, 동국대학교 불교대학원, 87-143.

김유범·하윤섭(2021).「국어교육을 위한 국어사와 고전문학의 소통과 협력」.『국어교육학연구』 56(4), 국어교육학회, 45-86.

김재건(2004).「듀이의 경험론에 기초한 교수-학습과정의 대안 모색」.『교육의 이론과 실천』 9(1), 한독교육학회, 1-20.

김정화(2003).「한국 시 율격의 유형」.『어문학』 82, 한국어문학회, 153-186.

김종철(1995).「고려 전기소설의 발생과 행방에 대한 재론」.『어문연구』 26, 어문연구회, 529-552.

______(2001).「문학교육의 문화론적 관점」. 한국고전문학회.『국문학과 문화』, 85-102.

김주환(2013).「고등『문학』 교과서 텍스트에 대한 교사와 학생들의 반응 연구」.『교육과정평가연구』 16(3), 한국교육과정평가원, 27-51.

______(2014).「고등『국어』 교과서 텍스트에 대한 교사와 학생들의 반응 연구」.『국어교육』 144, 한국어교육학회, 341-368.

______(2015).「중학교 국어 교과서 텍스트에 대한 교사와 학생의 반응 연구 – 2009 중학교 1,2학년『국어』를 중심으로」.『국어교육학연구』 50(3), 국어교육학회, 6-36.

김준오(1990).『한국 현대 장르 비평론』. 문학과지성사.

김지현(2000).「비고츠키의 지식점유과정과 언어매개기능에 관한 교육학적 고찰」. 서울대학교 박사학위논문.

김진희(2014ㄱ). 「시조 율격론의 난제」. 『한국시가연구』 36, 한국시가학회, 301-334.

______(2014ㄴ). 「시조의 정형률」. 『동방학지』 167, 연세대학교 국학연구원, 67-94.

김창원(1996). 「운율을 어떻게 가르칠 것인가」. 김은전 외. 『현대시교육론』. 시와시학사.

______(2004). 「시 연구와 시교육 연구 사이의 거리」. 『국어교육』 114, 한국어교육학회, 359-378.

______(2011). 「문학교육과 문학문화」. 『문학교육론 – 제도화와 탈제도화』. 한국문화사.

김창현(2005). 『한국적 장르론과 장르보편성』. 지식산업사.

김학성(1987). 『국문학의 탐구』. 성균관대학교출판부.

______(2001). 「가사의 본질과 담론 특성」. 『한국문학논총』 28, 한국문학회, 183-209.

______(2009). 「가사의 장르적 특성과 현대사회의 존재 의의」. 『한국 고전시가의 전통과 계승』. 성균관대학교출판부.

______(2018). 「가사의 문학성을 찾아서: 가사의 담화방식과 화행짜임」. 『오늘의 가사문학』 16, 고요아침, 12-26.

김현양(1997). 「「최치원」의 장르 성격 논의에 대한 비판적 검토」. 『문학사연구』 10, 민족문학사학회, 405-430.

김현정(2016). 「흥미 변인을 고려한 〈도산십이곡(陶山十二曲)〉 교육의 방향」. 한국고전문학교육학회 편. 『고전문학의 재미와 흥미』. 월인.

김현주(2019). 『문화』. 소화.

김혜영(2018). 「문학교육의 문화적 지향 고찰」. 『교육문화연구』 24(3), 인하대학교 교육연구소, 205-220.

김흥규(1986). 『한국문학의 이해』. 민음사.

______(1990). 「판소리의 장르적 성격과 부조(浮彫)」. 『동양학』 20, 단국대학교

동양학연구소, 161-171.

김흥규(2002). 「고전문학 교육과 역사적 이해의 원근법」. 『한국 고전문학과 비평의 성찰』. 고려대학교출판부, 306-321.

나병철(1993). 『소설의 이해』. 문예출판사.

노진호(1998). 「듀이(J. Dewey)의 교육이론에서 반성적 사고의 위상」. 『교육철학연구』 19, 교육철학회, 145-164.

류수열(2018). 「시조의 율격에 대한 학술 담론과 교육 담론의 거리 – 시조는 음보율로 설명될 수 있는가 – 」. 『시조학논총』 48, 한국시조학회, 7-30.

류준필(2016). 「'이별(론)'의 텍스트 읽기」. 한국고전문학교육학회 편. 『고전문학의 재미와 흥미』. 월인.

명형대(2002). 「현대소설 연구와 국어교육」. 『국어교육』 107, 한국어교육학회, 79-100.

문덕수·신상철(2007). 『문학일반의 이해』. 시문학사.

민재원(2018). 「문제제기 중심의 현대시 교수학습 모형 제안을 위한 이론적 검토」. 『국어문학』 67, 국어문학회, 325-360.

박기범(2008). 「시점-서술 교육의 반성과 개선 방향」. 『국어교육학연구』 31, 국어교육학회, 323-356.

박기석(2002). 「국문학연구와 국어교육의 상관성」. 『국어교육』 107, 한국어교육학회, 1-11.

박연호(2003). 『가사 문학 장르론』. 다운샘.

박이문(2002). 「학문의 정체성, 경계선 및 주체성 – 국문학은 무엇이며 어떻게 할 것인가 – 」. 『국어국문학』 31, 국어국문학회, 71-93.

박인기(2012). 「문학교육학의 이론 생성 토양 가꾸기」. 『문학교육학』 38, 한국문학교육학회, 9-36.

박일용(1993). 「소설의 발생과 《수이전》 일문의 성격」. 『조선시대의 애정소설』. 집문당.

______(2007). 「소설사의 기점과 장르적 성격 논의의 성과와 과제」. 『고소설 연구』 24, 한국고소설학회, 5-33.

박준영(2004). 「John Dewey의 지성에 대한 개념분석과 교육적 논의」. 『교육사상연구』 15, 한국교육사상연구회, 1-13.

박철홍(1995). 「듀이의 하나의 경험에 비추어 본 교육적 경험의 성격: 수단으로서의 지식과 내재적 가치의 의미」. 『교육철학』 13, 한국교육철학회, 81-109.

______(2007). 「총체적 이상에 비추어 본 관심의 교육적 의미」. 『교육철학』 33, 한국교육철학회, 89-113.

______(2011). 「듀이의 경험개념에 비추어 본 사고의 성격: 이성적 사고와 질성적 사고의 통합적 작용」. 『교육철학연구』 33(1), 한국교육철학회, 79-104.

______(2013). 「'하나의 경험'에서 작용하는 사고의 특성에 비추어 본 탐구의 성격」. 『교육철학연구』 35(1), 한국교육철학회, 67-95.

______(2019). 「질성적 사고의 통합적 인식작용에 비추어 본 앎의 성격」. 『교육철학』 70, 한국교육철학회, 37-65.

박철희(1980). 『한국시사연구-한국시의 구조와 배경-』. 일조각.

박희병(1997). 「한국고전소설의 발생 및 발전단계를 둘러싼 몇몇 문제에 대하여」. 『한국전기소설의 미학』. 돌베개.

법 륜(2022). 『법륜 스님의 반야심경 강의』. 정토출판.

서근원(2007). 「교육학으로서의 교육인류학 탐색」. 『교육인류학연구』 10(2), 한국교육인류학회, 1-40.

서덕희(2009). 「문화와 교육 개념의 실존성: '살아있는' 교육인류학을 위한 소고」. 『교육인류학연구』 12(2), 한국교육인류학회, 1-44.

서 리(2012). 「시점을 통한 소설 해석 교육 연구」. 서울대학교 석사학위논문.

서인석(2002). 「고전산문 연구와 국어교육」. 『국어교육』 107, 한국어교육학회, 31-56.

성기옥(1986). 『한국시가율격의 이론』. 새문사.

성기옥·손종흠(2006). 『고전시가론』. 한국방송대학교출판부.

성무경(2000). 『가사의 시학과 장르실현』. 보고사.

성현경(1990). 「판소리의 갈래 연구」. 『동아연구』 20, 서강대학교 동아연구소, 1-36.

손태도(2016). 「한국 전통연희에서의 재담의 양상과 그 의의」. 한국고전문학교육학회 편. 『고전문학의 재미와 흥미』. 월인.

송재익(2022). 「소설의 시점-서술 교육의 한 방향」. 『한국어문교육』 39, 고려대학교 한국어문교육연구소, 387-419.

______(2024ㄱ). 「문학 갈래에 대한 몇 가지 논쟁과 문학 갈래 교육」. 『청람어문교육』 98, 청람어문교육학회, 285-314.

______(2024ㄴ). 「우리 시가 율격 규정의 어려움과 운율 교육 - 음보율과 음수율 논쟁을 중심으로 -」. 『국어교육』 185, 한국어교육학회, 125-156.

______(2024ㄷ). 「고전문학교육에서 '재미, 흥미, 관심'의 문제」. 『고전문학과 교육』 55, 한국고전문학교육학회, 5-34.

______(2024ㄹ). 「문학 연구와 문학교육」. 『초등국어과교육』 31, 광주교육대학교 초등국어교육연구소, 33-50.

______(2024ㅁ). 「듀이의 경험 이론과 문학교육」. 『국어교육연구』 54, 서울대학교 국어교육연구소, 173-204.

송지언(2021). 「외국 국어 교과서의 운율 교육내용 비교연구 - 프랑스와 독일의 중학교 국어 교과서를 중심으로 -」. 『고전문학과 교육』 47, 한국고전문학교육학회, 41-84

신경숙·이상원·권순회·김용찬·박규홍(2012). 『고시조 문헌 해제』. 고려대학교민족문화연구원.

신재홍(2016). 「고전소설의 재미 찾기」. 한국고전문학교육학회 편. 『고전문학의 재미와 흥미』. 월인.

심경호(2001). 「예술문화로서의 국문학」. 『국문학과 문화』. 한국고전문학회, 43-62.

심우장(2016). 「구비서사의 놀이적 특성과 문화적 창조력」. 한국고전문학교육학회 편. 『고전문학의 재미와 흥미』. 월인.

양미경(2022). 「경쟁 기반 학교체제에 대한 교육학적 해석」. 『교육원리연구』

27(1), 한국교육원리학회, 23-44.
양은주(2003). 「듀이의 흥미 개념과 학생중심 교육과정」. 『교육과정연구』 21(1), 한국교육과정학회, 179-202.
엄기주(1989). 「판소리의 서술원리와 장르 성향」. 『수선논집』 14, 성균관대학교 대학원, 27-50.
엄태동(1998). 『교육적 인식론 탐구－인식론의 딜레마와 교육』. 교육과학사.
______(2006). 『교육의 본질과 교육학』. 학지사.
______(2016). 『하이데거와 교육－인간다움과 교육적 삶－』. 교육과학사.
______(2018). 『거장들의 만남과 헤어짐; 학문과 예술의 교육적 진보』. 한국문화사.
______(2019). 「논어 '학이시습지' 장(章)에 대한 교육학적 오독(誤讀)」. 『교육원리연구』 24(2), 한국교육원리학회, 83-107.
염은열(2016). 「고전문학 '학습(學習)'의 경험과 '재미'의 문제」. 한국고전문학교육학회 편. 『고전문학의 재미와 흥미』. 월인.
오세영(1996). 「한국시가 율격재론」. 『한국근대문학론과 근대시』. 민음사.
______(2007). 「한국 현대시의 성찰」. 오세영 외. 『한국 현대시사』. 민음사.
오탁번·이남호(1999). 『서사문학의 이해』. 고려대학교출판부.
우한용(1997). 『문학교육과 문화론』. 서울대학교출판부.
원용문(2003). 「고전시가의 율격 문제」. 『청람어문교육』 27, 청람어문교육학회, 1-45.
윤여각(2001). 「교육과 문화의 관계: 갈등에서 상생으로」. 『교육인류학연구』 4(2), 한국교육인류학회, 33-39.
______(2003). 「문화·예술 교육에 대한 재검토」. 『교육원리연구』 8(1), 한국교육원리학회, 143-163.
윤여탁(2013). 『문화교육이란 무엇인가』. 태학사.
윤재민(1995). 「전기소설의 인물 성격」. 『민족문화연구』 28, 고려대학교 민족문화연구소, 53-61.
윤채근(1999). 『소설적 주체, 그 탄생과 전변』. 월인.

이돈희(1994). 『교육적 경험의 이해』. 교육과학사.

______(2020). 『존 듀이와 함께한 질성적 사고와 교육적 경험』. 학지사.

이문웅(1991). 「인간과 문화: 인류학에서 본 인간」. 장회익·서정선·하두봉·이인규·이문웅·박순달·김윤신. 『인간이란 무엇인가』. 민음사.

이미종(2010). 『불교수행과 교과교육』. 교육과학사.

이병기·백철(1960). 『국문학전사(國文學全史)』. 신구문화사.

이병기·임재욱(2022). 「〈동동〉을 이용한 국어사와 고전문학의 통합적 교육」. 『한국어문교육』 39, 고려대학교 한국어문교육연구소, 99-138.

이삼형·이지선(2015). 「국어교육과 문화의 계승과 창달」. 『국어교육학연구』 50(4), 국어교육학회, 370-393.

이상오(2019). 「문화교육의 성립조건: 문화해석학」. 『교육철학연구』 41(2), 한국교육철학학회, 149-165.

이상원(2013). 「듀이의 사고 개념과 학교 교육」. 『교육철학연구』 35(4), 한국교육철학학회, 153-189.

이순영(2011). 「텍스트 난도와 텍스트 선정에 관한 독자 요인－초·중·고등학교 독자들의 반응을 중심으로 한 시론－」. 『독서연구』 26, 한국독서학회, 61-96.

이숭원(2002). 「시 연구와 시 교육의 관계」. 『국어교육』 107, 한국어교육학회, 57-78.

이승준(2008). 「고등학교 문학 교과서의 '시점'과 '서술자' 이론에 대한 고찰」. 『우리어문연구』 30, 우리어문학회, 333-362.

이용남(2007). 「학교, 정초주의, 반정초주의, 그리고 교육」. 『교육원리연구』 12(1), 한국교육원리학회, 125-143.

이윤석(2018). 『홍길동전의 작자는 허균이 아니다』. 한뼘책방.

이윤희·김수지·류수열(2019). 「'수필' 개념을 둘러싼 학술 담론과 교육 담론의 긴장」. 『문학교육학』 65, 한국문학교육학회, 129-166.

이종각(1997). 『교육인류학의 탐색』(수정·증보판). 도서출판 하우.

이지영(2016). 「도술담에 대한 아동독자의 재미」. 한국고전문학교육학회 편.

『고전문학의 재미와 흥미』. 월인.
이헌홍(1982). 「최치원전의 전기소설적 구조」. 『수련어문논집』 9, 부산여대 국어교육학과 수련어문학회, 163-182.
임형택(1984). 「나말여초의 전기문학」. 『한국문학사의 시각』. 창작과비평사.
장덕순(1995). 『국문학통론(國文學通論)』. 박이정.
장상호(1991). 「교육학 탐구영역의 재개념화」. 『교육학연구』 91-2, 서울대학교 교육연구소.
______(1997). 『학문과 교육(상): 학문이란 무엇인가』. 서울대학교출판문화원.
______(2000). 『학문과 교육(하): 교육적 인식론이란 무엇인가』. 서울대학교출판문화원.
______(2005). 『학문과 교육(중Ⅰ): 교육이란 무엇인가』. 서울대학교출판문화원.
______(2009ㄱ). 『학문과 교육(중Ⅱ): 교육본위의 삶』. 서울대학교출판문화원.
______(2009ㄴ). 『학문과 교육(중Ⅲ): 교육연구의 새 지평』. 서울대학교출판문화원.
______(2020). 『교육학의 재건』. 교육과학사.
______(2023). 『교육의 진실』. 교육과학사.
장효현(1995). 「전기소설 연구의 성과와 과제 – 장르 개념과 장르사의 문제 – 」. 『민족문화연구』 28, 고려대학교 민족문화연구소, 1-30.
전신재(1989). 「판소리의 연극성에 관한 연구」. 성균관대학교 박사학위논문.
전일환(1986). 「가사 문학 장르에 관한 재고」. 『국어문학』 26, 전북대학교 국어국문학회, 259-291.
정노식(1940). 『조선창극사(朝鮮唱劇史)』. 조선일보사.
정병욱(1983). 『증보판 한국고전시가론』. 신구문화사.
정재찬(1993). 「담화 분석을 통한 가사의 장르성 연구 – 상춘곡을 중심으로 한 문학교육적 연구 – 」. 『선청어문』 21, 서울대학교 국어교육과, 207-232.
______(1994). 「「청산별곡」에 대한 시교육적 접근」. 이상익 외. 『고전문학 어떻게 가르칠 것인가』. 집문당.

정재찬(2005). 「국가 경쟁 시대의 국어교육과 문화교육」. 『국어교육』 117, 한국어교육학회, 283-322.

정재찬 · 최인자 · 김근호 · 염은열 · 이지영 · 최미숙 · 김혜련 · 박용찬 · 남민우 · 김성진 · 조희정 · 박기범(2014). 『문학교육개론 I : 이론편』. 역락.

정재호(1982). 『한국가사문학론』. 집문당.

정진석(2013). 「소설 시점 교육의 사적 고찰과 개선 방향 연구」. 『어문연구』 41(3), 한국어문교육연구회, 439-474.

정출헌(1999). 「나말여초 서사문학의 구도와 『수이전』」. 『고전소설사의 구도와 시각』. 소명출판.

정학성(1982). 「전기소설의 문제」. 황패강 · 김용준 · 조동일 · 이동환 편. 『한국문학연구입문』. 지식산업사.

정향진(2008). 「문화적 과정으로서의 교육－교육인류학을 위한 비판적 고찰－」. 『교육인류학연구』 11(1), 한국교육인류학회, 73-105.

정현선(1997). 「'문화교육'이라는 문제 설정」. 『국어교육연구』 4, 서울대학교 국어교육연구소, 148-158.

정환금(2012). 「교육적 인식론」. 이용남 외. 『교육학: 교육의 이해』. 교육과학사.

조광국(2016). 「고전소설교육에서 새롭게 읽는 재미: 홍계월의 양성성 형성의 양상과 의미－〈홍계월전〉 '한중연 45장본'을 중심으로－」. 한국고전문학교육학회 편. 『고전문학의 재미와 흥미』. 월인.

조동일(1976). 「시조의 이론, 그 가능성과 방향 설정」. 김열규·조동일·소재영·황패강(편). 『고전문학을 찾아서』. 문학과지성사.

______(1977). 『한국소설의 이론』. 지식산업사.

______(1980). 『문학연구방법』. 지식산업사.

______(1989). 「한국 · 중국 · 일본 "소설"의 개념」. 『성곡논총』 20, 성곡언론문화재단, 621-656.

______(1992). 『한국문학의 갈래 이론』. 집문당.

______(1996). 『한국민요의 전통과 시가율격』. 지식산업사.

______(2005). 『한국문학통사1~2(제4판)』. 지식산업사.

조성민 · 구남욱 · 김현정 · 이소연 · 이인화(2019). 『OECD 국제 학업성취도 평가 연구: PISA 2018 결과 보고서(RRE 2019-11)』. 한국교육과정평가원.
조세형(2003). 「문학문화 논의와 문학교육의 방향」. 『고전문학과 교육』 5, 한국고전문학교육학회, 261-283.
조수학(1975). 「최치원전의 소설성」. 『영남어문학』 2, 영남어문학회, 92-107.
조용기(2017). 「비구성과 잘못된 구성」. 한국교육철학회 편. 『교육과 지식』. 학지사.
조용환(1996). 「학생의 삶과 갈등」. 고형일 외. 『신교육사회학』. 학지사.
______(2001). 「문화와 교육의 갈등-상생 관계」. 『교육인류학연구』 4(2), 한국교육인류학회, 1-27.
______(2021ㄱ). 「삶의 틀을 규정하는 과정으로서 문화」. 윤여각 · 권효숙 · 배은주 · 서근원 · 서덕희 · 신혜숙 · 전은희 · 조용환 · 최영신. 『문화와 교육』(개정판). 한국방송통신대학교출판문화원.
______(2021ㄴ). 『교육다운 교육』. 바른북스.
조윤제(1948). 「시조의 본령」. 『한국시가의 연구』. 을유문화사.
조태영(2001). 「전기의 세계관과 양식 특질」. 『국문학연구』 5, 국문학회, 139-162.
주재우(2022). 「문학사 교육에서 '지식의 구조'와 그 교육 방안 – 초기 소설사 논쟁을 중심으로 –」. 『문학교육학』 75, 한국문학교육학회, 115-142.
주종연(1993). 「가사의 장르고」. 『한국고전문학 장르연구』. 한신문화사.
지준모(1975). 「전기소설의 효시는 신라에 있다」. 『어문학』 32, 한국어문학회, 117-134.
최미숙(2019). 「문학교육의 '개념' 교육에 대한 비판적 고찰 – '은유'를 중심으로 –」. 『문학교육학』 62, 한국문학교육학회, 9-40.
최병우(1987). 「소설에 있어 시점의 유형」. 『국어교육』 61, 한국국어교육학회, 283-302.
최성욱(2006). 「교육적 시간의 의미」. 『교육원리연구』 11(1), 한국교육원리학회, 101-128.

최성욱(2017). 「배움과 상구의 치환가능성에 대한 비판적 고찰」. 『교육원리연구』 22(2), 한국교육원리학회, 35-63.

최인자(2005). 「한국어 언어문화와 국어교육」. 『국어교육』 117, 한국어교육학회, 93-131.

최재서(1962). 『(증보) 문학원론』. 춘조사.

최홍원(2009). 「고전시가 모호성의 교육적 이해」. 『국어교육연구』 44, 국어교육학회, 249-280.

______(2015). 『고전문학 경험교육론: 고전문학이 묻고, 경험이 답하다』. 역락.

______(2016). 「〈만언사〉의 재미, 흥미와 소통의 의미」. 한국고전문학교육학회 편. 『고전문학의 재미와 흥미』. 월인.

______(2018). 「시조 '3장 6구'와 '종장 첫 구'의 공서(共棲)와 시조 연구의 과제 - 시조 형식론과 율격론을 다시 살피다 - 」. 『국어문학』 67, 국어문학회, 109-140.

한용환(2000). 「소설의 화자 - 말하는 주체인가, 쓰는 주체인가」. 『동악어문학』 36, 동악어문학회, 461-474.

한정민 · 류수열(2021). 「고교학점제가 요청하는 국어 교사의 수업 전문성에 대한 소고 - 사설시조 교육의 국면을 중심으로 - 」. 『우리말교육현장연구』 15(2), 우리말교육현장연구회, 65-95.

홍윤경(2019). 「소크라테스의 대화술과 지식의 개념」. 고영준 외. 『지식의 성격과 교육』. 교육과학사.

황혜진(2016). 「재미의 관점에서 본 〈큰누님 박씨 묘지명(伯姊孺人朴氏墓誌銘)〉」. 한국고전문학교육학회 편. 『고전문학의 재미와 흥미』. 월인.

川本皓嗣(2006). 「동아시아 시학 구축을 위해: 음수율이라는 숙명」. 『한국시가연구』 21, 한국시가학회, 39-57.

Abrams, M. H.(1971). *The Mirror and the Lamp: Romantic Theory and the Critical Tradition*. London: Oxford University Press.

Abrams, M. H. & Harpham, G. G.(2012). *A Glossary of Literary Terms*(10th ed.). Boston: Wadsworth Cengage Learning.

Apple, M. W.(1990). *Ideology and Curriculum*(2nd ed.). New York: Routledge.

Apple, M. W.(1993). *Official Knowledge: Democratic Education in a Conservative Age*. New York: Routledge.

Apple, M. W. & Franklin B.(1990). Curricular history and social control. In M. W. Apple, *Ideology and Curriculum*(2nd ed.)(pp. 61-81). New York: Routledge.

Arnold, M.(2002). *Culture and Anarchy: An Essay in Political and Social Criticism*. Virginia: IndyPublish(originally published in 1869).

Barnes, J.(1982). *Aristotle*. 문계석 옮김(1989). 『아리스토텔레스의 철학』. 서광사.

Выготский, Л. С.(1934). *Мышление и речь*. 이병훈·이재혁·허승철 옮김(2021). 『사고와 언어』. 연암서가.

Bernstein, B. B.(1971). On the classification and framing of educational knowledge. In M. F. D. Young(Ed.), *Knowledge and Control: New Directions for the Sociology of Education*(pp. 47-69). London: Collier-Macmillanp.

Bernstein, R. J.(1983). *Beyond Objectivism and Relativism: Science, Hermeneutics, and Praxis*. Philadelphia: University of Pennsylvania Press.

Booth, W. C.(1983). *The Rhetoric of Fiction*(2nd ed.). Chicago: University of Chicago Press.

Bourdieu, P. & Passeron, J. C.(1977). *Reproduction in Education, Society, and Culture*. Beverly Hills: Sage Publications.

Brooks, C. & Warren, R. P.(1959). *Understanding Fiction*(2nd ed.). New York: Appleton-Century-Crofts.

Brooks, C. & Warren, R. P.(1979). *Understanding Fiction*(3rd ed.). Englewood Cliffs, N.J.: Prentice-Hall.

Brown, P., Lauder, H., & Ashton, D.(2012). *The Global Auction: The Broken Promises of Education, Jobs, and Incomes*. 이혜진·정유진 옮김(2013). 『더 많이 공부하면 더 많이 벌게 될까』. 개마고원.

Cassirer, E.(1944). *An Essay on Man: An Introduction to a Philosophy of Human Culture*. New Haven: Yale University Press.

Chang-Wells, G. M. & Wells, G.(1993). Dynamics of discourse: Literacy and the construction of knowledge. In E. A. Forman, N. Minick, & C. A. Stone(Eds.), *Contexts for Learning: Sociocultural Dynamics in Children's Development*(pp. 58-90). New York: Oxford University Press.

Combs, A. W.(1979). *Myths in Education.* 이성호 옮김(1987). 『교육신화: 인간성 회복을 위한 교육의 심리학적 이해』. 정음사.

Csikszentmihalyi, M.(1990). *Flow: The Psychology of Optimal Experience.* New York: Harper & Row.

Csikszentmihalyi, M.(1993). *The Evolving Self: A Psychology for the Third Millennium.* New York: HaperCollins.

Csikszentmihalyi, M.(1997). *Finding Flow: The Psychology of Engagement with Everyday Life*. New York: Basic Books.

Csikszentmihalyi, M.(2000). *Beyond Boredom and Anxiety: Experiencing Flow in Work and Play*. San Francisco: Jossey-Bass Publishers.

Culler, J. D.(1997). *Literary Theory: A Very Short Introduction.* Oxford: Oxford University Press.

Dale, R., Esland, G., & MacDonald, M.(Eds.)(1976). *Schooling and Capitalism: A Sociological Reader*. London: Routledge & Kegan Paul.

Dawkins, R.(2016). *The Selfish Gene*. 홍영남·이상임 옮김(2018). 『이기적 유전자』(40주년 기념판). 을유문화사.

Dewey, J.(1897). My pedagogic creed. In J. A. Boydston(Ed.)(1972), *John Dewey: The Early Works. V.5*(pp. 84-95). Carbondale: Southern Illinois University Press.

Dewey, J.(1909). *Moral Principles in Education*. Boston: Houghton Mifflin Company.

Dewey, J.(1910). *How We Think*. Boston: Heath.

Dewey, J.(1913). Interest and Effort in Education. In J. A. Boydston(Ed.)(1979), *John Dewey: The Middle Works. V.7*(pp. 153-197). Carbondale: Southern Illinois University Press.

Dewey, J.(1916). *Democracy and Education: An Introduction to the Philosophy of Education.* 이홍우 옮김(2007). 『민주주의와 교육』. 교육과학사.

Dewey, J.(1920). *Reconstruction in Philosophy.* New York: Henry Holt and Company.

Dewey, J.(1922). *Human Nature and Conduct: An Introduction to Social Psychology.* New York: The Modern Library.

Dewey, J.(1930). Qualitative thought. In J. A. Boydston(Ed.)(1984), *John Dewey: The Later Works. V.5*(pp. 243-262). Carbondale: Southern Illinois University Press.

Dewey, J.(1931). *Philosophy and Civilization.* New York: Minton, Balch & Company.

Dewey, J.(1934). *Art as Experience.* New York: Minton, Balch & Company.

Dewey, J.(1938). *Logic: The Theory of Inqury.* New York: Henry Holt and Company.

Dewey, J.(1956a). *The Child and the Curriculum.* Chicago: The University of Chicago Press.

Dewey, J.(1956b). *The School and Society.* Chicago: The University of Chicago Press.

Dewey, J.(1958a). *Experience and Nature.* New York: Dover Publications.

Dewey, J.(1958b). *Theory of Valuation.* Chicago: The University of Chicago press.

Dewey, J.(1963). *Experience and Education.* New York: Collier Books.

Dewey, J. & Bentley, A. F.(1949). *Knowing and Known.* In J. A. Boydston(Ed.)(1991), *John Dewey: The Later Works. V.16*(pp. 1-294). Carbondale: Southern Illinois University Press.

Dubos, R.(1968). *So Human An Animal.* 김용준 옮김(1974). 『인간이란 동물』. 탐구당.

Fowler, A.(1982). *Kinds of Literature: An Introduction to the Theory of Genres and Modes.* Cambridge, Mass.: Harvard University Press.

Freire, P.(1973). *Education for Critical Consciousness.* New York: Seabury Press.

Freire, P.(1997). *Pedagogia de Autonomia.* P. Clarke(Trans.)(1998). *Pedagogy of Freedom: Ethics, Democracy, and Civic Courage.* Lanham: Rowman & Littlefield Publishers.

Freire, P.(2000). *Pedagogy of the Oppressed*(30th anniversary ed.). M. B. Ramos(Trans.), New York: Continuum.

Frye, N.(1957). *Anatomy of Criticism: Four Essays*. Princeton: Princeton University Press.

Fussell, P.(1979). *Poetic Meter and Poetic Form*. New York: Random House.

Geertz, C.(1973). *The Interpretation of Cultures: Selected Essays*. New York: Basic Books.

Genette, G., *Discours du Récit*. J. E. Lewin(Trans.)(1980). *Narrative Discourse: An Essay in Method*. New York: Cornell University Press.

Harris, M.(1979). *Cultural Materialism: The Struggle for a Science of Culture*. New York: Vintage Books.

Hernadi, P.(1972). *Beyond Genre: New Directions in Literary Classification*. New York: Cornell University Press.

Hirsh, E. D.(1987). *Cultural Literacy: What Every American Needs to Know*. Boston: Houghton Mifflin.

Hofer, B. K.(2001). Personal epistemology research: Implications for learning and teaching. *Educational Psychology Review*, 13(4), 353-383.

Hofer, B. K. & Pintrich, P. R.(1997). The development of epistemological theories: Beliefs about knowledge and knowing and their relation to learning. *Review of Educational Research*, 67(1), 88-140.

Hunt, M. P. & Metcalf, L. E.(1968). *Teaching High School Social Studies: Problems in Reflective Thinking and Social Understanding*. New York: Harper & Row.

James, H.(1884). *The Art of Fiction*. 윤기한 옮김(1989). 『소설예술론』. 학문사.

Jauß, H. R.(1970). *Literaturgeschichte als Provokation*. 장영태 옮김(1983). 『도전으로서의 문학사』. 문학과 지성사.

Kayser, W.(1965). *Das Sprachiche Knustwerk*. 김윤섭 옮김(1999). 『언어예술작품론』. 예림기획.

Keesing, R.(1981). *Cultural Anthropology: A Contemporary Perspective*. 전경수 옮김(1992). 『현대문화인류학』. 현음사.

Kierkegaard, S.(1941). *Concluding Unscientific Postscript*. D. F. Swenson & W.

Lowrie(Trans.), Princeton: Princeton University Press.

Kluckhohn, C.(1949). *Mirror for Man*. New York: McGraw-Hill.

Kuhn, D.(1991). *The Skills of Argument*. Cambridge: Cambridge University Press.

Kuhn, T. S.(1970). *The Structure of Scientific Revolution*. Chicago: The University of Chicago Press.

Laudan, L.(1977). *Progress and Its Problems: Toward a Theory of Scientific Growth*. Berkeley: University of California Press.

Levi, A. W.(1978). Literature and the imagination: A theory of genres. In J. P. Strelka(Ed.), *A Theories of Literary Genre*(pp. 17-40). University Park: Pennsylvania State University Press.

Liu, Lydia He.(1995). *Translingual Practice: Literature, National Culture, and Translated Modernity-China, 1900-1937*. 민정기 옮김(2005). 『언어횡단적 실천: 문학, 민족문화 그리고 번역된 근대성-중국, 1900-1937』. 소명.

Lotz, J.(1960). Metric typology. In T. A. Sebeok(Ed.), *Style in Language*(pp. 135-148). Cambridge, Massachusetts: M.I.T. Press.

Lotz, J.(1972). Elements of versification. In W. K. Wimsatt(Ed.), *Versification: Major Language Types*(pp. 1-21). New York: Modern Language Association.

Lubbock, P.(1957). *The Craft of Fiction*. London: Jonathan Cape.

Marino, A.(1978). Toward a definition of literary genre. In J. P. Strelka(Ed.), *A Theories of Literary Genre*(pp. 41-56). University Park: Pennsylvania State University Press.

Maslow, A. H.(1967). Self-actualization and beyond. In James F. T. Bugental(Ed.), *Challenges of Humanistic Psychology*(pp. 279-286). New York: McGraw-Hill.

Maslow, A. H.(1970). *Motivation and Personality*. New York: Harper & Row.

Maturana, H. R. & Varela, F. J.(1984). *El árbol del concocimiento*(Der Baum der Erkenntnis). 최호영 옮김(2007). 『앎의 나무』. 갈무리.

Oakeshott, M. J.(1933). *Experience and its Modes*. Cambridge: Cambridge University Press.

Ogburn, W. F.(1922). *Social Change with Respect to Culture and Original Nature*. New York: The Viking Press.

Ogburn, W. F.(1964). *On Culture and Social Change*. Chicago: University of Chicago Press.

Owocki, G. & Goodman, Y.(2002). *Kidwatching: Documenting Children's Literacy Development*. Portsmouth, NH: Heinemann.

Palmer, P. J.(1993). *To Know as We are Known: Education as a Spiritual Journey*. San Francisco: HarperOne.

Perkinson, H. J.(1971). *The Possibilities of Error: An Approach to Education*. 장상호 옮김(1984). 『오류가능성의 교육적 의의』. 교육과학사.

Perry, W. G.(1970). *Forms of Intellectual and Ethical Development in College Years*. San Francisco: Jossey-Bass.

Peters, R. S.(Ed.)(1977). *John Dewey Reconsidered*. London: Routledge & Kegan Paul.

Piaget, J.(1923). *Langage et la penscee chez l'enfant*. M. Gabain(Trans.)(1974). *The Language and Thought of the Child*. New York.: New American Library.

Piaget, J.(1947). *La Psychologie de l'intelligence*. M. Piercy & D. E. Berlyne(Trans.)(1972). *The Psychology of Intelligence*. New York: Routledge.

Piaget, J.(1954). *The Construction of Reality in the Child*. M. Cook(Trans.), New York: Basic Books.

Polanyi, M.(1958). *Personal Knowledge: Towards a Post-Critical Philosophy*. Chicago: The University of Chicago Press.

Polanyi, M.(1966). *The Tacit Dimension*. Chicago: The University of Chicago Press.

Polanyi, M.(1969). *Knowing and Being*. Chicago: The University of Chicago Press.

Polanyi, M. & Prosch, H.(1975). *Meaning*. Chicago: The University of Chicago Press.

Popper, K. R.(1945). *The Open Society and Its Enemies*. Princeton: Princeton University Press.

Popper, K. R.(1959). *The Logic of Scientific Discovery*. New York: Harper Torchbooks.

Popper, K. R.(1963). *Conjectures and Refutations: The Growth of Scientific Knowledge*.

London: Routledge & Kegan Paul.

Popper, K. R.(1972). *Objective Knowledge: An Evolutionary Approach*. Oxford: Oxford University Press.

Pye, M.(2003). *Skillful Means: A Concept in Mahayana Buddhism*. London: Routledge.

Ravetz, J. R.(1971). *Scientific Knowledge and its Social Problems*. New York: Routledge.

Reddy, M. J.(1979). The conduit metaphor-A case of frame conflict in our language about language. In A. Ortony(Ed.), *Metaphor and Thought*(pp. 284-324). Cambridge: Cambridge University Press.

Rimmon-Kenan, S.(1983). *Narrative Fiction: Contemporary Poetics*. London: Methuen.

Rimmon-Kenan, S.(1983). *Narrative Fiction: Contemporary Poetics*. 최상규 옮김(1985). 『소설의 시학』. 문학과지성사.

Rogers, C. R. & Freiberg, H. J.(1994). *Freedom to Learn*. Hoboken, New Jersey: Prentice Hall.

Rorty, R.(1979). *Philosophy and the Mirror of Nature*. Princeton, N.J.: Princeton University Press.

Rosenblatt, L. M.(1994). *The Reader, the Text, the Poem: The Transactional Theory of the Literary Work*. Carbondale: Southern Illinois University Press.

Rosenblatt, L. M.(1995). *Literature as Exploration*. 김혜리·엄해영 옮김(2006). 『탐구로서의 문학』. 한국문화사.

Ryan, M. P.(1984a). Monitoring text comprehension: Individual differences in epistemological standards. *Journal of Educational Psychology*, 76(2), 248-258.

Ryan, M. P.(1984b). Conceptions of prose coherence: Individual differences in epistemological standards. *Journal of Educational Psychology*, 76(6), 1226-1238.

Ryan, R. M. & Deci, E. L.(2000). Intrinsic and extrinsic motivations: Classic definitions and new directions. *Contemporary Educational Psychology*, 25, 54–67.

Ryle, G.(1949). *The Concept of Mind.* Chicago: The University of Chicago Press.

Said, E. W.(1994). *Culture and Imperialism.* 박홍규 옮김(2005). 『문화와 제국주의』. 문예.

Scheffler, I.(1965). *Conditions of Knowledge: An Introduction to Epistemology and Education.* Chicago: The University of Chicago Press.

Schommer, M.(1990). Effects of beliefs about the nature of knowledge on comprehension. *Journal of Educational Psychology*, 82(3), 498-504.

Schommer, M.(1994). Synthesizing epistemological belief research: Tentative understandings and provocative confusions. *Educational Psychology Review*, 6(4), 293-319.

Schön, D. A.(1983). *The Reflective Practitioner: How Professionals Think in Action.* New York: Basic Books.

Schön, D. A.(1987). *Educating The Reflective Practitioner.* San Francisco: Jossey-Bass.

Schutz, A.(1972). *Collected Papers Ⅰ: The Problem of Social Reality.* The Hague: Martinus Nijhoff.

Snow, C. P.(1964). *The Two Cultures: And a Second Look.* New York: The New American Library.

Spranger, E.(1950). *Lebensformen: Geiteswissenschaftliche psychologie und ethikder personlichkeit.* 이상오 옮김(2009). 『삶의 형식들』. 지식을만드는지식.

Stanton, R.(1965). *An Introduction to Fiction.* New York: Holt, Rinehart, and Winston, Inc.

Stanzel, F. K., *Theorie des Erzählens.* C. Goedsche(Trans.)(1984). *A Theory of Narrative.* Cambridge: Cambridge University Press.

Steiger, E., *Grundbegriffe der Poetik.* 이유영·오현일 옮김(1976). 『시학의 근본 개념』. 삼중당.

Todorov, T.(1970). *Introduction à la Littérature Fantastique.* R. Howard(Trans.)(1973). *The Fantastic: A Structural Approach to a Literary Genre.* Ithaca, N.Y.: Cornell University Press.

Tylor, E. B.(1921). *Primitive Culture: Researches into the Development of Mythology, Philosophy, Religion, Language, Art and Custom*. London: John Murray.

Varela, F. J., Thompson, E., & Rosch, E.(1991). *The Embodied Mind: Cognitive Science and Human Experience*. Cambridge, Massachusetts: The MIT Press.

von Glasersfeld, E.(1995). *Radical Constructivism: A Way of Knowing and Learning*. London: The Falmer Press.

Vygotsky, L. S.(1978). *Mind in Society: The Development of Higher Psychological Processes*. M. Cole, V. John-Steiner, S. Scribner, & E. Souberman(Trans. & Eds.), Cambridge, Massachusetts: Harvard University Press.

Warren, A. & Wellek, R.(1976). *Theory of Literature*. Harmondsworth: Penguin Books.

White, L. A.(1973). *The Concept of Culture*. 이문웅 옮김(1977). 『문화의 개념: 문화결정론과 문화진화론의 입장』. 일지사.

Whitehead, A. N.(1929). *The Aims of Education*. New York: The Free Press.

Williams, R.(1961). *Marxism and Literature*. Oxford: Oxford University Press.

Williams, R.(1976). Base and superstructure in Marxist cultural theory. In R. Dale, G. Esland, & M. MacDonald(Eds.), *Schooling and Capitalism: A Sociological Reader*(pp. 202-210). London: Routledge & Kegan Paul.

찾아보기

[ㄱ]

[ㄴ]

[ㅈ]

[ㅊ]

[ㅋ]

[ㅌ]

[ㅍ]

[ㅎ]

찾아보기(사람)